続日本百低山

小林泰彦

目次

東北

関東

甲信・東海

関西以西

装丁・本文組版　渡邊　怜

群馬県
栃木県
茨城県
埼玉県
東京都
山梨県
神奈川県
❸高鈴山
❹吾国山
❺愛宕山
❻足尾山
❼雪入山
❽高館山
❾高峰
❿雨巻山
⓫鳴虫山
⓬方塞山
⓭横根山
⓮篠井連峰
⓯多気山
⓰二股山
⓱千部ヶ岳
⓲三峰山
⓳多高山
⓴仙人ヶ岳
㉑行道山
㉒大小山
㉓栗生山
㉔鳴神山
㉕尼ヶ禿山
㉖迦葉山
㉗三峰山
㉘有笠山
㉙十二ヶ岳
㉚烏帽子ヶ岳
㉛相馬山
㉜榛名天狗山
㉝稲村山
㉞鍬柄岳、大桁山
㉟黒滝山
㊱物見山
㊲雨降山
㊳父不見山
㊴不動山
㊵宝登山
㊶登谷山
㊷官ノ倉山
㊸破風山
㊹蓑山
㊺観音山
㊻四阿屋山
㊼越上山
㊽日和田山
㊾大塚山
㊿笹尾根
51三原山
52南高尾山稜
53草戸山
54仏果山
55経ヶ岳
56鐘ヶ岳
57鉄砲木ノ頭
58高松山
59大野山
60武山
61塔ノ峰
62湯坂路
63三国山
64城山
65百蔵山
66岩殿山
69帯那山
70棚横手山
71茶臼山
72菜畑山
73神座山
79太郎山
80矢ヶ崎山
81岩戸山
82玄岳
83巣雲山
84鷲頭山
85達磨山
86矢筈山
87三筋山
88長九郎山
89大平山
太刀岡山
三郎岳
三方分山
三石山
親山

『続日本百低山』全図

⑦⑦鷹狩山
⑦⑧光城山
❶岩岳
❷日本国
長野県
⑨⑤金毘羅山
⑨⑧摩耶山
⑨⑨横尾山、高取山
⑨⑦額井岳
⑩⓪烏帽子岳
⑨⑥信貴山
愛知県
⑨①秋葉山
⑨⓪高根山
⑨③観音山
⑨②富幕山
静岡県
⑨④衣笠山

❶岩岳《いわだけ》　428m　宮城県　阿武隈山地

珍味、イワタケづくし

どうしてこの山だけが岩峰なんだろう、というのが、岩岳の山頂に立ったときの、ぼくの感想だった。周囲の山々はどこにでもあるようなふつうの低山なのに、岩岳だけがひとり岩峰であって、ぼくらが立っているこの山頂にしても、岩が重なってできたピークである。こうしてみると、この山だけ岩山なのねー、と同行者もまったく同じ印象を持ったようで、山頂の岩に腰を下ろして、しばらくの間、岩岳と周辺の山々を見較べて過した。

宮城県南部の丸森町に、そこだけ突然峨々たる岩峰の低山があって、クライマーのゲレンデにもなっている、ときいたのはだいぶ前のことだ。それでいま、東北の旅の最後の日に、ぼくらは丸森町へとやって来たのだった。

阿武隈川を渡って丸森町に入ると、県立自然公園の文字が目に入る。目ざす岩岳はどうやらその自然公園の内川・岩岳地区というエリアにあるらしく、やがて道は渓流沿いに山間へ入って行く。

山肌に点々と露岩が見えるけれど、この山は樹木を取り除いたら、全て岩でできているのだろう。岩岳という名は、実に正しいと思う。それにしても単調な丘陵地に見えるこのあたりに、突然こうした岩山があるのだから自然は不思議だ。このスケッチは岩岳本峰から東峰を見て描いた。

国民宿舎（※現在はあぶくま荘）やキャンプ場を過ぎると、案内にある通りに岩岳・清滝方面とある道が左へ分かれ、それを辿ると正面にいかにも険しい様相の山が見えてきて、これが岩岳だろうと思った。清滝への林道を左に分けた先に第二登山口があり、さらに行くと立派な駐車場やトイレを備えた第一登山口があった（※二〇二四年十二月現在、第一、第二登山口への林道は通行止め。第三登山口を利用する）。低山ハイキングの登山口としては充分な設備なので、岩岳は大切にされているんだねと話しながらハイキング支度を整え、歩き始めた。

スギの植林からすっかり紅葉の進んだ雑木林に入ると、道の左右にさまざまな岩石が現われる。本を立てたような岩にはブック岩、船の舳先そっくりの岩にはへさき岩などと勝手に名前をつけながら登った。湿地には木道があり、道標は新しくて、手入れのよいコースだと思った。

稜線の道に出合って、そこだけは道標がなかったが、本峰は東である。アカマツの多い雑木林の稜線を行くと、すぐに岩が積み重なった高みに至り、これがもう岩岳本峰の山頂だった。

山頂は岩峰だから展望はよく、とくに切れ落ちている北側がすばらしい。西寄りの遠くは蔵王連峰だろう。東寄りは近くに岩岳東峰の岩塔群が目立つ。けれども景色の大半は周辺の低山で、特に変わったところもないそんな山々の中で岩岳は相当に異端だから、冒頭のような印象を持ったのだ。

けれども、きつい登りもなくこうしたところに立って、初めての山頂の眺めを楽しめる幸せを祝って乾杯をし、少し早いけれど弁当を広げ、それからスケッチをしたり変わった形の岩を探したりして、山頂の憩いを楽しんだ。

これが岩岳本峰。右側に露岩が見えるが、本峰北面のクライミング・ゲレンデの一部だろう。このスケッチも大きな花崗岩の上にのって描いた。岩山は明るくて気分がよい。

山頂の脇に岩に囲まれて祠《ほこら》があり、さらによく見ると小さいながら精巧に作られた立派な社なので、かねてきいていた羽山神社（この地方で山頂に祀られることが多いという神様）かと思ったが、下山してから町役場できいたら、あれは違いますといわれた。

山頂を辞して東へ向うと、いきなり岩場の急下りになる。ボルダリングによさそうな岩が連続するところを下るのだが、これを北側に回り込むとクライミングのゲレンデがあるのだろう。ともかくこのあたりからの稜線道が、いちばん岩岳らしくて楽しいところだ。

秋色濃い雑木林の中、階段道を下って鞍部に着くと、「本峰エリア、CLIMBING」とある小さい札があった。岩岳は人気のゲレンデときいていたが、本峰の北面がその一つなのだろう。

　道の左右にキノコが沢山生えていて、種類も多い。ぼくらは知識がないので分からないが、この中には食べておいしいキノコも強烈な毒キノコもあるのだろうと思い、珍しいのは写真を撮った。またアカマツが多いので、もしかしてマツタケがありはしないかと目をこらして見たが、もちろん見つからなかった。マツタケ探しの名人の話はよくきくが、そういう境地はぼくなどは実に縁遠いと思うばかりだ。

　稜線道を行くと、またもやボルダリング向きの岩が次々と現われるので、一つひとつ観賞しながら歩いた。見晴らし台分岐とあるので入ってみると、すぐに視界が開け、岩頭に出た。ここからは本峰がよく見え、北面の岩場も確認できた。

　第二登山口へ下る道を右に分けて行くと岩場の登りになり、岩が積み重なる東峰に着いた。「展望台」と書いてあるがアカマツに囲まれて見晴らしはほとんどなく、ひと休みして、それから下山と決めた。

　岩に囲まれた沢筋を第二登山口を目ざして下るとたちまち車道が見えてきて、ワイヤーで押さえてある岩場を回り込んで、車道に出た。それから車道歩きで第一登山口に向かったが、鷲の平川の渓谷美を眺めて行くので退屈しなかった。途中で「姫岩クライミングエリア」という札が見つかった。

　時間が余ったので、国民宿舎やその近くの「天水舎」、それから町役場などに寄り道したが、阿武隈川の川下りは、残念ながらできなかった。

（二〇〇〇年十一月）

※2024年12月現在、第一、第二登山口への林道は通行止め。県道四五号線を西へ進んだ第三登山口を利用する。県道から登山口へは内川を渡渉するので増水時は要注意。

●アクセス
マイカー利用。第三登山口に駐車場あり。阿武隈急行線丸森駅からキャンプ場行きの町民バス（山正タクシー☎0224・79・2022）は平日のみ運行。

●参考コースタイム
第三登山口（50分）岩岳（30分）東峰（30分）岩岳（40分）第三登山口

●2万5000分ノ1地形図
丸森

●問合せ先
丸森町観光案内所☎0224・72・6663

❷ 日本国 にほんこく 555・2m 新潟県・山形県 羽越国境

古代の山名伝説に興味津々

時の権力者蘇我馬子《そがのうまこ》によって父崇峻《すしゅん》天皇を謀殺された御年五歳の蜂子《はちこ》皇子は、聖徳太子の援助で都を逃れてさすらいの身となり、のちに越《こし》の国の最果てに定住して、五十三歳で出羽国羽黒山で没した。その皇子が晩年のある時、この山に登って故郷飛鳥の方向を指差し、「これより彼方が日本国《やまとのくに》」と仰せられた。これが「日本国」の山名の由来ともいわれる。また皇子の没後、大化の改新が行なわれ、蝦夷地平定の大業が進められて、越の国の要害の地に渟足柵《ぬたりのさく》、磐舟柵《ししぶねのさく》といった柵が設けられたが、その他に幻の柵と言われる都岐沙羅柵《つきさらのさく》があり、これが「日本国」と一致するという学説もある――

登り着いた羽越国境の山「日本国」の山頂に、地元山北町（※現在は村上市）が設置した、このような山名の由来書（長文なので筆者が略した）があり、同行者と一緒に興味津々、一気に読んだ。由来書には他に〈遠藤太郎次という若者が、この山頂で捕らえた鷹を徳川十代将軍家治に献上したところ、これは天下無双の鷹だから捕れた山

「日本国」の山頂は広くて快適だ。二等三角点、避難小屋、展望台があり、休憩するのに適した草地、ベンチも多数ある。時間が許せば昼寝もよろしい。小屋の右の人物の脇にあるのが三角点だ。

を「日本国」と名付けよ、と言って賞めた〉という言い伝えもあるけれど、「日本国」という思い切った山名の由来としては、古代国家が生まれて間もない頃の物語のほうがイメージ豊かでおもしろいので、証拠不足の点は幻の柵学説で補強することにして、ぼくらは蜂子皇子伝説を支持することにきめた。

「日本国」という山名を知って惹かれたのは、かなり以前のことだが、旅先としての「日本国」は遠かった。距離的にはさほど遠くなくても、新幹線も空路も高速道路も使いにくい場所は距離に関係なく不便とされる現代の日本国で、新潟と山形の県境に位置する「日本国」はいかにも遠く、しかも〝遠くの低山は行き難い〟ものだから、ますます遠かった。だからこうして「日本国」の山頂に立ち、展望台から朝日連峰や鳥海山、日本海を見渡し、ブナに囲まれた二等三角点の脇にいることにぼくらは大いに感激し、また古代の山名伝説ロマンも楽しく、同行者とともに広い山頂を歩き回った。

前夜の宿、温海《あつみ》温泉の古くて趣のある旅館を早朝に発ち、わずかな時間で小俣の登山口に着いた。小俣の集落は、失礼ながら鄙《ひな》びた山麓の村を予想していたのだけれど、それはみごとに外れ、旧出羽街道の宿場の保存復元が立派に行き届いた集落だったが、その見学は下山後の楽しみに残して駐車場に車を置き、新築の休憩舎で情報をもらい、地元の方々の親切を感じながら歩き支度を整えて出発した。

案内図でコースを確かめてから山道に入ると、道はよく踏まれて手入れもよかった。すぐに案内図にあるラジウム清水に出合い味わってみたが、とくに変わった味や香りはなかった。ベンチのある松ヶ峰で、このコースが〈中部北陸自然歩道〉の一部と知って同行者に教えたら、登山口に大きく書いてあったから知っているといわれた。山道の周囲はずっと好ましい新緑の雑木林で、若々しい緑で体が染まるような気がす

斜面の樹木が、すべて谷側に倒れるようにして曲がり、さらに起き上がって生長している。雪の多い地方でよく見るものだけれど、「日本国」ではとくにそれが顕著で、つまりそれほど雪が多いのだろうと思った。

ると同行者がほめた。はじめはミズナラが多く、次第にブナが多くなった。左手の樹木の間に、山頂と思われる山容が見えかくれするので、そのほうを気にしているうちに四阿《あずまや》のある蛇逃峠《じゃのげ》に着いた。直下に小俣集落が見える展望の峠で、「新潟県山形県・県境」の木柱があり、ここから県境稜線を行くことになる。すぐ先に「鷹待場跡」の表示があり、鷹の羽は武器（弓矢）の部品として使われたと説明があった。しばらくして急な鉄砲登りになり、せっせと登って先が明るくなると、そこが山頂だった。展望台があり、冒頭の山名の由来が、そこにあった。展望台の近くに新築の立派な避難小屋があり、標高五五五メートルの里山としては周到な設備だと思った。

展望台で山名同定を執拗に行ない、松花堂弁当と野《の》点《だて》のコーヒーという妙なとり合わせの食事に時間を費やし、「日本国」の山頂に思い残すことがないのを確かめて、下山の時となった。蛇逃峠までは同じ道を下り、峠からは一気に急下降し、そのあとはゆるやかにトラバース道を下った。意外にヤブツバキのような常緑樹が多く、それからヒノキの植林となり、蔵王堂を過ぎるとすぐに蔵王堂登山口で車道に出て、そこから車道を歩いて駐車場へ行くまでの間が、旧小俣宿見学コースとなった。

この道は越後の城下町村上と庄内地方を結ぶ旧出羽街道で、出羽三山への参拝者や交易の人馬などで賑わい、小俣宿はその宿場で村上藩小俣口留番所がおかれ、村上藩滅封後は天領となり代官所の支配を受けたという。そのせいもあって戊辰《ぼしん》戦争で宿場は焼き払われ、その後再建されたのが現在残っている町並みなのだ。各戸は「二十化粧梁」という独特の様式で建てられ、養蚕をかねた住宅や旅籠《はたご》だったとあり、各家毎の屋号看板を見て宿場時代を想像するの

旧出羽街道小俣宿の町並みは、こんな感じの昔からの建物が軒を連ねる。どれも明治初期の建築で、伝統的な民家の美しさを備えている。各家に屋号看板が出ているのも見どころだ。

が楽しい。松尾芭蕉も「奥の細道」の旅でここを歩き、沿道に点在する清水に趣を感じて、「結ぶよりまず歯にしみる清水かな」とよんでいる。

小俣を後に、ぼくらは日本海沿いの国道七号線を北上、「義経記」に出てくる念珠関《ねずがせき》の旧蹟と鼠ヶ関灯台を巡り、海に沈む夕日を観賞したあと、宿泊予定の瀬波《せなみ》温泉へ向かった。

（二〇〇七年六月）

●アクセス
マイカー利用。バスは、JR羽越本線府屋駅からコミュニティバス（新潟交通観光バス勝木営業所☎0254・77・2593）雷・勝木線28分、日本国麓郵便局下車（日曜運休）。

●参考コースタイム
小俣登山口（1時間10分）蛇逃峠（25分）日本国（15分）蛇逃峠（55分）蔵王堂登山口（15分）小俣登山口

●2万5000分ノ1地形図
鼠ヶ関

●問合せ先
村上市役所☎0254・53・2111、鶴岡市役所☎0235・25・2111

❸ 高鈴山　たかすずやま

623・0m　茨城県　日立（多賀山地）

海と空が出会う山頂で

常磐の山には、いままでは縁が薄かった。その方面をとくに避けていたわけではないのだが、結果としてほとんど出かけていない。

中学生の頃から何度も歩いている筑波山は別格だけれど、その他は吾国山〜愛宕山、それから……と考えて、あとが出てこない。

そういうことでは困るので、この空白の地域にもっと出かけたいものだと思っていたところ、日立市の郊外に高鈴山といって低山ながら眺望抜群、市民に親しまれる地元の名低山があるという情報を得たので、それならと早速出かけてみた。完璧な冬型気圧配置で当分は晴れ続きと思われるある日のことである。

前夜のうちに日立に入り泊った。冬の常磐の海沿いの町だからやはりあんこう鍋ということで夜が更け、翌朝は気分爽快。教わった通りに駅前バスターミナルから東《ひがし》河内《ごうど》行のバスに乗る。

乗客は、ぼくらの他には運転手さんと顔見知りらしいおじいさんだけ。知らない街

やさしい姿の高鈴山だが、やはりこのあたりの低山のなかでは目立つ存在である。日立市街に向かう尾根の途中から見上げたスケッチ。

を通り抜けてすぐに山間に入る。常磐自動車道の下をくぐると日立鉱山の製錬所らしい施設が次々と現われて、日立は鉱工業の町であることを実感する。けれども鉱山の方はすでに閉鎖しており、その廃鉱という感じがまた不思議な世界を作り出している。とくに煙を吐くのを止めた大きな煙突が異様だ。

峠のトンネルを出ると向陽台のバス停（※現在のバス停はきららの里前）で、ここが出発点だ。車止めのある林道が高鈴山の方へのびていて、道しるべもちゃんとある。あたりはまだ日陰で身が引きしまる寒さだが、霜を踏んで軽いストレッチ体操をしてから歩き始めた。

冬枯れた雑木林の中を行くと、すぐに林道から小径に入る。どこも道しるべがしっかりあるのは市民に親しまれている証拠だろう。道も幅が充分あり、よく踏まれて歩きよい。しばらくして稜線に出ると、右手に阿武隈山地につながるなだらかな山々が見える。

雑木林の中の小さなピークに達したので、これが案内にある御岩山かと思ったのだが、岩峰とあるので違うと判断。コースを少し外れるらしい御岩山の山頂は結局判らずじまいだった。

けれどもこの小さな山頂は東に太平洋、

このようにニョキニョキとアンテナ塔が建ち並ぶ高鈴山の山頂。直下には立派な休憩舎がある。峠までバスで登るから楽をして頂上に立てる。

西には雪をたくさんつけた日光連山がみごとに望めて、さすがと感心した。

御嶽神社入口とあって道が右に分れるあたりは大きな岩が多く、御岩山という名も納得がいく。落葉雑木の間で緑を見せるのはアセビで、ときにはコースをトンネル状に覆う。その感じは伊豆や房総に似ていて、暖地の林みたいなのが意外だ。これは海が近いせいだろうと勝手に結論を出したのだが、どうであろうか。

向うに高鈴山が見え始める。ドーム型の山頂にアンテナ類がいくつも建っているのでそれと判る。見晴しのよい山頂はそのためにアンテナの土台になる宿命を背負っているので、林道が山頂に達し、人工

助川海防城は幕末、攘夷主義で有名な水戸・徳川斉昭が異国船の接近に備えて築いたもの。従って古くはないが、海の守りの城というのがめずらしく、また斉昭らしい。天保7（1836）年から5年がかりで建てた城も元治元（1864）年、天狗党の乱で焼失。いまは本丸表門礎石の一部と二の丸の鳩石というのだけが残り、あとは城跡公園になっている。左の石段上が本丸跡、向こうの標柱には「番所跡」とある。遠くは日立の工場街と鹿島灘。

物があたりを変える。人気が出たり目立ったりするとすっかり人が変わってしまう人間と、どこか似ていると思う。

玉簾《たまだれ》ノ滝への道を右に分けてしばらくで、山頂直下の休憩舎に着く。左から舗装の道が登って来ており、それに合流して山頂に向かう。

高鈴山六二三・六メートル（※当時）の山頂は北端に一等三角点、その脇に「天測点」とある八角柱があり東と北の眺めがすばらしい。他にはアンテナ群が意外な大きさで林立し、また無線中継所とある建物が冷たく在る。幸い風もないのでコンロを取出し、少し早い昼食の支度を始めた。

下山は東に向って舗装路を下り、鞍部の四叉路で道しるべに従って小径に入る。依然としてアセビ混じりの雑木林、ササ、たまにススキが枯穂をなびかせ、アカマツも多い。

稜線を反対側に回りこむところで南の展望が開ける。すぐ先で山地は終り、その向

常磐のハイキングの土産はもちろん水戸納豆である。トラッドなワラッド入りで自然食、健康食、美容食の代表と実にいいことばかりの納豆なのである。

うに関東平野が広く、右手に筑波の山がひとかたまり、左手は鹿島灘の海岸線が延び、東海村の原発の建物が目立つ。

それからは稜線通しの急な下りが続き、常緑樹やヒノキの植林が多くなって突然、百体観音に出会う。完全なものが五一体。あとは破片。どれも安永三年とあり、秩父×番、西国×番の二種がある。何故こうして集められたのかは不明とか。

立枯れたマツの多い緩やかな尾根をどこまでも下り続けて、工業の町、日立市街を見下すところで助川海防城跡に着く。ここがコースの終着点である。

（一九九〇年三月）

●アクセス
JR常磐線日立駅から茨城交通（日立案内所☎0294・26・7121）東河内行28分、きららの里前下車。

●参考コースタイム
きららの里前バス停（45分）御岩山（35分）高鈴山（55分）百体観音（1時間20分）助川城跡公園（35分）日立駅

●2万5000分ノ1地形図
日立・町屋

●問合せ先
日立市観光物産協会☎0294・24・7978

❹吾国山　わがくにさん　518・2m　茨城県　筑波連山

もう山頂？　とおどろく名低山

珍しく〝メール〟で、ハイキングに誘われた。メールなど、こちらからすることはほとんどないし、もらうこともめったにない。聞いてみると低山歩きのお誘いだったので、さっそく電話をしたら、返信くれればいいのにといわれた。電話の方が話が早いと思って。たしかに早いけど、いまはみんなメールなのよ。だったら返信しようか。電話で済むからいいけど――ということで、電話でハイキングの予定が決まった。

出かける先は茨城県の吾国山で、誘った人は初めてというのだが、ぼくは何十年も前に難台山《なんだいさん》、吾国山（あるいは逆だったか）と歩いた記憶がある。けれども、どう歩いたか覚えていないくらいだから詳しいことは忘れており、山頂の見晴らしだけはよかったように思うが、ともかく、それほど忘れてしまえば初めてと同じだ。それで、真冬とは思えない暖かいある朝、茨城県立吾国愛宕自然公園の北端の山、吾国山へと向かった。

高速道路を友部で出て西へ。それからフルーツラインとある県道を山に向かうと、

洗心館の庭から見上げた吾国山。こちらから見るとこの通りだが、笠間市街の方から見ると鋭い三角形に見える。見る方角によって形が変わる山なのである。

正面に吾国山と思われる整った三角形の山が見えてきた。それで、もう少しよく見たいと思っているうちに山に近づいて見えなくなり、すぐに道祖神《どうろくじん》峠に着いた。

峠から西へ向かう林道はすぐに見つかり、それを辿ると案内書にある通りに、洗心館という県立の施設に着いた（※現在は私営の旧洗心館キャンプ場。ハイキングコースは通行可）。ここは自然教育とか生涯学習などに使われる所らしく、広い敷地に立派な建物があった。ぼくが以前歩いたときには、これはなかったなと思いながら、駐車場に車を置かせてもらい、庭を横切って行くと、正面に吾国山の五一八メートルとは思えない堂々たる姿があった。そこでしばらくその姿を鑑賞してから、正門の脇の道標に従って、山道に入った。

ヒノキ林の中を登る道はサクラ並木で、すぐに林道を横断すると、その先もサクラ並木の幅広い道だった。しかしこれがけっこう急登で息を切らし、しばらくして緩い登りの稜線道になった。依然としてサクラ並木は続き、花のころの人出が想像されたが、いまは人影もなく裸のサクラは寒そうに見えた。

しばらく行くと道に大石が現われ、次第に急登になり、周囲も植林から雑木林になって、ようやくハイキングの趣が出てきていいねと話した。けれどもサクラ並木はやはり続いて、このまま山頂までお花見ハイキングコースなのかと心配になった。

雑木林の中にブナを発見したのは同行者の方が早く。それからブナが点々と現われ、次第にブナ中心の雑木林に変わり、いつの間にかサクラはなくなっていた。ブナは稜線の北側に多いようだった。そして正面にコケむした石垣が出現し、道なりに右へ回り込んで石垣の上へと階段を上ると、そこは小さな神社の境内で、吾国山の山頂だった。

えっ、もう山頂と同行者が頓狂な声を上げたが、それも当然で、登山口から四〇分しか経っていない。下から仰いだ立派な山容の割りに何と簡単に登れてしまったことかと話し、けれども社の左手には思いがけない一等三角点があるし、こんなハイキングもたまにはいいじゃないかと話した。田上神社に参拝して社の裏に回ると、そこは展望所になっており、東、南、西と見渡すことができた。近くは難台山、遠くに筑波山、正面に光っているのは霞ヶ浦に違いなく、冬のやわらかい陽光の下、絶景を楽しんだ。

　そんなわけでまだ昼には間があったが、せっかくの好天の山頂なのでワインの栓を抜いて乾杯し、アサリとコウナゴとシイタケコブの佃煮、小カブの古漬けに海苔巻きおにぎりという弁当を広げた。

　のんびり昼食をとっているうちに昼になり、ひと気のなかった山頂にもひと組

吾国山の山頂は田上神社（石碑のひとつには我國山神社とも）の小さな境内である。左寄りにあるのが一等三角点。石碑はどれも風化がひどくて文字が読みにくいが、手水鉢には「文化〇年十月吉日笠間花香町表裏中」の文字が読みとれた。

ふた組とハイカーがやってきたので、充分山頂を楽しんだぼくらはベンチを明け渡して下山の時がきた。西へ向かって下ると、すぐに北麓の福原へ下る道を分けるが、その向こうにブナの巨木が複雑な樹相で立っており、その周辺はカタクリの群生地とあって厳重に護られていた。カタクリの見頃は4月上旬とあり、ヤマザクラは4月中旬らしいから、吾国山ではタイミング次第で各種の花見ができると思った。

立派な囲いの中に石碑がある場所を過ぎると急下降が始まり、足もとに集中してスローペースで下った。低山歩きといっても、こんなところでは高山なみの注意がいる。けれどもそれも短い間で、林道の切通しに出て山道は終わり、あとは舗装の林道をとっとと下って、スタート地点の登山口に戻った。そして、洗心館の庭で再び吾国山を見上げて、美しい雑木林に予想外のブナ林、木の根と岩角の急登と急

笠間稲荷に参拝のあと、鳥居前の造り酒屋でその店の酒、すなわち笠間の地酒を求めた。そのあと「笠間工芸の丘」でぐい呑みを入手したので、帰ってからそれで呑んでみた。

下降、一等三角点の山頂の絶景と、わずか九〇分のコースなのにこれだけ揃っている吾国山は、何とすばらしい低山じゃないかとぼくらは話し、吾国山によい印象を抱いて山を離れた。

それにしてもまだ日が高いので、道祖神峠から笠間方面に向かい、日本三大稲荷に数えられる笠間稲荷に参拝して門前町を歩き、それから芸術の森公園内の笠間工芸の丘を訪ねて楽しい時を過ごした。

（二〇〇七年一月）

●アクセス
マイカー利用。旧洗心館キャンプ場は私有地のため、道祖神峠を起点とする。バス利用の場合、常磐線羽鳥駅から関鉄グリーンバス（関東鉄道石岡営業所☎0299・22・3384）板敷山前行で25分、恋瀬小学校前バス停下車。道祖神峠へ徒歩50分。北側のJR水戸線福原駅から吾国山へは登り1時間50分、下り1時間20分。

●参考コースタイム
道祖神峠（40分）吾国山（10分）林道（40分）道祖神峠

●2万5000分ノ1地形図
加波山

●問合せ先
笠間市役所観光課☎0296・77・1101

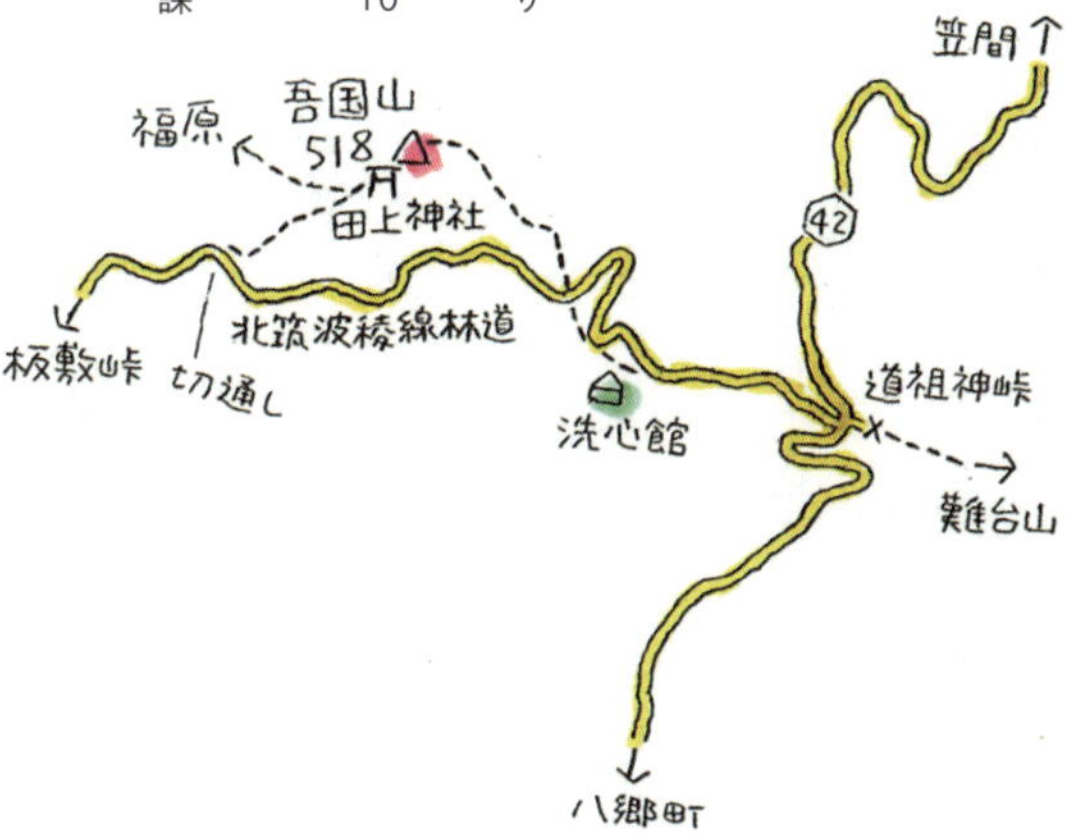

❺愛宕山　あたごさん　306m　茨城県　筑波山地

天狗さんのお花見ハイキング

お花見ハイキングというのは、いままで行ったことがない。たまたま花盛りのヤマザクラに出会うことはあっても、花見を兼ねたハイキング（あるいはハイキングを兼ねた花見）に出かけることは、なかった。

それはひとえに、人が混雑する所を敬遠してきたからで、満開のサクラのすばらしさは知っている。弘前城の夜ザクラに呆然、われを忘れたこともある。けれども、ハイキングと花見の人出を考えあわせると、出かける気がしなかった。

ところが今回は、どうしても行きなさいという誘いに負けて、お花見ハイキングに行くことになった。場所は茨城県の愛宕山というので、もしかして〝悪態祭り〟の神社がある？　ときいたら、その通りとのこと。祭りの時期ではなくても、それもモチベーションとなって、花の便りも頻りの春のある日、常磐道を水戸方面に向かった。

岩間インターを出て岩間町に向かうと、正面に姿のよい丘陵が見えてきたので、これが愛宕山とすぐに分かった。県立自然公園で「ふるさと創生により〝あたご天狗の

愛宕山では、不動滝と滝入不動尊が印象深かった。暗い森の中の滑滝と滝修行の落水、苔むした堂宇が、明るいハイキングコースと対照的で、不思議だった。

森〟が整備された」と案内にもあるし、愛宕神社まで車道も上がっているので、ならば当然、大勢の花見客が予想されたが、山に向かって行くと、意外にも車も人も少ない。スタート地点に予定した愛宕神社の正面階段下の駐車場も、混雑というほどではない。そして車を置いて神社に向かうと目当てのサクラが現われるのだが、これがようやく花が咲き始めたばかりであって、花見に誘った同行者は、しまった、調べて来ればよかった、としきりに後悔し、それを、東京では満開の所が多かったからね、この辺は気候もだいぶ違うのさと慰めて、まずは火伏せの神様とされる愛宕神社に参拝した。

　それから神社のうしろの石段を上ると、飯綱神社と六角宝塔と十三天狗の祠がある山頂で、この山が神仏習合の修験道の霊場であるのに気付き、〝天狗の森〟も、あちこちに見る天狗のキャラクターも、すべてこれに由来すると分かった。また、ハタと気付いたのは、幕末の水戸藩に生まれて悲劇的な結果に終わったラジカル集団も〝天狗党〟なので、この地方は特別に天狗さんとの関わりが強いのだと思った。有名な〝悪態祭り〟もその天狗さんが主役と、あとで知ったが、ここでの天狗はすなわち修験道の行者のことだろうから、それほど密教の修行が盛んに行なわれた所なのだと思って、改めて神社の周辺を眺めた。

神社から西への石段を下るとサクラ並木があり、やはり一、二分の開花だった。広い駐車場を過ぎて少し行くと乗越峠《のっこし》で、あとで行くつもりの不動滝はここを北へ下るのだ。峠の先でダートの林道が分かれ、これが団子石峠《だんごいし》へのハイキングコースなので、この道へ入り、少し先で右へ分かれる山道に入ると、いよいよお花見ハイキングである。すなわち道の両側が全部サクラなのだが、これまで以上に開花は少なく、同行者がまたまた悔しがるので、それを慰めながら、のどかな稜線の道を歩いた。

お花見ハイキングをうたうだけあって、このサクラのプロムナードは気分がよく、道幅が広く整備も行き届いているので、ファミリーや仲間で楽しく歩くのに向いてい

南山の展望台から、愛宕山がこのように見える。飯綱神社と六角宝塔と十三天狗の祠は、この山頂にある。右寄りの鞍部が乗越峠なので、不動滝は左下辺りである。

ると思った。満開のころはそういう人たちが多いだろう。

しばらくして左側に、先ほど分かれた林道らしい道が並行し、その先を少し登ると〝すすきヶ原〟とある場所に出たが、ススキはほとんど見当たらなかった。

それからサクラ並木は左側だけとなり、右にトラバース道を分け、コースに入って初めての急登をひと登りして、立派な展望台のある南山の山頂に着いた。

芝生の園地になっている南山は明るくて気もちのよい所で、展望台に上ると、ほとんど三六〇度の見晴らしだった。近くは難台山が形よく、筑波山は意外に遠かった。春霞の先に光っているのは霞ヶ浦と北浦と案内で分かった。太平洋も見えるらしいが、確認できなかった。けれども、ともかく胸のすくような眺めで、同行者の機嫌も直り、展望台をグループハイキングの人たちに譲って、芝生のベンチでワインの栓をポンと抜いて乾杯し、満開のサクラは見られなくても、ここでこうして春を楽しめることを祝った。

予定では、この先の団子石峠まで行くつもりだったのを、南山展望台止まりと改め、ここから折り返した。すすきヶ原の先で林道に入り、途中〝見晴らしの丘〟へ寄り道したが、南山展望台と比べて相当に見劣りがした。林道合流点からは乗越峠を経て、駐車場へ戻った。

不動滝へは無精をきめて、車で行った。滝は小さい滑滝《なめたき》だが、滝修行用の石樋か

「悪態祭り」は、このような姿の十三天狗と参拝の人々とで、旧暦の11月14日に行なわれる。参拝者の悪態に対して、マスク姿の天狗は終始無言である。解釈はさまざまだが、この地方の為政者が民衆の不満を悪態の中に聞こうとしたというのが、ありそうなことだと思った。

ら落ちる水がおもしろく、また滝上の不動堂が古寂びて味わい深いものだった。明るいサクラの愛宕山と渋い不動滝、滝入《たきまえ》不動尊の対照が妙であると感じた。

〝悪態祭り〟については、あとで神社で説明をきいた。それによると、やはり主役は十三天狗と参拝者で、愛宕山とその周辺の神々に参拝するのだが、そこでは供物を参拝者が奪おうとし、天狗がそれを阻む。また神社に戻って、整列した天狗に参拝者が口々に悪態をつく（ののしる）、これが〝悪態祭り〟の主なパフォーマンスということだった。

（二〇〇五年四月）

●アクセス　JR常磐線岩間駅下車。
●参考コースタイム　岩間駅（1時間5分）愛宕山（50分）南山（25分）団子石峠（50分）滝入不動尊（別雷神社経由1時間10分）岩間駅
●2万5000分ノ1地形図　岩間・加波山
●問合せ先　笠間市役所☎0296・77・1101

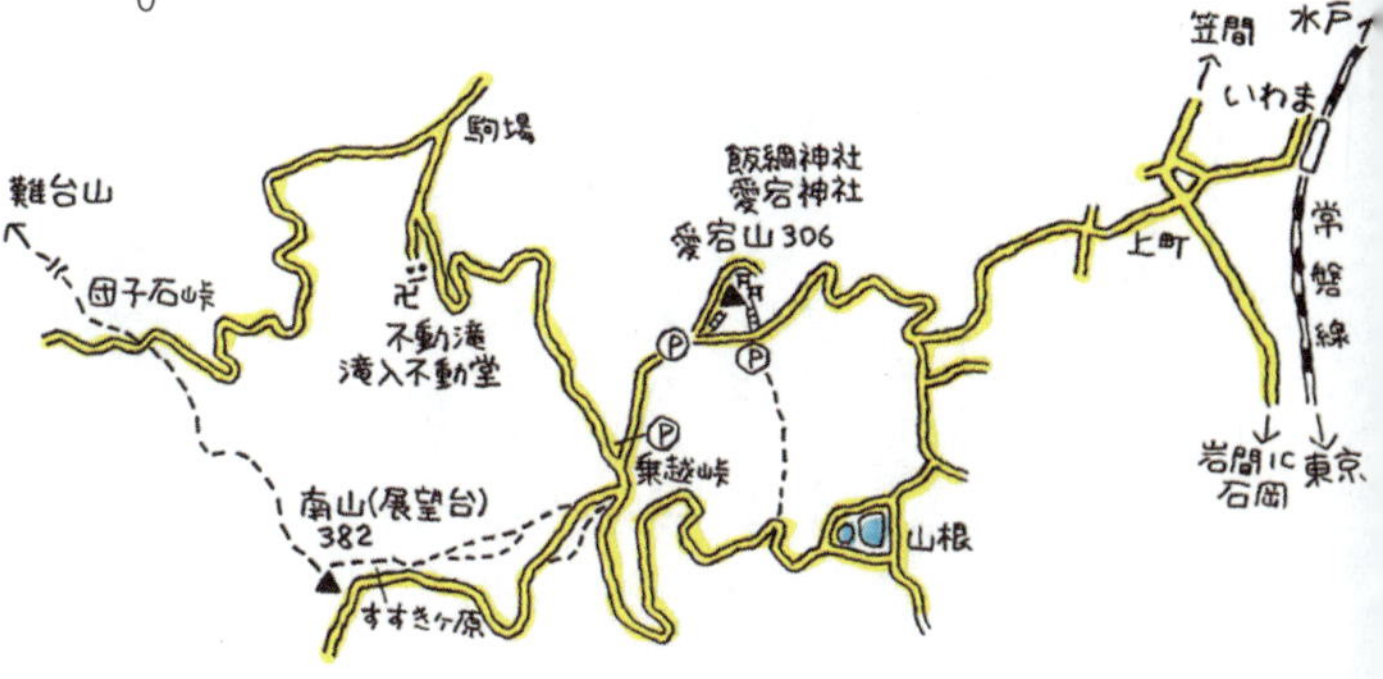

❻足尾山 あしおさん 627.3m ｜ 茨城県 筑波連山

欲しいのは日本一の強い足

足の神様って、珍しいんじゃないかね。お願いすると足の病気やケガが治るらしいよ。足を強くするのはどうかね。それが叶ったら陸上の選手がお願いするだろうな。中高年のハイカーもお願いしたいね——そんな会話があった結果、その〝足の神様〟足尾神社の鎮座する足尾山（茨城県）へ五月のある日、友人と向かった。

これから歩こうとするきのこ山と足尾山は、筑波山と加波山の間にある。有名な山にはさまれているせいか知名度は低いようで、友人に〝足の神様〟のことを教わるまでぼくも知らなかった。「足尾山」ときいて、初めは栃木県の足尾かと思ったくらいだ。

登山口は〝石〟で有名な真壁町（※現在は桜川市）にある。石材店や石置場を見ながら案内にある伝正寺へ向かうと、「筑波連山縦走のみち」と書いた案内図が見つかり、伝正寺から登るコースは現在通行不能で、林道端上線を通るようにとある（※現在は通行可能）。友人は「どっこい真壁の伝正寺」（ぼくは知らなかったが友人は有名なフレーズだという）の伝正寺を楽しみにしてきたのにと口惜しがるので、下山後に寄り

筑波山、加波山という有名な山の間にあるので目立たないが、姿もよく、山頂には日本唯一の〝足の神様〟足尾神社が鎮座し、パラグライダーの山でもあるので、足尾山はもっと知られてもよいのではないか。

道することにして、林道入口の「きのこ山方面」の道標の脇に車を置き、歩き始めた。

舗装の林道歩きは味気ないが、周囲の雑木林はいっせいに若葉をつけ始めたところで、黄緑の霞がかかったように美しく、関東の雑木林はいまが最高だねと話した（秋になるとまた、いまが最高だねと言うのだが）。

林道歩きなので、たぶん従来のコースの倍ほどの時間がかかって、つぼろ台に着いた。大石がちょうど展望台のようになっていて、上に乗ると関東平野が広々と見えるが、気温が高いせいか遠くは霞んでいる。

つぼろ台から先は支稜線上を直登する山道で、ようやくハイキング気分になり、生気あふれる若葉の雑木林の中を、元気に登った。

建設中の林道を横切って、ひと登りでパラグライダーのテイクオフらしきスロープの脇に出た。この日は気流の加減か人影がない。スロープの上がまた林道で、これが案内にある稜線林道だろう。きのこ山から足尾山の稜線は、従来の縦走路（山道）をつぶすようにして舗装の林道が通じていると書いてある。

林道を横切るとすぐに四阿《あずまや》のある平坦地に出て、そこがきのこ山だった。案内板に「――地ぶくれ状の山頂一部は――」とあり、地ぶくれというのは低山を悪く言うときの表現だと思っているぼくらは、ひどいことを書くものだと話したけれど、荒廃した感じ（実際に廃屋がある）の山頂はぼくらも余りよい印象は持た

〝石の自然と石の文化〟に彩られた、この地域なので、山中でもさまざまな巨岩名石に出会うけれど、この「つぼろ台」もその一つ。あたかも人工的に大石を展望台代りに置いたように見えるけれど、もちろん自然のもの。上にのると関東平野が一望だ。どういう現象でこうなるのか、岩石博士にきいてみたいねと話した。

となりの山・筑波山は、やはり存在感が濃いねと、友人と何度も話した。低山でも関東平野の主の貫禄は充分である。これはきのこ山のパラグライダーのテイクオフからの眺めだ。

ず、童話風のかわいい山名なのに惜しいと思った。

足尾山へは、案内にある通りの舗装の稜線林道を坦々と行く。底の固い靴をはいてきた友人がしきりに舗装道路を呪っているうちに、二つ目のパラグライダーのテイクオフに出会った。前のは西向きだったが、こんどは東向きで、こちらも人影はない。けれども東西どちらにも飛べるこの山の稜線は、利用者にとっては便利に違いない。

テイクオフのすぐ先に足尾神社の石の鳥居があり、これが参道、すなわち足尾山の山頂への道だ。スギとササに囲まれた参道を登ると、また鳥居があり、正面に足尾神社の拝殿があった。そして右下の絵馬堂（？）を見てびっくり。石の四本柱に囲まれて、クツやゾウリの山ができているのだ。

中には松葉杖もあったりして、これはきいていた通り、足の病気やケガが治ったお札の奉納なのだろうけれど、神社にクツの山とは妙な感じだ。しかし、せっかくだからぼくらも、いつまでも足が丈夫で山を歩けますようにと神妙に祈り、それからさらに山頂の奥宮をめざした。

急登していく途中に、「紀念・水戸駅構内人力車組合新登講」という石碑があった。昭和四年のもので、人力車夫と思われる人々の連名が彫ってある。人力車夫とあれば当然、足が命。なるほどねと友人とうなずき合った。

奥宮は山頂の一段高い壇上に鎮座し、脇に三等三角点があった。壇を囲む雑木林ごしに四方の景色が見えかくれするので、眺望絶佳とはいえないが、たいへんおごそかで気持ちのよい山頂だと思い、二人して奥宮に詣で、それから四方を眺め、ワインで乾杯し、石のベンチを借りて昼食をとった。

下山は一本杉峠をめざした。この辺は稜線を忠実に辿っており、高みを巻いていく林道とは重ならないので、これが昔からの縦走路に違いなく、やはりハイキングはこんな道を歩きたいものである。途中で二回林道にからむが、すぐにまた山道に入り、次に林道に出たところが一本杉峠だった。

峠には名前の通り大きい杉が一本と小さめの杉が一本あり、林道と山道と合わせて六差路の交差点になっている。ぼくらは真壁町白井へ下る廃道の林道（オフロード）を辿って下山。予定通り伝正寺へ寄り道し、向かいの伝正寺温泉・桜井館（※閉館）で温泉に浸り、気分よく帰途についた。

（二〇〇一年五月）

●アクセス

JR常磐線土浦駅から関東鉄道バス（土浦営業所☎029・822・5345）筑波山口行で55分、筑波山口で桜川市バス（下妻車庫営業所☎0296・30・5071）岩瀬庁舎行に乗り換え、25分の真壁城跡で下車。つくばエクスプレスつくば駅から筑波山口へは、つくバス北部シャトル（関東鉄道つくば北営業所☎029・866・0510）55分。マイカーの場合、みかげスポーツ公園に駐車場がある。

●参考コースタイム

真壁城跡バス停（1時間35分）つぼろ台（1時間）きのこ山（50分）足尾山（20分）一本杉峠（1時間15分）白井（25分）真壁城跡バス停

●2万5000分ノ1地形図

加波山・真壁

●問合せ先

桜川市観光協会☎0296・55・1159

❼雪入山　ゆきいりやま

345m ｜ 茨城県　筑波連山

行列の金明水、穴場の銀名水

いつもぼくの知らない山に誘ってくれるAさんから、久しぶりに連絡があった。ユキイリ山って、ご存じ？　知りませんね、どこの山ですか。筑波の外れの方にある里山でね、キンメイ水っていう名水があるの。へー、また名水ですか。景色もいいのよ、だから行きましょう。

そういうことでAさんの誘いにのって、筑波の外れの里山、雪入山を歩くために、常磐自動車道の千代田石岡インターからローカル道路へ入り、「三ツ石森林公園」のサインを頼りに山に向かい、頃合いの路肩に車を置いて歩き始めた。

正面に見える里山らしい優しい稜線が雪入山に違いなく、案内によれば登山口のあさば峠までは林道歩きで、その途中で三ツ石森林公園への道を分けるが、地元で有名な名水・金命水はその先にあるらしい。雪入山の主峰は剣ヶ峰とあるのだが、稜線のどこにもそれらしい高みは見つからない。けれども、ともかく行けば分かるでしょうと話し、舗装された林道を長閑な気分で歩いた。初めは果樹園が多く、その先の雑木

金命水から〈あきば峠〉に向かって少し行くと銀命水があった。金命水よりも水量が多いようで、冷たい水がほとばしり出ていた。金命水のように混雑していないので、ゆっくり味わって飲んでみた。

林は常緑樹が主体なので初冬の季節感は余りなく、トリの声が賑やかで、日ざしは優しかった。

三ツ石森林公園への道を分けてしばらく行くと路上に自家用車が数台駐車してあり、人の話し声が聞こえ、近づくと水を汲んでいる様子なので、これが金命水と分かった。中年の女性が腕まくりで、ビニールホースを持ってポリタンクに水を注いでおり、水量が少ないからタンクを満たすのに時間がかかり、その間に後ろの人と話しているのだ。後ろには四、五人が順番を作っているので、名水を汲むのも大変だと思った。

金命水を過ぎて少し行くと、何と、もう一つ湧水があり、こちらは銀命水とある。しかし銀命水は汲む人もなく、なのに水量は金命水よりも多く、パイプからほとばしり、あるいは岩肌を伝わって滔々と流れ出ていた。手で触れると驚くほど冷たく、一口飲んだAさんはおいしいと言い、どうしてこちらを汲まないのかしらと訝しむので、金命水の方がもっとおいしいのじゃないの、いや味は同じはずと、思わぬところで論争になった。

論争に決着がつかないうちに、登山口のあきば峠に着いた。峠の名は青木葉《あきば》峠とも書くらしく、道標や案内図も完備していて、この地域がハイカーに気を遣っていることが分かり、こういうところはきもちがいいね、いい感じですねと話した。峠の向こうに筑波山が、意外に近かった。

峠からようやく山道に入った。あたりはヒノキの交じる雑木林で、道はよく踏まれて公園の遊歩道のようだ。しばらく行くと南側が開けたところに出た。案内にあるパラグライダー離陸場だと思ったが、最近使われた様子がない。遠くに霞ヶ浦が、白く光って見えた。

剣ヶ峰の山頂はまったく展望がないが、南東側に一段下ったところにすばらしい展望台があったので、休んだ。展望の主役は霞ヶ浦で、この湖水をこの位置から見たことがないので、しっかり眺めた。

山麓から見た雪入山。まん中の高みが剣ヶ峰。どこが山頂か分からない山頂で、どうして剣ヶ峰なのかねと話した。絵には入らなかったが、この右に浅間山があり、麓の集落では全部まとめて雪入山と呼ぶときいた。

スズタケ林を抜けて、また雑木林に入った。稜線を行くので、木々の間に左右の景色が望める。右には筑波山地、左下には「雪入ふれあいの里公園」の施設らしいものが見える。こんな稜線歩きが里山のいいところだねなどと話しているうちに左側に展望台が見つかり、そこに立ってみると、先ほどから見えている霞ヶ浦や土浦、鹿島から太平洋まで見通せるほどのすばらしい景色で、ぼくらとしては珍しいものだから、しっかり眺めた。

それから先へ行こうとしたら、展望台がすでに山頂の端のようで、剣ヶ峰と記された道標のある場所に出た。そこは樹林の中の平坦地で見晴らしもなく、剣ヶ峰という地形でもない。そこで、なぜ剣ヶ峰なのかねと、ここに来ただれもが話しそうなことを話し、Aさんの携帯で記念撮影をした後、下山することにした。

下山は「眺望コース」とあるルートを選び、急な道を滑るようにして下った。直登コースと分かれるとトラバース道になり、「この水は飲めません」とある小沢をいくつか過ぎ、眺望が開けるのはまだかねと話しながら行くと、露天風呂の看板のある立派な旅館（※いやしの里）の前に出て山道が終わってしまったので、だったら途中で一カ所景色が見えたけれど、あれが眺望だったのかと話した。その景色は山頂の展望台と同じ方向で、かつ数段劣るものだった。

それからは道標を頼りに、各所で名前を見る「雪入ふれあいの里公園」を目ざした。その公園のことが案内にも書いてあり、コース中にも看板があって、ぜひ行ってみたいと思っていたからだ。

この地域は道標が完備しているので、雪入の集落に入っても迷わなかった。「雪入ふれあいの里公園」に着いて、なんでもないふつうの里山に（といっては失礼ですが）、こんな立派な施設があるのかと驚いた。公園の入口にあるネイチャーセンターは、身近な里山にも豊かな自然があるということが分かる、まじめでしかも楽しい所で、子供たちの質問に学芸員の方が親切・的確に応えている様子に感心した。3Dディスプレイなどはぼくらも大変おもしろく、充実した気分で公園をあとに、果樹園の多い雪入の里を抜けて出発点に戻った。

（二〇〇五年十二月）

●アクセス

マイカー利用。三ツ石森林公園に駐車場がある。バス利用の場合、JR土浦駅西口から関東鉄道バス柿岡車庫行で25分、田上下車。三ツ石森林公園へは徒歩40分。雪入ふれあいの里公園からは徒歩45分で田上バス停。

●参考コースタイム

三ツ石森林公園（1時間15分）あきば峠（20分）雪入山（30分）いやしの里（40分）雪入ふれあいの里公園（45分）三ツ石森林公園

●2万5000分ノ1地形図　柿岡・常陸富士沢

●問合せ先

かすみがうら市役所☎0299・59・2111

❽高館山　たかだてやま

301・7m ── 栃木県　益子町

益子にそびえる防衛陣地

標高三〇二メートルの低山といえば、どこにでもある里山と思いがちだが、栃木県芳賀郡益子《ましこ》町の東南にある高館山に限っては、単なる里山とはいえないと思う。なぜかといえば、この山の中腹には天平九（七三七）年、行基菩薩開山の北関東の名刹獨《とっ》鈷山西明寺《こさんさいみょうじ》があり、その聖境を護るようにうっ蒼とした森林が広がることが一つ。それからまた、この山全体が中世の山城であって、宇都宮勢の中の「紀党」益子氏の拠点の一つであり、山頂はもとより、そこから北へ南へ西へと派生する稜線上に連続して郭《くるわ》が設けられ、西明寺城（高館城とも）と呼ばれたその城郭の跡が、いまも歴然と残っていること。さらに山麓の益子町も、いまでは陶芸の里として全国に知られているわけで、そういったことを考えれば、高館山は並の里山とはとても思えないと、実は以上のことをかなり前に教えられ、それまでに何度か訪ねている益子町にそんな山があったとは知らなかったので、今度益子へ行ったら、ぜひ高館山を歩こうと思っていた。それがこのたび急に実行と決まり、初秋の爽やかなある日、益子町の高館山へと向かった。
陶芸店が並ぶ益子町のメインストリートがすっかり立派になったとおどろく間もなく、西明寺方面のサインのある交差点を右折、車は山道を駆け上って、西明寺の入口に着いた。味わいのある茅葺きの寺務所を過ぎて上って行く長い石段の左右には、石仏や石碑が多い。途中にあった平坦な地形は、たぶんこれが西明寺城の郭の跡というのは、事前に入手した資料からの推理だが、そう思えば確かに郭のように見える。そして楼門に上り着いて、はっとした。

左手に突然、姿のよい三重塔が建っていたからで、この塔を落着いてよく見ると、三層そろって勾配が急で反りは大きく、どっしりと自己主張の強い塔という印象であり、楼門の方も茅葺きの質朴と、由緒書きに純粋唐様とある木組みの見事がともに印象強く、この二つが室町時代の作

獨鈷山普門院西明寺は坂東巡礼第20番、下野第13番札所で、真言宗豊山派。本尊は十一面観世音菩薩。天平9（737）年、行基菩薩開山、紀有麻呂開基。明応元（1492）年建立の楼門、天文7（1538）年建立の三重塔が国重要文化財、他にも味わいのある古建築が多く、この大師堂もその一つ。

で国の重要文化財（旧国宝）とあるのに納得した。続く閻魔堂《えんまどう》、鐘楼、大師堂、そして本堂も、度々の兵火で焼失再建をくり返したと説明があるけれど、古刹のイメージに反しない立派なたたずまいで、同行者とともに厳粛な気分になった。目通り五・四メートルという高野槙《こうやまき》の巨木の下を通って山道に入ると、あたりに常緑樹が目立ち、これが意外に思えたが、案内に暖温帯の照葉樹林の北限とあったのを思い出し、なるほどと思った。ぼくらは、北関東は寒いという固定観念があるのだが、このあたりはそうでもないのだろう。

そういう森の中を登っていくと、すぐに権現平という広場に着いた。西側が開けて、案内盤には日光連山、那須岳などが見えるとあるのだが、樹木の繁茂と暑さのせいで遠望はなく、山麓の益子市街しか見えなかった。それから、この広場もうしろの一段高い所も、資料によって郭の跡と判断できたので、そのつもりになって観察した。

それからまた常緑樹の多い森を行き、車道を横断すると、駐車場の脇に西明寺城の説明があり、またこの場所や近くの井戸の跡も西明寺城の遺構と分かったので、ますます興味津々となった。その先も山道は段差を越えるようにして登って行き、これも廓を一つずつ通過しているのだと思った。郭の縁は低い土手で、山道はそこを切り通

高館山から西の方を眺める展望台の権現平。広場のような場所だが、西明寺城の郭跡の一つだろうと思った。城主益子氏は、平時は本城で行政を行ない、戦時には西明寺城に拠ったと考えられている。

して行き、山頂と思われる長方形の園地に出た。ここが本丸に当たる郭というのも資料で分かったが、三〇二メートルの三角点が見つからない。東南隅の小高い所にありそうだったがそこにはなく、土手を越えた先にも見つからず、ついに北の端の土手の上に密かにある三等三角点を発見して、同行者とともに喜んだ。それで、高館山は道標も案内もたくさんあるのに三角点などは無視しているから、たぶんハイカーは相手にしていないのだろうと話した。

山頂から北へ「益子の森」を目ざしての下りも、稜線上に連続する郭跡を辿るようにして行くのがおもしろかった。西明寺城は、城というより大規模な砦といったものらしく、天守閣はもとより櫓

高館山全景。西明寺は右側中腹にある。西明寺城は山全体に城郭を広げ、戦時に防衛機能を発揮した。紀貫之も一族である紀氏が平安中期に益子に移り、これが益子氏の起こりとあるが、宇都宮氏とも縁続きで、宇都宮勢の中で「清党」芳賀氏と「紀党」益子氏が二大武士団だったという。戦国末期に宇都宮、芳賀、笠間らの連合軍に攻められ益子氏は滅亡した。

や大手門や石垣や堀など一切ない。すなわちこれは、土手で仕切られた郭がつながる山全体の防衛陣地だったのではないかと、ぼくらは俄《にわか》考古学者になって考えた。下山の途中で出合った急なコンクリートの階段や、その先で越えた段差や溝なども、そういった城郭の遺構にちがいないと思った。西明寺も郭の一部で、全体で三〇以上の郭があったと資料にあるのも、歩いてみて納得できた。

吊り橋（窯望橋）を渡って町の施設「益子の森」へ入ると、山道に沿ってトリムコースがあったので、一つ二つ試した。けれどもハイキン

グ中にエクササイズを試すのは身体的に無理があるように思ったので止めて下ると、芝生の大広場のところで山道は終わった。そして県道へ出ると、そこは大きい窯場の前で、陶芸の里益子に出たところで、ようやくハイキングを終えた。

益子駅までの道は以前から陶芸の店が並んでいたけれど、しばらく見ない間に電柱が除かれ、きれいに整備されて見違えるようになっていた。共販センターや陶芸メッセ益子を再訪し、それから塚本窯へ行き、また町へ戻って通りを歩き、結局一人一個、気に入った器を求めて、充実した気分で帰途についた。

（二〇〇六年九月）

●アクセス　真岡鐵道益子駅下車。
●参考コースタイム
益子駅（50分）西明寺（30分）高館山（45分）益子の森（45分）益子駅
●2万5000分ノ1地形図
真岡・中飯
●問合せ先　益子町役場☎0285・72・2111

❾ 高峯 たかみね 519・6m 仏頂山 ぶっちょうざん 430・8m

栃木県・茨城県（鶏足山地）

低山ベストシーズン

栃木県と茨城県の境界に当たる丘陵地は、いかにも里山らしい感じの長閑かなところで、のんびりハイキングにふさわしい地域だ。

早春のある日、ぼくらがやってきたのもそのあたりで、笠間市街から県道を宇都宮方面に向かい、仏ノ山峠を越えてすぐに左折した、上小貫という集落がこの日の出発点である。案内書にある小貫観音堂もすぐに見つかり、近くに車を置かせていただいて、由緒があるにちがいない立派なお堂に詣で、詳しくは戻ってから拝観させていただくことにして歩き始めた。

堰堤下の分岐には道標がなく、勘で左に行くと植林に入り、林道の分岐でようやく道標が見つかり、目ざす「高峯」の字があった。冷たいスギ、ヒノキ林はどうしても足早になるもので、せっせと行くと小広い場所に出て林道が終わり、そこからは擬木の階段道で、これもせっせと登ってようやく雑木林に入った。やわらかな日ざしが暖かく汗ばむほどなので、上着を脱いでザックに入れた。同行者も同じようにして、水上小貫の観音堂は、かつてここにあった円満寺（領主であった芳賀家の菩提寺）境内の仏堂とのこと。堂内には十一面観音像（鎌倉後期・県有形文化財）がある。江戸初期の建物と考えられているが、素人が見てもなかなか味わい深い仏堂だと思った。

筒の水を飲んだ。

稜線の道に出合い、山頂へ向かった。林床はササが深く、道はよく踏まれて歩きやすい。気もちよい稜線だねと話していると、わずかに景色が開けたところに出て、それが高峯の山頂だった。二等と読める三角点があり、南側に筑波山と思われる山の姿が霞んで見えた。パラグライダーの発進基地などと書いてあるが、風のない日だったせいか、そんな様子はなかった。その他とくに変わったこともない山頂だけれど、この長閑かなところがこの辺のよさだねと話し、ベンチに腰かけて早春の里山気分を味わった。

奈良駄峠への道は、葉の落ちた雑木林を行く快適なもので、いまが低山のベストシーズンじゃないかと話した。しばらく行くと、初めて北側に景色が開けた所があり、

⑨高峯、仏頂山

上小貫のあたりも見えた。ベンチもあるので、案内書に展望台とあるのがここだろうと思った。

　小さいコブをいくつか過ぎ、心地よい稜線歩きが急な下りになって、奈良駄峠に着いた。昔からの交易の道にちがいない風情のある峠で、下小貫方面への道が切り通しの向こうへと下っていた。この道をあとで、ぼくらも下るのである。

　峠でひと休みしたあと、仏頂山を目ざして急な階段道を登った。ぼくらはすでに首都圏自然歩道に入っている。道標のデザインが変わったので気付いたのだが、山を歩いていると、いつの間にかこうして公設の自然歩道に出合い、また分かれていくことがある。自然歩道が始まったころは道標や路傍の設備も新しく、歩道も手入れがよいのが自然歩道の特徴だったけれど、歳月が過ぎた昨今ではそうではないことが多い。首都圏自然歩道はまだしも、東海自然歩道なんかは道標が老朽化したり道が壊れたりしていることがあるからね、などと話しているうちにまた自然歩道の道標があったが、この辺は比較的新しいせいかそんなことはないようだ。

　コブをいくつか登り下りし、雑木林と植林を出入りし、階段道を何度も登ってようやく「左・茂木町へ一・六キロ　直進・仏頂山山頂へ一八〇メートル」という道標に

上小貫から仰ぎ見る高峯はこのように立派で、標高520メートルでも「高峯」なのだと思った。このあたりの丘陵は、どこもこうした植林と雑木林のモザイク模様だ。

出合ったので、これは最後の急登かと思ったら、逆に少し下りかげんで仏頂山の山頂に着いた。

山頂は雑木林と植林に囲まれて展望はなく、ベンチと自然歩道の案内図があるだけだった。その案内図が壊れているのが印象を悪くしているのだが、これは野鳥のしわざだろうと思った。けれどもこの日二つめの目的地であり、展望はないけれど春の予感のする穏やかな山頂だったので、ワインで乾杯し、弁当を広げた。トリの声が多かったが、それでかえって静寂を感じた。

自然歩道は山頂からさらに東へ向かって下り、山麓の名刹・楞厳《りょうごん》寺へ

上小貫からの仏頂山。右の稜線を行くのが首都圏自然歩道だ。山頂から上小貫へ直接下る道は、踏みあと程度のようだった。

と続いているので、できればそちらへ行きたいのだが、ぼくらは栃木県側へ下るので、そのあと笠間へ行く途中で楞厳寺へ立ち寄ることに決めて、下山した。

下山は奈良駄峠までは来た道を戻った。峠から栃木県側へわずかに下るとすぐに林道になり、あっという間に出発点の上小貫の観音堂に着いた。

山村の小さな仏堂と思っていた観音堂は、拝観してみると実に見どころが多くて、ぼくらはすっかり感心しながら上小貫をあとに茨城県側へ戻り、まず楞厳寺へ向かった。そして笠間城主笠間家代々の菩提寺とある名刹を拝観し、それから往路で看板を見て気になっていた「笠間芸術の森公園」を訪ねた。

行ってみるとこの公園は、広大な園内に「陶芸美術館」、陶芸を教わったり窯元や窯元や作家を紹介、作品の展示などをする「工芸の丘」、県の窯業指導所とある「匠工房笠間」、地場産業の笠間焼のイベントなどをする広場もあって、素人ながら自分でも陶芸を楽しむ同行者は興味深く見て回り、やきもの大好きのぼくも楽しい時を過ごした。それから公園を出たあたりにも窯元や陶芸店や工芸品店が多く、そんなこんなで笠間を離れるときには、すっかり暗くなっていた。（二〇〇三年二月）

●アクセス
マイカー、または真岡鐵道茂木駅からタクシー利用。

●参考コースタイム
上小貫（1時間10分）高峯（40分）奈良駄峠（35分）仏頂山（30分）奈良駄峠（35分）上小貫

●2万5000分ノ1地形図　羽黒

●問合せ先
茂木町役場☎0285・63・1111、笠間市役所☎0296・77・1101

⑩雨巻山　あままきやま

533・3m ― 栃木県　益子町

窯の街の岩山

益子《ましこ》ときくと、関東の人ならだれでも〈益子焼〉を連想するし、〈陶器の里〉をイメージする。けれども、同じ益子にハイキングコースがあるのを知っている人は少ないだろう。ぼくらも知らなかった。そして、それを教えられて出かけてみたら、規模は小さいが滝のある沢、雑木の尾根、露岩の展望台となかなかのもので、しかもその後に陶器の里を訪ねるというおまけもついたので、ぼくらはすっかり気に入った。以下はそんな雨巻山ハイキングの話である。

穏やかな晩春の朝ぼくらは車で笠間から益子方面へ向かい、益子入口の下大羽で左折して雨巻山の登山口を目ざした。地図によると、それらしい山が見えてきてもよい頃と思うのだけれど、そんな気配はない。そのうちに最後の集落と思われる辺りも過ぎ、舗装道路が終ってオフロードとなり、林道入口のゲートに行き当った。「大川戸林道起点」とあり「一般車両通行止」「大川戸国有林」といった立て札もあるので、ここに車を置かせてもらって出発ときめた。雨巻山って本当にあるの？　この先に？

としきりに不安がるおばさまAに対して、大丈夫だいじょうぶと胸をたたくおじさんAとB、というのはいつものパターンであって、それで思わぬヤブこぎや遠回りをさせられることが多いのでおじさんたちは信用がない。けれども林道を少し行くと谷間が開け、いかにもこの辺りの主峰らしい山の姿が見えたので、これを雨巻山と断定。それで一行の足どりも軽くなった。

里山にしては雑木林が多く、とくに山道沿いは植林が少ない雨巻山とその周辺。さすが益子県立自然公園である。

林道を進むと、こんなところにと思うような民家が一軒寂しくあり、近寄るとこれが地図にもある大川戸鉱泉である。「しばらく休業致します」と書かれ、白い犬が出てきて遠吠えした（※大川戸鉱泉は廃業）。それからしばらくで林道は終り、沢沿いの山道になった。

この沢沿いのコースこそこの日のハイライトで小さい沢ながら水かさは意外に多く、大岩小岩が重なり、小さな落ち込みの先にはすべり台

ゴツゴツと岩がもり上るように見える三戸谷山。里山であっても、これだけ岩によろわれていると、何か近づき難いものを感じるのだ。

ほどの滑滝《なめ》もある。そこに踏みあとがからんでいるので、ミニ沢登りが味わえるのだ。これは楽しいねとおじさんBは機嫌がいいが、おばさまAは石をとびそこねてお尻を濡らし、無口になった。

と、そこまではいいのだが、ある地点で沢がプツンと終るといきなり急斜面の登りである。それも初めはステップがあり、赤テープが誘導してくれるのだが、途中からは何もなく、木の根と枝が頼りの急登となる。まったくもー、といったブーイングには、あと一〇メートル！とはげましの声で応える。実際にすぐ先に尾根道が見えているので、エイとひと息で登り切って、稜線に出た。

尾根道に立つと山頂は目と鼻の先。雑木の間

三戸谷山の対面の山は、地図にも名がない。雨巻山や三戸谷山と対照的に植林が多く、パッチワークのようなのがおもしろいので描いてみた。これが一般的な里山だ。

をかけ上るようにして、雨巻山の山頂に着いた。小広い山頂は雑木とササに囲まれて見晴しはほとんどないが、三等三角点、それと山名を示す小さなパネルが傍らの木に張り付けてあり、シンプルな山頂に好印象を持った。けれども昼にはまだ早いので、露岩があるという三登谷山《みつとやさん》に向かうことにした。

　雨巻山から三戸谷山まではほとんど雑木林の尾根を行く散歩道で、これもコース中の楽しみどころだ。登り下りも適当にあるし、雨巻山から北にのびる稜線や益子方面の見晴しのきく所もいくつかある。淡い緑の芽ぶきが美しい雑木林のウォークは、この頃の低山で最高のものだと思った。

　下山に使う予定の大山戸へ下る道を見送ると突然、三戸谷山が大きく見えてきた。確かに露岩が多く、クライマーのトレーニング場になっているというのもうなずける。一つの双眼鏡をみんなで回してウォッチしたけれど、残念ながらこの日はクライマーの姿はなかった。

尾根道も、このあたりから岩が多い。青白い堅い岩である。そんな岩場を急下りして、また登り直したところがどうやら三戸谷山の山頂らしいのだが、表示はなく、ヤブが深くて見晴しもなく、休むところもないので少し先に下ってみると、急に視界が開けて露岩の上に出た。正面には雨巻山が五三三メートルの標高以上に堂々と立派で、西の方の遠くには筑波山の特徴的な姿が霞んで見えた。

乾杯にふさわしい場所がやっと見つかったので、おじさんAのザックから赤ワインが、おじさんBのザックからチーズが、おばさまAのザックからは大量のご

この日のおまけ、益子焼の窯元見学ツアー。窯元さんにお願いして仕事場を見て回った。登り窯もいくつかある。火は入っていなくても熱心に見学。陶器というものは、なぜ人を引き付けるのだろう。

馳走が出てきてランチタイムである。低山の一隅に憩い《リラックス》の時が流れた。

下山は先ほどのところまで戻って大川戸へ。いつものことだが、あっという間に下ってしまうのが低山のよいところで、予定よりだいぶ早く林道入口に帰り着いた。だから春の日はまだ高く、この日のおまけである〈陶器の里・益子〉ツアーには十分に時間があるので、さっそく益子市街へ向かう。ここでの目的は窯元を訪ねて職人さんの仕事ぶりを見せて頂くことなので、役場でもらった案内図を頼りに、窯元見学ツアーに残りの時間を過した。

（一九九八年五月）

●アクセス
マイカー利用、または真岡鐵道益子駅からタクシー利用。
●参考コースタイム
大川戸駐車場（1時間25分）雨巻山（35分）メインコース分岐（25分）三登谷山（20分）メインコース分岐（55分）大川戸駐車場
※本文では沢コースを登り、メインコースを下っているが、大川戸からの尾根コース、三登谷山尾根コースなど多くの登山道が開かれている。ガイドマップは益子町ホームページで入手できる。
●2万5000分ノ1地形図　羽黒・中飯
●問合せ先
益子町商工観光課☎0285・72・8846

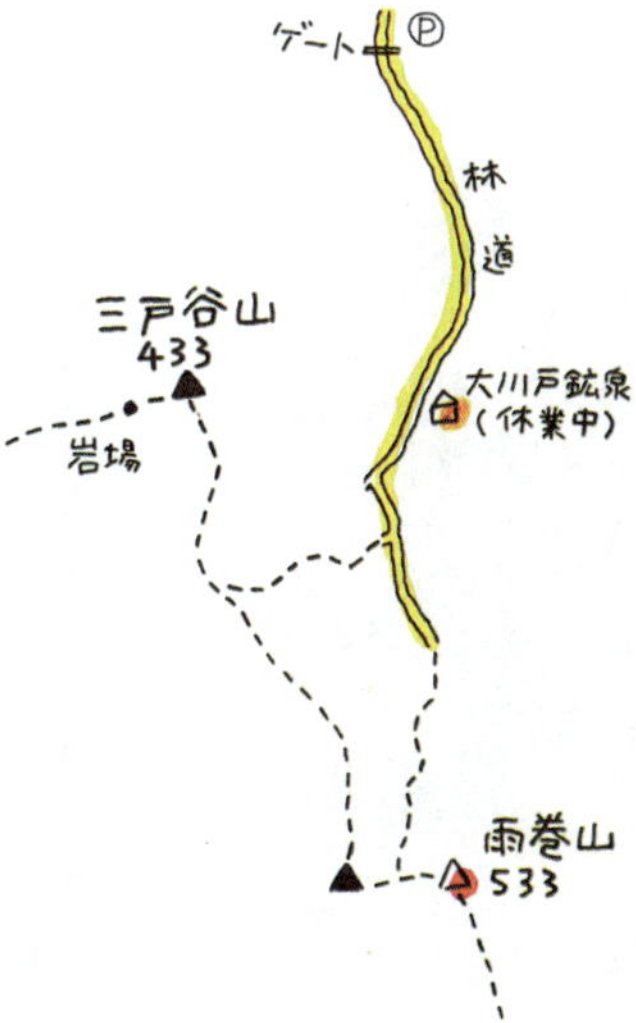

⑪ 鳴虫山

なきむしやま

1103・6m — 栃木県 日光

ゴキゲンでよかった

この山に雲がかかるときっと雨になる——というのが山名の由来ときいたけれど、鳴虫山というおもしろい名称には、まだほかになにかいわくがありそうな気がする。

　ともかく、そんな山名のおもしろさにひかれて、いつか出かけてみようと思っていた鳴虫山に行ってみないかと「山と渓谷」編集部からお誘いがあったのは、秋も終わり近いころだった。それはたしか「一万円で収まり、かつそれ以上の価値のある山」といった企画であって、レポーターに選ばれたのがぼくで、目的地に選ばれたのが鳴虫山というわけだ。

日光の街から鳴虫山を見る。中央の小さいコブが山頂。右の尖ったのは合峰。三重の塔は輪王寺である。

神ノ主山はコース中最高の眺めに違いない。日光の山の大パノラマがすばらしいので、鳴虫山ハイキングは、必ず好天の日に。左が男体山、右は大真名子山と小真名子山。

初冬の早朝、東武浅草駅から特急スペーシアの個室というのに乗った。個室にしたのは企画の意図に合わせたもので、ハイキングのアクセスとしては贅沢のようだけれど、四人（定員）で使えばそうでもなく、これがなかなかよかった。眺めのよい特急電車の窓ごしに、冬枯れた関東平野の乾いた風景が音もなく流れ、なにも考えずにそれを見ているうちに、日光に着いてしまった。

同行者は、グラフ企画のために写真を撮る写真家のO氏と、企画者で編集者のH君である。O氏とは以前にも越後の山へ行ったりしており、

鳴虫山の山頂の展望台。正面にはこのように、女峰山が堂々と在る。ちょっと頭を出しているのが丸山。初冬の日が穏やかに。

この日は氏が日光通であるのを幸い、ガイド役までお願いしているので、O氏の案内でまず観光会館へ行き、前庭に湧き出ている「日光のおいしい水」を水筒につめた。説明板に「厚生省が発表した〈全国のおいしい水〉の中で特においしいと評価された折り紙付きのおいしい水」とある。

消防署の脇から裏通りへ入り、志渡淵川を渡ると登山口の道標があって、いきなり急登が始まる。

雑木林の中をひと登りすると、天王山神社の鳥居と祠《ほこら》があり、足下に日光市街が望める。宮様お手植えの松という石碑だけがあって、松がない。それから暗い植林の道を、せっせと登った。

支稜線に登り着くと、そこからは雑木林で、落ち葉が美しいということでO氏が撮影。しばらく登ると立派な霜柱があり、これも撮影の対象になった。

突然、視界が開けた場所に出て、これが神《かん》ノ主《す》山だった。コース中いちばんの見晴らしはここですとO氏にいわれて、ならばとスケッチを始めたら、これも撮影の対象になった。なんだか今日はスターの気分である。それにしてもO氏が推すだけあって、ここの景色はすばらしい。日光の山々はもとより、遠く高原山、近くは林王寺参仏堂やスケートリンクが手にとるようで、まさに日光の展望台だ。

神ノ主山を過ぎると、植林と雑木林の境界をなす稜線の登りで、小さなコブをいくつも越えるが、向こうに見える鳴虫山の山頂がなかなか近づかない。結構長いですねというと、みんなそう言いますとO氏。そして、これが最後の登りという急登を一気に頑張って、ようやく山頂に着いた。

二等三角点（一一〇三・六メートル）の鳴虫山の山頂は、北に向かって立派な展望台が設けてあり、日光の山々を裸の雑木林の向こうに望む、すばらしい場所である。H君のいれてくれたダージリンティーを頂いていたら雑木林の中でガサゴソという音。

すわ野生動物と三人でそっと見にいったら、白い飼い犬二頭とその飼主だった。

下山は西へ急下降する。もろい足場に落ち葉が加わって滑りやすいやせ尾根をずるずると下り、コブをいくつも越えて合峰に着いた。ここは昔修験道の行場だったというけれど、祠のほかになにもない。

銭沢不動への道を分け、西に開けて男体山がよく見えるところで小休止。それからひと登りすると独標で、疎林の向こうにやはり日光の山々が見えた。ここからは植林の中をひたすら下り、林道に出合ってさらに下って有料道路の下を抜け、取水堰から水路に沿って進んで、大谷川の流れが岩を浸食してできた名勝・含満《がんまん》ヶ淵に出た。

含満ヶ淵の不思議な形の岩石は見ものだが、淵沿いの道の片側に一列に並んでいるお地蔵さん（百体地蔵）はもっと迫力がある。百体というのに数えるたびに数が違

匠町の道路脇にある湧水道。水源は少し上にあり、昔から生活用水として使われてきた。いまは市営水道があるので、飲用が禁止されているとか。しかし水はきれいである。

うので、「化け地蔵」ともいうのだそうで、顔だけ白く変色していたり、頭にちょうど毛髪のように黒く苔がついていたりして、昼間だから暢気に見物しているけれど、暗くなってから通りたくないものだと思った。明治三十五年の大洪水で親地蔵（先頭の二体）他いくつかが流されたのを、復元したとある。

淵沿いに建つ霊庇閣や弘法の投筆（対岸の岩に梵字が書いてある）、慈雲寺、ストーンパークと巡って、橋を渡ると匠町で、ここに昔から使われてきた湧水の水道がある。O氏に指摘されてみると、なるほど道路の脇に各戸ごとに石の水道口があり、清水があふれているのに、なにかとても感心してしまった。

（一九九四年十一月）

●アクセス
JR日光線日光駅、東武日光線東武日光駅下車。帰路は安川町バス停から東武バス10分で東武日光駅。

●参考コースタイム
東武日光駅（15分）鳴虫山登山口（50分）神ノ主山（1時間）鳴虫山（1時間35分）含満ヶ淵（25分）安川町バス停

●2万5000分ノ1地形図
日光南部

●問合せ先
日光市観光協会☎0288・22・1525

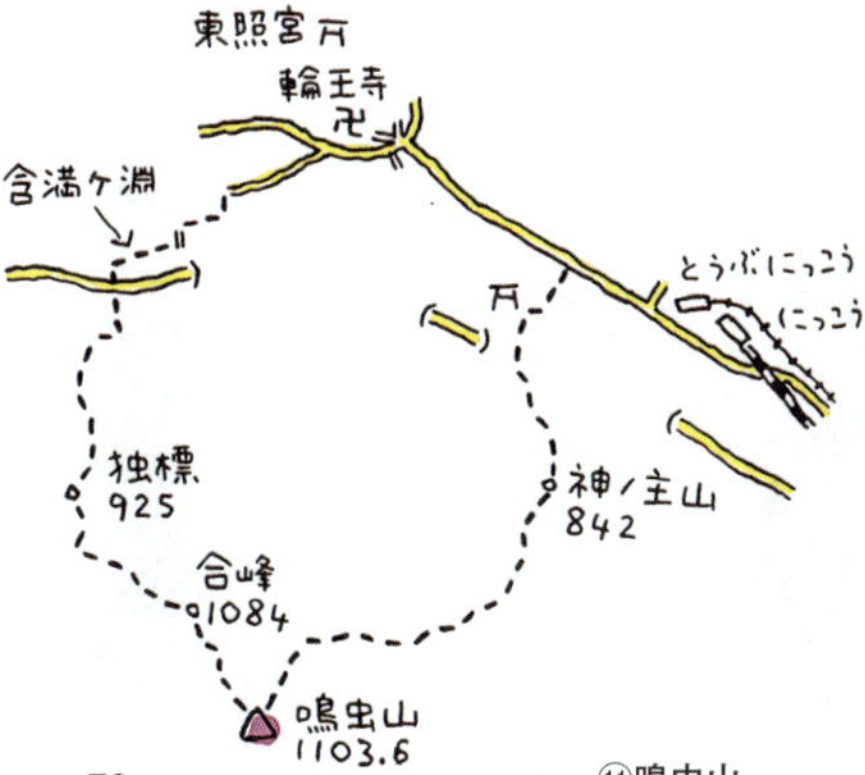

⑫古峰原《こぶがはら》高原《こうげん》、方塞山《ほうさいやま》

マジカル修験者ツアー

1388m（方塞山）—栃木県　前日光

山歩きをしていると、その昔、修験者が山岳修験を行なった場所というのによく出合う。峻険な山に多く、岩場や滝があって、こんな所は修験道向きだなと思っていると、ここで昔、修験者が修行をしたなどと書いてあったりする。けれども、そういいながら修験道とは何かときかれると、山伏がホラ貝を吹いている姿ぐらいしか知らないわけで、つまり何も分かっていない。そこでいま参考書を開いて見たところ、こんな文章が見つかった。

〈修験道とは日本古来の山岳信仰をベースに、外来の仏教や道教の影響を受けて平安時代に体系化された宗教で、山中での行《ぎょう》を通して超自然の力（験力《げんりき》）を獲得

修験者は、いわゆる「山伏」である。山伏の元祖は有名な役行者で、この方の像はあちこちの山にあるので、見た人も多いと思う。いまでも修験者はこのような格好をしているけれど、絵や像で見ると役行者も似たようなものだから、山伏の装束は千年不変なのだ。

古峰原高原の中心は、この古峰原湿原だ。古峰原峠の四阿の前から、ほとんど全体を見渡すことができる。どんな湿原でも、湿原には特別の「憩い」があると、いつも思う。向こうの山は勝雲山か。

し、その力で呪術的な活動を行う〉（『図説　役行者』石川知彦・小澤弘編　河出書房新社）。

なるほど、やはり山中での行動が中心なのである。そうすると登山やハイキングの世界とどこかで重なるわけで、以前筆者の知り合いに、何かに憑《つ》かれたように危険な山にばかり出かけて家人を心配させていた男がいたけれど、あの男などはもしかすると修験者だったのではないかと思い当たった。

そんなことを考えたのも、先日歩いた古峰原高原、三枚石というあたりが、その昔、日光開山で有名な修験者の勝道上人が栃木から日光までの修行路として開いた所とあったからで、それらしい跡も数かず残っていたのだ。

ぼくらは夏の初めのある日、栃木市と足尾町を結ぶ道の途中の粕尾峠から、横根高原入口を経て深山巴《じんぜんともえ》の宿《しゅく》に至り、ここに車を置いて古峰原峠に向かった。深山巴の宿は勝道上人が明星天子の示現《じげん》により修行の地と定められた所で、樹木の中に巴形に清水が流れており、上人はここに草庵を結び修行を積まれ、日光開山の発祥の地となった。後に全日光の僧坊たちの修行の場として千余年の長きにわたり修験道が行なわれた（現地の案内）とある。確かに辺りは流れが蛇行し、スギ、ヒノキ、モミの巨木が天を突き、いまも古峰神社の禊所《みそぎじょ》になっているほどの聖域だから夏なお涼しく、千余年の歴史を感じる所である。

巴の宿を出るとすぐに湿原が現われ、これが標高一〇

これが三枚石。奇岩怪石の多い山だからこういうものがあってもおかしくないが、昔の人が大いにカルトな印象を受けたであろうことは想像できる。いまでも相当にカルトだが。

〇〇メートルの古峰原湿原だ。ニッコウキスゲはまだ咲いていなかったが小ぢんまりした明るい湿原で、同行者が木道を歩きたいというので探したが、見当たらなかった。中ば草原化した湿原のように見えた。

古峰原峠からようやく山道が始まる。石を敷きつめたり木段になっている手入れのよい歩きやすい道を登って、一の鳥居、二の鳥居と過ぎる。さまざまな形の奇岩を見て行くのが楽しく、鳩石、ボート石、ピラミッド石、グレープフルーツ石などと勝手に名付けた。

稜線上を行く道の左右は中低木林で、林床に奇岩が点々とあるのがおもしろく、とくに石が重なったり並んだりしているところは、まるで日本庭園だねと話していたら、脇に「天狗の庭」とあったので、なるほどねと納得した。

ほとんど登り下りのない道を坦々と行くと、前方に大岩が見え、その横に石碑や像のようなものがあるので、これが「三枚石」と分かった。

三枚石は本当に岩が三枚重ねになっているように見え、その前に「金剛山奥之院」の社と天狗の葉うちわ型の碑があるので、確かに修験者が修行した所である。社のほかにも別雷神《わけいかづちのかみ》や大白竜神、弁天竜神、大山祇大神と碑が続き、弘法大師像があり、

方塞山は山頂の無線中継塔が目じるしで、南西は広々とした放牧場である。稜線のバラ線に沿って横根山方面へ行くことができる。前日光ハイランドロッジが近い。

修験者先達《せんだつ》の碑、夫婦《めおと》石といったものもあって、神社の境内と公園を合わせたような所になっている。ベンチもあるので、ぼくらはここで休憩した。古峰原の方から五、六人のグループが登ってきて、なかの一人が三枚石に登ろうとして、「その岩はご神体だから登ったらたちまちバチが当たるぞ」と注意され、あわてて下りてみんなに笑われていた。

案内によると、金剛山奥之院とある社には金剛童子（不動明王）が祀られているそうで、また「三枚石」の名は、石が三枚重なっているのとは別に、修験者が参禅修行（修行三昧）をしたので三昧石ともいわれたとのこと。参禅堂などの建物もあったのかもしれない。ちなみに勝道上人が日光山頂をきわめたと伝わるのは天応二（七八二）年で、なんと一二〇〇年以上も昔のこと。そんな昔にこのあたりでそういうことがあったのかね、そのころは植生や気候などがいまと違うんじゃないの、いや案外同じかもしれない、などと話したりして、三枚石にすっかり長居してしまった。

方塞山に向かうとすぐに「金剛水↓」という看板があり、行ってみると、重い石のフタの下に澄んだ冷たい水があった。修験者とはいえ水は必要だろうから、この湧水を飲んで修行を続けたのだろう。それにしても、ほとんど稜線に近いこの場所につごうよく水が湧いていてよかったと思う。勝道上人の「験力」かもしれない。

方塞山は、南面一帯が牛の放牧場になっており、稜線を辿ると横根山へ行けるのだが、この日は西へ下り、林道に出て、出発点の深山巴の宿へ戻った。

（二〇〇三年七月）

●**アクセス**

マイカー、またはわたらせ渓谷鐵道足尾駅からタクシー（足尾観光タクシー☎0288・93・2222）利用。

●**参考コースタイム**

深山巴の宿（15分）古峰原峠（50分）三枚石（20分）方塞山（20分）三枚石（40分）古峰原峠（15分）深山巴の宿

●**2万5000分ノ1地形図**　古峰原

●**問合せ先**　鹿沼市役所☎0289・64・2111

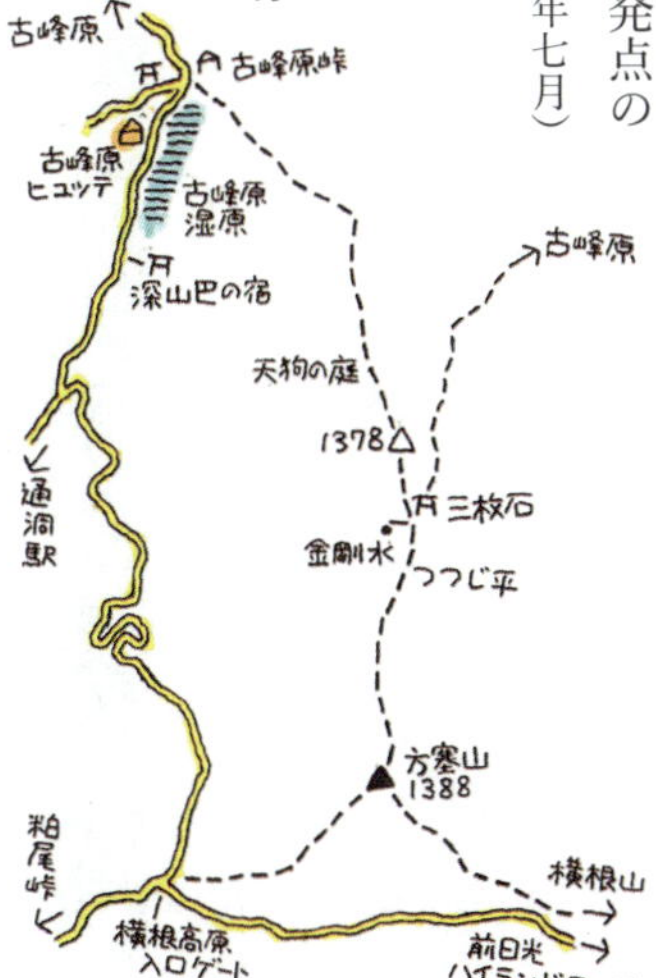

⑬横根山　よこねやま　1372・9m ― 栃木県　前日光

ハイカーの湿楽園

人はなぜ「湿原」が好きなのだろう、というのはずっと前から思っていたことで、またおりにふれて話し合ったりもするけれど、明快な答えが出たことがない。

自分のことをいえば、ぼくも湿原は大好きで、行程の中に湿原があると、初めての場所でなくてもそわそわと落ち着かない。それからまた、湿原なんてどこがいいのかね、というような人に会ったことがない。つまり人はみな、湿原が好きなのだ

湿原は山歩きの途中で出会う、そこだけで完結する独自の世界なので、そのあたりに人をひきつけるものがあるのではないかと、そんなことを考えているところへ、目新しいコース探しの名人・A夫人からお誘いがあった。

井戸湿原って知ってる？　いま湿原について考えていたんだけど、その湿原は知らない。それじゃどうしても行くべきよ。前日光の横根山のそばで、車で行けばアプローチも楽だし。

そんなわけで、未知の湿原ならぜひという友人のBも誘って、夏も盛りのある日、

高原牧場を見下ろす位置にある横根山。地形も険しくないし、山道は整備されて歩きやすく、家族で行くハイキングに向いている。正面の建物は牧場の管理棟で、右寄りがハイランドロッジだ。

栃木県立自然公園内にある前日光横根高原へとやってきた。

高原一帯は牧場で、のどかな放牧風景が広がり、その中心にロッジや駐車場があって、そこに車を置いて歩き始めた。牧場の中を行くので左右に牛がいる。あら牛がピアスしてる、とA夫人がいうので見ると、確かに両耳に何かついており、よく見るとそれは番号札だった。

自然公園の案内に従って行くと、「象の鼻展望台」という小高い場所に出た。日光連山から皇海山《すかい》、袈裟《けさ》丸《まる》山、赤城山と北西方面の眺めがすばらしく、結局この眺めがコース中一番だった。休憩舎があって多数のハイカーが休んでいるので、ここは地元では人気のハイキングコースにちがいないと話した。脇の大石に「象の鼻石」とあり、地名の由来は分かったが、石の方は象の鼻に見える、見えないでしばらくもめた。

道標に「井戸湿原へ」と出てきたので元気よくコースを辿った。中低木の雑木林の道は好ましく、多くのトリの声に迎えられて湿原を目ざした。途中の巨石には「仏岩」とあり、日光開山の勝道上人ゆかりの石と説明があった。この地方の山地には上人関連の場所が多いようだ。

前方が明るいと思ったら、もうそこが「井戸湿原」だった。地図で見ると湿原の南端に出たわけで、ここから全ては見渡せないが、規模は小さいと分かる。端っこのせいか乾いた感じで、湿原らしさが少し足りないと思ったが、山に囲まれた平原はさわやかで、ともかくこれが井戸湿原なのだと思った。けれども地図によればまだ先があるので、木道歩きで先を目ざした。湿地でなくても木道を歩くと湿原気分が出るわね、とA夫人。それは一種の条件反射ですね、とB君。

湿原の際《きわ》を回って、湿原のまん中を縦断する木道の端に立った。こんどは井戸湿原のほぼ全体が見渡せるわけで、木道をそぞろ歩けば池塘も点々と見つかり、ワタスゲなどの湿原らしい植物も多い。小さな流れの上から見ると、小型ではあるけどまさしく湿原で、三人ともすっかり楽しくなった。あーよかったとA夫人も安堵の表情である。湿原の周辺には、どこから来たのかと思うほど大勢のハイカーや子供たちがいて、湿原は本当にだれにでも好かれるのだという思いを強くした。

木道を渡り切ると、道標に「五段の滝へ」とある。この滝はA夫人の情報にはなかったものだが、コース中の案内図にはあり、行ってみることにした。案外遠いかもしれないねと話しながら行くと、湿原を周回する道から分かれてすぐに、滝音が聞こえてきた。

この滝も規模は小さかったが、確かに五段に分かれて落ちており、ここにも多数のハイカーが涼しさを味わっていた。滝の迫力には欠けるけれど、何かほっとするものがあるね、というのがぼくらの評価だった。

説明板があるので、これが「象の鼻石」と分ったが、なければ気付かないだろう。いわれてみれば象の頭と鼻のようにも見える、いや見えない、と意見が分かれたが、地元の人が付けた名称は尊重するという大原則を思い出して、見えない派が意見を撤回し、落着した。

アンテナ塔の建つ山が方塞山。うしろに男体山、大真名子山、女峰山がドーンと控え、左手遠くには白根山、金精山と、日光連山の眺めがすばらしい。象の鼻石からのスケッチ。

滝から戻って周回路に入ったついでに、湿原を半周して、先ほどの横断木道をもう一度歩いた。お陰で井戸湿原を充分に味わうことができた。

湿原から横根山へ向かうとすぐに「湿原荘」という避難小屋があった。のぞいてみると古びてはいるが水道も引いてある立派なもので、きれいに使えばいい小屋なのにと話した（※廃止。跡地に四阿がある）。

小屋から横根山へは、わずかな登りだった。雑木林がすぐに低木林にかわり、おもしろい形の石が石庭のように並んでいるところをいくつか過ぎて、横根山の山頂に着いた。

古い形式の二等三角点の標石を中心に四阿や道標やこわれたコース図などがあり、ヤブが茂って展望は余りない。けれども賑やかな湿原のあたりとは対照的に人がいなくて静かで、ぼくらは遅い昼食をとることにした。だいぶ温たまったワインの栓を抜いて乾杯し、コンロを使ってゆっくりと食事の準備をする間もだれも登ってこないので、みんな湿原が目的で、横根山には登らないのだねと話した。

（二〇〇〇年八月）

●アクセス
マイカー利用。東京からは東北自動車道、日光宇都宮道路、国道122号線を経て足尾から県道鹿沼足尾線、粕尾峠から横根高原・前日光牧場へ。

●参考コースタイム
前日光ハイランドロッジ（40分）象の鼻石（40分）湿原荘跡（40分）横根山（20分）前日光ハイランドロッジ

●2万5000分ノ1地形図　古峰原

●問合せ先
鹿沼市役所☎0289・64・2111

⑭篠《しの》井《い》連《れん》峰《ぽう》　561・5m（本山）——栃木県　宇都宮（篠井富屋連峰）

展望の宇都宮アルプス山行

雑木林を歩いて、すばらしい冬景色を見に行こう、温泉もあるぞ——と誘いに来たのは友人のHである。すでに年金生活に入ってゴルフ、俳句、ハイキング、全国居酒屋行脚といったうらやましい身分のHは、こうしてたまに誘いにくる。

きいてみると、行く先は宇都宮郊外の篠井連峰というところで、連峰といっても里山だが見晴しがよく、とくに冬はすばらしくて、最近近くに日帰り温泉もできたという、そんな情報を持ってきたのだ。

そういうわけで冬の早朝、Hと二人で北関東は宇都宮の郊外へとやってきた。日光へ向かう国道の一里塚という分岐を右折したところで、たぶんあのへんだとHが指さす方を見ると、なるほど里山にしては変化に富んだ稜線があった。日の当る雑木林がいかにも暖かそうだ。

Hのメモと地形図を頼りに登山口を探して行くと、「子どものもり公園」という施設の少し先に「中篠井登山口」とある道標を見つけたので、さっそく近くに車を置き、

一部には露岩もみえる、峨々たる篠井連峰の山々。ぼくらは勝手に「宇都宮アルプス」と名付けて縦走した。左から榛名山、主峰・本山、右端が飯盛山、男山は榛名山の向うに隠れて見えない。西麓からの眺め。

歩き始めた。

始まりは暗いスギ林で、フリースのえりを立てて歩いた。林道と合ったり離れたりしてしばらく行くと分れ道で、右は同じような暗い植林のトラバース道、左は新しく伐り開いた道で、明るい稜線に向かって直登している。地形図には道らしいものが描かれていない場所だ。方向としては右だなあというHに対して、寒い植林はもう厭だから明るい稜線に出ようというかなり乱暴なぼくの意見が通って、左の道をいっきに登って稜線に出た。そうするとまわりの景色も見えてきて、これはやはり違

日光連山の次に目立つのが高原山。裾を大きく広げた姿は、これもまた優美である。

うようだ。初めの目標は榛名山というピークなのに、これはその次の男山の北寄りの稜線みたいだとH。だったら南へ稜線をたどれば、その男山へ出るだろうと、またも無責任なぼくの意見が通って、見出し境界線の巡視路らしい道を登って、見晴しのないコブを一つ越え、さらに登り着いたピークに「男山山頂五二七M」の名札があった。

やっぱりそうじゃないか。これだと榛名山をカットしたことになるぞと文句をいうHに、その代り無名のコブを一つ踏んだからいいじゃないか。それよりどうだ、この雑木林の安らぎは、これこそ冬の雑木林パラダイスだとか何とか言いくるめて、主峰・本《もと》山《やま》に向かった。

それからのコースは本当に雑木林パラダイスで、すっかり葉が落ちて見通しのよくなった樹林に燦々と冬の日が降り注ぎ、やわらかい枯葉を踏んで、歌でも唄いたくなる気分だ。

分岐の「左・本山」の道標を過ぎるとすぐに本山（五六一・五

見晴しのよい本山山頂で、まず目にとびこんでくるのが雪を頂いた日光連山だ。左から男体山、女峰山、赤薙山と個性的な三役揃い踏みの図。いつ、どこから見ても見ごたえのある日光連山である。

メートル）の山頂だった。雑木林を抜け出た山頂は、南側を除いて遮るものは何もなく、冬晴れの澄んだ空気の向うにすばらしい景色があった。雪を頂いた日光連山、高原山、その向うに那須連峰、頭が見えるのは茶臼岳だろう。反対側には古賀志《こがし》山が険しい稜線ですぐそれと分かる。どうだ、この景色、おれの情報は正しかったねとHは得意気だ。

それからワインの栓を抜いて、本山のすばらしい景色と三等三角点に乾杯。レトルトのシチューを温め、最近見つけたおいしいチーズに、わが町の自慢のパン屋のバゲットも揃って、文句のない冬の低山ブランチとなった。

食後のコーヒーが終わり、景色もすっかり見つくしたころになって、どこからか正午のチャイムがきこえてきた。こののんびりかげんが冬の低山のよいところだ。Hは一句浮かんだらしく手帳を出したが、書いたり消したりしているので作りそこねたのだろう。

山頂で何もすることがなくなったので、本山をあとに篠井連峰南端の飯盛山に向かった。再び心地よい雑木林ウォークを楽しんで急下りして、暗い植林を抜け、特大の送電鉄塔の下を過ぎると急登が始まる。そして崩れやすい道をせっせと登って、山頂に着いた。飯盛山山頂は石の祠があるだけで本山とは対照的に見晴しは少なく、木の間に登りそこねた榛名山が見えた。Hはそれをじっと見つめながら、篠井連峰は「宇都宮アルプス」だな、うん、とつぶやいた。ぼくは一瞬「沼津アルプス」を思い出したが、ああそうだなと同意した。

下山は道標に従って「子どものもり」へのコースをたどった。小沢に沿って下り、林道から県道に出るとすぐに「子どものもり公園」だった。入口の茶店で手打うどんを頂きながらきいてみると、これは昔よくあったフィールドアスレチック程度のものではなく、相当に立派な施設であることが分かった。

　それから、この日の最後の目的である立寄り温泉へ向かった。そこはHの情報によると「ろまんちっく村」（※現在は「道の駅うつのみやろまんちっく村」）という少しくすぐったい名の場所なのだが、着いてびっくり、実に大規模な農林テーマパークというもので、温泉はその一部なのだが、山の見える露天風呂はたいへん結構で、すっかりくつろいでしまったのだった。（二〇〇〇年一月）

●アクセス
JR東北本線宇都宮駅西口から関東自動車バス（☎0570・031811）の日光方面行37分、一里塚下車。平日は塩野室・船生行で篠井学道下車の便がある。マイカーの場合、子どものもり公園の宇都宮市冒険活動センター駐車場を利用できる。

●参考コースタイム
一里塚バス停（30分）中篠井登山口（1時間）榛名山（15分）男山（20分）本山（1時間）飯盛山（1時間）子どもの森公園（30分）一里塚バス停

●2万5000分ノ1地形図　下野大沢・大谷

●問合せ先
宇都宮市役所☎028・632・2222

⑮多気山　たげさん　376・9m　栃木県　宇都宮郊外（古賀志山山系）

中世の山城に思いをはせて

平安時代創建の多気山《たげさん》不動尊と中世の城郭跡で知られる下野の多気山は、ハイキングしてもおもしろい山と聞いていたので、北関東の平野に春霞たなびく穏やかなある日、多気山ハイキングに出かけた。

多気山は宇都宮市の郊外にあり、東北道の宇都宮インターから二〇分ほどで不動尊入口に着いた。入口は赤い門が目立つので、すぐにわかった。

参道の奥に市営駐車場があったので、そこが出発点になった。駐車場の前に「多気城復元想像図」という図面が掲示してあり、それを見ておいたのが、あとで役立った。出発するとすぐ左へ入る登山道があり、これが案内書にある「七曲り」だろうと思った。

開花にはまだ間がありそうな桜並木の先に階段があり、その上に赤い門ではなく赤い鳥居があったので、当山は神仏習合の修験が行なわれる所かもしれないと話しながら、いも串、だんごなどと書かれた茶店群を過ぎ、総門を通って長い石段を登った。左手に不動滝が見え、滝の上に丹塗りの橋があった。本堂に詣でたあとで道標に従っ

南側の山麓から見た多気山。低山とはいえ、関東平野北端の堂々たる独立峰である。この山全体が一つの山城だったというから、規模は大きいわけだ。大谷町は、この右方向にある。

て行くと、その橋の先に「御殿平公園入口・徒歩一五分」という道標と山道があり、これが登山口だった。

そこからは、意外に常緑広葉樹が多くて、伊豆あたりの山と錯覚する森林のなかの階段道を、せっせと登った。この森は「多気山持宝院社叢」という市指定の天然記念物で、日本の暖帯林の北限に当たる常緑樹林とは後で知ったが、ともかく北関東とは思えない緑濃い森のなかを行くと、突然あたりが開けて、芝生の原に出た。「御殿平」の立札と四阿《あずまや》があり、原の周りを堤が囲んでいるので、先刻見た城の復元図を思い出して、堤は土塁であり、この辺りは城の遺構に違いないと思った。そして、この日の同行者もそういう場所が好きなので、コースから多少外れるが城跡を見て回ることにした。幸いヤブがなく見通しがよいので、方向を失う心配はない。それで土塁に沿って行くと、小規模な桝形や空堀、切り通しといったものが次々と見つかり、土塁に登ってみると曲輪《くるわ》が連続している様子も見てとれた。

そこで「中世の山城としては全国屈指の規模——」と掲示にあったのを思い出して、これは大変なものらしいと話した。それからまた、以前に同じ栃木県の高館《たかだて》山を歩いたときも、全山に及ぶ中世の山城の遺構を歩いて確かめたりしたので、それを思い出して、しばらくの間、中世の北関東に思いをはせた。

コースに戻って山頂をめざすと、それからも曲輪から曲輪へ、土塁を切通しで抜けたりし、東側が切れ落ちた崖上の踏み跡を辿った。分岐を左に登ると三角点があり、そこが山頂だった。

山頂も自然の地形ではなく、北と西が明らかに人の手で切り落とされており、南東部分は一段下った曲輪だ。三角点の場所は望楼か櫓《やぐら》でもあったのだろうか。城といっても天守閣などない中世の山城なのだから、砦のようなものが想像され、あれこれ考えながら山頂の思いを楽しんだ。ただし、城があったころはなかったはずの植林がいまは大きくなっているので、見晴らしはない。

下山路も、土塁や空堀、曲輪の跡と思われる地形をいくつも見ながら、稜線に沿って北へ向かった。

説明文によると、多気城は中世のころに宇都宮城の支城として築かれ、戦国時代の終わりに宇都宮氏が小田原北条氏の侵出に備えて堅固で規模の大きな山城に整備したとある。また、多気城の規模は山全体に及び、山すそに全長約二キロの堀も残っているともあるので、それなら確かに全国的にも屈指の山城に違いないね、などと話しながら林道を横切り、さらに下って「下野萩の道」という車道に至り、その道を東に向かった。この車道は優雅な名が付いているのにゴミが大量に散乱しているので驚きあきれたが、送電線の下で右折すると、この道は不動尊の裏参道で、しばらく行くと不動尊の鳥居下に出た。

多気山の山頂（377メートル）は、多気城の遺構の最高所でもあり、頭の欠けた三角点（何等か不明）がある。この場所は本丸跡と図面にあったが、周辺も含めて、小さい曲輪のように見えた。

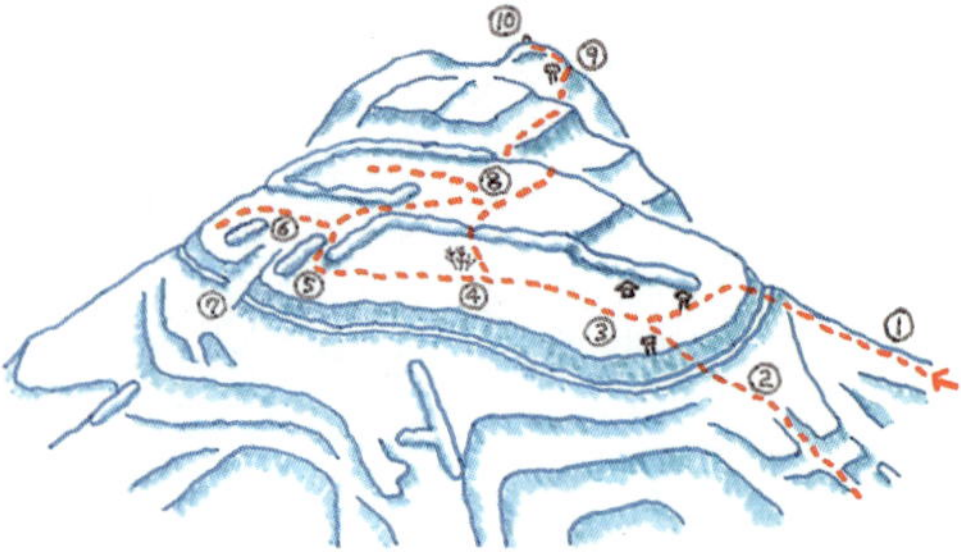

多気城の想像図の上に、歩いたコースや、ほかの登山道も描き込んでみた。①ぼくらが登った不動尊からの登山道。②駐車場近くから登って来る「七曲り」登山道。③御殿平公園。名前からして、何かの建物があった曲輪の一つと思われる。④中央の木に「山頂へ200メートル」とあり、⑧への踏み跡がある。ぼくらは⑤の方へ進んだ。⑤土塁が桝形のようになっている所。⑥この曲輪は土塁や空堀がいくつも見られるので、城郭内の要衝ではなかったかと思う。切通しに向かってスロープがある。⑦切通し。本丸や二の丸の出入口ではないか。⑧踏み跡はこちらにある。東側が崖で、そのきわの踏み跡が山頂方向へ続く。⑨分岐。左へ20メートルほどで山頂。直進する道を、ぼくらは下山路とした。⑩山頂（掲示板「多気城復元想像図」をもとにして描いた）

多気不動尊は平安時代初期の弘仁十三（八二二）年に創建され、当初は馬頭観世音が本尊だったが、建武二（一三三五）年に宇都宮氏九代藤原公綱公が不動明王こそ真言密教の主尊大日如来の使者也ということで本尊となった。多気不動尊の本尊は天暦三（九四九）年に源頼光が円覚上人に作仏を願い、上人が吉野山中に籠って一刀三礼のもとに彫り上げた霊像とある（公式サイト）。

そうしてみると、多気城は多気山不動尊のご本尊が彫られた直後あたりに最初の築城が行なわれたわけで、その後の戦国時代に全山が城塞化するなか、この霊場だけは聖域となっていたに違いないので、多気山はそういう山だったんだねと、帰り着いた駐車場で山を見ながら話した。

山を下ってきても春の日はまだ高く、ならば近くの大谷石の里を見物していこうということになった。多気山の東にある大谷町は、名前が示すように有名な大谷石の産地で、採掘跡の巨大地中空間の大谷資料館、磨崖仏の大谷寺、平和観音の大石像を見たあと、町内に点在する奇岩怪石を見て回ったが、同行者はこちらの方がおもしろいという感想だった。

（二〇〇七年三月）

●アクセス
バス利用の場合、JR東北本線宇都宮駅西口から関東自動車バス（☎0570・031811）大谷・立岩行バス27分、立岩入口下車。多気不動尊へ徒歩20分。

●参考コースタイム
市営多気山駐車場（10分）多気不動尊（30分）多気山（25分）下野萩の道（30分）市営多気山駐車場

●2万5000分ノ1地形図
大谷

●問合せ先
宇都宮市役所☎028・632・2222

⑯二股山　ふたまたやま　569・8m — 栃木県　鹿沼（安蘇山地）

鹿沼のひそかな人気者

鹿沼《かぬま》市の郊外に二股山というなかなか姿のよい双耳峰の山がありますよ、と聞いたのはかなり以前のことだった。先日、ふとそれを思い出して、案内書と地形図で探してみた。そうすると二股山という標高五七〇メートルの山が確かにあり、写真で見るとなるほど双耳峰で、「奥深い山の雰囲気がある」と書かれている。それならということで、さっそく出かけてみた。

早朝、東北自動車道の鹿沼インターを出て、鹿沼市街を通り抜け、石裂《おざく》方面に向かった。そうするとすぐに、右手に写真で見た通りの双耳峰が見えた。もちろんこれが二股山である。けれども登山口となる林道はもっと先だ。しばらく行ったところで林道の入口を見つけ、ダートの林道を辿った。林道の終点が小広くなっていたので車を置いて、丸木橋を渡り、二股山をめざした。

出発するとすぐに、案内にある通り左の奥に小さい滝が見えた。沢沿いにしばらく行くと左側が岩壁になり、立ち止まって眺めた。けれども周囲は全部植林である。ま

双耳峰の二股山。左が三角点のある南峰で、右が少し標高の低い北峰である。二股山はこのような姿をしているので、標高は低くても独特の存在感のある山だと思う。

た、山道は林道かと思うほど幅広くて歩きやすいのだが、道標はない。唯一あるのは「ＮＨＫ」とある矢印だけで、北峰にＮＨＫのテレビ中継送信所があると案内にあったから、それが道標の代わりになった。もっとも分岐らしいものもないから、道標はいらないわけだねと話しながら行くと、沢の出合いで広い道は終わり、丸木橋を渡るとやや急な山道になった。けれども周りはいぜんとしてすべて植林で、さらに登っていくと、倒木が多くなった。植林の木が嵐で倒れたらしく、左右から山道をふさいでおり、それを避けて登った。

それから、やや急峻な斜面を折り返して登るようになり、しばらくして稜線に出た。といっても植林の中のゆるやかな稜線だが、それをなりゆきで南に辿ると、ひと登りで白い窓のない建物に出合った。脇にアンテナらしいものが立っているから、これがＮＨＫの送信所にちがいないので、ならばここが北峰かと思って行くと、すぐに石の祠があり、東側が開けた北峰の山頂だった。

山に入って初めての展望は、古賀志《こがし》山方面の眺めだった。ずっと以前に古賀志山に一緒に登った同行者と、当時のことを話しながら展望を楽しんだ。また山頂の周辺だけは植林ではなく、むせるような緑の雑木林なので、これはありがたいねと話した。それから、手をのばせば届くほどのところにある南峰が、こちらより少し高く見えたので、そこまで行こうと先を急いだ。わずかに急下降してコルに立ち、それから岩場を巻くように急登して、南峰の山頂に着いた。

二股山の本峰はこちらで、頭が欠けて何等か分からない三角点と、「二股山・五六九・六Ｍ」とある遠慮がちな標札があり、東側に多少眺めがあるが、ほとんど展望がなかった。案内には南へ少し下ると展望が開けるとあるので、そちらへ向かった。すぐに積み石に載った石祠があり、山岳修験の山だったのかねと話しながらさらに行く

北峰から見晴らしのよい東側の眺め。古賀志山あたりの展望が楽しめる。同行者は地形図と見較べて「まったく同じ」と感心していたが、当然である。

と、南に向かって展望が開けたところに出た。そこで、景色をみながらランチタイムときめ、ワインで乾杯してから、のり巻きおにぎりに佃煮、漬物という、伝統的なハイキング食をおいしくいただいた。

景色のよい場所でのんびり過ごしていたら、ひと組、ふた組とハイカーがやってきた。案内には「訪れる人も少なく」とあるのだが、この日は他にも何組ものハイカーに出会ったので、二股山は人気上昇中の山かもしれないねと話した。ハイカーの会話から、地元栃木の方が多いように思った。

これが彫刻屋台だ。鹿沼は江戸初期から日光例幣使街道の宿場で、物流の中心として栄えた町なので、氏神（今宮神社）の祭礼の付け祭も盛んだった。当初は踊り屋台で、のちに踊りと繰り出し屋台に分かれ、幕末には精巧華麗な彫刻屋台を各町が競い合うようになったという。精巧な木彫は当地の伝統である木工芸技術の成果でもあろう。

下山は、往路をそのまま辿った。展望の場所から、南東の方へ向かう踏み跡があった。コルから東に下っているのは、案内にある下沢への道だろう。南峰と北峰の祠にもう一度詣でて、それから山を下った。

ずい分のんびり行動したのに、コースそのものが短いせいか、予定よりずっと早く林道に戻ってしまった。それで地図を開いて相談して、余った時間を鹿沼市内の観光にあてることにした。鹿沼は、これまでにハイキングの往復で通過することはあっても、改めて見物することはなかったので、初めての市内観光である。

鹿沼市街に戻って、まず最初に今宮神社へ詣でた。鹿沼といわれてぼくらが思いつくのは「鹿沼土」と「彫刻屋台」ぐらいだが、今宮神社の秋祭りの華が、その彫刻屋台である。きいてみると、祭り当日に繰り出す彫刻屋台は二〇台以上もあるとのことで、その彫刻屋台をぜひ見たいと思った。それで、どこかで見られるかと尋ねると、仲町（市の中心部）の屋台が「仲町屋台会館」という所に展示してあり、「屋台のまち中央公園」へ行くと別の屋台が数台展示されていて、いつでも見られるときいたので、さっそく行ってみた。

そこで初めて見た彫刻屋台は想像していたのよりずっと立派で、ぼくも同行者も驚いて、しっかり見物した。それから鹿沼の地場産業である木工芸を見ようと「木のふるさと伝統工芸館」へ行くと、ここにも屋台があったので、ぼくらはすっかり彫刻屋台通になったのだった。

（二〇〇二年七月）

●アクセス
JR日光線鹿沼駅から鹿沼市リーバス上久我線（東武新鹿沼経由・ヘイタク☎0289・77・5808）33分、岩の下下車。

●参考コースタイム
岩の下バス停（20分）林道終点（1時間10分）二股山北峰（15分）南峰（15分）北峰（50分）林道終点（20分）岩の下バス停

●2万5000分ノ1地形図
鹿沼・文挟

●問合せ先
鹿沼市観光協会☎0289・60・6070

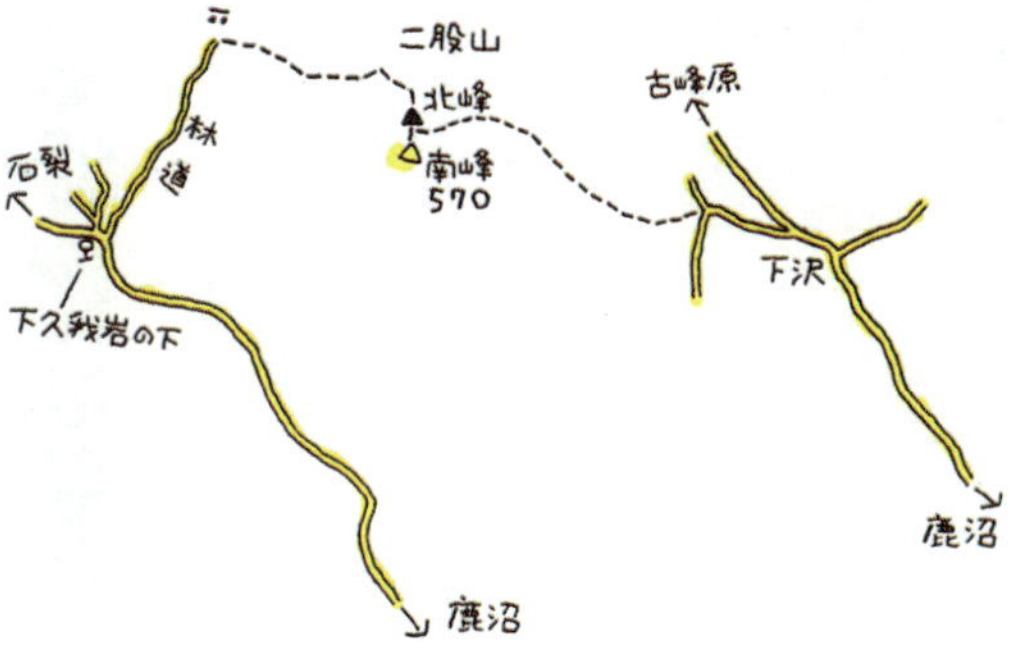

⑰千部ヶ岳　せんぶがたけ　572m

栃木県　栃木市（安蘇山地前衛）

奈良時代の登山家修行の山

キーワードは「石灰石」――何となくそう思ったのは、満願寺の奥の院まで来て、そこのご本尊が鍾乳石と分かったときだ。分かったといっても、拝殿の奥のまっ暗な鍾乳洞の中のご本尊はほとんど見えないのだが、縁起文に「高さ四メートル余りの鍾乳石の仏像で、十一面観世音菩薩のうしろ姿として拝まれる」とあり、それでここへ来る途中で見た大規棋な石灰石の採掘場と考え合わせて、この山域のキーワードは「石灰石」と思った次第だ。

千部ヶ岳ハイキングは、友人Nの提案から始まった。それは、栃木県へそばを食いに行こうという、ぼくをそば食《く》いと知っての誘いで、栃木の名刹・満願寺に詣で、名低山・千部ヶ岳に登り、名物の出流《いづる》そばを頂

舞台の上に朱塗りの拝殿という立派な奥の院。かつては七つの塔頭、二つの坊があり、伊勢、日光の参拝者、出羽三山巡りの行者など、みな当山にも詣でた由。勝道上人開山の出流山満願寺は真言宗智山派別格本山である。

こうというのだ。けれどもぼくは満願寺も千部ヶ岳も出流そばも知らなかったので、どれも知らないといったら、関東の人間でこれを知らないとは情ないと言われたので、ならば意地でも行こうじゃないかということになり、そろそろ色づき始めた栃木の山へと、友人と二人でやってきたのだ。

栃木市から足尾方面へ向い、さらに出流川沿いに入ると、いきなり石灰石の採掘場にさしかかる。あたりの山肌はどれも石灰岩らしく、出入りするダンプの立てる土埃もまっ白だ。そして採掘現場を過ぎるとすぐに「出流観音」のバス停があり、その前後にそば屋さんが軒を連ねていて、これが「出流そば」だった。けれどももちろん店はまだ開いていないので下山後の楽しみときめ、満願寺へ。

そこでまず立派な山門に出合って、この辺から驚きが続くことになる。名刹といっても山寺だからと思い、それらしい素朴な様子を想像していたので、山門から本坊、本堂、如蓮堂、女人堂、そ

奥の院までは満願寺の境内なので、山内護持のために入山料を納める（おとな300円）。ついでに杖を借りる人も多い（無料、ただし奥の院往復だけ）。

して多宝塔や宝篋印塔《ほうきょういんとう》、石仏石塔が並ぶスギ林を登って奥の院下に着くと、左手の山の中腹に舞台造りの立派な拝殿があり、しかも、週日《ウイークデイ》なのに大勢の信者さんたちが続々と階段を踏み鳴らして登拝する様子に、友人ともどもすっかり感心し、また、ご本尊が鍾乳石の十一面観世音菩薩ときいてさらにびっくりしながら、登拝した。

拝殿下の大悲の滝に、山岳修験道場の厳しさを感じて、それから千部ヶ岳に向った。奥の院から先は参詣の人は来ないので突然静かになり、亭々たるスギ木立の中を行くと林道に出て、少し先に山頂を示す道標があった。また、その前に不動霊窟とあるので覗いてみると、これも小ぶりの鍾乳洞のようだった。

稜線までは、ほとんどスギ、ヒノキの植林の中を折り返して行く緩い登りで、景色も見えず、二人とも黙って登った。長い教職生活を昨年やめた友人は、こんなときは何を考えているのだろうと思ったけれど、ザックのうしろ姿からは何も窺い知れなかった。

稜線に出ても同じ植林の道だが、行く手にしばしば露岩が現われて、これももしやと思って表面の汚れを除いてみると、やはり青味がかった石灰岩だった。そうした露岩の脇にベンチがあったので腰を下ろし、目の前の小さな札を見ると「千部ヶ岳五七

出流の里の入口から見上げる千部ヶ岳。名前はこわそうだが、このように優しい里山である。手前の峰が護摩壇跡、奥が山頂だろう。

二M」とあるので、何とこれが山頂らしい。うっかりすると見落としそうな山頂で、北面が少しだけ刈ってあるが、うす曇りで見晴しはない。少し先に展望台があるらしいので、山頂の休憩を止めて先へ向った。

相変わらず多い石灰岩を踏んで行くと、突然明るく開けたところに出て、これが展望台に違いない。ここは石灰岩が特別大きくて、脇に「千部ヶ岳護摩壇の旧跡」とある。日光の開山で有名な勝道上人が、その開山前にここから男体山（当時はまだそう呼ばなかったが）を見て、あの山に登ろうと決意し、開山を祈願して護摩修業をされ、千部の経巻を唱えた

護摩壇跡からの眺め。正面に大きい三峰山は、古くから山岳修験で知られた信仰の山。石灰石の採掘場になっており、絵の向こう側に当る一帯が採掘されて、痛々しい姿だ。

のが千部ヶ岳の由来と書いてある。およそ千二百年前というが、当時の山岳修験者たちと現代の登山家とは、ある面では極めて共通するものがあるのではないかと、友人と話した。別の面ではまったく違っても、あの峰に登りたいという気持そのものはきっと同じだ、という結論が出たところでランチタイムを終り、山を下りた。

　下山はあっという間で、出流川の橋のところに出た。そこで川上の方を見ると「ふれあいの森」とある。近頃よく見聞するネーミングだと思ったけれど、時間がたっぷり余っているので立ち寄ってみた。定番のバーベキュー場、キャンプ場とある中に「手打ちそば」と書いた食堂が営業している。東京から来た二人のそば食いは、それならここから始めるか、ということでせいろを注文。ほ

ほう、という感じでこれを頂き、それから満願寺の門前街に戻って、勘で選んだ店を二軒はしごして、そばを頂いた。

初めて頂いた出流そばは、総合点で友人は60点、ぼくは70点をつけた。ぼくの場合は、そばだけならもう少しよかったのだが、つゆに問題があったと思う。

帰りぎわにそば屋さんにきいた話で、出流そばの自慢は水のよさ、すなわち石灰岩地質の湧き水がうまいそばの源《もと》ということで、やはり石灰岩なのだった。

（一九九九年十月）

●アクセス
JR両毛線・東武日光線栃木駅北口から栃木市ふれあいバス寺尾線（関東自動車佐野営業所☎0283・22・5311）1時間10分、出流観音下車。

●参考コースタイム
出流観音バス停（10分）満願寺（25分）奥之院（50分）千部ヶ岳（50分）出流ふれあいの森（15分）出流観音バス停

●2万5000分ノ1地形図　仙波

●問合せ先
栃木市役所☎0282・22・3535

⑱三峰山　みつみねさん　604・9m　栃木県　栃木・鹿沼（安蘇山地前衛）

修験の山で発破音

数年前に栃木県安蘇山地の千部ヶ岳を歩いたとき、すぐ近くに片側が採掘で大きく削り取られた山が見えて、あれは三峰山といって空海＝弘法大師が開いた山岳修験の山だと教わった。千部ヶ岳も、のちに日光開山を行なった勝道上人が修行した所と伝わる山で、山中には上人が開創されたという満願寺（坂東三十三ヶ所第十七番札所）があるので、この安蘇山地は千年以上も昔に山岳修験が行なわれていた所なのだと分かり、三峰山もいつか歩いてみようと思った。だが、それにしても霊場となっている山の半分が削り取られるとは、何たることかとも思った。

その三峰山を、このたびようやく歩くことができた。登山口に当たる粟野町（※現在は鹿沼市）の永野御嶽山神社には、東北自動車道栃木インターから二〇分ほどで着いた。神社の駐車場をお借りして、まず御嶽山神社本殿に参拝した。御嶽山は弘仁三辰（八一二）年に空海上人が開山。三峯大神、御嶽山大神が祀られ、木曽御嶽山の信仰をひき、関東一円に信者がいます――という由緒書きがあった。あとで調べたら、

永野川下流の梅沢町から見た三峰山。粟野町（※現鹿沼市）下永野や栃木市星野町で見ると、いくつもの峰が連なって見えるが、鍋山町や梅沢町や大久保町ではこのように象が寝ているようで、昔の人はこれを〝鍋を伏せたようだ〟と見たらしく、このあたりでは三峰山を鍋山と称し、地名にもなっている。本来は峰が連って見えるところの名称なのである。

千部ヶ岳の満願寺は勝道上人が天平神護三（七六七）年に開創とあるので、その四五年後に永野御嶽山が開かれたわけで、このあたりの修験の歴史は実に古いのである。本殿の左側には滝行場が設けてあり、少し戻ると山側に三峯山里宮の社があった。そして、ここが三峰山ハイキングの出発点ときいてきたので、詣でたのちに社の右手の石段が登山口であることを確認、深呼吸を一つしてから出発したが、道標らしいものはないので、登山口としては分かりにくいと思った。

　出発するとすぐに祖霊殿とある建物の前に出て、コースはその右横を通ってスギ、ヒノキの社叢に入る。ここに初めて三山参道・奥の院方面と書かれた道標があった。沢沿いに行くとすぐに清滝不動で、暗い谷間に石樋の水が落ちており、ここもまた滝行場なのである。

　その先でダートの林道に合流するが林道はすぐに終わり、スギ、ヒノキ林の山道を登って行くと、木《もく》食《じき》普寛霊神を祀った普寛堂に着いた。脇の石碑に北辰講とあったが、この三峰連山の最北の峰を北辰山（北辰とは北極星のこと）というのをあとで知った。ちなみに、残りの峰々は左三山という、ともあった。

鉄格子の中にある浅間大神鍾乳洞である。もちろん開けて入ることはできないので、暗闇の鍾乳洞は電灯で照らすか、ストロボ撮影をして画像で見るとよい。粟野町指定文化財である。

　普寛堂の右手から、自然石を積んだ長い石段道が始まる。急な石段の左手に石祠や石碑がどこまでも続いて、三峰山が古くからの信仰の山であることを深く感じさせる。

三尊像が祀られる三峰山奥の院。尊像はいずれも特定のモデルがあって造られたのではないかと思うほどリアルなものだ。とくに左の女神像は、そんな感じだと思った。ブロンス製である。

同行者が丹念に建設年を読もうとするのだが、風化し苔むした刻字は判読がむずかしい。大師堂も含めて多くの祠や碑を過ぎると一〇メートルほどの岩壁に突き当たり、そこにも洞穴を穿って石像や石碑が奉納されていた。さらに登ると再び多くの祠や碑が並び、正面のスラブには鎖が設けてあって、そちらは三笠山方面、右は奥の院とあるので、ぼくらはクライミングは見送って奥の院に向かう谷間の道に入った。途中で直径五〇メートルほどの不思議な窪地に出合ったが、これはきっと石灰岩地特有の陥没地形だろうと話した。

ようやく稜線に出て、道標に従って行くと、雑木に囲まれた高みに三尊像を祀った奥の院があった。奥宮大神の石祠のうしろに高皇産霊尊《たかみむすひのみこと》、天之御中主尊《あまのみなかぬしのみこと》、神皇産霊尊《かむむすひのみこと》の三神が祀られており、屋根がないのが意外だった。

分岐まで戻って、それから緑あふれる雑木林と植林が交互に現われる稜線の道をひたすら歩いた。この道も三山参道なので随所に石祠が見つかるのだが、いつの間にか道の脇にトラロープが現われ、これが山頂まで続いた。もちろん、この山の西半分を採掘する石灰工業会社が立入禁止のために張りめぐらしたもので、所どころに〝これから先は鉱山内なので事故防止のため絶対に立ち入らないように、発破作業中は特に危険〟の看板があり、午前と午後の発破時間帯が示してある。それで、先程の大きい音は午前の発破と分かった。

何度か登り下りし、道を分けたりして、カヤトの中に石祠がひっそりとある所に出たら、そこが山頂で、足もとに三等三角点があった。それにしても、山麓からいくつも峰が見えたのに、まったく山頂らしくないこの場所が山頂とはね、と話し合ってカヤトの向うを見ると、その先は切れ落ち、下は採掘現場で、遠くに安蘇の低山が見えたが、気温が高くガスが濃いために、予想した日光連山も皇海山《すかいさん》も袈裟丸山《けさまるやま》も見えないので、記念撮影だけして山を下った。

分岐へ戻って下山路を辿るとすぐに倶利伽羅不動《くりからふどう》で、大岩の下の洞穴の中に祠があった。それからまた下ると、鉄格子のはまった岩窟があり、浅間大神鍾乳洞とある。中は暗くて何も見えないので、デジタルカメラでストロボ撮影をして、その画像で鍾乳石らしいものを確認した。鍾乳洞の前からは梯子と鎖の急斜面下りで少々スリルを味わい、山道から林道に出てせっせと下って、神社の駐車場に着いた。

修験の霊場と石灰石採掘現場が背中合わせの、奇妙な対照の山、三峰山だった。

（二〇〇六年八月）

●アクセス

JR・東武日光線栃木駅から栃木市ふれあいバス（関東自動車バス佐野営業所☎0283・22・5311）寺尾線で50分、星野御嶽山入口下車。御嶽山神社へは徒歩10分。マイカーの場合、御嶽山神社駐車場は参詣者用なので許可を得て駐車する。

●参考コースタイム

御嶽山神社（1時間25分）奥の院（1時間20分）三峰山（50分）御嶽山神社

●2万5000分ノ1地形図

仙波・下野大柿

●問合せ先

栃木市役所☎0282・22・3535、鹿沼市役所☎0289・64・2111

⑲多高山　たこうさん　608・1m

栃木県　佐野市（安蘇山塊前衛）

絵師の旅と和紙の道

山頂はアカマツと落葉樹に囲まれており、葉が落ちたままの枝越しに、多少の展望があった。崩れた石の祠《ほこら》と石灯籠の一部が残っていて、そこには天明元（一七八一）年の刻字があった。登山口で見た不動明王像にも天明二年とあったので、むかしは相当な山岳信仰の山だったに違いないと話した。

祠の脇に二等三角点があり、そこから北に山頂が続いて、大天狗とある石祠や同じように部分の欠けた石灯籠があって、ますます山岳信仰色を感じた。その先は突然樹木もない小広い空地で、それも、最近人の手で整地された感じなので、地形図にある電波塔の記号と考え合わせて、これはアンテナの鉄塔を撤去した跡に違いないという推論を発表すると、みんなに凄い、さすがと誉められたのでいい気になって、しかもそれは最近のことであるとつけ加えたら、それはだれでも分かるといわれた。

山頂はそこで終わりなので、枝越しの景色に目をこらすと、根本山や熊鷹山、袈裟《けさ》丸《まる》と思われる山頂、そして赤城山、近くは赤雪山などが認められた。けれども展望に

飛駒の盆地を守護するように聳え立つ多高山の堂々たる姿。このように植林部分が多いが、登山道の周辺は雑木林が多くなっている。根本山神社あたりからの眺めである。

ついては、ここから飛駒《ひこま》方面へ下った岩場の上が最高と案内にあるので、それを期待して山頂を後に、南東方面へ下った。

わずかに下ると案内の通りにテラス状の露岩があり、そこに立つとだれでもあっと叫んでしまうような大展望が広がっていた。足もとは広大なゴルフコースと飛駒の盆地、その先はずっと里山だが、遥か遠くには筑波山の独特のシルエットがあり、西に目を移すと赤雪山の向こうに西上州から秩父の山々、そのまた向こうに富士が白く輝くというわけで、これはもうお昼を頂くしかない。すばらしい景色に乾杯、コンロに火をつけて楽しいランチタイムとなった。

それにしてもこの多高山は、案内書を読むまではまったく知らない山だった。けれども人に薦められて案内を読むとなかなかよさそうなので、さっそく低山の達人を自認するA夫人に話すと、そういう山は知らないとのこと。けれども今回はまかせておいてと、余り気がのらないA夫人とお仲間のB夫人とそのご主人を伴って、まだ風の冷たい春の一日、佐野インターから田沼町（※現在は佐野市）を経て飛駒の里へやってきた。

山間を抜けて飛駒へ入ると正面に姿のいい独立峰が目立ち、すぐにこれが多高山と分かった。写真で見るよりもずっと印象がよかったし、みんなも好感を持ったので、まず安心。山麓に車を置き、登山口の老越路峠《おいのこうじ》までは暗い植林中の車道歩きである。けれども峠に着くと、いかにも里山の古い峠らしくて、低山のよさを感じた。山道に入るとすぐに石仏や祠《ほこら》に出合い、これが江戸期のものと分かると、里山のおもしろさも深まる。

まわりは半分がスギ、ヒノキ林だが、あとは芽吹きも近い落葉樹とアカマツで気分よく登った。日当たりがよいので一同上衣を脱いだが、反対側の北斜面には雪が相当に残っていた。

そうして登り着いたのが初めに記した山頂で、峠から一時間足らずで登り着いたわりには立派な山頂という印象であり、一同気分をよくした。しかも富士まで見渡す好

根古屋森林公園内の飛駒和紙会館（土・日・祝日開館）では、和紙づくりのかたわら、紙すきを試みることもできるので、さっそくやってみた。飛駒の紙すきの始まりは江戸時代、老越路峠の向こうの入飛駒（いまの梅田）から伝わり、彦根藩（飛駒、彦間は近江彦根藩の佐野領の一部だった）の保護奨励を受けて盛んになった由。丈夫さが特長で障子紙や大福帳に使われ各農家が兼業で生産していたが、１９６８年に途絶え、96年に復活、現在各種和紙を生産している。左の紙片は木版2色刷りの「十八化」。江戸時代に飛駒の根本山神社でみやげとして売っていたものの復刻版だ。

展望の岩場でランチタイムとあって、みんな多高山が気に入ったようだった。

足下に広がる飛駒の景色は、絵本にある村の鳥瞰図のようで、家並み、畑、川、鎮守の森、神社、学校と、実に分かりやすい。そのまん中あたりの園地らしいところが根古屋森林公園だろう。これは案内にあるので見当がついた。案内によると、公園内に当地に伝わ

多高山の南西にあって目立つの赤雪山だ。足利忠綱終えん伝説の山だが、いまは山頂からの展望がすばらしい静かな山と案内にある。遥か彼方に富士が輝いて見える

る飛駒和紙づくりの工房があるということで、今日の短いハイキングが終わったらそこを訪ねるつもりなので、その工房はあの辺りかこっちの方かと、食後のコーヒーを飲みながら探した。

岩場を下ると、岩壁の下にまた不動明王像があり、それから日ざしがいっぱいの稜線の雑木林を、落葉のクッションを踏んで快調に下った。この山道も昔の山岳信仰の道に違いなく、露岩にまじって石祠、石仏がある。稜線が切れるカントリークラブの近くまでそんな道が続いたが、クラブハウスの上あたりで道がなくなった。けれどもそこはもうゴルフ場の敷地内なので、

林の中を近道して駐車場に下り、車道を歩いてスタート地点に戻った。そしてまだ昼過ぎなので、予定通り根古屋森林公園に向かった。

見たところこの辺りは、カントリークラブを除けばどこも森林なので、そういうところに森林公園があるのがおもしろいね、などと話しながら案内図で探すと、飛駒和紙会館はすぐに見つかった。新しい和風の工房には紙すきの設備が整っていて、伝統技術による和紙づくりが行われており、ビジターが試すこともできるという。ぼくらもさっそく和紙づくりに挑戦。大さわぎしながら楽しいひと時を過ごした。（一九九九年三月）

●アクセス
車利用。飛駒へは東武足利市駅から佐野市デマンド交通があるが、利用登録と予約が必要（デマンド交通予約センター☎0283・85・7110）。

●参考コースタイム
飛駒（50分）老越路峠（35分）多高山（40分）足利カントリークラブ（25分）飛駒

●2万5000分ノ1地形図
番場

●問合せ先
佐野市役所☎0283・24・5111

⑳仙人ヶ岳 せんにんがたけ 663・0m

栃木県足利市・群馬県桐生市（安蘇山塊前衛）

緑萌える谷間いっぱいの春

沢の両岸にまたがって生えている木（「ラヴの木」と名札が付いていた）を過ぎると、右岸に大岩が現われ、その下に「生《なま》不動」の建物があった。千年以上の歴史を持つ修験道場ときいており、登山口にも由緒が書かれていた不動堂である。

ご本尊は背後の岩壁にあり、建物は屋根と柱ばかりの簡素なものだけれど、まわりの自然と一体になった様子は、いかにも厳しい修行にふさわしいと感じた。ここでひとりで修行するなんて恐ろしい、とは同行者の感想で、それをあえてやるのが修行なのだろうと話した。

木々の芽吹きが一斉に始まって淡い緑一色の谷間は、不動堂を包み込んで俳句の一つも作りたいような風情なのだが、俳句が作れないので、黙って詣でた。

安蘇山地に含まれる仙人ヶ岳は、山頂が栃木と群馬の県境に当たり、標高は低いけれど意外に山深く、険しい谷や岩尾根は変化があり、古来修験道と所縁の深い所――ときいていた。そして新緑の季節も始まろうとするこの日、ようやく仙人ヶ岳ハイキ

大岩を背にして建つ「生不動」の不動堂。ご本尊は岩壁に祀られている。正しい名は「岩切生満不動尊」で、約1100年の昔、世尊寺（いまの鶏足寺）の不動院のお坊さんが修行の地を求めて小俣川の奥深く分け入り、岩切山の大岩のところで霊気を感じたので、ここを荒行の場とし、後に不動明王を祀ったのが始まりと由緒書きにある。

ングにやってきた。

　仙人ヶ岳にはJR両毛線の小俣《おまた》駅から小俣川沿いに入るのが普通らしいのだが、ぼくらは車で最奥の岩切集落まで入り、岩切橋の脇から歩き始めた。いきなり木の鳥居があり、これは不動沢の奥の「生不動」（神仏習合）のものだろうと思った。植林の中を行くと堰堤があり、そこからは雑木林の道である。

　よく踏まれた沢沿いの道を、右岸左岸と何度も渡り返す。丸木を並べた橋で渡る沢は跳び越えることもできそうなほどの小沢だが、この辺がなかなか好ましい。ときには沢床を歩く。水量の少ない沢は沢登りにはほど遠いが、変化があって退屈しない。途中で出合う「不動沢の滝」や、その次の滑滝《なめたき》群は、大きいのでも四、五メートル程度である。そして谷間もだいぶ狭くなってきたところで、洞穴に出合った。露岩に穴が穿たれ、そこに金網が掛けられて「立入禁止」とあり、これは案内書にあるマンガン採掘鉱跡だろうと思った。

それから両岸にまたがって生えている木を見て、冒頭のように「生不動」に着いた。詣でたあと、自然にとけ込んだような不動堂を眺めて、小休止した。

不動堂を離れるとすぐに六メートルほどの小滝があり、これは滝行をした所ではないかと話した。その先に、やはり鉱口と思われる洞穴が沢の中にあって、辺りに明らかに普通の岩石と違う黒っぽい石が散乱しており、同行者に、もしかしてマンガン鉱石？　ときかれたけれど、岩石の知識がないので答えられなかった。それを過ぎると沢は伏流になって水音がなく、涸れた沢床を歩いて源頭も近いと思うあたりで、右の斜面を急登して稜線に出た。

稜線の道と出合った所は「熊の分岐」とあり、北に向かって山頂を目ざした。アカマツの混じる林はますます美しく、稜線を急登し、小さいコブをいくつか過ぎ、またひと登りして山頂！　と思ったらこれがニセ頂上で、さらに登って仙人ヶ岳、六六三メートルの山頂に着いた。

ほとんど平坦な山頂は雑木の疎林に囲まれていたが、樹間に赤城山や日光の山々が

仙人ヶ岳は山深いところにあるので、なかなか姿を見ることができない。熊の分岐から猪子峠に向かってしばらく行くと、初めは手前のピーク（ニセ頂上）しか見えず、さらに行くとようやく本峰が見えてくる。稜線の向こうに見えているのがそれで、ようやくスケッチができた。

見えた。頭の欠けた三角点は何等か読めなかった。ここは栃木県だが、そこは群馬県、などといいながら記念写真を撮り、熊の分岐へ戻った。

熊の分岐からは猪子《いのこ》峠へ向かって、稜線散歩の開始である。アカマツ混じりの雑木林は同じだが、露岩の多いやせ尾根は歩いておもしろく見晴らしも案外よく、左に赤雪山や松田湖（ダム湖）、右に深高《しんこう》山や桐生市街などを見ながら、足もとにも注意してと忙しい。しばらく行くと右後方に仙人ヶ岳が初めて姿を現わし、なるほどこんな形の山だったのかと思い、スケッチをした。

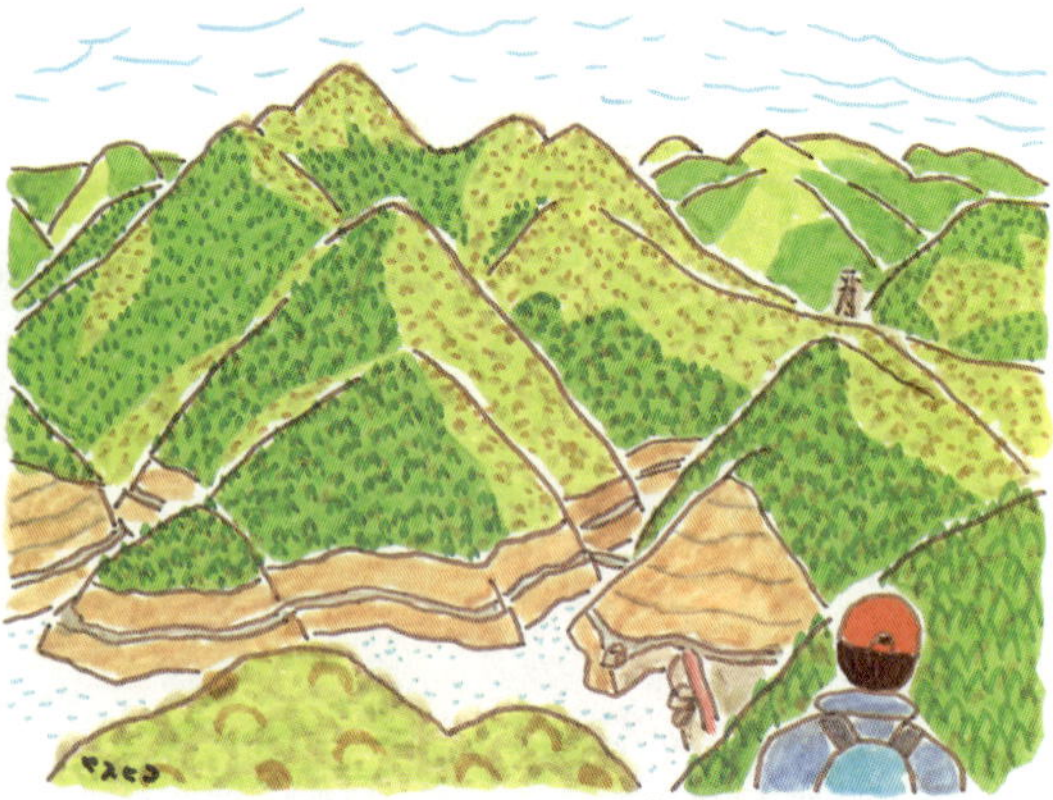

赤雪山と、その下の松田湖だ。赤雪山はこの山域では目立つ山である。松田湖は松田川ダムでできた人造湖で、湖岸の工事跡が生々しい。

ひときわ露岩の目立つ高みには「犬帰り」とあり、ここが稜線歩きのハイライトだった。岩稜だから見晴らしは一段とよく、両側がとくに急峻で、クサリ場もあって楽しいのだが、数分で通り過ぎた。その先も露岩の多いやせ尾根が続き、東側の見晴らしがよいところで昼食をとり、この稜線が修験道にも使われたのだろうねと話した。

　最後の高みと思われるところは思ったほどの展望はなく、その先で左に松田方面に下る道を分け、関東平野がよく見える所で富士の姿を探したが見えず、あとはひたすら下って暗い植林に入り、あっという間に猪子峠に着いた。「文化十四丁戊年」と側面に刻まれた「山神宮」の石祠があった。道標の脇でひと休みして、仙人ヶ岳ハイキングは、前半の不動沢歩きは楽しく、後半のやせ尾根歩きもおもしろく、これからの季節は雑木林の縁で見晴らしが心配だけれど、ともかく好ましいコースだったねと話した。

峠からは植林なのでさっさと下り、予定より早く岩切に戻ったので、往路で入口を確かめておいた足利の名刹・鶏足寺《けいそく》へ寄り道をした。総門、山門、勅使門（鎌倉末期）を経て境内に入ると、由緒ある古寺の凛とした空気を感じた。

（二〇〇二年五月）

●アクセス　車利用。JR両毛線小俣駅から小俣北町への足利市路線バス小俣線は午後便しかない。マイカーの場合、小俣北町バス停付近に数台の駐車スペースがあるが、生活道路部分に駐車しないこと。

●参考コースタイム　岩切登山口（40分）生不動（25分）熊ノ分岐（25分）仙人ヶ岳（20分）熊ノ分岐（1時間40分）犬帰り（1時間5分）猪子峠（20分）岩切登山口

●2万5000分ノ1地形図　足利北部・番場

●問合せ先　足利市役所☎0284・20・2222

㉑行道山 ぎょうどうさん 441・7m

栃木県 足利（安蘇山塊前衛）

日なたの山上でお釈迦さまも昼寝

あー、かわいいお釈迦さま、と先に涅槃台《ねはんだい》に着いた同行者が叫んだので、私も急いで、露岩の上へ登ってみると、たくさんの石仏に囲まれたいちばん上の岩上に、本当に小さくてかわいらしいお釈迦さまが、きちんと足を揃えて横向きに寝ていらっしゃるので、あっと驚き、それから静かに手を合わせた。

栃木県足利市郊外の行道山《ぎょうどうさん》浄因寺《じょういんじ》は、関東の高野山と呼ばれる行基菩薩開山の名刹で、お寺のある行道山にはほどよいハイキングコースがあり、同じ行基菩薩開山の大岩山《おおいわさん》多聞院《たもんいん》最勝寺《さいしょうじ》へと歩くことができる——というのはずっと以前から知っていた。けれども二〇年ぐらい前、行道山北方の名草《なぐさ》の巨石群から行道山方面へと向かったときに、この近くまで来たのに疲れたために行道峠から下山し、従って浄因寺には詣でていないので、その願いを果たすべく、ふた昔も経ったいま、行道山へとやってきた。

参道の入口に車を置き、冷たい山の空気を吸いつつ、長い石段を登った。途中に、こちらを見下ろすたくさんの石仏があり、この名刹の歴史を感じた。総門、三門と通り抜ける石段の参道は石垣に囲まれて、まるで中世の山城のようである。鐘楼が見えてきて、ようやく本堂に着いた。旧本堂跡の礎石群があり、向こうの崖上の建物が清心亭で、このあたりは南画の世界である。

浄因寺奥の院、四十九院涅槃台の寝釈迦さまである。全長60センチの小さな石像だが、穏やかな表情が好ましい。台石には享保四年三月十六日、施主・足利本町丸山弥八とあった。とくにおみ足の先が、かわいらしいと思った。背景は足利市の郊外だ。

浄因寺が高野山にたとえられるのは、室町時代に多数の修行僧が学問の道場として集まったことによる、と説明があった。「寝釈迦方面」の道標に従って階段を登ると一堂があり、さらに行くと寒ざむとした森のなかに無縫塔（卵塔）が両側に並ぶ小さな平坦地があって、ますます歴史を感じた。そこを過ぎて岩の間を急登すると、急に明るくなって稜線に出た。そこで左手を見ると「寝釈迦↓」とあるので、ここが奥の院・四十九院涅槃台と

行道山の全景を、山麓の五十部あたりから描いた。右が北、左が南に当たる。浄因寺は右寄りに、最勝寺は左寄りにあり、中央やや右寄りの高みが山頂（石尊山見晴台）である。

わかり、先行していた同行者が早くもお釈迦さまを見つけて叫んだのが、冒頭の場面だ。

たくさんの石仏に守られるようにして涅槃像があるのだが、この場所は「奥の院」の暗いイメージに反して明るく、日なたの岩場は暖かくお釈迦さまも涅槃ではなく平穏な初冬の日ざしの下で昼寝をされているように見えた。

稜線の道に戻って、そこからの露岩の多い道は、葉が落ちて遠くが見通せる雑木林が心地よく、冬の低山歩きの楽しさの見本のようだねと話した。しばらくトラバース道で、その先でまた稜線に出たところが仏法僧峠だった。再び気分のよい雑木林を楽しんでいくと擬木の階段になり、上ったところが石尊山見晴台、すなわち標高四四二メートルの行道山の山頂だった。

新しい四阿《あずまや》があり、立派な展望案内盤や、三の字の上の二本が欠けて一等三角点とまちがえそうな三等三角点標石、ベンチとテーブルなどがあり、東西に展望が開けた好ましい山頂だった。日光から赤城、榛名、近くは仙人ヶ岳などがよく見え、しばらく山頂の憩いを楽しんだ。

大岩山を目ざして縦走路に入ると、林相が変わった。そこで樹木の種類を挙げて、このように変わったと言いたいのだが、植物に暗いのでそれができない。しかし、ともかく雰囲気が変わり、それでも稜線歩きの楽しさは変わらず、ほどよい登り下りと木の根岩角の道を辿って、ベンチのある高みに着いた。山名の表示はないが、あとでここが大岩山（剣ヶ峰とも）とわかった。

大岩山を下ると山名の由来かと思われる大岩があり、すぐに林道に出た。林道はここで終点

多聞院最勝寺は大和信貴山、山城鞍馬山と並ぶ日本三毘沙門天のひとつとのこと。毎年大晦日の夜、人々が山に登ってきて、1年間のうっぷんを晴らすためにみんなで悪口を言い合う奇祭「悪態祭」が有名とある。このイラストは、そのときの写真をもとにして描いた。

らしく、展望台のようになっていて、車で来た人が山の景色を楽しんでいた。樹林の向こうに見える大きい屋根が、これから向かう最勝寺にちがいないので、林道のどこかにそちらへ下る山道があるはずと探してついに発見、それを行くとすぐに最勝寺の境内に着いた。

大岩山多聞院最勝寺も行基菩薩が開山なので、行基さんは本当に山が好きなお坊様だね、いまならたいへんな登山家だよね、そうね、山岳ガイドになっているんじゃない、などと話しながら、重厚な本堂、運慶作とある仁王様の立つ仁王門、市重文の石段、樹齢六〇〇年（推定）という天然記念物の大スギなどを拝見し、小学生が奉納した俳句を読むと、「海太くん水の飲みすぎ注意だよ」「日が暮れたいつもおむかえありがと

鑁阿寺は、源姓足利氏二代目義兼が建久7（1196）年に持仏堂を建て、大日如来を祀ったのが始まりで、のちに足利氏一門の氏寺となった。イラストの「反橋」は屋根付きの太鼓橋だが、小林はどういうわけか、この屋根付橋というのが好きで、足利へ来たときは必ず訪ねる。米国東部にも歴史的なカバード・ブリッジが数多く、訪ね歩く人も多くて、小林も昔、そんな旅をしたことがあるが、日本にもこうして屋根付橋がいくつもあるのだ。安政年間の再建とある。

う」などと、どれもほぼ笑ましいのだ。

境内で小休のあと、来た道をそのまま辿って浄因寺に戻り、参道入口に置いた車を回収した。それからまだ日が高いので、関東の小京都といわれる足利を見物したことがないという同行者を案内するつもりで足利市内へ向かったが、足利観光の目玉である足利学校のあたりが以前とはだいぶ変わって、観光地らしく整備され一新していたので驚き、案内どころか現地の方にいろいろ教えていただいた。それから、もう一つの目玉・鑁阿寺《ばんなじ》は、私の好きな反橋《そりはし》も健在で、足利氏の寺として有名な境内を見学、散歩した。

（二〇〇六年十二月）

●アクセス
東武伊勢崎線足利市駅から足利市路線バス行道線（JR両毛線足利駅経由）40分、行道山下車（朝は平日1便、休日2便）。
●参考コースタイム
行道山バス停（30分）浄因寺（30分）石尊山（25分）大岩山（15分）最勝寺（20分）大岩山（25分）石尊山（20分）浄因寺（30分）行道山バス停
●2万5000分ノ1地形図　足利北部
●問合せ先
足利市役所☎0284・20・2222

㉒大小山　だいしょうやま　313・8m ―― 栃木県　足利（安蘇山塊前衛）

気分はもう修験道

変わった名前の山だな、どういうわけでついた名前かな、でも一度聞いたら忘れない山名だけど、というのが、ずっと以前に大小山という山名を教わったときの、ぼくの感想だった。

それからかなりの年月が経って、その大小山へ、ようやく出かけた。関東平野の北の外れの、ここから山地が始まろうとするところにある標高三一四メートルの里山が大小山である。初冬の田園の向こうに、案内にある通りに「大小」の白い二文字が書かれた山をみつけたときには、ふとロサンゼルスの北の丘陵に見える「HOLLYWOOD」の文字を連想した。

市道の終点は駐車場になっていて、そこに小さな社があり、「阿夫利神社」とあった。社殿の中を覗くと天狗様とカラス天狗の面が並んで奉納されているので、「大小の文字は、その昔この山に棲んでいたという大天狗小天狗に由来する」と案内にあったのを思い出した。そして、天狗伝説は修験道が行なわれた山に多いときいているの

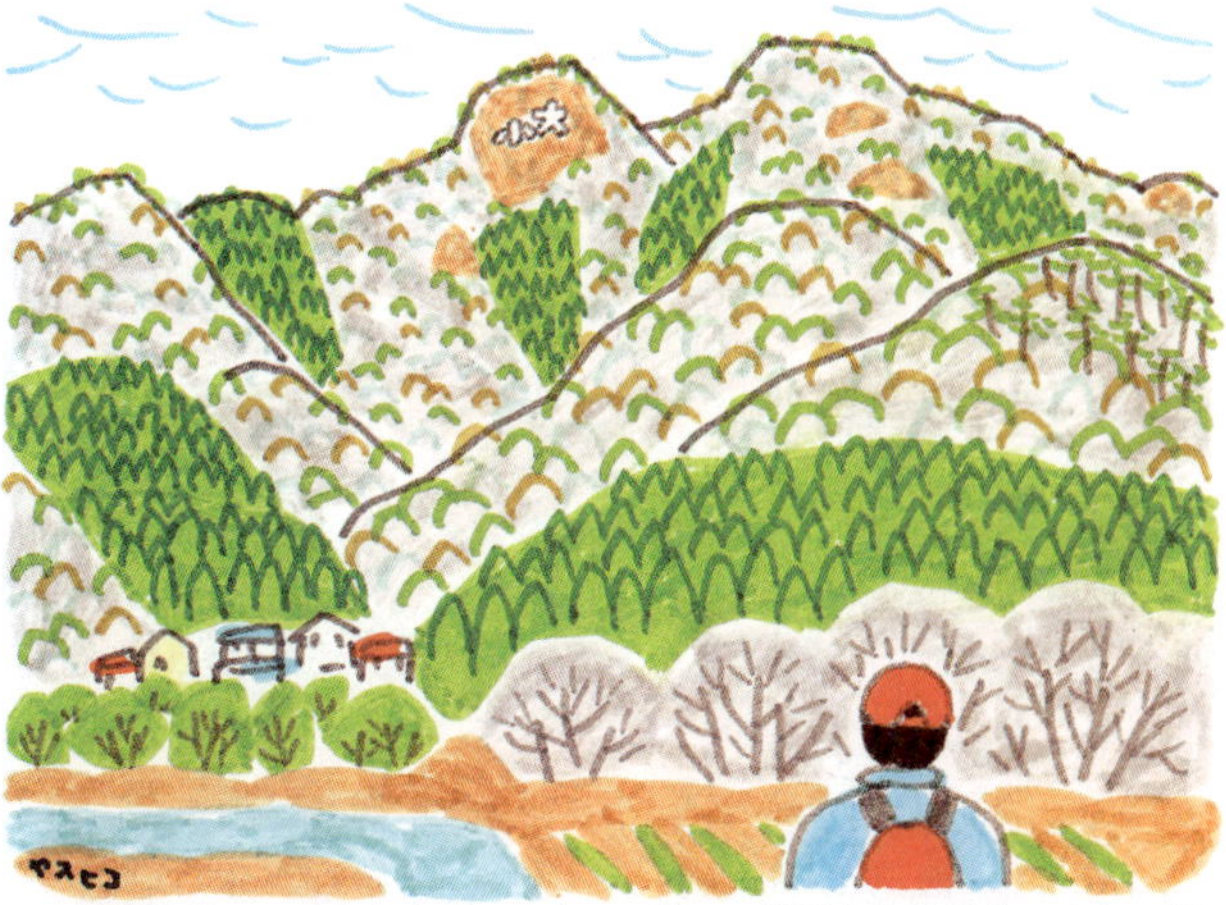

山麓の農道から見た大小山。山名は、地元の佐野市と足利市、また、現地表記、地形図で様々あり、どうもややこしい「大小山」である。

で、この大小山も昔は修験者（山伏）が山岳修験をしたところではないかと考えた。

駐車場の脇の登山口から、いきなり北側の斜面にとりついた。ほとんど葉の落ちた雑木林は明るく暖かく、登るにつれて汗ばむほどで、ぼくも同行者もすぐに上衣を脱いだ。少し登ると見晴し場があり、関東平野が広がっていた。くずれやすい土質の登りに予想外の汗をかいて登ると、こんどは予想外の岩場があり、ロープさえ張ってある。これはこれはと思ってロープ場を過ぎると稜線の端に出たらしく道標があり、思いがけない洞穴があった。人が入れるほどの大きさなのでもしかして修験者が使ったのでは、などと話した。赤見から上がってきた道と合流し、その先の分岐は巻き道と直登に見えたので直登を選び、ロープ場が二か所ほどあって岩場の上に出た。巻き道の方にもロープが見えた。岩上に立つとまことに気分がよく、その先も岩稜なので、やはりここは山岳修験の場所にちがいないねと、ぼくらは勝手に結論付けた。それにしても三〇〇メートルの超低山にしてこの峨々《がが》たる稜線は実に立派なものだねと話し、それから一〇メートルほど登ったら「妙義山三一三・六メートル」（※標高は当時）とあり、足もとに二等三角点もあって、すなわちここが山頂だった。

大小山の山名は少々複雑で、現地の表示では、いま立っているのが「妙義山」。これから向かう頂きが「大小山」で、ふつうはこの両峰を総称して「大小山」と呼ぶらしい。けれども地形図では三一三・六メートル峰に「大小山」とあり、二八二メートル峰には標高点さえない（二八二は現地に書いてあった数字）。また案内によると、この両峰は地元では昔から「鷹巣山《たかのす》」と呼ばれたそうで、それは源義国（足利義兼の祖父）が鷹狩りの鷹を放してやった故事に由来するとある。そして二八二メートルの方は「天狗岩の頭」と呼んだらしい（この呼称はいまも残る）。現在、大小の文字のある岩場（山麓からもよく見える）が「天狗岩」なので、これは名前の通りだ。これを言いかえると、まず天狗伝説の「天狗岩」に大天狗・小天狗にちなむ「大小」の文字を掲げたところから「大小山」の名が起こり、それがいつか両峰の呼称になったということか。また「妙義山」の名は、この山頂は佐野市（北側）と足利市（南側）の境界になっているのだが、その佐野市側の呼称ということだ。天狗岩も大小の文字も足利市側だから、これは納得できる。つまり山頂の「妙義山」表示は佐野市側で建てたものと思われたけれど、記事にするときは現地の表示を尊重しているので、ここでもそうしようと思う。

　三六〇度大展望の「妙義山」山頂から急下りして、少し登ると「大小山」の山

案内に「垢離場」とあり、現地には「石尊の滝」とある。筧の水がトウトウと落ちて厳粛な気分である。いまも水垢離をとる人がいるとのこと。昔、修験者が滝行をしたのが「石尊の滝」といわれる所以ではないか。

頂で、こちらは展望も少ない。この山頂の東側の岩場（天狗岩）に「大小」の文字があるのだが、もちろんここからは見えない。南側に下り、大久保町へ向かう道と分かれて見晴し台、阿夫利神社方面へと下ると鉄梯子があり、その下が見晴し台で四阿《あずまや》もあって、頭上は天狗岩、そこに「大小」の二文字がある。岩盤に平成七年に大小の文字板を復活した際の工事記念プレートがあった。

四阿の前を下ると「男坂」「女坂」の分岐で、男坂へ向かうと岩場を経て「大小山仙間神社」とある新しい立派な社殿前に出た。祈禱道場とあるので、あるいは現在も修験が行なわれているのだろうか。さらに下って女坂の道と合流して暗いスギ林を行くと、右手の沢に「石尊《しゃくそん》の滝」とあり、筧《かけひ》の水が滔々と落ちていて、案内には「垢離場《こりば》」（水垢離《みずごり》をする所）とある。

登山口から1キロ余り東、車道から少し登ると「西場の百観音」がある。勧行寺という寺院が廃寺となった跡に、石造の観世音菩薩が百体、南斜面に整然と並んでいる。寛政2（1790）年から同10年の間に、大阿闍梨円海和尚と休円和尚が中心となって西国、坂東、秩父から合わせて百体を勧進する偉業をとげたとある。比較的新しい江戸時代の石像とはいえ、千手、如意輪、十一面、聖、馬頭、准胝、不空羂索、子安の八種の観音像が舟型光背をつけ、それぞれ姿もよく保存もよい。

それで、ここで修験者が滝行をしたのではないかと話した。滝からはわずかで阿夫利神社に着き、山岳修験の道場を一周したような気分で大小山ハイキングを終えた。そして日の短い初冬なのにまだ充分明るいので、近くの「西場の百観音」を拝見しようと軽い気持ちで行ってみてびっくり。こんなすごい石像群が、こんな目立たない所にあるとは、と驚愕の体験をしたのだった。

（二〇〇三年十二月）

●アクセス
JR両毛線富田駅下車。マイカーの場合、阿夫利神社下に駐車場がある。

●参考コースタイム
富田駅（30分）阿夫利神社（40分）妙義山（10分）大小山（35分）阿夫利神社（30分）富田駅

●2万5000分ノ1地形図　佐野

●問合せ先
足利市役所☎0284・20・2222

㉓ 栗生山　くりゅうさん　968・3m

群馬県　桐生市黒保根（足尾山地）

登山口で〝上州の左甚五郎〟鑑賞

登山口に神社があって、その神社を飾る彫刻がみごとだそうだから行きませんか、という誘いを受けた。その山は栗生山といい、神社は栗生神社、所在地は黒保根《くろほね》村（※現在は桐生市）ときいて、山と神社は知らないけれど、黒保根村はたしか赤城山の東側一帯がそうで、村名から何かドラマチックなものを感じていたし、栗生山も彫刻のある栗生神社も知らないなりにイメージがわいてきたので、栗生山ハイキングに出かけることにした。

　大間々町から渡良瀬川沿いに北上する国道は山への往復で何度か通った道だが、それを水沼という交差点で左折する。すでにそこは黒保根村で、山間を行く車はセミの合唱をBGMにして走った。初秋というのに気温は夏と同じだった。「栗生神

「栗生神社の大スギ」である。大同2（807）年に植えたと伝えられるので、樹齢1200年だ。目通り周囲7メートル。黒保根村には、これより大きいスギはないそうです。

社入口」の表示がある間々下橋に案内地図らしいものがあったので見ると、「関口文治郎の足跡を訪ねて」とあり、〝上州の左甚五郎〟というその人の作品のある場所が示してあって、その中に栗生神社もあった。つまり、この案内のお陰で、この日のハイキングのモチベーションとなった神社の彫刻の彫師の名が分かったし、この周辺にも多数の作品がのこる〝上州の左甚五郎〟という評判も知ったので、さらに興味津々、神社を目ざした。

栗生の集落を過ぎると神社の杜叢と思われる森に入り、赤い鳥居を見送ると次は石の鳥居で、これが登山口に違いないので車を置き、鳥居前で一礼して一七〇段（と案内にある）の石段を登ると、お籠り屋を兼ねた門があった。奉納されている木刀は、栗生神社が火伏せの神として信仰され、また武運の神としても尊崇されるので、それに因むものだろう。野球のバットを模したものが奉納されており、これも武運を祈っているわけで、微笑ましかった。

それからさらに石段を登って、栗生神社の拝殿前に立った。参拝してから周囲を見ると、右に神楽殿があり、右に「栗生神社の大スギ」が天を突いている。かの彫刻のある本殿はと拝殿のうしろへ回ると、覆屋《ふくや》の中に思ったよりも小さいが立派な社があ

右の建物が栗生神社の拝殿、左の覆屋の中が彫刻のある本殿だ。栗生神社は慶雲4（707）年開創の古社で、旧上田沢村の鎮守社。本殿は寛政2（1790）年造営、関口文治郎の彫刻もそのときに制作された。社殿は一間社流れ造りという形式。うしろのスギが「栗生神社の大スギ」である。

り、側面の彫刻が見えた。近づいて覆屋ごしに眺めると、中国の故事らしいテーマが、意外な量感を持ってイメージ豊かに描かれていた。正面は拝殿に向いているので見づらいが、左右とうしろ側の三面はしっかり見えた。中心に描かれたストーリーから周辺の雲や流水、樹木や花が、独特のムーブマンを持って構成されている。左右に張り出した部分の精巧な透かし彫りは、彫師の腕の見せどころだろう。四面だけでなく、軒下の組みものや構造の一部である蟇股《かえるまた》にまで動物や植物が装飾化されていて、全体で一つの作品になっていると思った。一個で完結している作品と、このような建物全体を覆う作品と比べると、完成度は同じでも建物作品の方が見る者を描かれた世界に引き込む力は強いに違いないので、信仰に関わる建物がこのような装飾を施すのは納得できる。

しばらくして彫刻から目を離し、大スギや周囲の社叢を改めて見て、こんな山奥にこんな作品が二百年も前からあるなんて謎のようだなと思わずつぶやいたら、室生寺の十一面観音像は千年以上昔から山の中にあるでしょと同行者にいわれたので、それはまた別格じゃないのといおうとしたが、やめた。

あとで調べたのだが、関口文治郎は享保十六（一七三一）年、この上田沢村（明治二十二年に他村と合併して黒保根村になった。黒保根は万葉集の〝かみつけのくろほのねろのくずはがたかなしけこらにいやざかりくも〟に由来する）で生まれ、子供のころに彫師の門に入り、若くして

山頂西寄りの見晴らしポイントからは、このような眺めがずっと広がる。コース中の見晴らしは、ほとんどここだけである。

三角点から100メートルほど西へ行くと、西側が開けた場所に出る。正面に赤城山の東面が大きく迫り、あとは袈裟丸方面へと山なみが続くので、休憩するのはこのあたりになる。

名工といわれるようになり、棟梁として彫師集団を率いて上州から関東一円、遠くは伊那の熱田神宮にまで優れた仕事をのこした。その中には秩父の三峰神社もある、といえばあの華麗な装飾を覚えている人も多いと思うが、その一部が文治郎たちの仕事なのだ。他では桐生天満宮が十二年をかけた文治郎畢生《ひっせい》の大作といわれるそうだが、榛名神社の仕事を終えたあとの文化四（一八〇四）年、七十七歳で亡くなった。

大杉の脇にある太郎神社も小さいながらも文治郎の仕事なので、これを鑑賞したのち、ようやく栗生山へと向かった。

神社の左手から沢沿いにスギ林の中を行くと、次第に道に岩石が多くなり、左右にも露岩が目立ちはじめ、その後は急登となって、呼吸を整えながら登った。

ようやく植林が終わり、アカマツ混じりの雑木林に入ってほっとしたところで稜線の道に合流した。神社を出てから道標は一切なかったが、代わりに赤テープが頻繁にあるので迷わずに済んだ。

稜線を左へと心も軽く歩くうちに、一等三角点のある場所に突然出た。とくに山頂らしくもないのだが、三角点と山名表示のせいで、ともかくここが山頂と分かった。しかし展望はゼロなので、案内にある西の方へと行ってみると、樹木ごしに赤城山や袈《け》裟《さ》丸《まる》山が見える所があったので、そこで休憩し、ランチタイムとした。

下山は、まったく同じコースを下って、神社に戻った。　（二〇〇五年九月）

●アクセス
マイカー利用。
●参考コースタイム
栗生神社（55分）栗生山（45分）栗生神社
●2万5000分ノ1地形図
上野花輪・大間々
●問合せ先
桐生市役所☎0277・46・1111

㉔鳴神山　なるかみやま　980m
群馬県　桐生（安蘇山塊前衛）

いそがばまわれ

山頂には、鳴神神社の奥宮であろうか、石祠が四つ、大きさ順に並んでいた。

展望を遮るものはほとんどなく、三六〇度の見晴らしといってよい。赤城山、武尊《ほたか》山、袈裟《けさ》丸《まる》山、皇海《すかい》山、日光連山、足尾や安蘇の山々が一望であり、足もとから南に延びる稜線の先に、桐生市街が見えた。西側の、目の前にある樹木に覆われた頂は、鳴神山のもうひとつの山頂である仁田山《にたやま》岳。ちなみにいま立っている山頂は桐生岳といい、つまり鳴神山は双耳峰なのだ。

鳴神山は、昔々雷神上人が棲んでいたという伝説から雷神嶽ともいわれ、また、露岩が多くて険しいために、嶽山と呼ばれることもあったという。

低山ながらそういった由来があり、また北関東の山地を見渡す位置にあって展望もよいということで、かねてから行きたい山の上位に入っていた鳴神山へ、新緑の頃のある日、ようやく出かけることができた。

やはり鳴神山は初めての若い友人とふたりで、桐生から桐生川、高沢川と川沿いに

妙見宮の稜線から望む鳴神山。見えているのは双耳峰のうちの桐生岳で、仁田山岳は向こうに隠れている。けれども姿のよい鳴神山である。

行き、清々しい気分で登山口の石の鳥居をくぐった。「根本鳴神自然公園案内」とある立派な案内板の前で準備を整え、地元の高校の山荘らしい建物の脇から、スギの植林の道へ入った。

すぐに林道歩きとなり、左右に大岩を見ていくと正面に滝が現われ、これが大滝だった。寄り道してみると、滝壺の脇に鉄の鳥居と滝不動尊、それに石祠がふたつ並んで、新しい御幣が捧げられ、早くも山岳信仰の山らしい気分に包まれる。

ここは昔からの修験の場所に違いなく、行者はいないけれど、意外な水量が威勢よく落ちていた。

緩い登り道に沿って、地元の小学生の描いたポスターがいくつもある。どれも「みどりを大切に」などの文字の横に花の絵が描かれ、「カッコソウ」と説明してあるので、この花が鳴神山の名物らしいと知った。

小沢を渡り、また渡り返して登るうちに、右斜面に露岩が現われ、それはその先もずっと続いているようだ。登るほどに白っぽい岩の斜面は広がり、陽光を反射し眩しい。この白く光る露岩が鳴神山の印象だと、あとになって気付いた。山道は暗い植林の中だが、岩の斜面は雑木林で、芽吹き始めの若々しい緑と白い岩肌の対照が美しかった。

植林の中で道は急登になり、せっせと登っていくとテープで囲った場所があって、「カッコソウ移植地」とある。先ほどのポスターにあった花はこれかと注目したが、開花期にはまだ早いようだった。

カッコソウの移植地を二カ所見送り、急登をひと頑張りして、稜線に出た。「肩の広場」と書かれた道標があり、ここは山道の交差点である。登ってきた東側は植林だが、川内町へ下る西側は雑木林、そして山頂寄りに石の鳥居や、手水鉢《ちょうずばち》、その先に鳴神神社の社殿がある。他にトタンで囲った建物があり、好奇心旺盛な同行者が調べた

花台沢の頭の伐採地から、大きく見える赤城山。堂々とした姿は、さすが上州を代表する名山であると思う。

が、なんの建物か不明であった。

肩の広場からは少しの間だがさらなる急登で、木の根岩角を踏みしめて登りついたところが、四つの石祠のある山頂だった。見晴らしのよい山頂は桐生岳（九八〇メートル）で、双耳峰のもうひとつの仁田山岳へは五分ほど。岩峰を下って登り返すと、樹木に囲まれて見晴らしがなく、その代わり静かな山頂に着く。石で囲ったくぼ地に、やはり石祠がふたつあった。

山頂からは、南に稜線を辿った。この道はあまり上下もなく坦々と続くのだが、ミズナラ、クヌギ、クリなどの新緑の中を行くので、好ましい。

ぼくも同行者もこんな雑木林が好きで、いつか雑木林ファンクラブを作ろうじゃないか、な

鳴神山から北方の眺め。遠くは袈裟丸山だろう。右寄りは日光連山で、残雪が美しい。

どと話しながら、この季節の雑木林歩きを充分楽しんだ。

稜線の道で少しばかり登りがあるのは、湯山沢の頭と花台沢の頭で、湯山沢の頭は展望がないが、花台沢の頭は西側が思いきりよく伐採されていて、正面に赤城山が大きい。カタクリも見つかる斜面に座ってコンロを出し、コーヒーブレイクにした。

アカマツの多い稜線を下って、三峰山に着いた。マツに囲まれた小広いところに立派な石祠と天神様（？）の石像がある。ガイドブックによると、下山路はこの先の金沢峠経由なのだが、小さな道標に「妙見宮、三峰神社」という直接下る道が示してあったので、これを下ってみようと衆議一決あまり歩かれていない踏みあと道に入った。

急下りの稜線の道を辿ると、確かに妙見宮の小祠があり、さらに急下りが続くのだが、行くほどにヤブは深く、踏みあともしばしば消えかかってすっかり手間どり、途中で林道に出合ったのを幸い、それを下ることにした。その結果、金沢峠から下ってきた林道に合流して、なんだ結局同じじゃないかと笑っているうちに、観音橋のバス停に着いてしまった。

（一九九五年六月）

●アクセス

JR両毛線桐生駅北口からおりひめバス梅田線（桐生朝日自動車☎0277・54・2420）20分、梅田南小学校前下車。帰路は同路線観音橋バス停から乗車する。

●参考コースタイム

梅田南小学校前バス停（1時間30分）大滝登山口（1時間40分）鳴神山（1時間20分）三峰山（30分）金沢峠（50分）観音橋バス停

●2万5000分ノ1地形図　大間々、番場

●問合せ先

桐生市役所☎0277・46・1111

㉕尼ヶ禿山　あまがはげやま　1466・0m

群馬県　沼田市（玉原高原）

ブナに抱かれて

この山の名を言うと、え？　と聞き返されることが多い。そこで文字を書くと納得してくれるのだが、ちょっと笑う人もいる。

山名の由来は分からないが、単純に考えれば、山の姿が剃髪した尼さんの頭のようだということか。そういえば、玉原湖《たんばら》の方から見た山頂あたりはドーム状で、そう見えなくもない。けれども、それなら坊さんの頭でもよいわけで、なぜ尼さんなのだろう。そこにいわくがあるかもしれない。

そういうことで山に向かう途中でも山名が話題になり、由来が分からないままに、登山口に当たる玉原高原の玉原センターハウス前に着いた。

玉原高原はスキーエリアだと思っていたけれど、玉原湖（ダム湖）の周辺にキャンプ場や各種スポーツ施設があり、通年のリゾートと案内にある。玉原湖の向こうに尼ヶ禿山が、案外間近に見える。

センターハウス前に車を置いて、しばらくは車道を歩く。探鳥路とある山道を分け

玉原湖畔から見る尼ヶ禿山は、このように優しいドーム型。なるほど、剃髪した尼さんの頭かもしれない、と思いつつ眺めた。

た先に、「ブナの湧き水」があった。コンクリート壁の穴から流れ出る湧き水はどうも味気ないが、壁の上は確かにブナ林だし、掬《すく》ってみると冷たく透明で、口に含めば確かに山の水だ。後から来たグループが、競って水筒を満たしていた。

湧き水を過ぎると、玉原湿原への木道が分かれる。玉原湿原はこの日の楽しみの一つで、ぼくらはコースの後半で歩く予定だ。脇に「自然環境センター」があるので、インフォメーションをと思ったが、閉まっていた。

右に湿原、左に玉原湖、正面に尼ヶ禿山を見ながら行き、分かれ道では右の車止めの方へ、さらに進んで「朝日の森コース」という壊れた道標の示す入口がガイドブックにある道と判断して、辿ることにした。ここまでが車道で、ここからようやく山道になる。

　色づき始めたカラマツやブナの混じる雑木林をしばらく行くと、突然樹木のない開けた場所に出て、これがどうやら「朝日ノ森」らしい。樹木がなくて森というのも妙だが、自然林をごっそり伐り倒して作った森林公園というのをいくつも知っているので、最近は余り驚かなくなった。隅の方に小さく「尼ヶ禿山←」とあり、それに従って再び森に入った。

　このあたりからはずっとブナ林で、山頂まで同じである。このブナ林は利根川の水源林に違いないので、そういえばどれも頼りになりそうな、立派なブナの木ばかりだ。中には、朽ちて倒れて道をふさぐ木もあるが、コケやキノコをたくさんつけて、なおしっかりそびえ立つ木もある。ブナは森の王者だね、などと話しながら、せっせと登った。

　送電線の鉄塔下に着く。小広い草原になっていて、遠く

「ブナの湧き水」は期待に反して、味気ないコンクリート壁の穴から流れ出していた。けれども味わえば立派な山の水。もう少し上手な演出をすれば、一段とありがたい名水になったでしょう。

堂々たる姿の武尊山。これが尼ヶ禿山の展望の主役だ。前衛の山は鹿俣山。玉原スキーエリアは、この山の斜面に広がる。

見えるのは越後の山だろう。アキアカネが顔に当たるほど大量にとび交っていた。

迦葉山《かしよう》方面への道を左に分けると、南側が開けて、自然に元気が出る。雄大な風景が広がって、思わず足が止る。それで何度めかの足が止ったところが、山頂だった。

尼ヶ禿山一四六六メートルの山頂は、樹木に遮られた北側を除いて、すばらしい展望である。まず東に武尊山《ほたか》が、重厚な姿で大きい。鹿俣山の斜面にはスキーコースの形が森林に描かれ、山裾は玉原湖で終わる。赤城山が大きく、榛名山との間の子持山は、シルエット

目の前の山が天狗の面で知られた迦葉山。尼ヶ禿山から縦走コースで達することができる。遠くはもちろん赤城山。裾野の広さにただただ感心。

でそれと分かる。

三等三角点と一緒に記念写真を撮り、コンロを使って特製ラーメンを作り、スケッチをし、ちょっと昼寝もして、穏やかな秋の日の山頂であった。

下山は登ってきた道をそのまま下り、朝日ノ森と玉原湿原の分岐で湿原方面に向かった。

道は同じブナ林の中を急下りして、小沢を渡り、少し登り返して林道のトンネル前に出た。トンネルは電力会社の専有らしく、入口が閉じてある。そこから林道歩きで下ると、間もなく玉原湿原への道がみつかったので、これを辿る。

幼いブナの林を行く道は、すぐに木道に変って、いよいよ湿原である。湿原を一周する木道に合流すると、草原の広がる玉原湿原の中心部に出た。

案内によると、ここは「日本海型ブナ林に囲まれた湿原」とのことで、高山植物の他に分布上珍しい植物や食虫植物もみつかるという。植物関係にうといぼくらは、そういわれても何だか分からないのだが、少し寂しい気分の秋の湿原もいいものだね、思ったより立派な湿原じゃないの、いやこれは失言、など俗なことばかり言いながら、そぞろ歩いた。

歩行時間が短いからと、山頂や湿原でゆっくり過して、気が付くと秋の日はやはりつるべ落とし。湿原から林道に出る頃には冷たい風も吹き始めて、空の水筒にブナの湧き水をつめるのも早々に、センターハウスに急いだ。

（一九九五年十月）

●アクセス
上越線沼田駅からたんばらセンターハウスへの関越交通バス（土・休日運行。沼田営業所☎0278・23・1111）は便数が少ないので、マイカーまたはタクシー利用がよい。

●参考コースタイム
玉原センターハウス（1時間20分）尼ヶ禿山（45分）玉原湿原（一周30分・25分）玉原センターハウス

●2万5000分ノ1地形図
藤原湖

●問合せ先
沼田市役所☎0278・23・2111

㉖ 迦葉山 かしょうざん

1322・4m ― 群馬県 沼田市

天狗さまに誘われて

上州・迦葉山は、山中の名刹・曹洞宗迦葉山竜華院弥勒《みろく》寺で知られるかくれた名山――と、かねてから聞いていた。また、弥勒寺は天狗伝説でも有名で、天狗の面がシンボルだという。

晩秋の晴れた一日、上州のかくれた名山を訪ねるべく、沼田から発知《ほっち》川沿いに登山口の透門《とうもん》まで来てみると、まず目についたのはやはりその天狗の面で、弥勒寺の門前町にある透門の茶店では、どこも大小の天狗の面や、天狗さまの羽うちわを商っていた。

バス通りから左へ入る車道が弥勒寺へ向かう登山道で、徒歩だとこれを辿り、途中で仁王門や杉並木、「馬かくれの杉」などに出合

弥勒寺の拝殿にある大天狗面。沼田まつり（8月）では大天狗みこしが渡御する。弥勒寺の例大祭は5月8日。10年に一度の大開帳があり次は2025（令和7）年である。

弥勒寺への車道の途中から見上げる迦葉山。右手の巨岩が胎内潜岩。その他にも露岩が多くて、これが迦葉山の特徴である。

う山道に入って、弥勒寺に至る。けれどもこの日、ぼくらは車で来たので、この車道を一挙に登りつめて、労せずして弥勒寺に着いた。

石段を登って拝殿に入ると、まず巨大な天狗の面や大きな足駄があって、その大きさに感心する。また、積み上げられた大小の天狗の面は、右側のが「お借り面」左側のは「お返し面」で、すなわち昔なら豊蚕や開運、いまだと受験や交通安全などの願をかけた人が天狗の面を借り、願いがかなったらお返しするわけで、「始めはいちばん小さいお面から、順次大きくする」と案内にある。

参拝してから拝殿の右手に回ると、渡

り廊下に中雀門というのがあり、そこで廊下の下をくぐり、朱塗りの橋を渡って右に上ると開山堂。そこから迦葉山へ上る階段道の取り付きで右に入っているのが迦葉山の山頂へ向かう道で、見えにくいところに「奥之院、和尚台、三〇分」の道標があり（迦葉山では結局道標はこのひとつだけだった）、この文字に導かれてようやく山歩きが始まる。

初めはスギ林を折り返して登るが、しばらくして突然、原生林に入る。この森林がなかなかすばらしいもので、ブナやモミの巨木が次々と現われ、道も案外けわしく、そこに古い石柱や石仏もあって、深山幽谷の気分が濃く、また修験道の山であったことを感じる。太い朽木に、白いキノコがびっしり生えていたのが印象的だった。

木の根と岩角を踏んで急登すると、目前に巨岩が立ちはだかって、これが奥の院のある胎内潜岩《くぐりいわ》だ。前面の小堂がたぶん「和尚台」で、中央の割れ目の暗部に祀られた祠《ほこら》が「奥之院」に違いない。

胎内潜岩は、中央の鎖場を登っても左右どちら側を回っても通過できる（とあとで分かった）のだが、往路は右に回り込んだ。このあたりは崩れやすい腐葉土の急登で歩きづらく、踏みあとも分かりにくい。

胎内潜岩を過ぎても、しばらくは大きな露岩が重なるようにあり、それを楽しく登る。「御嶽登山道是より十町」の苔むした石柱がある。御嶽とは修験道時代の迦葉山のことだろう。近くでキツツキが発する機械的連続音が響いた。

　露岩を過ぎると急に中低木の雑木林になり、道もしっかりして、稜線に出た。稜線の北側には武尊《ほたか》山あたりが見えるはずだけれど、あいにくガスが濃い。稜線に沿ってひと息の急登で、「御嶽山大神」とある立派な石碑に出合った。「大先達」といった文字が読めるが、他は判読し難い。

　ここが山頂の東端ともいえる場所で、西に向かってブナも混じる雑木林の中を緩く登っていくと、ひとかたまりのヒノキ林を抜けて、山頂に出た。

　山頂といっても、営林署の建てた丸木の標柱と三

大岩が重なり合うあたりは、コース中のハイライトだ。岩に大木の根がからみついていたり、自然の造形のおもしろさに感心する。

山頂から南に開ける眺め。正面にはこのように、奇峰・三峰山がドッシリと構えている。上州は変わった形の山が多いのである。

角点があるのでそう思ったわけで、特に高みがあるわけではなく、南側だけ木が伐ってあり、眺望がきく。気温が高いせいか、季節のわりにガスが濃く、特異な形の三峰山だけがポッカリ浮かんで見えた。「迦葉山一三二二m」とある小さな板が付いた樹木の先の石の重なるあたりが最高点だろう。

標柱に「白樺湿原一・一km←」とあるので、なんだかよさそうなところだねと話しながら、湯を沸かし、サンドイッチを作った。下から見上げて想像したのとはだいぶ違うけれど、穏やかで感じのいい山頂じゃない？　と同行者。すっかり葉の落ちた雑木林なのに、野鳥の声が賑やかだった。

　時間が充分あるので、下山はゆっくりときめた。そのせいで、いろいろなキノコが落ち葉に隠れているのに気づいた。キノコの知識があれば採ったかもしれないのだが、あいにくぼくも同行者もなにも識らない。ならばそっとしておきたいと思い、観察したあとでまた落ち葉をのせた。

　このあたりの雑木林と、胎内潜岩附近の露岩と、弥勒寺の上の原生林が、迦葉山の魅力だと思った。

　弥勒寺に再び詣で、いちばん小さい天狗さまのお面をお借りして、迦葉山をあとにした。


（一九九四年十二月）

●アクセス
JR上越線沼田駅からの関越交通バス（沼田営業所☎0278・23・1111）迦葉山線は便数が少ないので、マイカーまたはタクシー利用がよい。弥勒寺に駐車場がある。
●参考コースタイム
弥勒寺（1時間10分）迦葉山（1時間）弥勒寺
●2万5000分ノ1地形図　藤原湖・後閑
●問合せ先　沼田市役所☎0278・23・2111

㉗三峰山　みつみねやま　1123m
群馬県　沼田市・みなかみ町

ふわり！　気分は空中散歩

関越自動車道をよく使う人なら月夜野インターのあたりで色とりどりのパラグライダーが空に舞っているのを見たことがあると思う。あのグライダーの飛び出す山が、上州三峰山である。

上州はおもしろい形の山、不思議な姿の山が実に多い。天下の奇峰・妙義山は言うに及ばず、荒船山、鹿岳《かな》、立岩、丸岩とすぐにいくつもあげることができる。この三峰山は、そんな山々と比べればさほどではないけれど、上牧《かみもく》あたりから見た台形そのままの姿は相当に変っている。妙義山が横綱なら、前頭二枚目ぐらいの実力はありそうに思う。

三峰の名は、その台形のうちの三つの峰（後閑、吹返、追母）に由来するそうだけれど、その峰さえどれがそうなのか分からないくらい、高さの変らない稜線が平らにのびて、これ全部山頂といわれればそうかもしれないと思ってしまう。

そんな独特の山容の三峰山を、冬も近いある日、友人と二人で歩いた。

月夜野の町外れから見る三峰山。ここからだとそうでもないが、すこし水上寄りの上牧あたりからはきちんとした台形である。右端の山頂からパラグライダーが飛び出す。

出発点は山の南端にある河内神社で、その表参道に当る林道を車で上り、神社の駐車場に車を置いて歩き始めた。改めて見上げるまでもなく、先刻から上空にいくつものパラグライダーが気持ちよさそうに浮遊している。

山道が終って石段を登ると、立派な社殿の河内神社で、境内からの眺めがすばらしい。眺めがいいからここに社殿を設けたんだねとは友人の推理だが、たしかにそう思いたくなるほど絶好の展望台で、上州武尊《ほたか》、赤城、榛名、妙義、子持山と、上州の名山が一望である。

境内からひと登りすると、山頂の一

パラグライダーがスタートする三峰山の南端。景色もすばらしく、こんなところで空中散歩するのだから、楽しいに違いない。流れは利根川。正面は子持山である。

部が広く伐り開かれていて、ここがパラグライダーのスタート地点である。折りしも飛び出す人が順番を待っており、ひとり、またひとりと飛んでいく。中には初心者と思われる人もいて、ヘルメットの中をよく見ると若い女性のようだ。一度は飛び出しそこねたものの、次はみごとに空中に鮮やかな花を咲かせた。飛び出しの面倒を見るインストラクターと思われる人の助言も実に的確で、初心者をうまく誘導して送り出す。もしかして高速道路に降りたりしないかねと友人が心配するのだが、そんなことはまちがってもないのだろう。

このスタート地点が台形の三峰山の南端で、ここから北端の山頂（最高地点、一一二三メートル）まで、たいした登り下りもないプロムナードである。初めはアカマツが多く、三峰沼への道を左に分けてからは枯れ葉散る雑木林の中を坦々と行く。地図の上では稜線の道だが、ほとんど台地上を行くような感じで、穏やかな晩秋の森をのんびりと歩く。このあたりが三峰山歩きのハイライトだねと、友人と話し合った。

いったん下って鞍部、そこから登り直すと二等三角点のある山頂だった。樹木に囲まれて展望は余りないが、葉が落ち尽くして天気がよければ、上信国境の山々が見えるだろう。

山頂は早々に切り上げて往路を戻り、三峰沼分岐を沼に向かった。この台形の山の上に沼があるということに、ぼくらはかねてから興味を持っていた。地形図にもちゃんと載っているからまちがいはないと思うけれど、果たして如何なる沼があるのか。水が涸れているかもしれない、と心配症の友人がつぶ

人工池なのにすっかり自然にとけ込んでいる三峰沼。水中の黒い影に、もしやイワナ！　と色めき立ったが、よく見ればコイ。まあ、何もいないよりはいいか。

やく。ともかく行ってみようと小沢に沿って下ると、前方に水面が見えてきた。近づくにつれて、小ぶりではあるがなかなか風情のある山上の沼が全ぼうを現す。道は沼畔を回るようにつけてあり、水際には抽水植物も自生している。樹木の繁った小島まである。水中に立ち枯れ木があるからには人工池だと思うが、水辺の情緒がある。

倒木が吹き寄せられたところに土で築いた堰堤があり、その上に立ってみると三峰沼が見渡せる。「国有林借用地、用途・田用水溜池敷地——」と標示があるので池の素性も分かった。水面を渡る風も冷たくはないので、池畔に席を設け、小さいが風情のある三峰沼に乾杯した。

パラグライダーのスタート地点に戻ると、まだ盛んに飛び出していて、若者は元気なのこそよいと二人して感心。いつか景気もよくなるだろうと、余り関係のない結論が出たところで下山した。

雪でも降ればまた一段と風情がありそうな、三峰の湯の野天風呂。三峰山のハイキングコースからじかに下って来られるといいのだが、道がない（あるのかもしれないが）月夜野温泉三峰の湯☎0278・62・1022

三峰山ハイキングにはおまけが予定してあり、それは三峰山西麓にある温泉、三峰の湯に浸ろうというもの。月夜野町営（※現在はみなかみ町）の立ち寄り湯があるときいてきたのだ。ただし場所が分からないので、月夜野市街に下って店の人にきくと、詳しく教えてくれた。その通りに行くと、先刻歩いた三峰山の稜線の直下にプレハブ小屋の町営温泉センターを発見。どうも風情がないねという友人を促して入ってみると、あに図らんや、結構な野天風呂もある。二人してにっこり笑って落葉の浮かぶ風呂に浸り、旅の終りとした。

（一九九八年十二月）

●アクセス
車利用。河内神社下に駐車場がある。

●参考コースタイム
駐車場（20分）河内神社（20分）三峰沼分岐（1時間30分）三峰山（50分）三峰沼分岐（45分）河内神社（15分）駐車場

●2万5000分ノ1地形図　後閑

●問合せ先
沼田市役所☎0278・23・2111、みなかみ町役場☎0278・62・2111

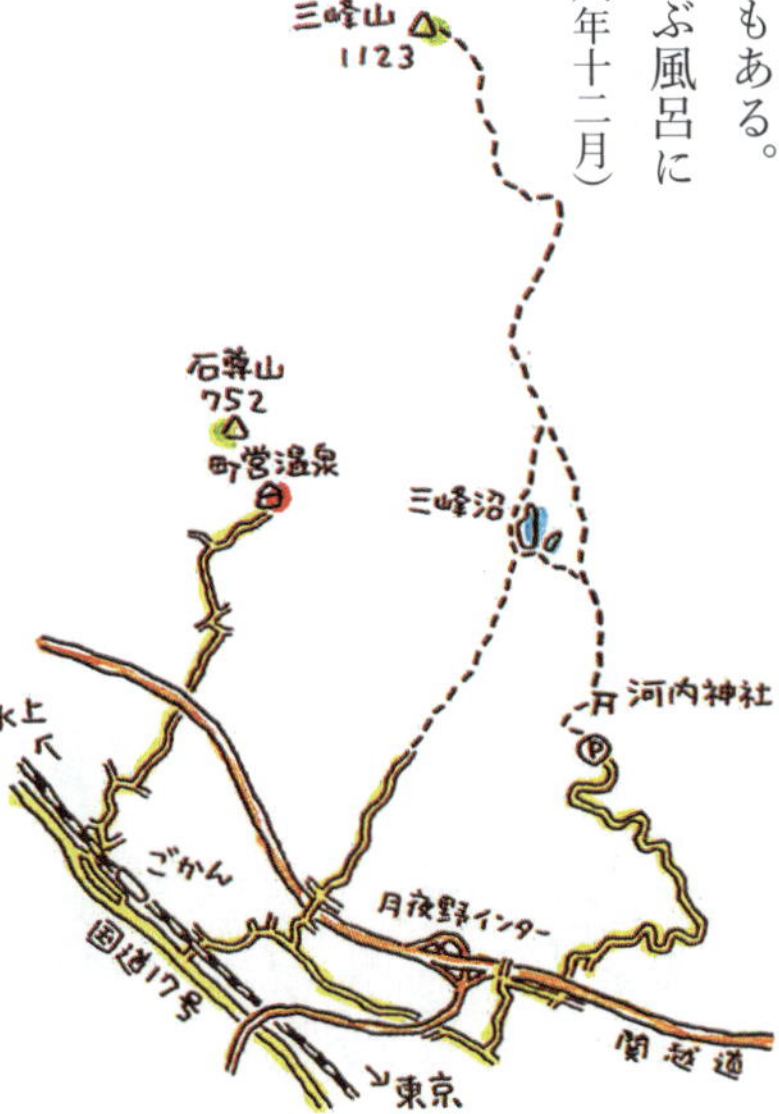

㉘ 有笠山 ありかさやま

873m ― 群馬県 中之条町

牧水と頼朝が辿った道

草津温泉の宿を早朝にたち、六合村《くに》（※現在は中之条町）を経て、ぼくらの車は暮坂《くれさか》峠にさしかかった。朝早くに暮坂峠とは妙だねと話しながら辺りを見回すと、峠の茶屋の前に像と碑があり、これが有名な若山牧水の詩碑だった。上州の山川を愛した牧水は大正十一年十月に草津から暮坂峠を越えて沢渡《さわたり》へ向かったとある。ならば今日のぼくらと同じなので、急に牧水さんに親しいものを感じて、碑の前で記念写真を撮ったりして、沢渡へ向かった。

峠を下っていくと、正面に箱を立てたような山が見えてきて、これが目指す有笠山と、すぐ分かった。上州は変わった姿の山がどこよりも多いが、この山もその一つだ。上沢渡川を左岸から右岸に渡るとすぐに右に入る林道が見つか

歌人若山牧水は、大正11（1922）年10月、草津から花敷温泉を訪れて一泊、小雨から暮坂峠を越えて沢渡温泉へ向かった。そこには「枯野の旅」は、そのときのもので、「上野の草津の湯より沢渡の湯に越ゆる路名も寂し暮坂峠」とある。

り、それを辿って福祉施設の先で右に入ると、案内書通りに駐車スペースがあったので、車を置いて出発した。上沢渡川に沿って有笠山の裾を巡る林道を、雑木林の新緑を賞《ほ》め、対岸のおもしろい形の山に登山道があるかね、などと話して歩いた。

「有笠山西登山口」の道標に従って山道に入ると、いきなり木段の急登になり、前夜草津の湯に何度も浸ってリラックスした体が驚くのが分かった。しばらく登ると左上方に、岩肌を露出した山頂部分が見え隠れし、また右手近くにも大きい露岩があって、この山は全体が岩塊のようだねと話した。

だれかが意図的に大岩を運んできて、ここにこのように置いたのではないか、と思うような「西石門」である。中をくぐって向こうへ抜けることができる。上の石が落ちてこないかと心配な人は、やめておこう。

ベンチとテーブルを備えた四阿《あずまや》があり、そこから暗い植林の中を登っていくと右上方に大岩が重なっており、これが案内にある「西石門《にしのせきもん》」だった。近寄って見ると、まるで人工的に岩を重ねたように見えるので、自然の造形の妙に改めて感心した。

林道の終点から山道に入ると露岩はさらに多く、右手に大岩壁が現われて、よく見

有笠山の山頂直下の岩場は、少しの間だがクサリ、はしごが連続する。低山でも岩場はあり、危険度は変わらないので、甘くみることはできない。慎重にと自分に言い聞かせ、同行者にも声をかけて通過した。

ると大きくかぶった上方にスリングが何本も下がっており、左右の壁にもチョークの跡があったので、ここがクライマーのテリトリーと分かった。その先でも左手奥に白っぽい岩壁が見えたので、近寄ってみると同じようにクライミングの跡がいくつもあった。

稜線に出ると、東斜面は雑木林のせいか明るく、若々しい緑の中を歩いた。東登山口との分岐で下山路を確かめて、そこからは木の根と岩角の急登になった。少し登った岩の上から暮坂峠方面の見晴らしがよかったので、ひと息入れた。それから先は山頂まで、少しの間だがクサリ、はしご、クサリと連続する岩場の登りなので、三点確保をしっかりしようと同行者と声をかけ合って登った。標高の高い山なら一般ルートでも普通にある岩場だが、低山ハイキングで出合うと一段と緊張し、慎重になる。けれども、そういう所もたちまち通過して平坦な道

沢渡温泉から西方を望むと、正面に有笠山の印象的な姿がある。有笠山ハイキングは、この位置から見て左側の斜面を登ることになる。

になると、そこはすでに山頂の南端で、すぐに雑木に囲まれた山頂に着いた。

有笠山八八三メートルの山頂は、体まで染まりそうな新緑のお陰で、展望はまったくない。山頂の南端で南側の景色が見えたのが唯一の展望だが、この変わった形の上州の山の山頂に立っただけでいいじゃないか、だから乾杯とワインの栓をポンと抜き、有笠山の新緑を愛でた。

下山は、登りよりさらに慎重に下った。東西登山口の分岐を東へ向かい、急下降するとすぐに「先住民族遺跡」とあるので、矢印の方向に寄り道すると、岩壁の所どころに洞穴があり、たぶん穴居生活の跡だろうと思ったが案内がないので、それ以上は分からなかった。あとで調べたところ弥生時代中期の遺跡とあり、それだと歴史年表によれば卑弥呼の頃より少し前で、倭国百余国に分立とある。そんな時代に、この山の中（当時はもっと険しかっただろう）で、どんな人々が、どのような生活をしていたのか。同行者が、迫害を逃れてここまで入り込んだのでは、と言うので、そうかもしれないねと話した。

それから少し下ると、ここでもクライミングの形跡が点々とある大岩壁に出合い、有笠山は全体にクライマーのゲレンデなのだと思った。それからさらに下ってもクライミングの跡がいくつもあり、そこに取り付くクライマーを想像しながら同行者としばらく眺めた。

またその先に、「東石門」があった。こちらは西石門より複雑な形だが、ちゃんとゲート状になっていて、通り抜けるのがおもしろい。東石門からは折り返しの急下降道で、崩れやすい斜面を追われるように下って、林道に出た。

そのあと西側の林道よりも少し長い林道歩きでスタート地点に戻り、車を回収して、

人物が腰掛けているのが「源頼朝公の腰掛石」である。頼朝公のつもりで描いてみたが、考証はしていない。当時随行した梶原源太景季は「あずさ弓日も暮坂につきぬれば有笠山をさして急がん」という、うれしい歌をのこしてくれている。

見どころが多くて楽しかった有笠山ハイキングを振り返りながら、今夜泊まる沢渡温泉の湯宿R館に着いた。

その宿の浴室に「源頼朝公の腰掛石」という高さ四〇センチほどの石があり、浅間で野狩をしたあとの頼朝が、草津温泉から当時（建久二年、一一九一年）発見されたばかりの沢渡温泉にやってきた際に腰掛けた石と説明があった。牧水といい、頼朝といい、奇しくも（？）ぼくらと同じコースを辿って沢渡温泉へやってきたわけで、そんな奇遇を祝って、ぼくらはまた乾杯した。

（二〇〇六年六月）

●アクセス
マイカー利用。バス利用の場合、JR吾妻線中之条駅から関越交通バス沢渡線（吾妻営業所☎0279・75・3811）で25分、沢渡下車、西登山口まで徒歩40分。

●参考コースタイム
西登山口（55分）有笠山（35分）東登山口（45分）西登山口

●2万5000分ノ1地形図
中之条・小雨

●問合せ先
中之条町役場☎0279・75・2111

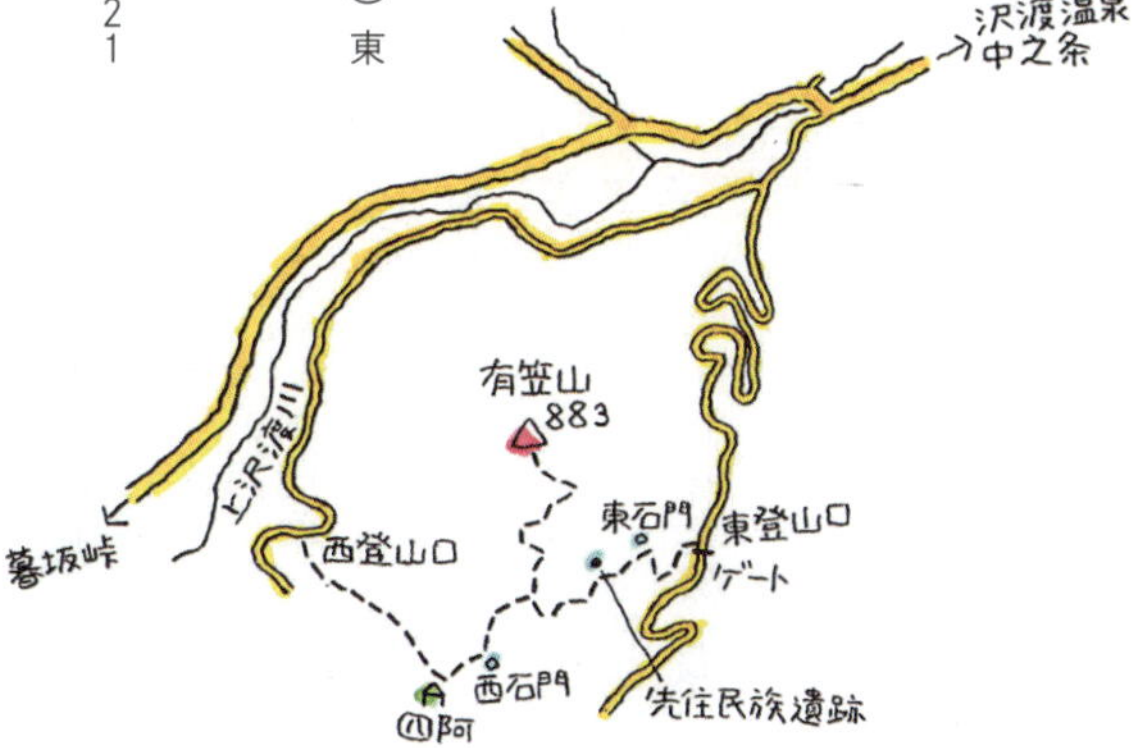

㉙十二ヶ岳 じゅうにがたけ 1201・0m 群馬県 渋川市・高山村

贅沢な展望を楽しむ

林道を登りつめると別の新しい林道に出合い、そこを左に行くとすぐに登山口があった。道標と案内図があり、手入れのよい山道が植林の中へぼくらを誘っていた。ようやくハイキングらしくなったねと同行の友人と話し、山道に踏み入った。

十二ヶ岳登山は、そもそも友人が提案したものである。手頃なコースで、しかも山頂の展望が抜群という説明だった。展望は上越国境の山々が中心だろうから、それなら晩秋か初冬に行こうと決め、それで十一月も末のこの日、ふたりでJR吾妻線小野《おの》上《がみ》駅から谷ノ口を経て、十二ヶ岳を目ざした。

涸れ沢に沿う道はすぐに沢を離れ、「十二ヶ岳滝下《せんした》」とある場所にさしかかった。けれどもあたりは依然としてスギの植林で、滝らしいものはない。道は急登になり、ふたりとも無言で登った。友人とは二十代のころから山歩きを一緒にしてきた仲なのだが、パワーではいつも友人が勝っていた。けれども六十代となった昨今は、きつい山歩きをしなくなったこともあり、体力の差を余り感じない。前を行く友人のザック

登山口に近い林道から見上げた十二ヶ岳。山頂部分は岩が多く、急峻であることが分かる。右側の鞍部から稜線に沿って登っていくのである。

を背負った背中にも相応の年齢が表われており、自分もうしろから見れば同じようなものだろうと思いながら、せっせと登った。

植林から雑木林に入ると、すでに半分ぐらいは落葉していて、榛名山方面が枝ごしに見えた。それからまた急登で少し汗をかき、涼しい風が吹き抜ける稜線に出ると、そこが中ノ岳と十二ヶ岳の鞍部で、立派な道標があり、よく踏まれた道が両方の山へ向かっていた。この山域はどこも山道の整備がよく、「手頃なコース」という情報もその辺を表わしているのだろうと思った。

山頂に向かうとすぐに、男坂と女坂の分岐で、ぼくらは男坂へ向かった。そうするといきなり木の根道の急登で、ストックをザックにしまって、両手を使っての登りである。下から見上げたときに急な立ち上がりが印象的だった山頂部分を登っているわけで、だから当然急登なのだが、ともかく切れ落ちている南側に注意して慎重に登った。そして突然明るくなったと思ったら、山頂だった。

小広いドームの山頂は、周辺に低木が多少あるだけで、きいた通りのすばらしい展望だった。詳細な展望案内盤があるが、それを見るまでもなく関東の山好きにとっては、なじみ深い山ばかりである。とはいってもやはり山座同定はやりたいので、ふたりで端から山名を確かめた。そこで目あての上越国境の山々はというと、新雪をつけた姿が見えはするものの、晩秋としては高めの気温のせいか少々霞んでいて、期待外れだった。けれども贅沢な眺めであることはまちがいなく、二等三角点の脇に座りこみ、ワインの栓をポンと抜いて乾杯した。

それから友人は新しい四メガのデジカメで撮影をし、ぼくはスケッチブックをひろげ、あとは去って行く秋の雲を眺めたりして、山頂の憩いを楽しんだ。

下山は登ってきたコースをそのまま辿った。鞍部までの下りは登り以上に慎重に行動した。最近、知り合いに山の事故があったので、以前より慎重になっていると自分

山頂から西を眺めると、中ノ岳（左）と小野子山（右）が手を伸ばせば触れそうな距離にある。この三山を一日でめぐることもできるが、それは「健脚向き」であろう。

でも思った。中年を過ぎると、しっかりしているつもりでも足もとがふらつくことがある。それは日常生活でもあるのだが、そこでは笑って済ませても、山歩きの途中ではそうはいかない。いや、たしかにそれはあるよ、お互いに気をつけよう――などと話して下っていくうちに、林道に戻った。

　コースが短いので時間が余り、そこで友人が調べてきた山麓の小野上村（※現在は渋川市）の石神、石仏を訪ねながら下って、最後はふたりとも大好きな温泉に浸って帰ることになった。小野上村は、歴史を物語る文化財が豊富な所なのだそうで、これから里に出るまでの間にもそういったポイントが多いことが、友人が入手した資料で分かっていた。

　林道を下ると農道になり、谷ノ口の三差路という所の近くに、「谷ノ口の道祖神」があった。同じ場

小野上温泉センターハタの湯（☎0279・59・2611）は岩風呂、露天風呂からサウナ、ジャグジーまであり、小野上温泉駅も近いので、ハイカーには絶好の温泉だ。

所に文字だけの道祖神や石仏と一緒に集められており、神様が二体並ぶ、いわゆる双体道祖神（地元では双神道祖神という）で、風化が激しくて細部は分からないが、それだけに歴史が感じられた。それから下ると、「東原の道祖神」があった。廃道の農道を入った所に草に埋もれてあり、それぞれ酒壺と酒盃を持った双体道祖神で、形は「谷ノ口」よりはっきりしていた。さらに下り、十字路を西へ向かうと、「むしば神」という小さな石碑があったが、説明が判読不能だった。さらに行くと「弘法大師のこしかけ岩」の先に、「古城台の道祖神」があった。宝暦十二年の

双体道祖神にはとくに、現代にも通じる何かがあるように思う。男女二神が仲よく並んで手を握り、あるいは肩を抱き、酒を注ぎ注がれるポーズは、庶民の想いや願いを反映しているようで心なごむ。古城台（右）、東原（左）の道祖神である。

文字がはっきり読める双体道祖神で、これも酒壺酒盃を持ち、表情豊かで、しばらくの間観賞した。その先に「百庚申」という庚申塔を集めた場所があり、最後に作間神社の参道入口にある双体道祖神を訪ね、岩井堂の脇で国道に出て、それから小野上村温泉センター（※小野上温泉センターハタの湯）でナトリウム塩化物温泉の露天風呂にふたりともすっかり満足して、帰途についた。（二〇〇二年十一月）

●アクセス
マイカー利用の場合、国道353号線から鑷沢（けぬきざわ）川沿いの道に入り、林道峠山線手前で通行止め。ゲートに駐車場があり、登山道入口まで徒歩35分。JR吾妻線小野上駅から登山道入口へは徒歩1時間40分。

●参考コースタイム
JR吾妻線小野上駅（1時間5分）ゲート（35分）登山道入口（55分）中ノ岳分岐（15分）十二ヶ岳（10分）中ノ岳分岐（1時間）ゲート（1時間5分）小野上温泉駅

●2万5000分ノ1地形図
金井・上野中山

●問合せ先
渋川市役所☎0279・22・2111、高山村役場☎0279・63・2111

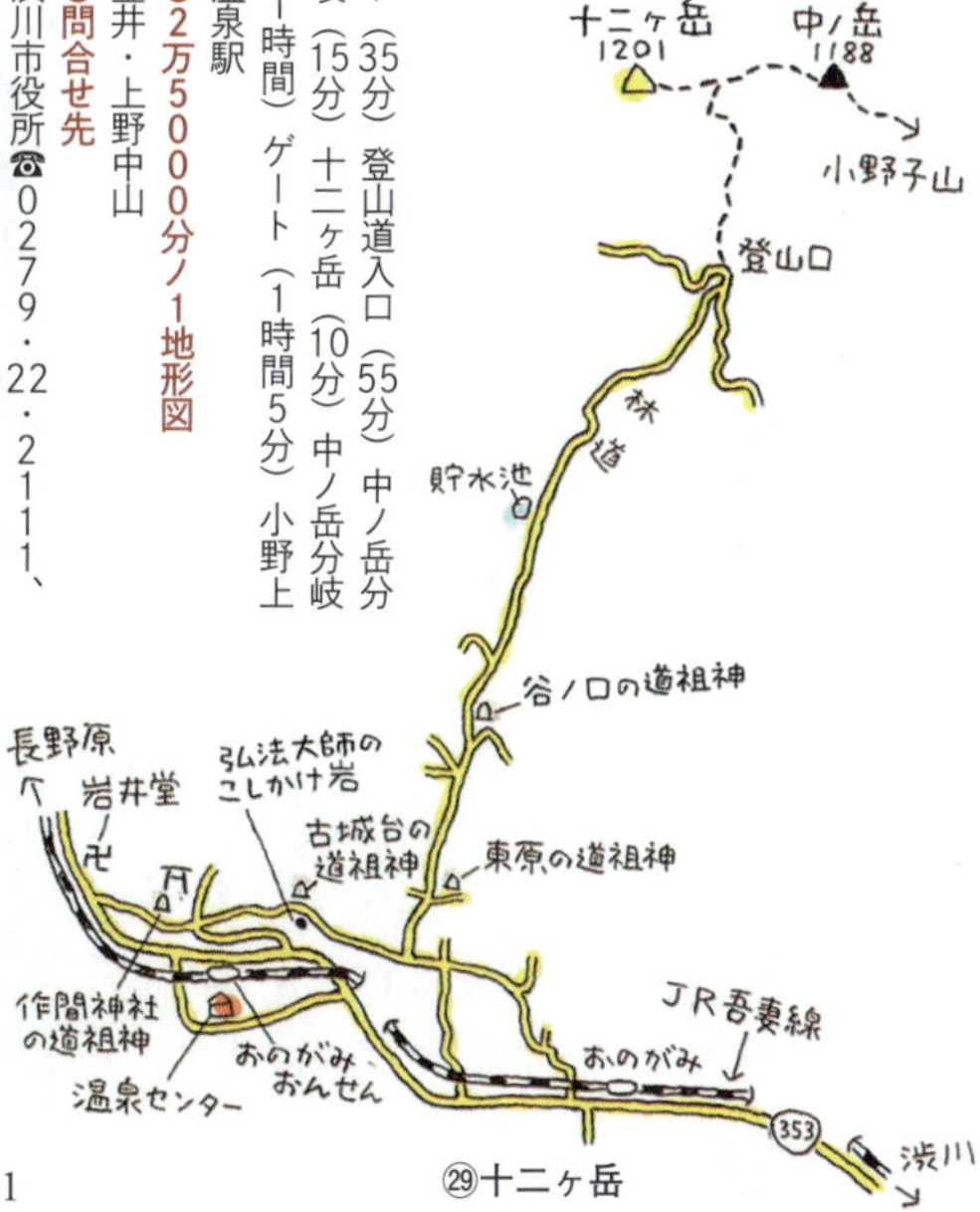

㉚ 烏帽子ヶ岳 えぼしがたけ 1363m　鬢櫛山 びんぐしやま 1350m

群馬県　榛名山

烏帽子のなかの烏帽子

低山のカタログのように、さまざまな形の山がほどよい間隔で並んでいる榛名山。どの峰も登って下って二時間、隣の峰へハシゴしても三時間ぐらいで歩くことができるのがよろしい。そんな榛名山のなかで、中心の榛名富士は別格として、とくに目立つのは相馬山、それにこの烏帽子ヶ岳だろう。

烏帽子と名のつく山は全国にたくさんあり、どれも親指を立てたような独立峰で、それは昔の人が頭にのせた立烏帽子《たてえぼし》に似ているためだが、榛名山の烏帽子ヶ岳ほど立烏帽子そっくりの峰はあまりない。山の形は見る方角で違うものだが、烏帽子ヶ岳を榛名湖の対岸の天神峠あたりから見ると、正しく烏帽子！　と思う。ちなみに、烏帽子を知らない方のためにイラストを描いておいた。

これが、昔の人が頭にのせた烏帽子というかぶりもの。この型は立烏帽子というが、ほかに折烏帽子、侍烏帽子、萎烏帽子など各種あり、時代劇で見ることができる。

榛名湖の南側、〈湖畔〉あたりから見る烏帽子ヶ岳（右）は、このように立烏帽子によく似ている。昔の人はこんな形を見ると必ず烏帽子を連想したらしく、烏帽子と名のつく山が多いのだが、いまの若い人は何を連想するだろうか。

ところで、その烏帽子ヶ岳を、ぼくはいままで歩いていなかったのだが、このたび隣の鬢櫛山も含めて歩くことになり、初夏のある日、榛名山に向かった。

伊香保温泉を通り抜けて榛名山のカルデラへ向かう車中で、榛名山と箱根山との比較が話題になった。標高は掃部《かもん》ヶ岳と神山と、ほとんど同じだね。裾野の広がりは箱根の方が大きいだろう。湖水は芦ノ湖の方が断然広いね。何でも大きければいいわけじゃないでしょう。ただ比べてるだけだよ。温泉も箱根の方が多い。登山電車やロープウェイや、乗物も多いな。それは首都圏に近いせいだよ。でも榛名山には、榛名山にしかない味わいがあります。こんな比較は意味ないよ——などと実りのない話をしているうちに、榛名湖北岸の烏帽子ヶ岳登山口に着いた。

稲荷神社の赤い鳥居が登山口の目印で、その鳥居を四つくぐると小さいお狐さんがたくさん奉納されている小祠があり、その前にも赤い鳥居が二つあり、「加護丸稲荷大明神」の扁額があった。小さいけれど新しい立派な鳥居や祠《ほこら》、半端ではないお狐さんの数を見ても、相当な信徒を擁する稲荷神社に違いないとぼくらは話し、天下泰平五穀豊穣（と扁額にあったので）を祈願したのち、山道へ入った。

小さい涸沢に沿って行くと、スギ、ヒノキの植林からアカマツ、カラマツの混じる雑木林に代わって、ほっとした。北関東の雑木林の新緑は特別に美しいと思うのだが、その輝くような緑のなかをひと登りして、稜線に出た。

烏帽子ヶ岳に向かうとすぐに、道をはさんで左右に石のお狐さんが置かれているので、この山は稲荷山で、登山道は参道らしいとわかった。ここにも小さいお狐さんが多数奉納してあり、例祭にはかなりの人が山に登って参拝するのだろうと話した。

烏帽子ヶ岳へ登る途中で出会ったお狐さん。左右にいる姿は狛犬の稲荷神社版といえる。狐は稲荷の祭神（倉稲魂神＝うかのみたまのかみ）のお使いという大切な役をするときいた。

鳥帽子ヶ岳山頂南端の露岩の上からの眺め。榛名富士と榛名湖は何といっても榛名山のシンボルだが、この絵の右外に掃部ヶ岳、左外にも相馬山、二ッ岳と続く広大なパノラマはすばらしい。

少し行くと、朽ちて壊れた赤鳥居があり、扁額がササのなかに見つかった。それから先は岩石と木の根の急登だが、足場がよく踏まれているので歩きやすくミズナラやリョウブにカラマツの混じる雑木林をせっせと登って、岩窟を祠にした稲荷神社の前に出た。同じような赤鳥居と奉納された無数のお狐さんから、登山口の里宮に対する奥宮に違いないと思い、ぼくらは改めて天下泰平五穀豊穣を祈り、それから山頂を目ざした。

奥宮から少しの登りで、山頂ドームの端と思われる樹木とササの原に着いた。ササを分けて進むと、「烏帽子ヶ岳1363m」とある私設の札が木にかけてあり、そこが山頂とわかったが展望はない。そこで案内にある南寄りの露岩を探して行くと、突然前が開けて、榛名富士や榛名湖やその周辺の山々が一望の、すばらしい場所に出た。たしかに露岩の上で、その先は断崖である。つまりぼくらは、烏帽子ヶ岳を湖の対岸から見たときに右側が大きく切れ落ちている、その上に立っているとわかった。それで、危ない場所だから注意してといいながらも岩の上に立つと見晴らしがいいので、足元を確かめてから絶景を楽しんだ。

それから山頂に戻って、見晴らしはないけれど穏やかなここもいいねと話し、記念写真を撮ったりしてから、登ってきた道を下った。

稜線の分岐に戻って、そこから鬢櫛山へ向かった。同じように若い緑の雑木林を讃えながら行くと、すぐに湖畔へ下る道を分け、さらに少しで鬢櫛山への登りが始まった。こちらは岩石が少なく、木の根を足場に賑やかなトリの声を聞いてひたすら登ると、頭上に折り重なった岩が見え、近づくとそこはもう山頂稜線の端で、すぐに鬢櫛山の、あまり山頂らしくない山頂に着いた。やはり私設の木札しかなくて、見晴らしもほとんどなく、木の間に榛名富士と相馬山のツーショットが見えかくれする程度だ。それで何もすることがないので、森のなかに座り込んでディープローストの野点《のだて》コーヒーを頂いた。

下山は西へと急下降なのだが、その終わり近くにやせた岩稜があり、そこがわずかな間だが楽しく、低木の雑木林も好ましく、ぼくらはすっかり気に入ったのだが、それもつかの間ですぐに未完成の林道に出合い、それを辿って湖畔の車道に出た。

まったく人気《ひとけ》のない鬢櫛山から家族連れや若者たちで賑わう湖畔に出たので、軽いショックを味わい、それから湖面にルアーを投げる人の動作をしばらくの間眺めた。

（二〇〇七年七月）

●アクセス
JR上越線線渋川駅から関越交通バス伊香保温泉行バス（渋川営業所☎0279・24・5115）24分で伊香保温泉バスターミナル下車、群馬交通バス伊香保榛名湖線（☎027・371・8588）28分で烏帽子岳登山口下車。JR上越線高崎駅からは群馬バス1時間25分で榛名湖下車。帰路も同路線。

●参考コースタイム
烏帽子岳登山口バス停（55分）烏帽子ヶ岳（55分）鬢櫛山（45分）榛名高原学校入口バス停

●2万5000分ノ1地形図
榛名湖・伊香保

●問合せ先
東吾妻町役場☎0279・68・2111、渋川市役所☎0279・22・2111、高崎市役所☎027・321・1111

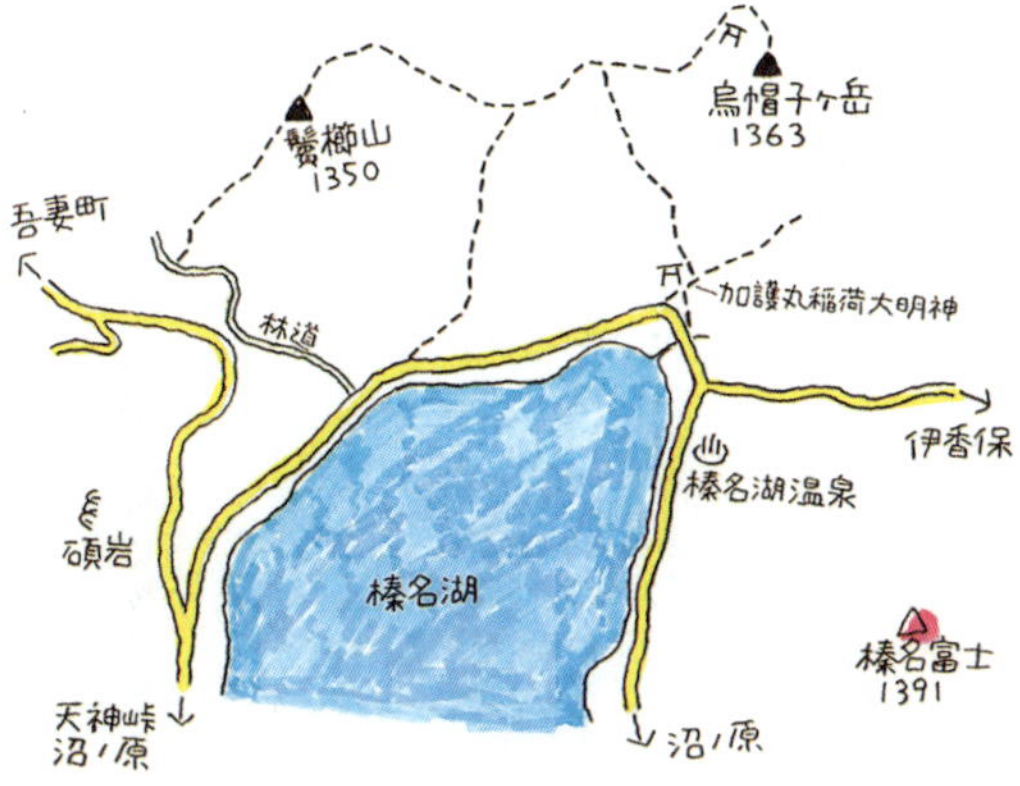

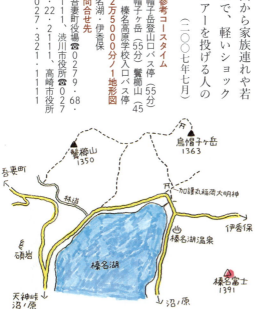

㉛相馬山 そうまさん

1411m 群馬県 榛名山

風立ちぬ雑木林のアンサンブル

榛名山は、関東に住むぼくらにとってはまことに親しい山であり、またおもしろい山容の二重式火山なので、格好のハイキング地でもある。

親しいというのは、山腹に伊香保という大温泉境、それとカルデラ湖の榛名湖と中央火口丘の榛名富士の美しい対比が観光客を集めるためで、それとは対照的にハイキングコースのある外輪山あたりは実にひっそりとしていて、静かに自然を味わいながら歩くことができる。

榛名山は数十万年前に噴火してできた山で、それから隆起、陥没などがあったのちに氷室カルデラができ、またいろいろあっていまの山頂カルデラや外輪山が形成され、カルデラの底部に水が溜って榛名湖ができた——と説明板にあったけれど、そうした外輪山や寄生火山らしいもの、不思議な形の山や露岩、どこまでも平坦な火口原と変化に富んでいるのが榛名山のおもしろさなので、そのおもしろさがいちばん味わいやすい外輪山のプロムナードコースを歩いてみた。

榛名外輪山の中でもひときわユニークな山容で立ち上る相馬山。1411メートルは榛名山では掃部ヶ岳1449メートルに次ぐ。ちなみに榛名山というピークはないのです。左の岩峰が磨墨岩。

曇り空ではあるけれど、紅葉もかなり進んだ秋の朝、榛名湖畔の竹久夢二の歌碑あたりが出発点だった。

そろそろ人が動き始める観光地の様子を尻目に、天神峠への車道を少し行くと左手に心細い山道が入っていて、これが本日のコースの入口かと思って少し哀しくなったけれど「榛名外輪山自然歩道」の看板に救われて足を踏み入れた。

入ってみるとヤブがひどく、枯れ残った草は足もとをぬらし、おまけにクモの巣が次々と襲ってきて、どうみても人が入っていない様子。けれどもすぐに自然歩道らしい階段つきのトレイルに合流してとりあえず安心。自然歩道は榛名神社の方から上ってきているのだ。

あたりは黄葉紅葉の美しい雑木林。渡る風にクヌギ、ナラ、カエデなどの軽い葉がサワサワと鳴って秋のアンサンブルをきかせる。振り向けば木の間に榛名湖が広がって遊覧船が玩具のようだ。

はじめのコブは氷室山。ここはほとんど展望なし。いちどコルに下って急登すると天目山。榛名神社へじかに下る道が分れている山頂から東に向う稜線の道はキリアケになっていて、それほど展望はないけれど気分は明るい。

下りきったところが車道の七曲り峠。このコースはわずかの間に四つの峠を通るのだが、これらはみな相馬山信仰ゆかりの峠ということで、榛名外輪山は信仰の山であったかと気づく。

シンプルな姿の榛名富士にはロープウェイが架かる。半月形の榛名湖には遊覧船が通う。まあそれもいいではないか。風立ちぬ。

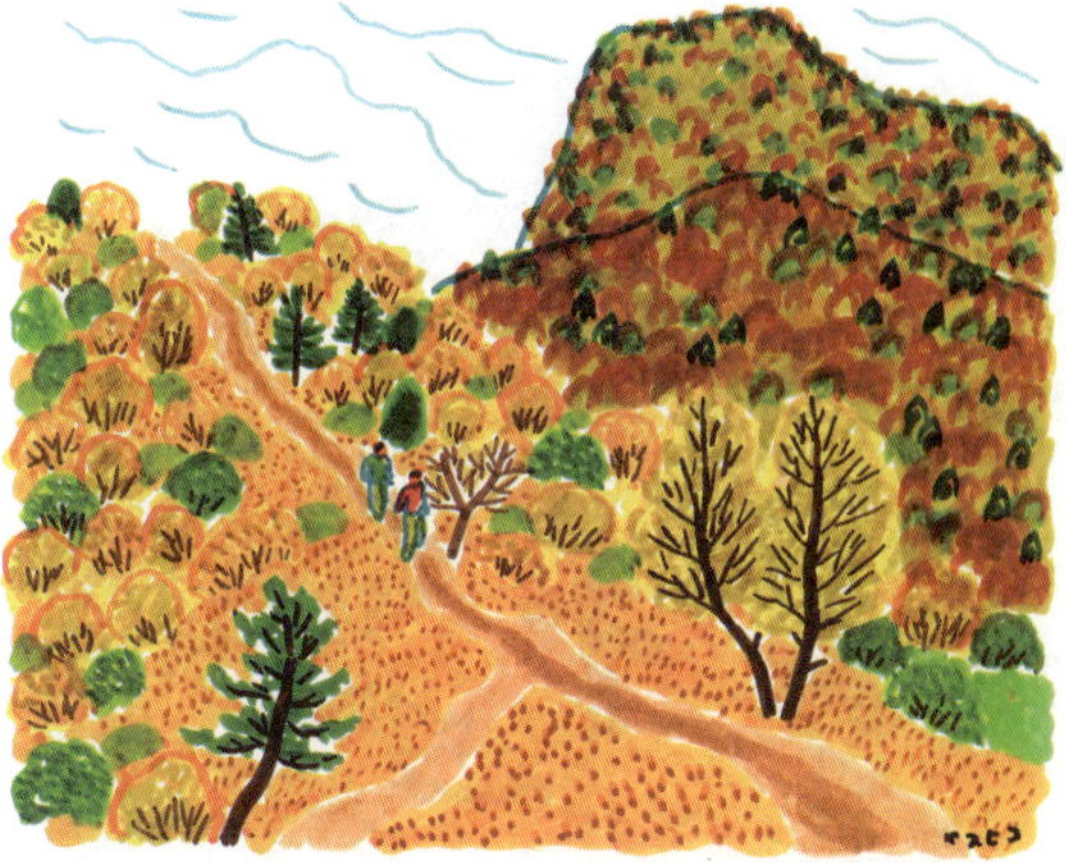

外輪山の稜線通しの道はほどよく上下して楽しい散歩道。急ぐこともないからおおいに道草しながら行こう。うしろの山は三ツ峰山。

キリアケの草地の緩い登りをのんびり歩く。ときどき野鳥が視野を横切り、秋の花が足もとを飾る。

急に雑木林の中へ誘導されるとすぐに松之沢峠。ここも車道の峠である。

再びキリアケの道で稜線上を行く。晴れていればすばらしい展望にちがいないのだがあいにく一面のガス。そのガスの向うから賑やかな子供たちの声がひと固まりやってくる。小学校三、四年生ぐらいの団体で、みんな元気に挨拶してすれ違う。ジャージーにデイパックの中年の先生だけがちょっと疲れた感じだ。

小さなコブの頭で休んでいたら突然空が明るくなり、日が差して、急に展望が開けた。目の前に現れた岩峰は磨墨《するす》岩にちがいなく、その向

七曲峠。外輪山の峠はどこもこんな感じ。昔は信仰の人たちが通い、いまは二輪ライダーが颯爽と越えていく。どうか事故のないように。

うの特徴的な山が本日のメインエベント、相馬山だ。またもや御意の変らないうち、と大急ぎでスケッチブックを広げる。

小さな鳥居をくぐると磨墨峠。スルスとは粉などをひく臼のことと説明板にある。発音も文字もおもしろい名ではないかと、相棒と何度も発音してみる。

峠の先の休憩舎あたりは明るい草地もあって絶好のレストポイントなので、恒例の野点《のだて》の宴を開く。空はまた雲に覆われて変りやすい秋の空なのだが、気分はすこぶるよろしい。

相馬山は黒髪山ともいうらしく、古来信仰の山であるのはここに来てようやく分った。ヤセオネ峠分岐の鳥居をくぐって急登が始まると、ここからはすっかりお山詣りの参道で、鎖場

（なくても登れるが）、鉄梯子（これは急傾斜）と続く登りは小規模ながら信仰の山らしいものだ。

四つ目の鳥居が山頂で立派な社殿があり、その先には石仏、石像が並ぶ。ここまで来ると紅葉は盛りであって、実に美しい。展望はなかったけれど、ぼくらは満足して山を降りた。

磨墨峠から一面ススキの沼ノ原を横切って、湖畔にもどった。

（一九八七年十二月）

●アクセス

JR上越線渋川駅から関越交通バス伊香保温泉行バス（渋川営業所☎0279・24・5115）24分で伊香保温泉バスターミナル下車、群馬交通バス伊香保榛名湖線（☎027・371・8588）24分で榛名湖下車。JR上越線高崎駅からは群馬バス1時間25分で榛名湖下車。帰路も同路線。

●参考コースタイム

榛名湖バス停（55分）天目山（1時間10分）磨墨峠（50分）相馬山（40分）磨墨峠（45分）榛名湖バス停

●2万5000分ノ1地形図

伊香保、榛名湖

●問合せ先

東吾妻町役場☎0279・68・2111、渋川市役所☎0279・22・2111、高崎市役所☎027・321・1111

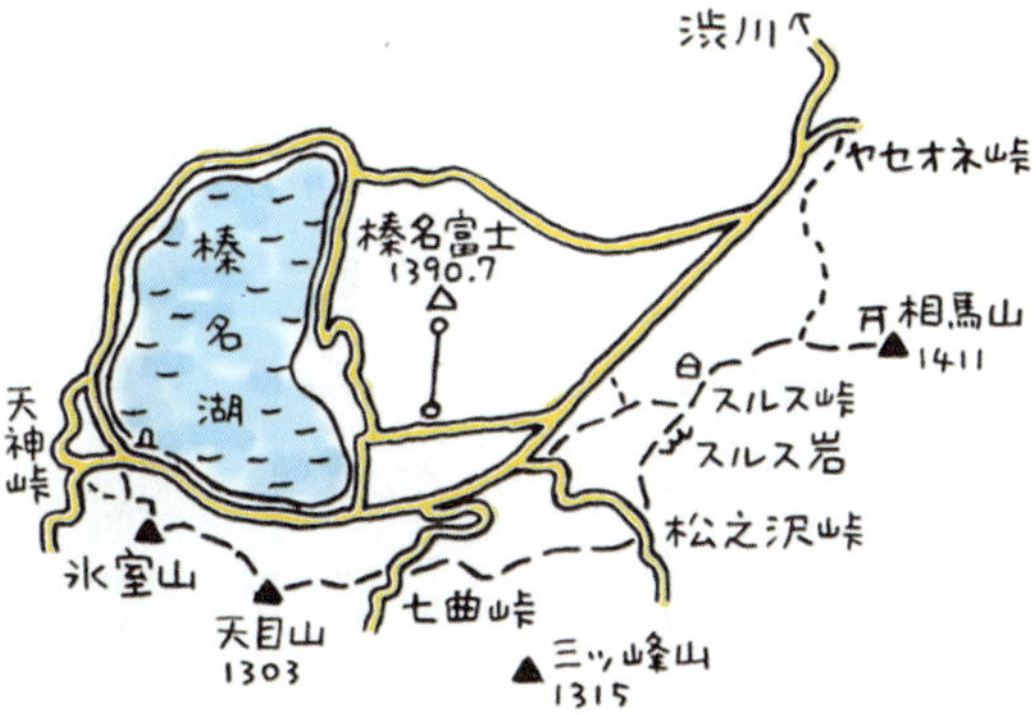

㉜ 榛名天狗山　はるなてんぐやま　1179m ― 群馬県　榛名山

天狗様のテリトリー

山歩きの途中、神社などで天狗さんに出会うことがある。赤い顔と高い鼻、羽翼があり、山伏と同じ衣装で羽うちわを持った天狗さんとは、そもそも何者だろう。天狗さんはこの低山歩きの画文でも何度も描き、また筆者自身も好きなキャラクターなのだが、資料を開いてみると、まず初めは日本固有の山野の神だったそうで、その後は妖怪に変化したとある。前述の風貌や衣装も中世以後のもので、古くは白髪の老人であり、鼻も高くはなく、山の神、山人とも呼ばれ、山男（伝説上の）と似たような存在だったらしいのだ。天狗のしわざといわれる〝天狗倒し〟（山奥で大木が切り倒される音）や〝天狗のつぶて〟（山でどこからかつぶてがとんでくる）、〝天狗笑い〟（山で突然聞こえる高笑い）にしても、妖怪というよりはいたずら好きの山の神が里人をからかっているように思えるわけで、天狗さんて案外楽しい存在じゃないか。でもね、自然現象を謎としか思えなかった昔の人は、神様でも妖怪でも、ともかくそういうことをする天狗さんは恐ろしかったんじゃないの？　などと結論の出ないことを話しながら、ぼくらは天狗信仰の山といわれる榛名天狗山をめざして、高崎から榛名町室田（※現在は高崎市）を経て登山口にあたる榛名神社へと向かった。

岩が重なる東峰と対照的に、のっぺりと単純な榛名天狗山西峰。榛名山は複合成層火山なのだそうだが、ともかくハイキングの対象になる山が多く、この天狗山もその一つだ。左遠くの山は浅間山である。

榛名神社入口近くの駐車場に車を置き、清々しい初夏の山の気を体で感じながら出発した。神社の鳥居をくぐると正面に立派な随神門が見え、そこから谷の奥へと参道を辿るのも、この日のコースなのだが、それは山を降りてきてからのことにして、いまは門前を右へと林道に入った。雑木林の芽吹きを愛でながら行くと左へ山道が分かれ、「地蔵峠方面」とあるので、これが資料にある神社の古い参道らしく、榛名神社の創建は用明天皇元（五八五）年とあったから、この山道も相当に古いものだろうと話した。ぼくらの辿る道には「榛名神社と天狗山自然探勝路・群馬県」とあり、「一合目」の表示もあった。やがて舗装がなくなり林道も終わって、山道になった。トリの声も賑やかである。

小沢を渡って行くと大小の石が山道に目立ち始め、足もとがわるいところはロープも張ってある。急登になると崩れやすい土質は少々厄介で、雨のあとだったらつらい所だねと話した。けれどもそれもわずかの間で、鏡台山との鞍部にあたる四合目に着いた。ふり返ると杏《すもも》ヶ岳が立派に見え、正面には樹間に天狗山らしい山影が見えたが、あとでこれは天狗山の西峰と分かった。鞍部からは大鐘原《おおかなはら》ヶ岳、小鐘原ヶ岳（現地の案内による）の南斜面を等高線沿いに行く散歩道で、カラマツ混りの雑木林を行くこのあたりが天狗山ハイキングのハイライトだと、あとで思った。右手の天狗山が次第に近くなって小鐘原ヶ岳と天狗山の鞍部に出て、それから少し登ると天狗山東峰と西峰の鞍部で、赤い鳥居からひと登りで東峰に着いた。

東峰の岩の上には数え切れないほどの石祠石碑があるが、なかでも目を引くのが、この天狗様の石像。これで山名の由来が分かるし、この峰が山岳修験の地であるとも気付く。天狗様は、いまにも南の空へ向かってとび立ちそうに見えた。

四合目の鞍部でふり返ると、杏ヶ岳がこのように見える。榛名外輪山の中心・掃部（かもん）ヶ岳のつながりで歩くことが多い山だが、ぼくらは未踏峰なので、いつか歩こうねと話した。

天狗山東峰は、きいた通りの天狗信仰の山頂で、天狗に象徴される修験道関連の石祠、石碑が多く、なかでも目立つ石像はもちろん天狗様で、衣装を見ると確かに山伏（修験者）と同じだ。岩石が連なる山頂の南端の岩上に立つと大展望が広がるはずなのだが、この日は気温が高過ぎて晴天なのにホワイトアウト、西峰の左に浅間山がようやく見える程度だった。けれども明るく開けた岩上は爽快なので、天狗様参拝の後、ワインで登頂を祝い、ランチタイムとした。

東峰から鞍部を経て西峰へ向かった。途中、鳥居のある平坦な場所が見つかり、これは神社の跡だろうと話した。そして着いた西峰は、岩石はなく平坦で、雑木に囲まれて展望もないが、一一七九メートルの標高点はこちらにあった。西峰から「種山林道経由南榛道路天狗山西峰登山口へ」という仮道標があったが、ぼくらは榛名神社へ戻るべく、登ってきた道を下った。

榛名神社入口の随神門は昔の仁王門で、いまは仁王さんではなく左右大臣が門番をしている。亭々とそびえる巨杉の中を行くと、「江戸太々講」の塩原太助の玉垣の先に明治二年再建の三重塔があり、仁王門とともに江戸時代までここが神仏習合だった名残りとあった。宝珠窟、夕日岳、朝日岳の下を行き、朱塗りの神橋で行者渓を渡り、萬年泉から石段を上って暦予楓《れきじょふう》の向こうに瓶子滝《みすずのたき》を眺め、武田信玄が箕輪《みのわ》城攻めのときに矢を立てて祈願したという矢立杉を見て、鉾岩と並ぶ双龍門を過ぎ、みすがた岩を背景にした本殿、国祖殿に着いた。県重文の鉄燈籠や太々《だいだい》御神楽《みかぐら》の

榛名神社の額殿にもこのように天狗の面が奉納されており、この山域は実に天狗様のテリトリーであると思ったし、この日のハイキングも〃天狗づくし〃となった。まわりの扁額は本文にある太々神楽のときに太々講中が奉納したものだ。

扁額を掲げた額殿（神楽見物所）、そして太々神楽が奏上される神楽殿があった。当社の格調高い神楽、神代舞は有名だが、多数の演目のすべてを一日がかりで奏上する太々神楽（他に大、中、小、七座、五座、三座があるとか）は、東京太々講中の奉納で古式祭典神輿《みこし》渡御祭《とぎょさい》中の五月十一日に行なわれる。この日は何事もないので静かであったが、ぼくらはそこに太々神楽をイメージして、名残り惜しくも帰ることにした。神社を出て通りかかる門前通りは社家《しゃけ》町（神職が住む町）で、昔の宿坊が講社、旅宿になっているのを見かけた。

（二〇〇四年六月）

●アクセス

JR高崎駅西口から群馬バス（榛名営業所☎027・374・0711）本郷経由榛名湖行1時間10分、榛名神社下車。榛名神社へは徒歩15分。

●参考コースタイム

榛名神社バス停（45分）鏡台山鞍部・四合目（45分）榛名天狗山（40分）鏡台山鞍部・四合目（40分）榛名神社バス停

●2万5000分ノ1地形図

榛名湖

●問合せ先

高崎市役所☎027・321・1111

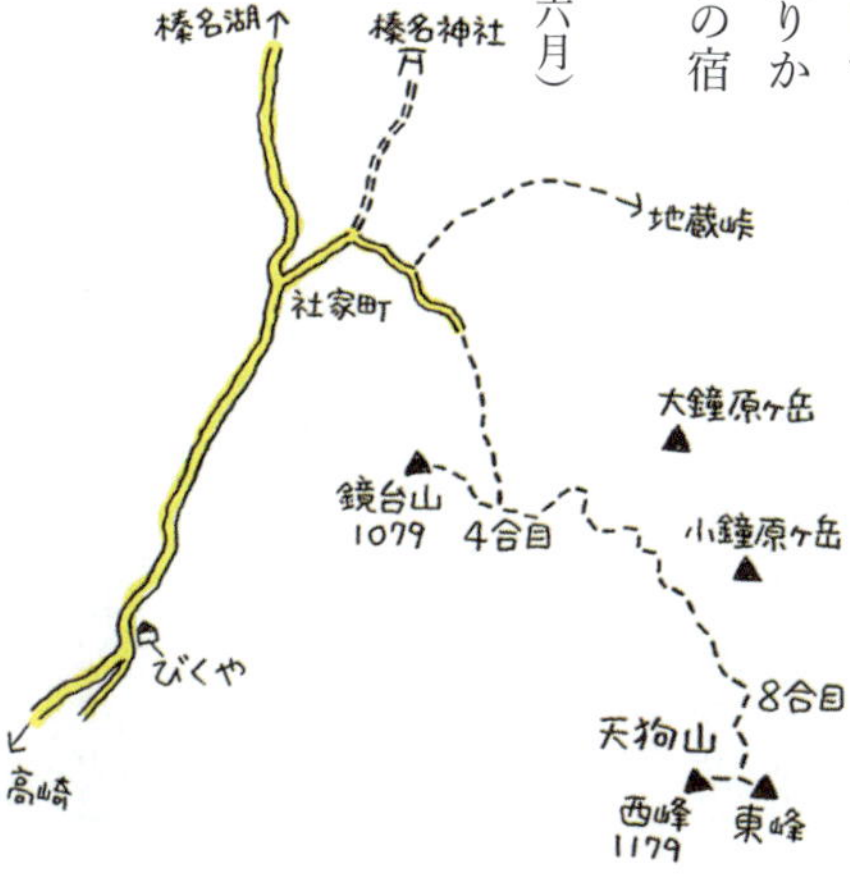

㉝稲村山　いなむらやま　952・6m ― 群馬県　安中市松井田

知られざる有名山

上信越自動車道の巨大なアーチ橋をくぐると、左手に小さいが険しそうな山が見え、これから登る稲村山はこれだと思った。

稲村山という聞いたことのない山を教えてくれたのは、いつも私の知らない低山を探して教えてくれるAさんで、地元では人気のある山らしいですとのこと。それではと、ようやく秋らしくなったある日の朝、国道一八号線から碓氷バイパスに入り、巨大なアーチ橋を過ぎると左手に見えるのが稲村山、と案内書にある通りだ。車を止めてしばらく眺め、それから教えられた通りに左のローカル道に入り、遠入川とある川に沿って行き、かなり山が迫ってきた辺りで橋の脇に「稲村山登山口」の文字を見つけた。

橋際の空地に車を置かせてもらい、朽ちた案内図を判読していると、あ、双体道祖神！　とAさんがいうので、見ると確かに手をとり合う二体ひと組の道祖神がコケをまとっていたので、道中の無事をお願いして出発した。

舗装の林道を行くとすぐに、山に向かって砕石を敷いた立派な道が入っており、道標もあるので、人が多く入っている山という印象を持った。首都圏に住んでいると、一般的な案内書に載っていない山は無名の山として片付けがちだけれど、そういう山でもその地方では人気抜群で週末には押すな押すなの大混雑という例は多く、ぼくらも時たまその例に直面してびっくりするのだが、地元の方から見れば何を驚いてるの、何も知らないのねということになる。稲村山もハイカーの姿はまだ見ないけれど、道標も山道もしっかりしているので、その例かもしれないと話した。周囲はスギの植林と雑木林で、雑木林の方は秋色が始まったところだった。

低いマツと石祠と三等三角点を中心に一周すると、360度の展望が楽しめる稲村山の山頂。以前は四阿があったとかで、その廃材がうち捨てられていた。のびのびと明るい山頂である。

　鞍部と思われる所に稜線道の分岐があり、稲村山は左だ。右は八風平、高岩とあったが、そちらはヤブ道だった。ぼくらはよく踏まれた道を気分よく登り、もう少し後なら雑木林がもっとすばらしかっただろうねと話した。

山頂から西へのびる稜線の頭と思われる所に出て、それから稜線の道を行くとすぐに木の根と岩角の急登になり、辺りは低木ばかりで何だか高い山へ来たようだねと話していたら、北に向かって開けた見晴らし所があり、たぶん上信国境の山が見えるはずなのだが、この日はあいにく霞んでいて遠見がきかない。それであきらめてコースにもどるとすぐ先が明るいので、ここがすでに山頂の一部であることが分かった。そしてひと登りで、三角点のある山頂に出た。

遮る樹林もない九五二・六メートルの山頂は、まん中に一株の低いマツと石の祠《ほこら》があり、そのまわりを一周すると三六〇度の展望が楽しめるのだろうが、この日は裏妙義がシルエットで見える程度で、空気の澄んだ晩秋にでも来たいものだねと話した。よく見えるのは足下の上信越道で、稲村山の下をトンネルで抜けて

碓氷バイパスの入口に当たる横川の「釜めし」は、信越線が行き止まりになってからはどうなったかと思っていたが、健在であった。

意外なところに突然ある、そんな印象の稲村山である。峻険に見えるが、この向こう側の鞍部を経由して登るので案外ラクである。特に危険なところもない。

いるらしく、先程から聞こえていたのは、その車輛の音と分かった。遠見はきかなくても明るく開けた山頂は気分がよいもので、そんな山頂の空気を充分に吸い、それからワインで乾杯したり三等三角点とツーショットの写真をAさんのケータイで撮ってもらったりして過ごした。この写真はすぐに遠くの人に見せることもできるわけで、山頂の記念写真を即刻友人に見せたりする人も最近は多いだろう。そう考えると便利になったものだと思うけれど、カメラ付きケータイがなかったころ、山頂で撮った写真を即刻だれかに見せたいと思っただろうか。そう思った人はいなかったと思うので、ならばこれはカメラ付きケータイという商品が先にあり、それから需要が生まれたわけで、先に商品ありの代表だね、などと話した。ちなみにぼくらは、即刻画像を見てもらいたい人がいないのでどこにも電話しなかった。

　それから、モノが先にあって、それからそれを使って人の生活を豊かにすることを考えるケースが多くなり、従来のようにぜひ必要という要望があって、それに応えてモノを作ることは少なくなりそうだという話になり、そうするとこれからの経済活動は、必要なものもそうではないものも合わせて作って売るようになり、たまたま売れない場合はいらないモノが地上に溢れるわけだから、モノを作る人はぜひ売れるものだけにして欲しいね。それから使う方としては、必要でないものをうっかり買わないようにしなければね、といったことを話したが、自分のことを考えてみると、おもしろそうだから買ってみたけど使わなかったというモノが結構あるのでがく然とした。

横川から国道18号線を碓氷峠へ向かうとすぐに通りかかるのが坂本宿だ。中山道六十九次のうちの十七次で、徳川家光の頃に参勤交代で碓氷峠の登り口の宿場が必要になって計画的に作られたところが他と違う。旧時代の建物があり、街道筋の雰囲気がどことなく残っている。このお宅は江戸時代の建物で、当時の看板（「かき（ぎ）や」とある）が印象的だ。

山頂の話題らしくもないことを話して、つい長居していたら、下の方から話し声が上がってきて中年のハイカーが二名山頂に着いたので、それを潮どきに下山することにした。

単純な登り一方の山なので下るのも早く、あっという間に鞍部の分岐に着き、あっという間に登山口に戻った。それで時間も相当に余裕があったので、近くの坂本宿（中山道）を見物して行くことにした。まだ国道一八号線しかないころ、度々通りかかって興味を持っていた坂本宿をようやく見物することができた。

（二〇〇三年十月）

●アクセス
マイカー利用。
●参考コースタイム
稲村山登山口（50分）稲村山（40分）稲村山登山口

●2万5000分ノ1地形図
南軽井沢
●問合せ先
安中市役所観光振興係☎027・382・1111

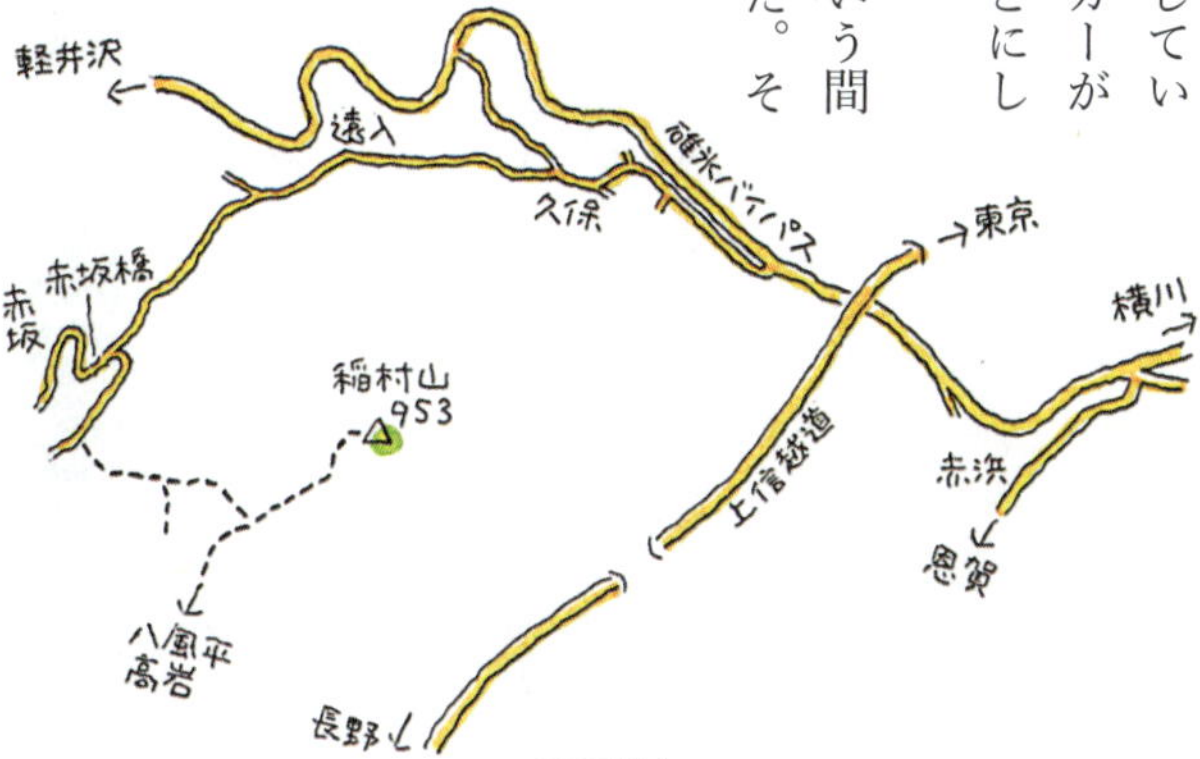

㉞ 鍬柄岳《くわがらだけ》 598m 大桁山《おおげたやま》 836・1m

群馬県 西上州

絶叫展望タワー

いちばん先に山頂に立ったA氏が「おー、これはすごいぞ」と叫んだ。「わー、すてきよー」という声は、次に山頂に達したB夫人である。そこでぼくも、残りの数メートルを急いで登って、岩峰のてっぺんに立った。

なるほど、二人が叫んだ通り、そこには思いがけない三六〇度の痛快な展望が広がっていた。榛名山、赤城山から関東平野、東西御荷鉾《みかぼ》山に稲含《いなふくみ》山や赤久縄《あかぐな》山、四ツ又山、鹿《かな》岳から荒船山といった北関東の名山奇峰群が、乾いた冬の陽光の下に輝いていた。

さてこの山頂、これがどこかというと、群馬県藤岡市の鍬柄岳（五九八メートル）である。鍬柄岳ときいてすぐ分かる人は関東の低山や西上州の山に詳しい人だろう。ぼくもB夫人からお誘いのFAXをもらうまでは知らなかったのだが、地図を広げてみて、あっ、あの記念碑だ、と気付いた。

実は以前から、上信越自動車道や国道二五四号線で下仁田辺りを行くとき、近くの里山の中腹に、まるで記念碑のように屹立《きつりつ》する岩峰があるのを知っていたのだが、それがこの鍬柄岳なのだった。そして、そこを登るコースがあり、うしろにひかえる大桁山（八三六メートル）と併せてハイキングする人が多いといったことも、今度初めて知ったのだ。

そこで、それなら小さな奇峰・鍬柄岳と、その先の大桁山を併せて歩こうということになり、冬晴れのある日、僕らは西上州へとやってきた。

上信越道の下仁田ICに近づくと、正面に見覚えのある記念碑が見えてきた。B夫人は、あそこに登るのね、とアルプスにでも来たような意気込みだ。

国道二五四号線から山へ向かう道には、「不通《とおらず》渓谷入口」の道標がある。そして途

南西方向から見た鍬柄岳（手前の小岩峰）と大桁山。鍬柄岳は板状の岩峰で、この方向からは幅広く見えるが、横側から見ると塔のようである。ぼくが〝記念碑〟と感じたのもそのためだ。

中で赤い橋を渡るが、その下がどうやら名勝・不通渓谷のようだ。A氏はこの名勝もおおいに気になる様子だったが、帰りに見物することにして通過した。

谷川に入って行くと、左手に鍬柄岳が大きく迫って見え、登山口もすぐに見つかったので、近くに車を置き、スケッチブックやカメラに防風衣程度の軽装備で山に向かった。

植林の道を行くと神社（仮殿）があり、「石尊大権現」とある。地元では鍬柄岳を石尊山と呼ぶときいたので、なるほどと思った。拝殿の間口より大きい木製の太刀が奉納されていた。

ひと登りで稜線に至り、さらに行くと岩壁につき当って、右に回り込むとしめ縄を潜り、岩壁の登り口である。ここから鎖場が山頂まで続くわけで、下から見て森林の上に突出する岩峰の高さが、そのまま鎖場の長さに当る。通過するのに二〇分程度の岩場だが、もちろん慎重に登らねばならず、この時ばかりはだじゃれも冗談もなしで、一同黙々

直下の林道から仰ぐ鍬柄岳。このように小さいけれど立派な岩峰なので、古来信仰の対象となってきたのも分かると思う。登山ルートはこの面のまん中あたりにある。固定された鎖はステンレス製の新しいものだ。

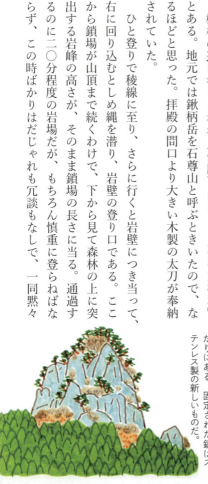

と登った。そして登り着いたのが冒頭のような山頂なので、だれもがこの場所で六〇〇メートル足らずの標高では展望も大したことはなかろうと思っていたものだから、みんながこのすばらしさに驚き、この小さい岩峰がすっかり気に入ってしまったのだ。

ただし、山頂の手前で小さな事故があった。岩場をへつるところに鎖でなくワイヤーが張ってあり、その古いワイヤーのささくれでB夫人が指を痛めたのだ。すぐに手当をしたが、A氏は通るときに危ないと思ったそうで、あのときひと声をかければと反省しきりだった。

　気分のよい山頂は展望がすばらしいだけに寒風も強く、余り長居はできない。登り以上に慎重に岩場を下り、同じ道を辿って登山口に戻った。

鍬柄岳山頂から西側の眺め。左から四ツ又山、鹿岳（双耳峰）、立岩、毛無岩、荒船山が主なところ。西上州の名山奇峰が一望である。他の方向も眺めがすばらしいが、妙義山や浅間山だけは大桁山に隠れて見えない。

大桁山へは大部分が林道歩きになる。それで、とくに味気ない舗装の車道歩きがいやなので、再び車で山に向かい、舗装が終わったあたりに車を置いて、そこから歩き始めた。ところが、ダートの道が上の林道に合するとまたもや立派な舗装道路になってしまい、仕方がなく味気ない車道をせっせと歩いた。自分たちも車を使って来ているので矛盾するようだが、ハイキングの途中で舗装の車道は、やはり歩きたくないのである。

川後石峠から大桁山へ向かう道も部分舗装の林道だが、これをしばらく行くと、ようやく山道になり、やっとハイキングらしくなったと思うと再びダートの林道で、その先でまた山道に入り、それを辿ると急登がひとしきりあって、大桁山の山頂に着いた。ここまでの間、ほとんどがスギやヒノキの植林で、大桁山は植林と林道の山だねと、どうもぐちの多いハイキングである。けれども山頂付近だけは北側が雑木林なので、葉の落ちつくした樹木の向こうに榛名山が大きな根張りを見せているのに慰められた。他は東西南と、植林のせいで展望はまったくない。

それでも三角点（欠損で何等か不明）があり、ベンチも用意してあるので、ここでしばらく休憩した。展望のないところは冷たい風も遮られるから、まあ一長一短でよ

くできているのさ、とA氏。何かやけ気味ねえ、榛名山が立派に見えていいじゃないの、とB夫人。そんな会話をききながら、ぼくは黙々とコーヒーを入れたのだった。

（二〇〇一年二月）

※鍬柄岳の岩場の基部から大桁山へは尾根を辿る登山道が開かれている。

●アクセス
上信電鉄千平駅から鍬柄岳登山口へ徒歩40分。マイカーの場合、鍬柄岳登山口の駐車スペースか大桁やすらぎの森の駐車場を利用する。

●参考コースタイム
鍬柄岳登山口（15分）岩場基部（20分）鍬柄岳（15分）岩場基部（登山道経由1時間）大桁山（1時間）鍬柄岳登山口

●2万5000分ノ1地形図
下仁田

●問合せ先
富岡市役所☎0274・62・1511、下仁田町役場☎0274・82・2111

㉟黒滝山　くろたきやま　870m（観音岩）｜群馬県　西上州

天狗様のいたずら

西上州の黒滝山は、険しい稜線と名勝・九十九谷、そして名刹不動寺の山と以前からきいていた。その黒滝山行に誘われたのは関東の山が冬枯れを迎えるころで、季節もちょうどよいと思い、好天が見込まれる一日、上州路を南牧《なんもく》村へ向かった。

南牧川に架かる小沢橋まで来ると「開運厄除・黒瀧金躰不動尊」の赤いのぼりがはためいていて、ここが黒滝山の入口とすぐに分かる。それから先も「黒瀧山不動寺」の案内に従って穏やかな山村を過ぎ、谷間の道を辿って不動寺直下の駐車場に着いた。

歩き仕度を終えて不動寺に向かうと、頭上に立派な堂宇や岩壁が見え始め、急坂を上って宿坊の前に出た。

黄檗《おうばく》宗黒瀧山不動寺は古来、関東の高野山と言われたそうで、また赤城山、榛名山（青雲）、妙義山（白雲、金洞）と合わせて上州五色山に数えられ、千年の歴史を持つ古刹と案内にある。古くは真言密教の山岳修験道場だったそうで、行基作と伝わる不動明王像を本尊に頂き、17世紀に潮音禅師が中興して臨済宗黄檗派の黒瀧不動尊として開山。当初は山居隠棲のつもりで入山した禅師だったけれど、全国に末寺末庵が増えるに従ってそれもならず、黄檗最大派の黒瀧門派を組織して、黒滝山はその本山になったとある。

黒滝山ハイキングで山頂に当る観音岩からは、不動寺がよく見える。赤い屋根が大雄宝殿（本堂）、岩壁は右が日東岩で左が星中岩（せいちゅうがん）。日東岩の下の開山堂は樹木に隠れて見えない。遠景は妙義山である。

黒瀧の名は、不動堂の裏手にいまもドウドウと落ちている「龍神の滝」に由来し、そのあたりの岩が黒いところから黒瀧と呼ばれるようになったのである。確かに滝の岩肌は黒光りしており、なるほどと思った。また坐禅堂として不動堂が、本堂として大雄宝殿（大仏殿）が建てられたが、そのほか塔頭《たっちゅう》も含めて、かつては多くの建物が山内にあったという。本堂の先を上ると潮音禅師の寿像（生前に彫らせた等身大の木像）のある開山堂に至るときいたが、それは下山後に予定して、山に向かった。

これから歩こうとする不動寺の南側の稜線は、案内に「五老峰」とあり、これは山岳修験に係わる名称だろう。不動寺を出るとすぐに峠で、それから南へ稜線の道を辿ると、たちまち馬の背の難所である。千年も昔にこうした険しい場所を選んで山岳修験道場が作られたわけだが、いまではやせ尾根にはガードが設けてあるし、その先はクサリと鉄梯子でだれでも歩けるようになっている。昔の修験者が見たら、あきれたり感心したりするだろうねと話しながら通過した。

すっかり葉の落ちた雑木やアカマツの林を、木の根を頼りに急登して、岩場に出た。ここは案内にある見晴台と思われ、岩の上に御嶽神社の石祠があって眺めもよいのだが、足場がよくないので左側を巻いて先をめざし、下底瀬への分岐に着いた。この道はあとで辿るのだが、いまは観音岩を往復するために稜線の道をそのまま進み、少し

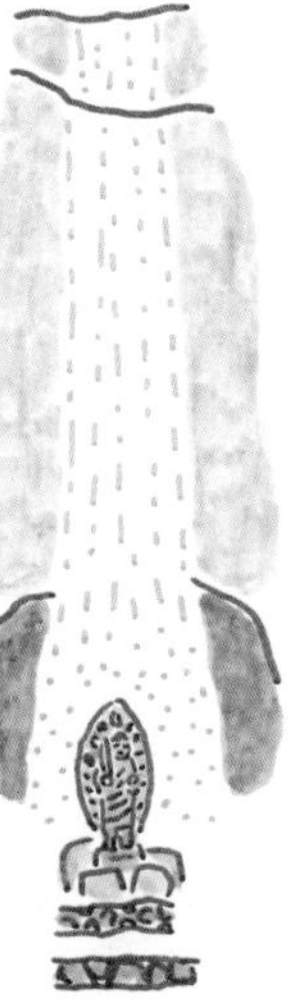

不動寺の不動堂裏手にある龍神の滝。落差20メートルほどで、不動明王像が滝水を浴びている。潮音禅師の入山（延宝3・1675年）以前は脇の岩窟内に金鉢不動尊が祀られ、修験道の道場だったといわれ、入山後は不動尊は不動堂に、岩窟内には弁財天が祀られた。岩窟の壁には弘法大師が爪で彫ったと伝えられる「爪彫り不動」と大師の石像もあり、当時この山が真言密教の地であったことを示すときいた。

黒滝山ハイキングのハイライト、馬の背渡りである。このようにやせた岩稜が数メートルあり、それからクサリと鉄梯子がいくつか続くところで、慎重に行けば問題ないが、雨のあとなどは相当な気遣いが必要だ。見とれていると危険だが、この間は景色もよい。

の急登があって岩峰の上に出た。頂点に蓮の花を持った観世音菩薩の小さな石像が立っているので、これが観音岩に違いなく、観音岩は黒滝山ハイキングの最高地点でもあるので、まずはおつかれさまと乾杯し、それから展望を楽しんだ。

独立した岩稜の頂上だから眺めは三六〇度申し分なく、周辺もなじみの山が多いので展望が楽しい。鹿《かな》岳、小沢岳あたりは手が届くほど近く、立岩もよく見える。赤城、榛名、妙義の五色山仲間も眺められるし、足もとには不動寺の赤い屋根がある。

黒滝山というのは不動寺を中心にしたこのあたりの総称のようで、そういう名の山頂は実際にはない。少なくとも地形図にはなく、さしさわりのない場所に黒滝山と書かれているだけだ。案内書にある八七〇メートルという標高も地形図にはなく、標高地点ははっきりしない。そこで、とりあえず

観音岩から西側の眺め。西上州らしい山々のシルエットの中で目立つのは立岩だろう。荒船山は他の山の陰に隠れて見えない。

五老峰の中心らしい観音岩が山頂、標高も約八七〇メートルとぼくらは勝手にきめ、下山することにした。

分岐に戻り、下底瀬めざして急下りすると、右側が大きく切れ落ちていて、どうやらこれが九十九谷らしい。滑落しないように慎重にのぞいて見ると、風化して角がとれた岩に囲まれた谷川が足下にあり、小規模ではあるが名勝にちがいないと思った。それから九十九谷と分かれて南側に下る踏み跡を辿ったが、小沢を渡った先でそれも途絶えてしまい、仕方なく沢筋に沿って植林を抜けると再び踏み跡を発見し、道なりで下底瀬の車道に出た。これを六車《むぐるま》へ下るとバス停があるのだが、ぼくらは不動寺へ戻るので上底瀬へ、鷹ノ巣山の岩壁を観賞しながら車道を歩いた。このあたりも穏やかな山村の様子や昔のままの民家が味わ

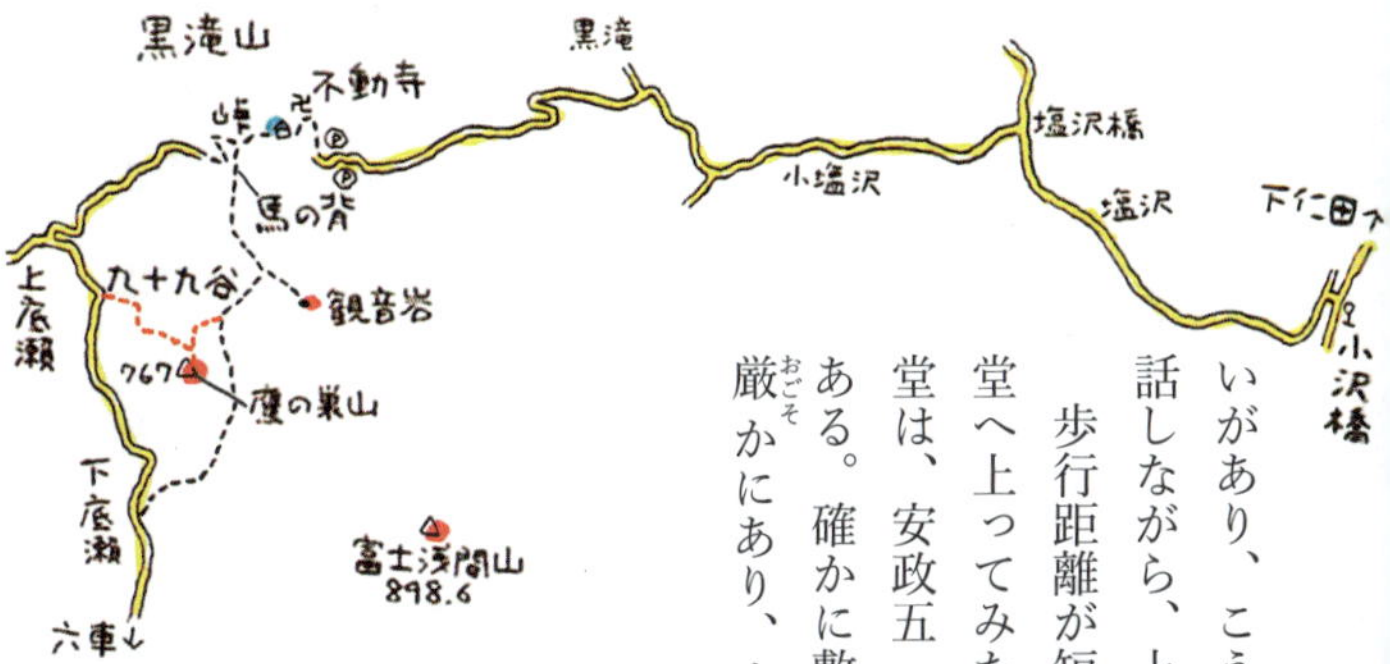

いがあり、こういうところに一度泊ってみたいね、などと好きなことを話しながら、上底瀬から林道に入って峠に戻り、不動寺へ戻った。

歩行距離が短いので時間に余裕があり、予定通りに奥の院に当る開山堂へ上ってみた。観音岩からもよく見えた日東岩《にっとうがん》の岩壁直下にある開山堂は、安政五（一八五八）年の再建であって、正統の禅宗様式と案内にある。確かに敷石の土間などは中国の寺院のようで、潮音禅師の坐像が厳《おごそ》かにあり、山内でいちばん不動寺らしい場所ではないかと思った。

（二〇〇〇年十二月）

※下底瀬へ下る道は整備されていないため、鷹ノ巣山から九十九谷登山口経由、上底瀬への道が歩かれている。馬の背～観音岩のクサリ場、梯子、岩場は慎重に行動すること。

●アクセス
不動寺へは下仁田から南牧バス（雨沢ハイヤー☎0274・87・2323）で小沢橋下車、徒歩1時間50分。運行本数が少ないためマイカー・タクシー利用がよい。

●参考コースタイム
不動寺駐車場（1時間）九十九谷分岐（15分）観音岩（15分）九十九谷分岐（50分）鷹ノ巣山（40分）九十九谷登山口（5分）上底瀬（1時間）不動寺駐車場

●2万5000分ノ1地形図
荒船山

●問合せ先
南牧村役場☎0274・87・2011

㊱ 物見山 ものみやま

1375・5m ― 群馬県・長野県 西上州

牧場の中の見晴台

こんな山の中に、こんなハイカラな牧場がある！ というのが神津《こうづ》牧場の印象だった。四〇年以上も前に、初めてこの牧場を訪ねたときのことである。

そのとき以来久しぶりの神津牧場へ物見山ハイキングとおいしい牛乳を飲むべく、ぼくらはやってきた。もっとも、ぼくは久しぶりでも同行者は初めてであり、またこちらは有名なソフトクリームが目的とあって、モチベーションが少しちがうのだが、ともかく下仁田から佐久へ向かう車道を右に折れ、急坂を上って高原に着いた。そして、とあるカーブの先で牧場が見えたので車を停め、懐かしい気持ちで眺めた。牧場の入口に広い駐車場ができており、そこに車を置いて、物見山ハイキングに出発した。

関東の低山ハイキングは、夏はオフシーズンだけれど、このあたりの雑木林の爽やかさは北国の高原のようだ。何種類ものトリの声に迎えられて、足どりも軽く登った。ただし、途中で小沢をいくつか渡るのだが、どれも橋が壊れたり流されたりしていて、これは崩れやすい土質のせいではないかと思った。木段道の急登をせっせと登って林

アンテナ塔の立つ高みが物見山の山頂である。このように牧草地が山頂の近くまで迫っているので、物見山は放牧場の一部でもあるのだ。

道を横切り、さらに急登して低木林に入り、稜線の道に出ると「左・物見岩」とあるので、コース中最高の眺めと案内にある物見岩へと向かった。

左へ入る寄り道があり、行ってみると三角点があったが、見晴らしはなかった。それで稜線道にもどってさらに行くと、前を歩いている同行者が「石炭の山かな」というので、そんなはずはないと前方を見ると、たしかに黒い石を積み上げたようなものがあり、近寄るとそれはひとつの大岩で、ならばこれが物見岩に違いないと登ってみると、三六〇度遮るもののない大展望の物見岩だった。

ここから一番目立つのは荒船山の艫《とも》岩で、それから奇峰の多い西上州の山々、近くに物見山、遠くには八ヶ岳、浅間山、足元に神津牧場が見えた。コース中最高の眺めとあるのでぼくらは充分に展望を楽しみ、まだ疲れてもいないのに休み過ぎたのに気付いて、物見山に向かった。

先ほどの分岐を過ぎて下って行くと、内山無線中継所と書かれたアンテナ塔があり、展望台とあるので階段を上がってみると、たしかに展望はあるが物見岩のあとではつまらないわけで、何だか無駄な施設だねと話してコースに戻った。

林道を経て再び山道に入り、牧場のバラ線の柵に沿って登って、案外あっさりと物見山の山頂に着いた。広い山頂は半分が平地で、頭が欠けて何等か分からない三角点があり、樹木の向こうにアンテナ塔が立っていた。見晴らしはヤブに遮られて一八〇度ほどで、物見岩とほとんど同じ景色をもう一度眺めた。暑い日だったので遠くが霞んでいたが、夏にしては遠見がきくねと話し、昼食をとり、寝そべって雲を見たりして休み過ぎるほど休んでから、山を下った。

アンテナ塔を見上げて雑木林に入り、再び牧場のバラ線に沿って行き、志賀牧場への道を分け、林道を横切って下ると八風山への道が分かれて、これが香坂峠だった。そこからぼくらは神津牧場へ下ったのだが、雑木林の斜面をトラバースする辺は各所で崩れており、小沢を渡るところではとくにそれが激しい。ここも水流で崩れやすい土質のように思った。けれどもこの日は天気がよく、雨のあとでもなかったので、崩れたところでもとくに困難はなかったが、大雨のあとで歩きたくない道だねと話した。

地蔵尊と観音像と馬頭観世音碑が一緒に立っているところを過ぎてしばらく行くと、道幅が広く歩きやすくなり、牧草地と放牧の牛を見ながら下って林道に出て、それを下ると舗装の車道に合流し、すぐに牧舎やサイロの建ち並ぶ神津牧場の中心に着いた。

牧場の牛を間近で見るのは久しぶりなので、時間も充分にあることだしと、柵の中にいる牛を見て回った。放牧中の牛を見ても分かることだけれど、ここの牛はジャージー種である。昔ここへ来たときも同種の牛を見たはずなのだが、覚えていない。けれども、蒜山《ひるぜん》へ

神津牧場の乳製品で、一番人気はもちろん、このソフトクリーム。たしかにコクと風味は格別だ。ジャージー牛乳も濃厚な味でおいしかった。ほかにバター、チーズ、アイスクリーム、のむヨーグルトなどがあり、バターやチーズづくり、乳しぼりの牧場体験ができる。

かわいい子牛が何頭かいたが、とくにかわいかったのがこの子牛だ。専用の小舎に書かれた生年月日を見たら、まだ生後10日ぐらいの赤ちゃんだったので、驚いた。

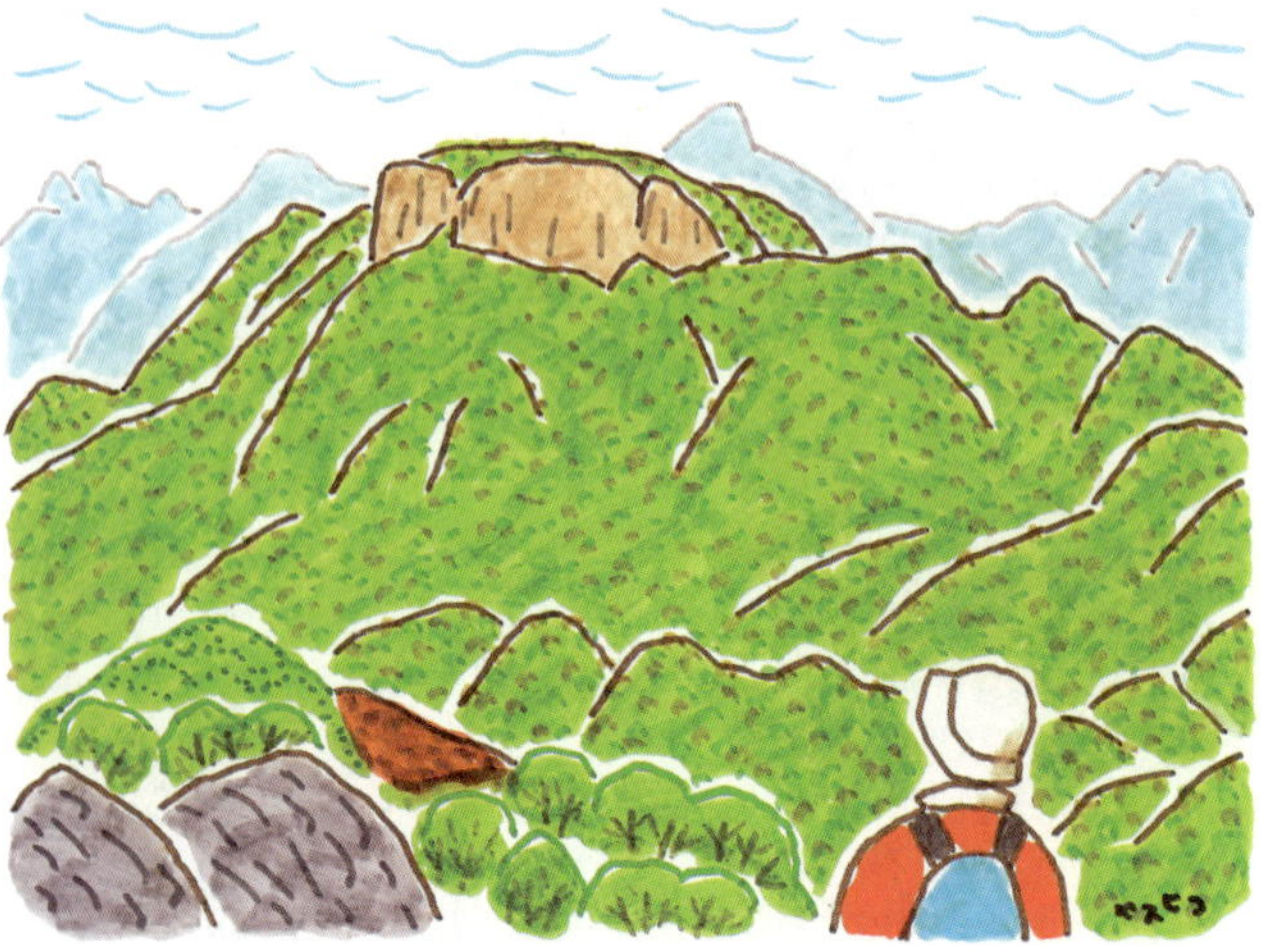

物見岩からも物見山からも、展望の中でひときわ目立つのが荒船山の艫岩だった。この不思議な山容は、奇峰の多い西上州でも群を抜いていると、改めて感じた。この絵は物見岩から見て描いた。

行ったときに山麓の広い放牧地で見た牛は、たしか同じジャージー種だった。そういえば三瓶《さんべ》山の牛も同じだったかな、などと話しながら牛ウォッチングをした。観光牧場なので、牛のほかにもヤギやウサギがいて、動物好きの同行者は上機嫌だった。

それから、この日の目的を果たすべく売店に向い、牛乳とソフトクリームを求めた。モーと鳴いている牛を見ながら飲む牛乳は、しぼりたての新鮮な牛乳という気分が一段と強まる。ソフトクリームの方は、いまやカリスマ的人気なのだそうで、この日は週日だったけれど、何組もの人達がソフトクリーム・コーナーに集まっていた。

牧場の人にきいたところ、ここには牧場体験コースというのがあって、泊まり込みで牛の飼育や乳しぼり、バターやチーズづくりを体験することができるのだそうで、同行者はそれをきいて、すっかりその気になっていた。

（二〇〇二年八月）

●アクセス
マイカー利用。バス利用の場合、上信電鉄下仁田駅から下仁田バス（スクールバス時間帯は児童生徒優先。上信ハイヤー☎0274・82・5038）市野萱線35分、市野萱下車、神津牧場へ徒歩1時間45分。

●参考コースタイム
神津牧場（45分）物見岩（35分）物見山（30分）香坂峠（50分）神津牧場

●2万5000分ノ1地形図
御代田・信濃田口・南軽井沢・荒船山

●問合せ先
下仁田町役場☎0274・82・2111、佐久市役所☎0267・62・2111

㊲雨降山　あめふりやま　1012・6m　群馬県　西上州

幻の火渡り護摩

火渡り護摩《ごま》の神事を山頂で行なう山のことは、かなり以前から聞いていた。火渡りは修験道で行なわれる荒行の一つで、薪を燃やして平らにした火道の上を裸足で歩くというすさまじいものだが、修験者は平気でそれをやる。その神事が山の上であるというので、ぜひそのときにその山に登って、見たいものだと思っていた。昔から修験道や役行者《えんのぎょうじゃ》（修験道の元祖といわれるスーパーマン）には興味を持っていたし、自分にできないことをやる人には憧れるのだ。

火渡り神事のある山は上州・雨降山といい、ハイカーに人気の御荷鉾《みかぼ》山の並びというから東京から近い。火渡り神事は京都の愛宕山などでも行なわれるらしいが、関東の山なら好つごうだから、いつか見に行くつもりでいた。

その雨降山に、火渡り神事の時期ではない早春の頃に行くことになってしまったのは、人に知られていない低山が好きなAさんに誘われたためだが、Aさんは火渡りを知らなかった。なに？　それ、手形みたいね。それはフワタリです。まあともかく行

祠と石碑が4基並ぶ雨降山の東峰。「火渡り護摩」の神事もここで行なわれるのだろう。うしろはテレビのアンテナ塔。この場所で振り返ると、関東平野が眺められる。

きましょう、神事は山開きの頃らしいから出直せばいいしということで、鬼石《おにし》町から御荷鉾スーパー林道に入り、雨降山林道の入口に車を置いて歩き始めた。

日陰に雪が残る林道を進むと左手に城峰山が見え、以前そこを歩いたときの話などしているうちに林道が終わり、朱塗りの鳥居をくぐって雨降山登山道に入った。

暗く寒い植林を辛抱して登るとようやく雑木林になり、体が温まるとまた植林というくり返しで、古い炭焼き窯の跡らしいものを見たりしてせっせと登ると、前方に奇岩が見えてきた。登山口の地図にあった「蛙のオンブ岩」らしく、近寄ると正にそんな感じで、交合している蛙を他の蛙が見物するといったふうに見える。けれどもそれは下から見た場合で、通り過ぎればただの岩屑の集まりである。

　蛙岩の先で稜線に出た。裸の雑木林の向こうに見えるのは榛名山か。道を右に外れたところに自然石の石碑があり、御幣《ごへい》が飾られて豊受大神の文字が読める。古くからの山岳信仰の山なのだねと話した。それから稜線沿いにしばらく登ると、また自然石に日本武命とあり、さらに登ると文字は読めないが神様を祀った石碑があって、雨降山は山岳信仰の山というのを実感した。そして、その先で鳥居のある平坦な場所に着き、そこが雨降山の東峰だった。

　テレビのアンテナ塔とブナの巨木の間に小さいが立派な祠と四基の石碑が並び、いちばん大きい碑には御嶽三柱大神とある。琴平神社とあるのはこの山の北側、三波川《さんば》上流の琴平神社の奥宮という意味だろう。そうすると火渡りの

火渡り護摩は見られなかったが、資料をもとに、修験者が火道を渡る様子を描いてみた。従って衣装小道具などは必ずしも雨降山の神事のものではない。鬼石町（現・藤岡市）の役場を訪ねたところ、毎年山開き（5月）に雨降山東峰で火渡り護摩を行なってきた山麓の琴平神社の宮司さんが亡くなられたので、再開する見込みは立っていないとのこと。幻の火渡り護摩となってしまったのだ。明治の昔から続いた神事ということだった。

護摩はきっとこの場所で行なわれているのだと思い、厳粛な気持ちになった。平坦といってもせまい所なので、どのようにして神事が行なわれるのだろう。東南に向かって展望が開け、関東平野が早春の陽光の下に広がっていた。あとで気付くのだが、雨降山ハイキングで展望らしいものはここだけだった。

　神々を拝したあと、ここで行なわれるに違いない神事や地元の人たちが大勢登拝する様子を想像してみた。脇にトタン張りの小屋があるので、ここが休憩所になるのだろうと話した。

　アンテナ塔のあたりが東峰の最高地点で、それから下りになって鞍部に達し、それから急登が少しあって雨降山の山頂に着いた。さまざまな文化歴史の跡がある東峰に比べると、二等三角点のほかは何もない山頂で、南側は植林だから当然だが北側も雑木林越しの展望はほとんどなく、のっぺりと平らなので山頂という実感もない。そのせいか立派な道標があるのに山頂の標示もなく、何だか

山頂に近づくといくつも現われる神様を祀った石碑。山岳信仰の聖地という気分が次第に高まる。雨降山は相州大山と同じように〈あふり神〉すなわち充分な水をもたらす五穀豊穣の神の聖地なのだと思った。地元では雨降山に雲がかかると雨になるといわれてきたとか。

ハイキングコースでは雨降山の全身を眺めることはできない。スケッチは埼玉県側の城峰公園へ寄り道して描いた。水面は下久保ダムでできた神流湖だ

淋しい山頂ねーとAさんが嘆くので、その代わり東峰にいろいろあって、それで埋め合わせているんでしょうと慰めた。

うそ寒い山頂なので休憩しないで、さっそく下山ときめた。道標に従って西へ稜線沿いに下るとすぐにまた道標があり、暗い植林の中を鉄砲下りで行くと廃道の林道と交差し、さらに植林と雑木林を出たり入ったり、林道も何度か横切ってせっせと下って、あっという間に御荷鉾スーパー林道のヘアピンカーブのところに出てしまった。

カーブの外側に小広い休憩所があり、説明によると東西御荷鉾山の展望台のつもりらしいのだが、確かに山は見えても展望台というほどではなく、道路名に義理を立て

た結果だろうねと話した。すぐ脇に法久《ほっく》の集落へ下る法久林道の入口があり、休憩所の隅には「法久地蔵尊」がかわいい祠《ほこら》の中に収まっていた。スーパー林道から法久林道にかけては「奥多野花街道」という名称がつけられていた。ぼくらは山頂で食べそこねたお昼にするべく、ベンチに腰掛けてコーヒーを淹れ、マスタードの香り高いジャンボン・サンドイッチをほおばった。それから穏やかな日の下でしばらく休み、林道を約三〇分歩いて車を回収した。（二〇〇四年二月）

●アクセス
マイカー利用。バス利用の場合、JR高崎線新町駅から日本中央バス（☎027・287・4422）上野村ふれあい館行1時間、元坂原下車、雨降山登山口へ徒歩1時間。

●参考コースタイム
雨降山林道分岐（10分）雨降山登山口（50分）雨降山東峰（20分）雨降山（50分）御荷鉾林道（35分）雨降山林道分岐

●2万5000分ノ1地形図
万場・鬼石

●問合せ先
藤岡市役所☎0274・22・1211

㊳父不見山　てでみえずやま　１０４７ｍ

群馬県・埼玉県　西上州

詩人の詠んだ山

国土地理院の地形図には「てでみず」とある。ガイドブックには「てでみず」「てでみえず」と二通りある。「てでめえじ」ともいうらしい。そして地元の数名の方に尋ねた結果は、「てでみえず」と「てでめえず」の二通りだった。どれも群馬県万場町と埼玉県小鹿野町の境界にある、「父不見」の読みである。

この意味ありげな名の山は、かなり前から知っていた。尾崎喜八さんの

父不見御荷鉾《みかぼ》も見えず神流《かんな》川

星ばかりなる万場の泊

という歌は父不見山の紹介文に必ず引用されて有名だが、ぼくも父不見山とこの歌をセットで記憶しており、御荷鉾山や赤久縄《あかぐな》山へ行ったり万場町を通りかかったときに思いだして、父不見山はどれかと探したりしていた。けれども人の話では父不見山の評判はあまりパッとせず、ほとんど見晴らしがない地味な山とか、植林の中を歩くだけでおもしろくない山といった話ばかりで、出かける気にもならず、ただ意味あり

「父不見山」の由来はいくつかあるが、平将門が戦死したときに、その庶子福太郎丸が、この山で父の死を聞き、嘆き悲しんだという話が有名ときいた。近くの城峰山には、将門の愛妾・桔梗の前にまつわる伝説がある。左の苗木林の山が父不見山。右端のピラミッド型が城峰山だ。

げな山名だけが気になっていた。

ところがあるとき、父不見山附近の植林が大幅に伐採され、すっかり見晴らしがよくなったときいて、だったら歩いてみようかと思った。またしばらくして、その辺りで山火があり、ますます見晴らしがよくなったという話もきいた。伐採はともかく山火事とあっては喜ぶ気にはなれないけれど、山が明るく見晴らしがよくなったというのは結構なことだと思い、新緑の季節に入ったある日、父不見山へと向かった。

アプローチは歌にも読まれた万場町からと決め、歌にも詠まれた神流川を渡り、土坂トンネルを抜けて林道西秩父線を通り、杉ノ峠の登山口に車を置き、そこから歩き始めた。

話に聞いた通りに、辺りの斜面は全て伐採あとの丸裸状態であるうえに、山火事で焼けた跡も歴然と残っており、殺伐とした印象を受けた。同行者も同じ気持ちらしく、なんだか無残な感じ、とつぶやいて呆然としている。火事の原因は何だろうねと話しながら、初夏の日ざしが照りつける斜面を登って杉ノ峠に着いた。

峠には石の祠と昭和十八年と彫られた石灯籠があり、新しい道標が立ち、万場側からも山道が上ってきていた。その万場側（北面）はすべて植林だが、南面は父不見山の方まで伐採と山火事ですっかり山肌が露《あらわ》で、明るくて見晴らしがいいとも、痛々しいともいえた。けれども見晴らしとしては、武甲山から奥秩父の山々まですっかり見えてすばらしいので、とりあえず峠の眺めを楽しんだ。

峠からは稜線の登りだ。登るにつれて北側はヒノキ林からカラマツ林に、南側は焼けた伐採地からヒノキの苗木林に変わった。苗木は一メートルにも足りないので相変わらず見晴らしがよく、以前歩いた秩父の山々を数えたりしながら行くうちに、アカマツが一本だけ目立つピークに着き、標柱を見たら「父不見山一〇四七M」とあった。

南面はそれまでと同じだが、北面は雑木林で、折から若い緑が輝いており、目をこらすと枝ごしに御荷鉾山が見えた。けれども西の稜線続きには長久保ノ頭と思われる山頂が父不見山よずっと立派に見えるので、このあたりの中心は父不見山ではなく長久保ノ頭らしいと気づいた。地図を見ていた同行者が、標高も向こうは一〇六六メートルと教えてくれたが、見た感じではそれよりも高く見えた。それでともかく、長久保ノ頭に向かった。

少し下り、それからひと登りで長久保ノ頭に着いた。二等三角点が見つかり、やはりこちらが中心だねと話した。西側が新緑の雑木林、東側がヒノキの苗木林でやはり見晴らしがよく、先ほ

知名度は父不見山が断然一番だが、この山域の中心はやはり長久保ノ頭で、まん中の高みがそれだ。山頂の東側がヒノキの苗木林で、展望がある。山頂から南へ延びる稜線には踏みあとがあり、「寺島平、摩利支天」という道標があったが、あまり人が入っていないように見えた。

どまでいた父不見山から遠くへ延びる稜線の先に、城峰山の端正な姿があり、その向こうに関東平野が霞んでいた。それでともかく、ずい分以前から名前が気になっていた山を歩くことができたのを祝ってワインで乾杯し、ハムとレタスとマスタードでサンドイッチを作り、見慣れた景色をもう一度眺めながらほおばった。

下山は稜線をさらに西へ、坂丸峠をめざした。雑木林の中を急下りして行くのだが、枝ごしに遠くを見ると両神山の独特な姿と、その右にもっと独特な二子山《ふたご》の姿が認められた。地形図にある九八五メートル峰（道標には「丸山」とある）を巻いて下ると、坂丸峠だった。この山域には上州と武州を結ぶ交易路の峠が多いときいていたけれど、この峠はまさにそれだろうと思った。峠からは南へ下って、舗装の林道に出た。

ぼくらは車を回収するために、この林道を東に辿った。途中に両神山と二子山の好

その昔、上州と武州の交易路の峠として、両側の人々が通ったにちがいない坂丸峠。ここでひと休みして、またそれぞれの方向に下って行ったのだろう。いまは緑の風が吹き抜けるばかりだ。

展望台があったが、あとは退屈な林道歩きで、話題もつきたころようやく杉ノ峠下に着き、車で万場の町に向かった。この日は残りの時間を、いままで素通りしてきた万場の町の観光にあてようときめていたので、予定通りに観光をし、また山の町らしい土産も見つかり、暗くなってから家路についた。

（二〇〇二年六月）

●アクセス

マイカー利用。バス利用の場合、杉ノ峠へはJR高崎線新町駅から日本中央バス（☎027・287・4422）上野村ふれあい館行1時間20分、生利下車徒歩2時間。帰路は坂丸峠から小鹿野側に約1時間下り、長沢（ちょうざわ）バス停から小鹿野町役場行西武観光バス（☎0494・22・1635）を利用することができる。

●参考コースタイム

杉ノ峠登山口（25分）杉ノ峠（35分）父不見山（1時間）坂丸峠（1時間15分）杉ノ峠登山口

●2万5000分ノ1地形図

万場・長又

●問合せ先

神流町役場☎0274・57・2111、小鹿野町役場☎0494・75・1221

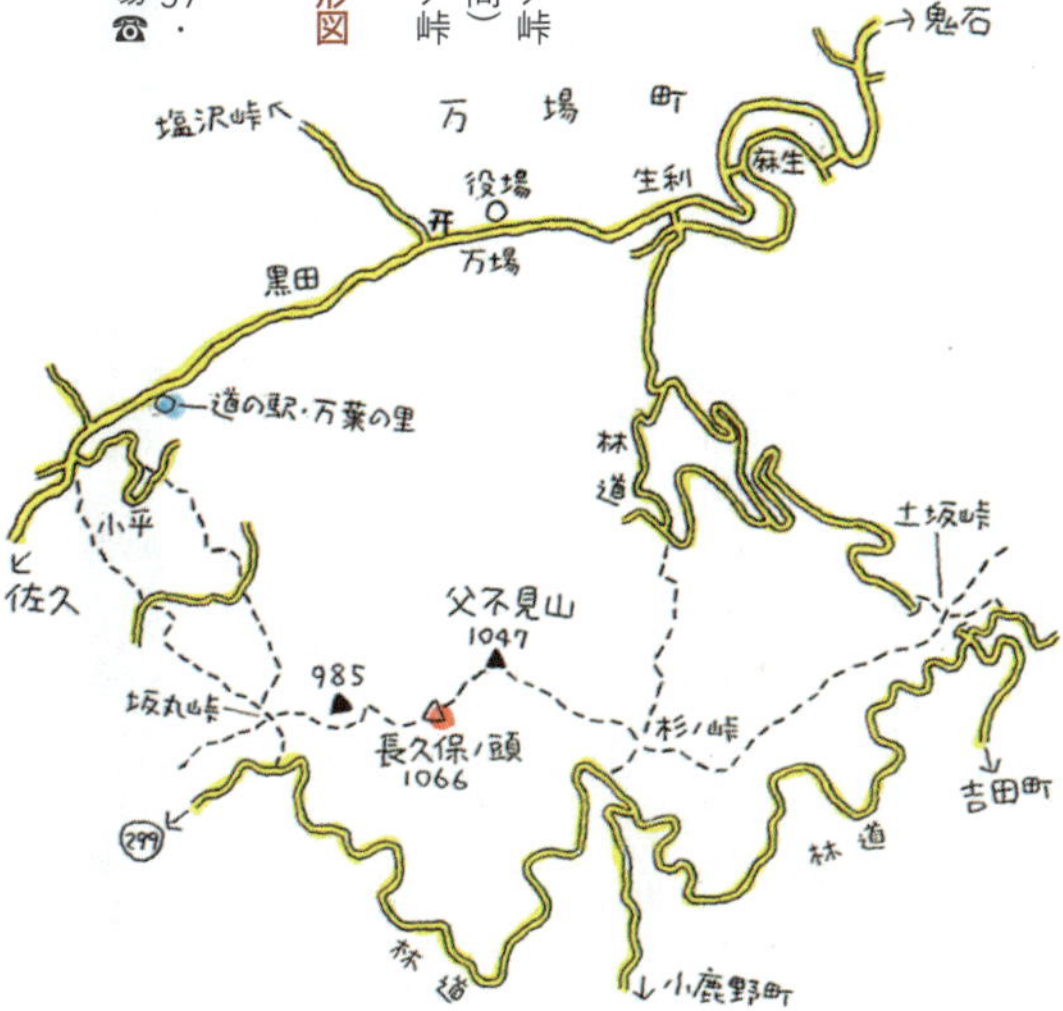

㊴不動山　ふどうやま　549・2m　埼玉県　長瀞（北秩父）

不動の親分　苔のむすまで

低山マニアを自称するA夫人から、まだ風の冷たい早春のある日、電話が入った。不動山って知ってますか、埼玉県の。知ってますよ、長瀞《ながとろ》の近くだね。そう、そこに苔不動っていう岩壁のお不動さんがあるのよね。へー、それは知らない。そうでしょう。それに見晴しも案外いいらしいし、ぜひ行くべきだと思うけど。

A夫人にはいままでも、隠れた名低山をいくつも教えてもらっているので、今回もさっそく、その苔不動のある不動山に行くことになった。お仲間のB夫人を誘い、車で寄居から秩父へ向かう国道の「射撃場入口」の信号を右折、次の「萩寺、苔不動・洞昌院」とある分岐を左折、どうやら不動山よりも有名らしい苔不動を目指して、登山口へ向かった。

案内にある「八重子3号橋」という可憐で変った名の橋は射撃場の入口にあり、その右手に確かに山道が見つかった。けれども道標も何もない。でもほかにそれらしい道もないので近くに車を置き、道標がないなんてヘンねえというAB両夫人を促して

標高は低いが、不動山にはこのあたりの親分といった貫禄を感じる。苔不動がおかれたのも、そのためではないか。いまは稜線にも山腹にも車道がからみつき、不動山としてはうっとうしく感じているに違いない。

歩き始めた。
するとどうだろう。五〇メートルほど入ったところに「苔不動・五四九米（数字は何故か不動山の標高＝著者註）」と「向テ左不動峠ヲ経テ河内方面ニ至ル」の二つの立派な道標があるではないか。しかも後者には大正十一年とある。そこで、この道は昔、不動峠を越えて人々が通った交易路で、その途中に通行人を守護する不動尊が祀られていた。けれどもその古道を射撃場の新道が切断したのでこのようになった、と勝手に推理して、両夫人にも納得してもらった。

周辺にタケヤブが多いのはいかにも里山だが、雑木林に入ると倒木があり、歩く人は少ないと感じた。

しばらく行くと新しい祠《ほこら》があり、中には大黒天が祀られていて、射撃場ができたので平成二年にここに移したとある。でも大黒天が鉄の檻の中にとじ込められたようでお気の毒と、三人で同情した。

道が涸れ沢に重なるあたりから古道も崩れて消え、踏み跡すらあやしくなる。この時季だからヤブはないが、倒木がしばしば行く手をはばむ。たまに赤テープがあるが、何度か立ち停ってルートファインディングをしなければならない。でもA夫人などはこれがおもしろいらしく、ここらへんはこんなものよねとおっしゃって、早春の朝の冷たく暗い谷川を朗らかに前進。さすが低山の達人とB夫人が感心したところで、山の神（？）の前に出た。モミの大本が二本並び立ち、その間にしめ縄が張られ、その向うの岩壁の下に石の祠があるので、ぼくらはこれを山の神ときめて参拝した。この神様も峠道時代からの鎮座に違いない。

突然、石を並べたり積んだりして道がよくなったと思ったら、岩壁を背にした不動明王、一対の石灯籠、無数の卒塔婆（不動尊の剣の形をしたもの）が並ぶ苔不動であ

ご本尊はこのように小さいのだが、舞台装置が実によくできているので、粛然とした気持ちになる苔不動。案外乾いているので、苔は見当らなかった。車で行けば簡単だが、やはり下から歩いて詣でるのが正しいと思う。

る。天然の露岩とカエデなどの大木がまとまって堂々たる舞台装置を作っていて、このあたりの中心、山名の由来になるのも当然と思った。苔という字で湿った環境を予想したのだが、案外乾いた場所だ。石灯籠には文化四年の刻字がある。

　苔不動から先はあきれるほどの立派な道で、それもわずかで稜線の車道に出た。そこには「苔不動尊入口」と大書した看板が出ている。分かった！　みんな車で来るのよねとB夫人。この車道は林道ではなく観光道路らしい（ビューラインとある）ので、その通りだろう。ここが昔の不動峠に違いないのだが、そんな様子はもちろんどこにもない。しかしぼくらも登山口まで車で入っているわけで、あまり車道の悪口はいえない。

不動山から間瀬峠に至る稜線のところどころでこのような展望に出合う。裾野を大きく広げた赤城山も改めて美しいと思い、何度も足を停めた。

すぐ近くに見える山頂めざして車道を行くと、北側が開けて、北関東の山々の大展望があった。赤城、榛名を前景に、右に日光、左に浅間、上信越国境の山々が白く輝いている。風の冷たさも忘れて一同立ちつくした。

車道から稜線の踏み跡を辿ることわずかで、幼いスギ林の中に三等三角点が埋もれる、不動山の山頂に着いた。幼くてもスギ林なので展望はほとんどない。けれども風はさえぎられ、日ざしは暑いほどなので、ここでランチタイムときめた。両夫人のザックから出るわ出るわのご馳走の数々に圧倒され、しかし遠慮なく頂いた。

山頂から間瀬峠までの稜線歩きは、短いけれどこの日いちばんの楽しい散歩道だ。植林と交互に現われる雑木林では、枝先に春を見た。たまに伐採地があって、展望も楽しめた。間瀬峠からはオフロードの林道を辿り、さらに崩れた旧林道を下った。使うのを止めると林道もこんなに荒れるものかと思う。もとの自然に戻ろうとする力が働くのだろうか。荒れた山道よりこわいと両夫人がいうのも分かる。途中に、先ほどの山の神と同じ型式の神社（規模は大きい）があったが、参拝者は絶えているようだった。国道に出てから洞昌院（苔不動はこの別院に当る）に立寄り、車を回収して、時間が余ったので長瀞観光を楽しむことができた。（一九九九年二月）

※本コースの長瀞側から苔不動への道は荒れていてわかりにくいので注意が必要。

●アクセス
秩父鉄道野上駅下車。

●参考コースタイム
野上駅（1時間15分）射撃場分岐（55分）苔不動（20分）不動山（35分）間瀬峠（1時間）国道（25分）野上駅

●2万5000分ノ1地形図 鬼石

●問合せ先
長瀞町役場☎0494・66・3111

㊵宝登山　ほどさん

497・1m　埼玉県　長瀞（北秩父）

山頂は山犬さまの眺め

どこでもよいから気楽な低山へ行こう、と友人から電話があった。どこでもといわれても困るな、気楽な低山がいいよ、低山はみんな気楽だよ、といった気楽なやりとりがあって、気楽な低山は秩父の宝登山と決まった。それからしばらくして、初冬のある朝、二人のおじさんの姿が宝登山の麓の宝登山神社の境内にあった。

宝登山が初めての二人なので神社も当然初めてだったが、静かな社叢の中の荘厳な本殿に参拝して、清々しい気持ちになっていた。神社の由緒を、友人が声を出して読んだ。千九百年ほど昔のこと、日本武尊《やまとたけるのみこと》が東征の折にこの山へ登ろうとしたところ、急に猛烈な山火事が起こり、一行は炎に囲まれた。火勢が強くて逃げることもできず困っていたところで突然白犬と黒犬が大勢現われて、あっという間に火を消し、しかも一行を山頂へと導き、山頂に着くといつの間にかどこかに消えてしまった。そこで、あの犬たちは山の神が遣わしたものに違いないと考えた尊は、山の神に御礼を申し上げるとともに、この山を「火止山《ほど》」と名づけ、神武天皇、大山祇神《おおやまつみのかみ》、火産霊神《ほむすびのかみ》の三柱をお祀りになった。

秩父には山犬すなわちオオカミの伝説があって、この地方の神社の狛犬《こまいぬ》はオオカミの姿をしていることが多く、それらがニホンオオカミが存在したことの証しでもあるとぼくらはきいていたので、この由緒に出てくる犬たちもきっとニホンオオカミに違いないね、それにしては白犬と黒犬というのがおかしいな、いやそれは山火事のせいでそう見えたのだろう、などと勝手なことを話しながら、ぼくらは清々しい気分のまま、昔ニホンオオカミがいたに違いない宝登山を目ざした。

宝登山の山頂展望台に立つと、まず目にとびこんでくるのが両神山だ。両神はどこからも目立つ山だが、秩父が全部見渡せる宝登山から見ると、また格別だ。

神社を出たところから山に向かう林道が登山道だった。少し登るとアカマツの巨木のところでロープウェイへの道が分かれ、まだ黄葉が残る雑木林の中を、のんびり登った。

林道を折り返して登っていくうちに、雑木林とヒノキの植林を何度か出入りし、少し退屈したところで、初めての丁石に出合った。「十六丁目　本町講社」とあるので、ほかの丁石は見落としたのかもしれないと話し、こんどは見落とさないようにと注意して登っていくと、新しい立派な四阿《あずまや》があった。しかしぼくらは疲れていないので休憩はせず、さらに折り返して行くと左へ山道が分かれ、山頂方面という道標もあるので、その道に入って木段の急登をひと登りすると、レストハウスとある建物の脇に出た。

レストハウスの先を見るとロープウェイの山上駅らしく、登山道ではまったく見なかった人の姿が多数あり、喧騒も聞こえてくるので、突然観光地に来た気分になり、ならば山頂も近いだろうと道標に従って山頂を目ざした。

山頂の奥宮を守るように、左右にひかえている山犬の狛犬である。本宮の狛犬はふつうの狛犬だが、奥宮の狛犬はさすが秩父で、このようにオオカミの姿で、ちゃんと阿吽（あうん）になっている。やせてアバラが見えるのは、秩父の山犬の狛犬に共通なので、モデルになったニホンオオカミもきっとやせていたのだろう。

ロープウェイを降りた人々に混じって行くと「臘梅園《ろうばい》」とある梅林を抜け、その先の「奥宮」とある道標を頼りに森の中へ入っていくと、ほの暗い向うに宝登山神社の奥宮が見えた。そこで参拝しようと近づくと、左右の狛犬が案の定オオカミの姿なので、やはり秩父の神様のご眷属《けんぞく》は山犬さまだねと納得した。それから友人と、山犬さまのいた秩父の神社を思い出してみると、三峯神社、両神神社、武甲山神社、城峯神社といくつもある。だいぶ遠くなるけど昇仙峡の奥の金櫻《かなざくら》神社もたしかそうだと友人の証言もあって、山犬さまのテリトリーは相当に広いと思った。

長瀞駅を出ると、正面に見えるのが宝登山だ。低山でも独立峰で、古くからの修験の地でもある宝登山には、特別な風格を感じるのだ。左に見えるのがロープウェイ。神社への参道から描いた。

　奥宮から「山頂」とある道標を頼りに行くと、たしかに山頂らしい高みに着き、そこに三等三角点があった。三角点の周囲は

旧新井家住宅は、長瀞町の別の場所にあった旧家を、解体復元修理をかねて現在地に移築したものだ。約260年前の建築と推定されているが、懐かしいとか貴重とかいうよりも、古民家らしい気取らない、飾らない美しさがすばらしく、見とれてしまう。この地方に多く見られた養蚕農家の形式という。

樹林だが、南側に下ると視界が大きく開けて、秩父の山々が全部といえるほどのすばらしい展望なので、ぼくらはそこのベンチに腰を下ろし、友人のザックから出た白ワインのシャブリで乾杯して、ランチタイムにした。

展望の主役は、やはり両神山だった。この山の形に神聖なものを感じた昔の人の気持ちは、いまこうして見ているぼくらにもよく分かるねと話し、それからずーっと見渡すと三峰山も武甲山もすっかり見えるので、これは実に山犬さまの眺めだねということで、少々カルトにして楽しい山頂のひと時を過ごした。

下山は社務所で禰宜《ねぎ》の方にきいた「七転び坂」を下って、北側の林道を戻ることにした。三角点の脇から西に下る道がそれらしく、下るほどに急下降になり路面も崩れやすいので、これは本当に七転び坂だと話して笑ったが、その笑い顔もすぐに真顔になるような下りだった。

林道に出ると、こんどはまったく坦々とした道で、ほとんど葉の落ちた雑木林の中

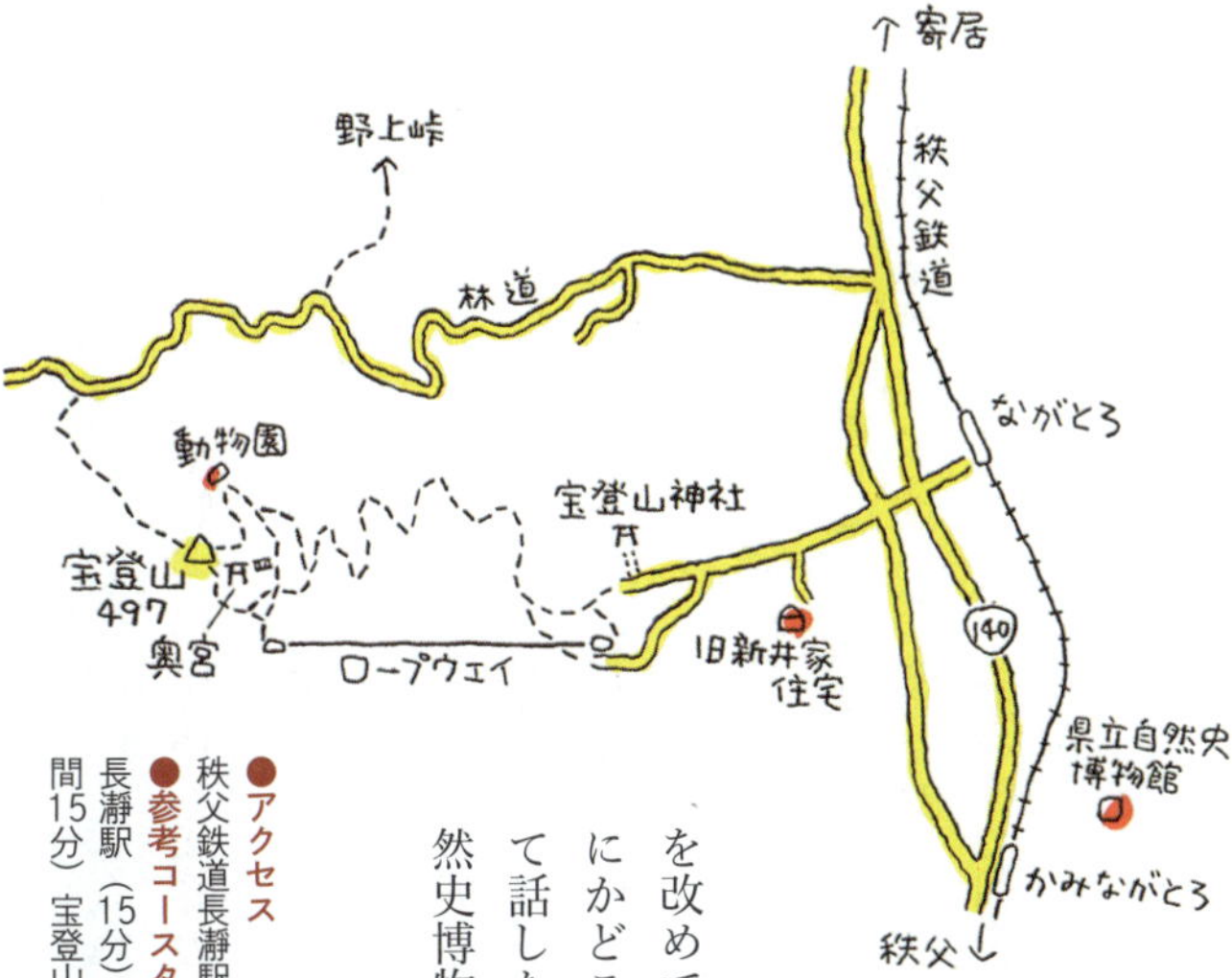

を、ひたすら東へ向かった。

宝登山神社へ戻って車を回収して、それから朝の参道で看板を見て気になっていた「旧新井家住宅」を見に行った。二六〇年ほど昔に建てた民家を移築復元したものとあったが、日本の民家の美しさを改めてしみじみ感じ、こんな美しさをいつの間にかどこかに置き忘れてきてしまった日本について話した。そのあと友人の希望で、近くの県立自然史博物館へと向かった。

（二〇〇四年十二月）

●アクセス
秩父鉄道長瀞駅下車。

●参考コースタイム
長瀞駅（15分）宝登山神社（1時間15分）宝登山（20分）北登山口（50分）長瀞駅

●2万5000分ノ1地形図
鬼石

●問合せ先　長瀞町役場☎0494・66・3111

㊶登谷山 とやさん 668m 埼玉県 皆野（外秩父）

東に関東平野、西に秩父連峰の大パノラマ

吹き抜ける風は冷たいのだが、気のせいにしても「新春」の明るさを感じる林道の峠は、気分がよかった。

登谷山ハイキングの出発地点は釜伏《かまぶせ》峠と決めたので、ぼくらはいま、その峠にいる。そして出発にあたって、まず近くの釜山神社に詣でることにした。といっても峠がすでに神社の境内と思われ、林道の峠の脇に参道の入口があり、暗い社叢の中を拝殿に向かった。

釜山神社には鮮烈な記憶がある。十数年も前のことだが、釜伏山を下って神社の傍まで来たら、拝殿のあたりから太鼓の音が聞こえてきた。そして、そのリズムやたたき方が、それまでに聞いたことがないような楽しくおもしろいものだったので、それに惹かれて行ってみると、拝殿の奥で何か神事が行なわれており、暗くてよく見えないのだけれど、同行者と二人で感銘を受け、しばらく太鼓の音に聴き入ったのだった。

この日はそうしたサウンドはまったく聞こえず、神域の静寂そのものだったけれど、

鎧山の山頂直下に広がる牧舎団地（※現在は太陽光発電所）。小さいながらも庭付き一戸建てに、ローンの心配もなく馬や山羊やウサギが暮らす平和な風景だ。うしろのアンテナ塔が山頂である。

そのときの記憶をたどりながら参拝して峠に戻り、ようやく登谷山に向かった。

林道を少し行くとすぐに、別の林道が左に入っており、これが登谷山へ直接向かうと思われたので辿ると、どうやら廃道の林道らしく舗装があるのに荒れていた。けれども右側が開けたところでは秩父の山々の眺めがよく、両神山に雪がついているのが確かめられた。

林道はアンテナ塔の立つ鎧《よろい》山の西側を巻いて、突然、牧場の脇に出た。牧場といっても山の斜面に小さな牧舎が団地になっているもので、一戸に二、三頭の山羊や小馬が飼われていて、これは珍しい風景だと思い、動物好きの同行者とともにしばらく見物した（※牧場は廃止。太陽光発電所となっている）。

それから近くの牧場売店で牛乳を飲みながら尋ねると、動物たちは冬でも平気で一戸建ての牧舎で暮らすのだそうで、元気なものだと思った。ちなみにこの売店ではバーベキューもできるらしく、牛、豚の他に山羊も食べられるようで、そうするとあの山羊もいつか食べられるわけだねと悲しい話になったけれど、現代人の食習慣がそうなっているのだから仕方がないさ、牛乳やバターやソフトクリームだけじゃ済まないものね、などと話した。また、近くにダチョウを飼育する所があると聞いたので、だったらあとで見に行こうと思ったけれど、ダチョウの肉は低カロリー、高タンパクでヘルシーとも聞いたので、ダチョウも食用なのに気付いた。

牧場からひと登りで登谷山に着いた。登谷山の山頂は東に向かって大きく開けていて、関東平野の展望台としては最高の場所だと思った。標高六〇〇メートル台の低山ではあっても、平野側に何も障害物がないから眺めはよいはずで、もう日が長くなり始めた新春の午前の太陽が朗らかに輝いて風もなく、壮大な関東平野を充分に眺めた。

登谷山を下ると林道の「ぐみの木峠」で、それを過ぎるとすぐに左へ稜線沿いの山道が分かれる。この道も依然として平野が一望で、それから雑木林に入ってコブを一つ過ぎると、天然芝の広がる皇鈴《みすず》山の山頂だった。雑木林に囲まれて展望がないと思ったら四阿《あずまや》のうしろにこっそりと西側を見晴らす場所があり、先程から何度も見て

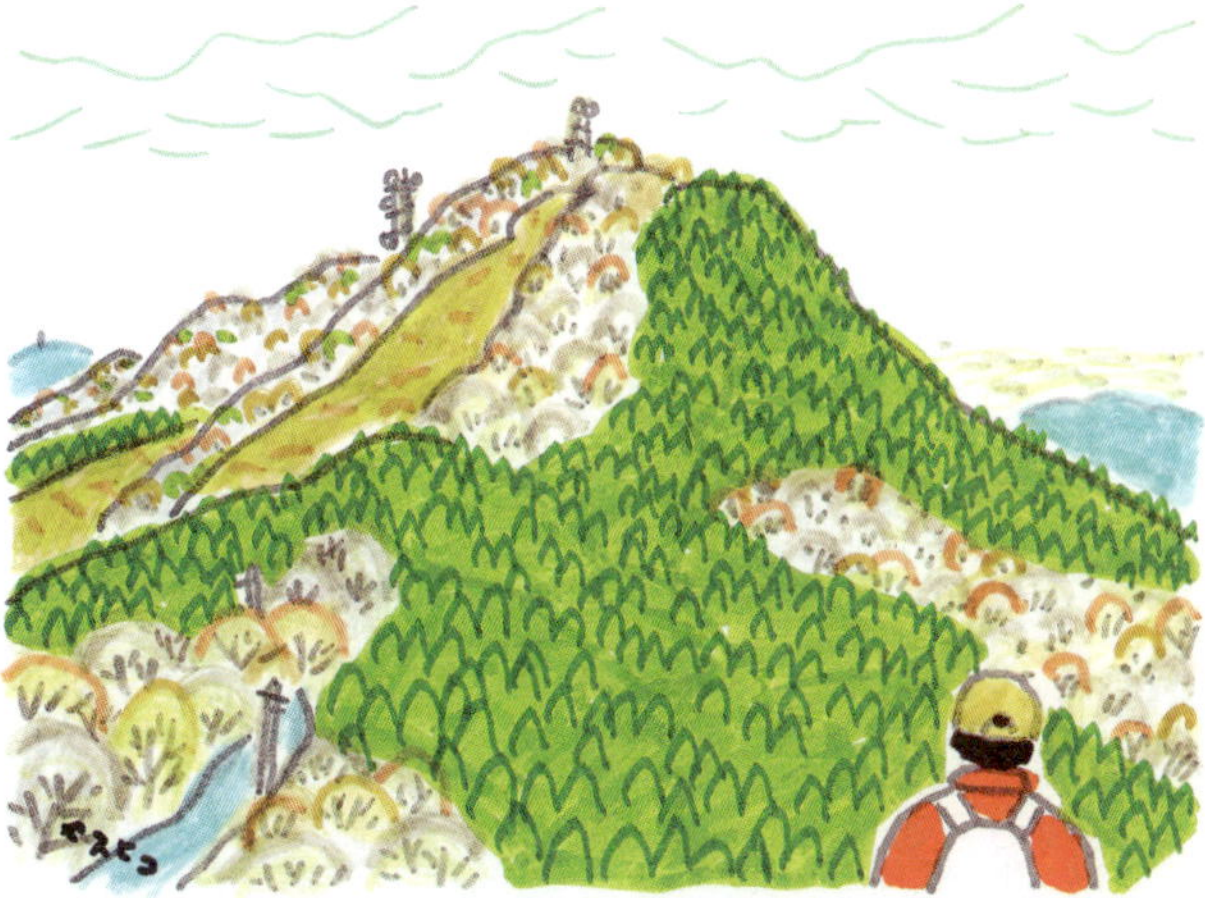

皇鈴山への登路から見た登谷山の、立派な姿。左のアンテナ塔は鐙山である。樹木がないところが放牧場だが、真冬のせいか牛はいなかった。

きたのと同じだけれど、秩父の山々が整列していた。

そのあとはのんびり静かな雑木林のプロムナードで、真冬とは思えない穏やかさを賞でているうちにまたもや林道に出て、それを横断すると、この日三つ目の山、愛宕《あたご》山の登り口だった。そして、珍しく急登かと思ったのもほんの一瞬で、あとは階段道を少し登って、三等三角点のある愛宕山の山頂に着いた。三角点と山頂の標柱と「防火線造設記念」とある昭和六年三月に槻川村（※現在は東秩父村）が建てた石碑の三点がセットになっており、あとは何もない山頂だ、と思ったが気が付くと山頂から一段下ったところに小型の天体観測ドームがあり、何もなくはなかった。この辺は近くに堂平山の観測所もあるし、天体観測の名所なのかねと話した。

愛宕山を南へ下るとまた林道に出て、それを少し行くと林道の交差点の二本木峠で、「二本木峠」の標柱や道標が束になって立っており、この峠が登谷山連峰の稜線を行く林道の要衡であることが分かった。

この日は登谷山連峰の稜線をなるべく忠実に辿って各山頂を確かめるハイキングをしようとしたわけだが、この山域は林道が四通発達していて、どう歩いても林道にぶつかる。二本木峠で折り返して釜伏峠に戻るぼくらも、ここからは林道歩きだ。それで、これはハイキングじゃなくウォーキングだね、ハイキングとウォーキングはどこが境界なのかね、といった話をしながら、時々通過するスピードオーバーの車に肝を冷や

「二本木峠」の標柱、念入りな道標、各種注意書きが束になっているのが峠のステータスに違いない二本木峠である。これなら迷う者はいないだろう。

しつつ釜伏峠へ向かった。そして登谷山の下にさしかかったときに、先刻教わったダチョウの話を思い出して行ってみると、いたいた、黒や灰色のダチョウが低カロリー高タンパクにもめげずに元気にしているので、とりあえず安心して、スタート・ゴールの釜伏峠を目指した。

（二〇〇六年一月）

●アクセス
マイカー利用。バス利用の場合、釜伏峠へは秩父鉄道皆野駅から西武観光バス（☎0494・22・1635）西武秩父行で釜伏峠口バス停下車、徒歩1時間55分。二本木峠からは東秩父村側へ下り、イーグルバス（☎0493・65・3900）小川町行の内手バス停へ徒歩50分。

●参考コースタイム
釜伏峠（釜山神社往復10分・25分）登谷山（25分）皇鈴山（45分）二本木峠（1時間）皇鈴山（25分）登谷山（20分）釜伏峠

●2万5000分ノ1地形図　皆野・安戸

●問合せ先
皆野町役場☎0494・62・1230、東秩父村役場☎0493・82・1221

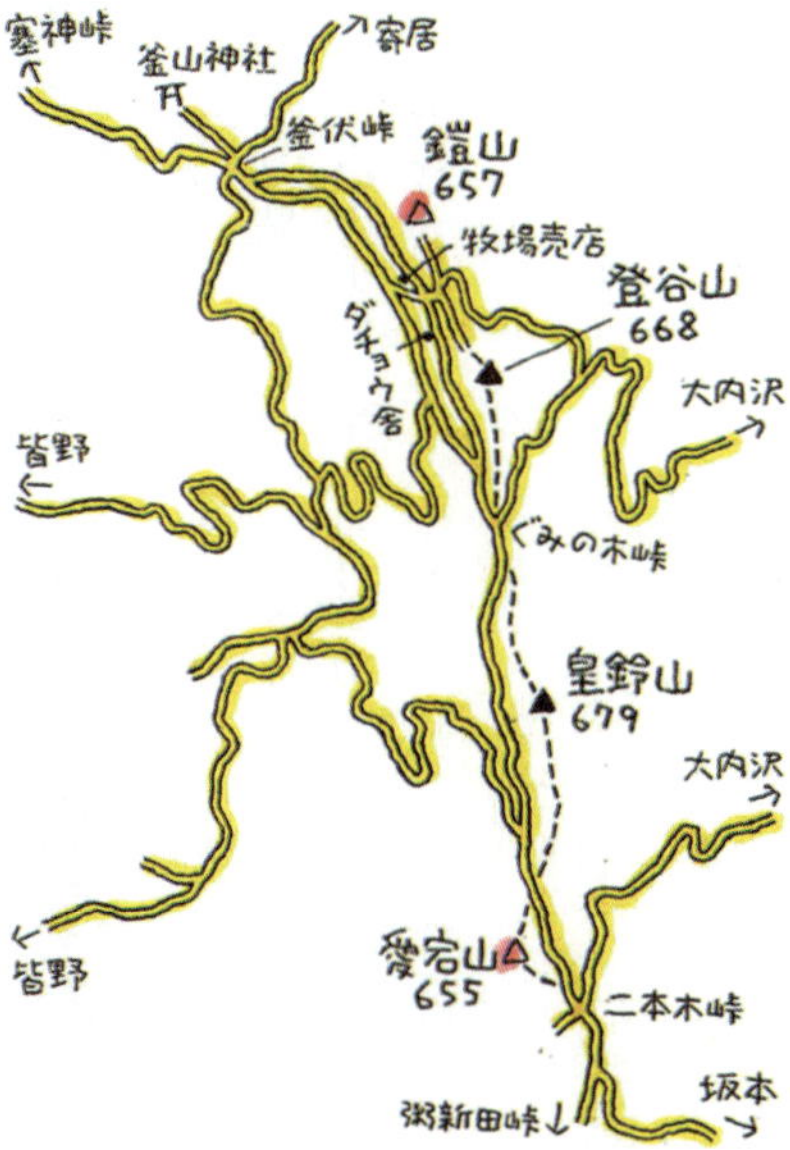

42 官ノ倉山

かんのくらやま

344m

埼玉県 小川町（外秩父）

気分はお山の大将

関東平野の外縁には、標高は低くても見晴らしがよく、昔からみんなに親しまれてきた山（実際は丘陵だが）が多い。栃木の大平山、足利の行道山、寄居の鐘撞堂《かねつきどう》山、日和田山や天覧山などがそうだが、この官ノ倉山もまさにその仲間で、春先に軽く歩いてみたいと思ったときになど、ちょうどよい低山の一つだ。

穏やかに晴れた冬の朝、東武東上線の東武竹沢駅前にぼくらはいた。日なたで猫があくびをしているような小さい駅である。

八高線の踏切と交通量の多い県道を過ぎて道なりに進むと、自然に丘陵地に近づく。右手の社は鎌倉時代の創建という三光神社で、宮ノ入というこのあたりはもう山里である。

道標に従って左に入る道はダートで、これが登山口だ。少し行くと谷戸をせき止めて造った天王池で、水面に影を映す高みが官ノ倉山なので、おはよう、と声をかけてみた。

かわいいドーム型の官ノ倉山だが、山頂は見晴らしがない。遠くの山は皇鈴山、愛宕山から粥新田峠あたりだろう。石尊山からの眺め。

池の畔を歩き、池を守るようにある祠《ほこら》を過ぎるとスギ、ヒノキの植林で、その暗い道を沢沿いに登る。道はよく踏んであり、人がたくさん入っていると分かる。道標も立派なものが頻繁にあって、人気のハイキングコースにふさわしい。

チロチロと水音がきこえ、道が折り返すようになり、ひと汗かいて稜線に出た。やはり暗い植林の中だがベンチ代わりの丸太が用意してあり、これが官ノ倉峠だ。右に行くと臼入山、直進する道は外秩父七峰縦走コースとあるが、ぼくらは左である。暗くて寒い峠は休む気がしないねと話し、すぐに出発した。

稜線上を行く道は依然として植林だけれど、アオキとか常緑樹も多い。登りが急になり、露岩が現われたなと思ったら早くも、官ノ倉山の頂上である。登山口から四五分。この速さがスーパー低山のよいところだが、小広い山頂はヒノキや常緑樹に囲まれて、見晴らしはまったくない。ベンチが寒々とあるばかりでつまらないので、ガイドブックにある「山頂を少し下ると展望がよい」ところを目ざして下った。

なるほど、少し下った南側に展望台のような休み場があり、正面に奥武蔵の名峰・笠山、天文台のある堂平山がドーンと見える。笠山はぼくの好きな低山で、何度も出かけた想い出の多い山でもあり、しばらく眺めた。

少し下って鞍部、そしてまた少し登って露岩のあるピークに出た。で、そこでびっくり。石尊山とあるこの山頂は、官ノ倉山とは対照的に明るく展けて見晴らし抜群である。それで、ものも言わずにワイドな景色に見入った。

いちめんの関東平野。足もとには小川町がかわいらしく、電車が模型のように動いている。南西方面は奥武蔵、秩父の山々が重畳とあり、ふり返れば官ノ倉山のドームがある。露岩の上に石の祠が二つあり、冬の日ざしに温まっていた。

恒例の野点《のだて》をすべくコンロに火をつけていると、初老のカップル、中年女性のグループと次々にハイカーがやって来て、同じように見晴らしに歓声をあげるのがおもしろい。このコースが大勢の人に親しまれているのを実感した。

官ノ倉山の山頂直下から望む、笠山（右）と堂平山（左）。尖った笠山とドーム状の堂平山。この対照がおもしろい。

石尊山を西に向かって下ると、鎖場もある急下りをへて再び暗い植林に入り、沢沿いの道がいつか林道になり、工事用の鉄橋をくぐった先で北向不動と不動の滝に出合った。斜面を六〇段ほど上ると北向不動の祠と三十六童子の碑があり、道の脇に不動の滝と滝不動がある。

沢の水量は少ないが、木樋を伝わる水が落下してはじけ、冷たい音が響く。滝水に打たれる行者がいれば絵になるのだが、と思った。

植林を出ると急に明るく、舗装の車道に合流するとすぐに集落に入った。ここから市街地までの里道は、奥武蔵

らしい農地、雑木林、民家などを巡るもので、これがコース後半の味わいどころだ。

　親切な道標に従って行くと、小川に架かる橋を渡って小さな丘を越える。その切通しは村境で、馬頭観世音があった。その先に長福寺。養老元年（七一七年）行基の開山という古刹で、本堂の屋根の鬼瓦を見るようにとある。なるほど立派な鬼の顔が棟の両端を飾っていた。

奥武蔵の里道で見かけたものいろいろ。①こんな道標が要所要所にあるので、迷わずに歩ける。②立派な長屋門の脇にはつるべ井戸。気分は時代劇。④小川町の造り酒屋とそこの蔵。赤レンガの煙突がクラシックで美しく、目じるしでもある。小川町は土蔵や石蔵が多いようだ。⑤道沿いに多い桑の木。梅も多い。③⑥このような馬頭尊や道祖神、お地蔵さんなどが次々と現われる。

この辺の道の両側には桑や梅の木が多い。もうすぐ芳しい香りが漂うことだろう。立派な長屋門があり、脇にはつるべ井戸。なにかなつかしい気分になってしまうのである。

八幡神社を過ぎ、大梅寺に寄り道してから市街地に出るとレンガ造りの煙突が目立ち、これが造り酒屋で、ちょっと荷物になるが小川町の地酒を一本、みやげに求めた。この酒屋さんは屋敷の中に湧水があり、その「玉の井戸」の水が仕込水になっているとのこと。官ノ倉山の方から来た水が酒になるのかと思い、ほのぼのとした気分になり、終着点の小川町駅に向かった。

（一九九五年二月）

●アクセス
武東上線東武竹沢駅下車。帰路は東武東上線・JR八高線小川町駅で乗車。

●参考コースタイム
東武竹沢駅（30分）三光神社（40分）官ノ倉山（25分）北向不動（35分）長福寺（45分）小川町駅

●2万5000分ノ1地形図
安戸・武蔵小川

●問合せ先
小川町役場☎0493・72・1221、東秩父村役場☎0493・82・1221

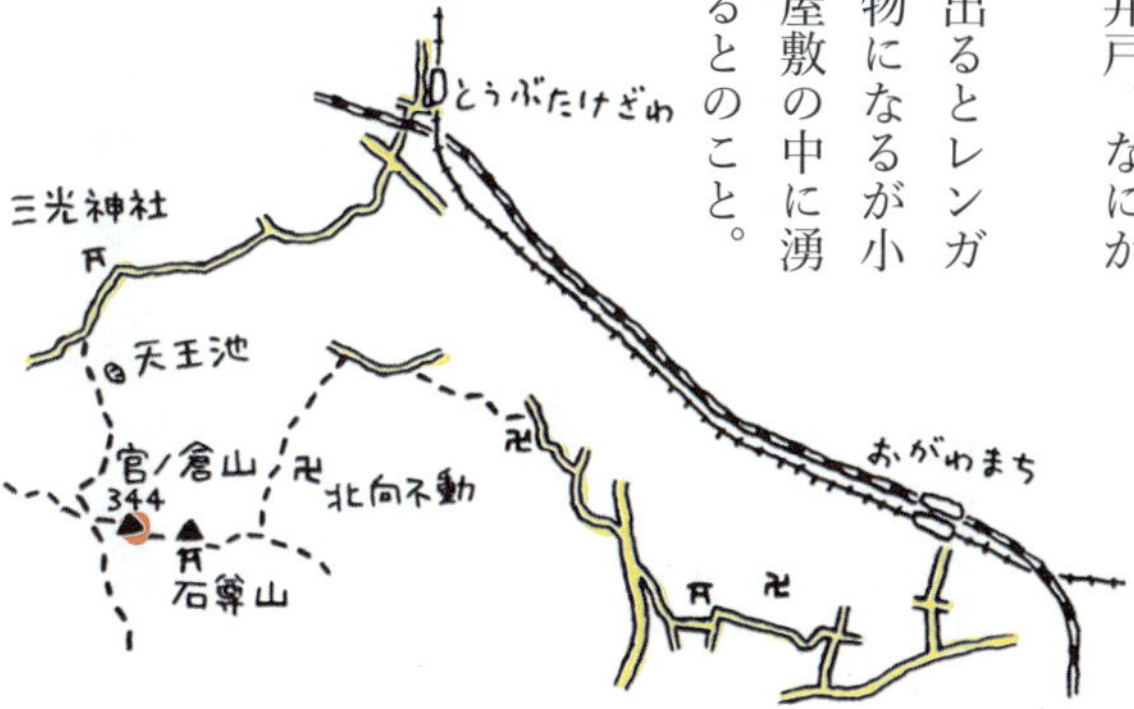

㊸破風山　はっぷさん　626・5m　埼玉県　皆野（北秩父）

秩父札所巡礼の道

低山歩きでは観世音菩薩と地蔵菩薩、すなわち観音さまと地蔵さまに、よく出会う。どちらも昔から庶民の心を救済する係をされてきたので、里山を歩けば当然お目にかかることが多いのだ。とりわけ地蔵さまはもっぱら道端にいらっしゃるので、頻繁にお目にかかる。野の仏といえば、まず地蔵さまである。集落の入口で、よそから疫病や悪い奴が入らないようにガードをされているのだと聞いたことがある。

観音さまの方は、高崎や大船のような巨大像のほかは建物の中においでになり、これを巡拝する札所めぐりが昔から盛んに行なわれてきた。ハイカーとしても西国三十三ヶ所、坂東三十三ヶ所、秩父三十四ヶ所といった観音霊場巡りの巡礼道とハイキングコースが重なることが多いので、巡拝を身近に感じ、ときには自分も巡礼になったように思うのではないか。

ところでその西国、坂東、秩父の札所を合わせた日本百観音霊場の結願《けちがん》寺が秩父札所第三十四番日沢山水潜寺で、この日、外秩父の破風山を目指すぼくらは、その水潜

昔から大勢の巡礼が越えて行ったにちがいない札立峠。歴史のある峠はどこも味わいがあるが、この峠はとくにそれを強く感じる。かなり前にぼくは、ここで鈴を鳴らして行く巡礼に会い、印象深く見たのを覚えている。この日は巡礼に会わなかったが、記憶の中の巡礼を描いてみた。

寺の清々しい朝の境内にいる。結願寺とは長い札所巡礼の旅を終えたことを感謝し、奥の院の清浄長命水の湧出する「水くぐりの岩屋」（水潜寺の名はこれに由来）で再生儀礼の胎内くぐりをして長命水をいただき、打留めの札と笈《おい》摺《ずり》（巡礼の着る半てん。昔は笈を背負ったのでこの名がある）を納め、心身ともに清浄になって俗世に戻る、その最終の寺のことで、つまり昔から大勢の巡礼がここを目指して来たわけで、この日初めて訪れた同行者は、改めて長い歴史を感じさせる境内を見回し、それから、今日のハイキングの安全と平穏な日常をお願いした。そして、せっかく来たのだから、ぜひ「水くぐりの岩屋」を体験したいといい、ザックを外し杖をおいて洞内へ入っていった。しばらくして出てきた感想をきくと、シャツが少し漏れたけれど心が清められたみたいというので、その気分を大切にとはげまして、札立峠《ふだたて》へと向かった。ちなみにぼくは以前一度入ったことがあるし、近頃は閉所恐怖の気味もあるので、今回はやめた。

峠まではスギ、ヒノキの植林を沢に沿って行く。右岸左岸と何度も木橋を渡り、やがて水が涸れると沢を離れ、倒木を避けて行くとあたりが明るくなって、峠に出た。札立峠という、いかにも巡礼道らしい名の峠は、その昔、ひどい旱魃《かんばつ》の時に、ある旅の僧が「雨を祈らば観音を信ぜよ」という「澍甘露法雨《じゅかんろほうう》」の札を立てたのに由来すると案内にある。それで雨は降ったのかしら、と同行者が心配するので、降ったから言い伝えが残ったんじゃないのと、適当な返事をした。それから、ずっと以前この峠で本当に巡礼に出会って、それはぼくが初めて見た巡礼だったので、巡礼って本当にいるんだと思ったのを思い出した。その後、関西や四国で多くの巡礼に出会ったが、札立峠の巡礼の印象がいまも強く残っている。

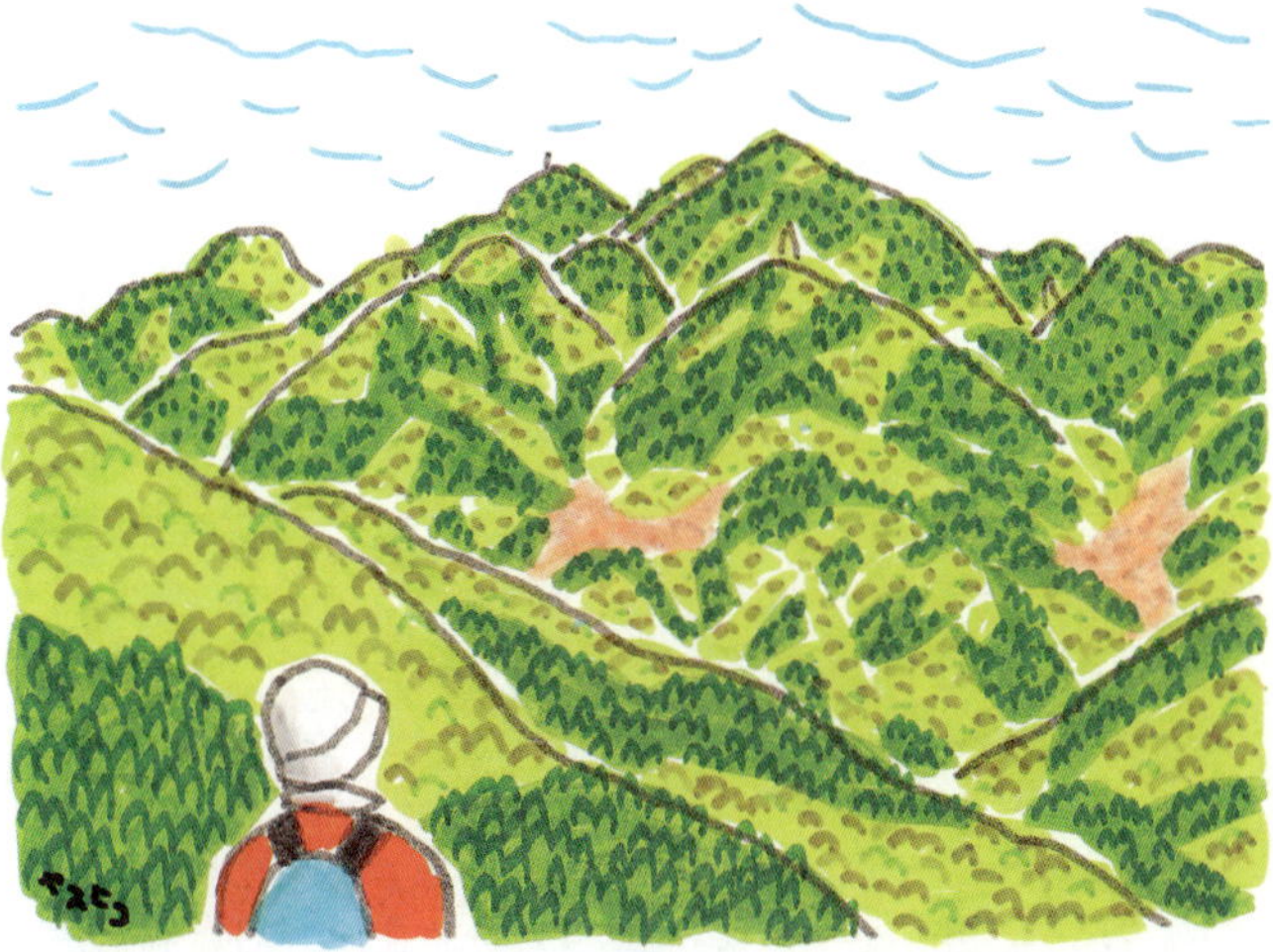

破風山から間近に見えるのは、この城峰山だ。城峰山は登っても楽しいが、このように姿もよく、ぼくの「百低山」にも入っている。ツノが生えているのが、城峰山である。

峠からは、新緑の稜線を気分よく辿った。振り返ると城峰山《じょうみね》が、意外に近い。それから、斜面に点在する山村が、どれも桃源郷のように見えるのはなぜだろうと思う。そんなわけはないのに。

アセビの多い雑木林の急登が少しあって、破風山の山頂に着いた。展望で知られた山頂だが、南側一八〇度の秩父の眺めは、やはりすばらしい。また、ここから見る秩父盆地は格別のもので、秩父という地域は、関東のほかの場所にはない、特別のものがある、といったようなことをしばらく話した。

秩父だけ坂東とは別に三十四観音の札所があるしね。関東の熊野かしら。そうかもしれないね、などと勝手な結論を出し、コーヒーの野点をして、すっかり長居をした。

下山は、予定通り風戸《ふっと》に向かった。大きい休憩舎の前で椋宮《くれみや》橋への道と分かれ、雑木林を下ったところで猿岩にぶつかった。この岩が猿に似ているかどうかはむずかしい問題だが、自然にそう決まったのならそれでいいじゃないの、という同行者の意見に賛成して、さらに下った。

雑木林から暗い植林に入り、小滝の先で山里へ出て、こういうところはいいねと話していたら、突然道路脇に粗大ゴミがぶちまけてあり、唖然とした。それから車道を下って行くと「風戸の鏡肌」とある一枚石に出合った。「断層で岩石がずれるときに摩擦でできる光沢のある面のこと」と説明があったが、説明図と目の前の岩との照合がはっきりしない

これが「猿岩」。猿に見える、見えない、こっち側からだと見える、いや向こう側じゃないかと岩の下をうろうろしてしまった。反省。

ので理解できなかった。

車道からいったん山道に入り、また車道に出たところに「秩父温泉」の温泉販売所があり、車で温泉を買いに来た人たちが行列していた。先日も別の所で温泉汲みの混雑に出会ったが、これは全国的な流行なのだろうか。ぼくらは温泉を汲むのでなく浸りたいので、少し離れた入浴施設の方へ向かい、単純硫黄冷鉱泉とある湯で半身浴をし、そのあとまだ日が高かったので、少し上流の秩父華厳の滝を見物して、帰途についた。

（二〇〇五年五月）

●アクセス
秩父鉄道皆野駅から皆野町営バス20分、札所前下車。帰路は同路線の秩父温泉前から18分で皆野駅へ。

●参考コースタイム
札所前バス停（45分）札立峠（30分）破風山（15分）猿岩（1時間）秩父温泉前バス停

●2万5000分ノ1地形図
皆野

●問合せ先
皆野町役場☎0494・62・1230

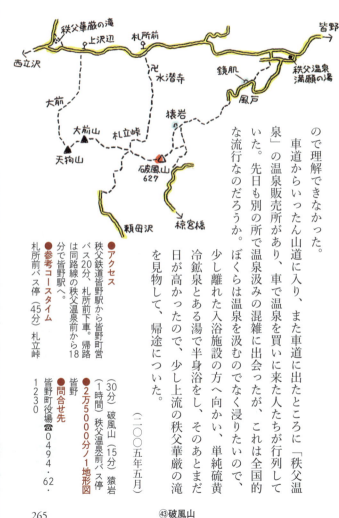

㊹ 簑山 みのやま 586・9m（最高地点）— 埼玉県 皆野（秩父）

花の美の山

毎年桜の時季には、花見ハイキングに一度は出かける。桜の花が特別に好きなわけではなく、また自宅の周辺には桜並木が多いので、わざわざ遠くへ花見に行かなくてもよいのだが、花見という季節の行事をハイキングにからめてするのが何ともいえず好ましいものだから、恒例になっている。それで、桜の時季を迎えてどうしようかと考えていたところへ、友人のAから花見ハイキングに誘われたので、さっそく一緒に出かけることにした。

目ざす場所は、Aの提案で秩父の簑山（※「簑」は地形図に従った）ときまった。簑山は秩父への出入りでしばしば近くを通るから知っていたが、山頂まで車道が通じてピクニックに行くようなところだと思っていた。けれどもAによればハイキングコースも立派にあるという。山頂附近は桜の名所でこれは有名である。それに山麓には日本史に出てくる「和同開珎《わどうかいちん》」の遺跡もあるというわけで、穏やかな春のある日、低山ながら見どころの多い簑山へと向かった。

このあたりでは珍しい、優しい形の独立峰、簑山である。「美の山」は別名で、山頂付近の園地は「県立美の山公園」となっている。荒川の対岸から描いた。

国道から登山口（黒谷側）へ入る道は和銅遺跡の看板が目印ときいたので、その看板の角から地方道に入ると、すぐに「和銅遺跡→」の道標があったが、その道は廃道で、これはヘンだねとさらに行くと「和銅露天掘跡→」とあって今度はしっかりした道で、道標に導かれて巨大な貨幣型の記念碑のある遺跡現場に着いた。ここで一二〇〇年も昔に銅鉱が見つかったのかねと話して辺りを見回したが、もちろんいまはそれらしい様子はないので、そこらの石を拾って頻りに眺めているAを促して登山口へ向かった。

道標が念入りなので山村の外れにあ

る登山口はすぐに見つかり、雑木に囲まれた山道を辿った。いきなり岩石の多い急登で、簑山の優しい姿からして意外だねと話し、あとは明るい雑木林の道を黙々と登った。少し登ると早くも後方に両神山や秩父の山々が見えてきて、思わず足が止まった。モミの木がまとまって自生しており、これも意外だった。

　雑木林と植林の間を折り返して登ると突然、園地らしい所に出て、目ざす桜も現われたけれど、これがまだ咲き始めである。寄居辺りでも七分ぐらいは咲いていたのにね、美の山公園のホームページで確認して来ればよかったな、ともかく山頂まで行ってみよう、ということで一分咲き程度の花の下を足早に過ぎて山頂園地に着いてみると、ここはさらに花見には早すぎる状況で、同じようにして来た人が数組、所在なく歩いている程度だ。考えてみれば、寒冷な秩父で低山とはいえ山の上なのだから、桜の開花も相当に遅れるはずで、まったく粗忽だったなあと笑った。それで、桜はともかく見晴らしをと展望台に登ってみると、こちらは実に

簑山山頂展望台に立って、まず目に映るのがこの両神山と二子山だ。春霞の向こうに両雄並び立つの図。

すばらしく、武甲山から奥秩父の山々、抜群に目立つ両神山、奇峰・二子山、近くに城峰山、その向こうの西上州の山々と、春霞の向こうにパノラマが広がっていた。

簑山山頂の展望台から東側を眺めると、西側の両神山などの秩父の山々とは対照的に、優しく親しい低山が連なって見える。この山は登谷山で、稜線付近の草地は登谷牧場だ。

展望台の近くに美の山公園の施設があるので公園案内所に行ってみると、簑山（美の山）には桜のほかにもツツジ、アジサイ、ユリなどの園地があって、春から夏にかけて各種の花々が美しいので、また来てくださいといわれた。ツツジやアジサイはともかく、花見ハイキングは出直すことにしようと話し、それから広い山頂を一周したが、そこで目立ったのが鉢巻きをした和服姿の男性の銅像だった。この銅像は「金子《かねこ》伊《い》昔《せっ》紅《こう》」さんという地元の秩父音頭の普及に尽くされた方と説明があったが、鉢巻き姿の銅像は珍しいと思った。そして、銅像というと昔は軍人、いまでは地方の顔役や政治家が多い中で、これは実にさわやかな銅像だねと話し、しばらく眺めた。また南端にも見晴らし台があって、そこからは秩父市街が市街地図を見るようによく見えた。Aは、秩父市は大都会だなあといいながら、持参の双眼鏡で眺めていた。

下山は皆野側か親鼻側かどちらにするかを相談して、蓑山神社のある皆野側を選んだ。蓑山神社は、簑山の名の起こりである蓑懸松《みのかけまつ》に由縁の古社と案内所できいたばかりである。山頂から北に向かって下ると、右手に鳥居と社殿があり、これは榛名神社であった。上州榛名の大神が祀られており、雨と風の守護神とある。その社前から分かれて下る道が蓑山神社を経て皆野へ至る道なので、それを下った。この道も優しい簑山の姿にふさわしからぬ急下りで、雑木林の中を時どき滑りながら下った。正面に城峰山がみえかくれする道だった。

元明女帝の慶雲5（708）年、現在の秩父市黒谷地内、祝山で地上に露出している自然銅を発見、郡司が朝廷に献上した。朝廷はこれをよろこび、年号を「和銅」とし、恩赦や貧民救済、税金の免除などがあったという。そして和同開珎を鋳造した。日本最古の通貨とされていたのだが、1999年に日本最古の貨幣は富本銭ということが分かり、和同開珎は最古ではなくなった。

しばらく下ると神域らしいスギの巨木が目立つようになり、蓑山神社の境内に入った。神社の社殿は意外に新しいと感じたが、境内には厳粛な雰囲気が漂っており、二人とも襟を正して参拝した。なお神社の名称については由緒書きが二つあり、一つには蓑山神社、もう一つには蓑神社とあった。

神社の長い石段を下り、鳥居の先で左折して林道を辿り、別荘地、住宅地と通り抜けて国道に出た。それからAが持参の「秩父蕎麦食べ歩き地図」を頼りにそのうちの一店に至り、結構なせいろを二枚ずつ頂き、気分よく帰途についた。

（二〇〇三年三月）

●アクセス
秩父鉄道和銅黒谷駅下車。帰路は秩父鉄道皆野駅乗車。

●参考コースタイム
和銅黒谷駅（30分）和銅遺跡（1時間）簑山（20分）蓑山神社（50分）皆野駅

●2万5000分ノ1地形図　皆野・安戸

●問合せ先
秩父市役所☎0494・22・2211、皆野町役場☎0494・62・1230

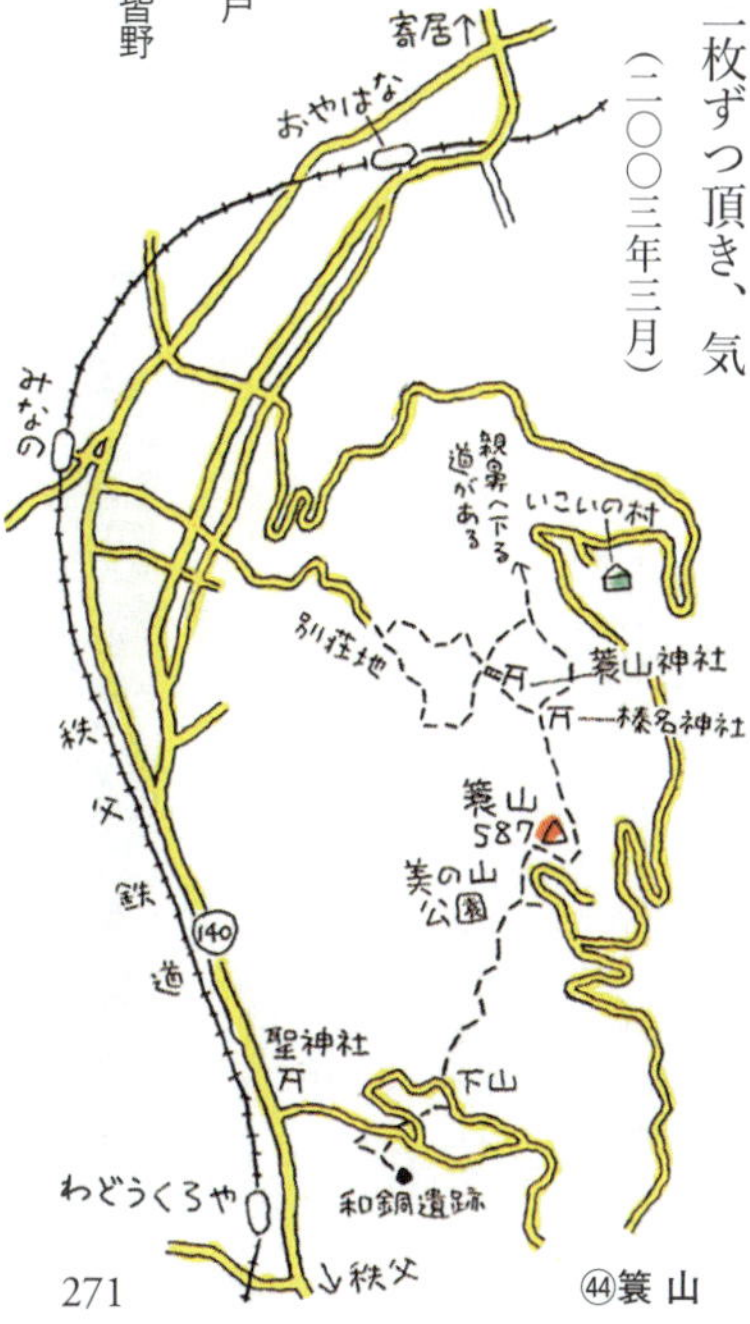

㊺ 観音山 かんのんやま 698・2m ― 埼玉県 小鹿野（奥秩父）

石仏ランドはいかが

隠れた名低山があるから行きましょう――と言われるまで、ぼくはこの山を知らなかった。途中に磨崖仏や隠れ洞窟があって、山頂の展望がすばらしくて、きっと名低山ですよと教えてくれたのは知り合いのハイカーで、週末は必ずどこかを歩いているという元気な中年女性である。

たまたま締切りと重なったのだが、名低山といわれては引き下がるわけにはいかず、しかも観音山という山名さえ知らなかったので、もちろん行きますともと即時に応え、もうひとりの元気な女性と三人で、梅の咲き始めた秩父路を西に向かった。

直線距離では近いのに、東京から秩父は案外遠い。皆野、吉田を経て小鹿野の先、バス停・栗尾のそばに車を置いて、岩殿沢沿いの車道を山に向かった。

好ましい民家の多い岩殿沢集落にさしかかると、正面に露岩の目立つ山が現われたので、これが観音山かと一同感心しながら眺め、標高のわりに立派だ、姿がりりしいなどと賞賛の声が上がったのだけれど、あとでこれは観音山の南峰ともいうべき大石山と知った（このアプローチからは観音山の姿は見えない）。
しばらく行くと突然、左右の山の斜面が一面のピンク色になり、続いてよく見るとこれが無数のお地蔵さんである。稚児車が一斉に回って実に不思議な光景だ。その地蔵寺のトンネルを抜け、温泉の給泉スタンドの先に、秩父札所三十一番・観音院の山門があり、これが登山口である。

岩殿沢から見上げる姿のよい観音山、と思ったのはまちがいで、これは大石山だった。観音山はこの向こう側にあるけれども結局、観音山の全身を見ることができなかったので、代わりに大石山に登場してもらうことにした。あしからず。

岩の間を登る参道の脇には、丁石や石仏と並んで句碑が多い。いちいち読みたいのだがそうもしていられず、石段道をせっせと登って観音堂に着いた。この境内は礫岩の岩壁に囲まれており、本堂の裏には三〇メートルほどの聖浄の滝（水は涸れていた）、左手の岩肌には「南無阿弥陀仏」の文字、岩のくぼみには小さな仏像がある。ここの磨崖仏はこうした小さな仏像群らしく（十万八千仏とある）、推定・室町時代の作というので一同すっかり感心して暫したたずんでしまったが、やがて気をとり直して山頂に向かった。

鐘楼の前の崖を、道標に従っていきなり登り、滝の上石仏群を拝観してから胎内くぐりコースに入った。うねうね続く洞窟は思ったより狭く、同行者は二人とも同じところでザックを岩に引っかけて、尻もちをついた。

胎内くぐりが終り、鎖場を下りて山頂への道に出ても、道脇に露岩が多い。弘法の水の先に、娘岩と書かれたちょっとエッチな岩があって、同行の二人はキャーッと叫んで通過。天笠岩石仏群、兜岩石仏群と拝観した。兜岩の方は水蝕洞がみごとなドームになっていた。見晴らしのよい四阿《あずまや》のところで巡路

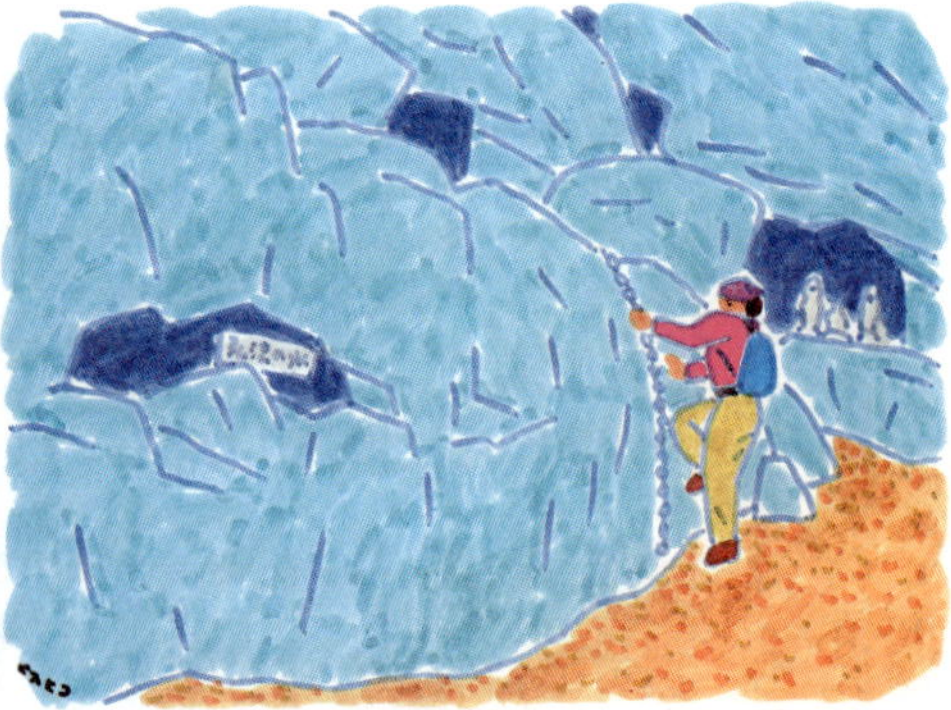

胎内くぐりが終り、鎖鳴を下りると登山道で、岩壁に「弘法の水」がある。岩穴から湧き出る水を飲んでみたかったが、渇水期のせいか水が涸れていた。残念。

は終りだが、ありがたくもまた楽しい参詣路であった。

四阿でひと休みしてから、雑木林の中を登った。裸の林を吹き抜ける風はまだ冷たいが、木々の枝先のふくらみが山の春を告げている。スギの植林に入ると分岐で、左・牛首峠とあるが右へ、山頂を目ざした。

登山口に当る、鷲窟山観音院の山門。折りしも入山しようとする巡礼者ひとり。登山用のザックを背負っているのに感心してしまった。当山は秩父三十一番札所にして日本百番観音の一つ。山門内の仁王像は全国的にも珍しい石造り（4メートル）である。

木段の急登をひと登りして稜線に出ると、御荷鉾《みかぼ》山あたりの眺めが開けた。左へ急登すること少々で、意外にあっけなく山頂である。二等三角点の山頂は東西に長く、雑木が眺望のじゃまになるが、西の外れの露岩の上が好展望台で、この山域の親分の両神山、アイドルの二子山、白石山などが一望ですばらしく、この眺めを楽しみながらランチタイムときめた。

食後のコーヒーのカップを片手に、切

観音山の山頂から西を望むと、屏風を立てたように両神山が大きく、奇峰・白石山（右）が間近に、またこのフレームから外れるがさらに右手に二子山も見える。

れ落ちている足元を覗いてみた同行者が顔色を変えて、ここは凄い絶壁の上なんですねという。たしかに山頂の西側は大きく切れ落ちているので、眺めはよいが注意が肝要だ。

痛快な眺めの山頂を楽しんで、みんなが好印象を抱いて、下山のときがきた。分岐まで下り、そこを直進。大石山を右に見送って東へ向かう稜線を辿った。南側は植林、北側が雑木林のパターンが続くが、植林は伐採跡や幼杉が多いので見通しがよく、のどかな気分で無駄話をしながら下った。正面に城峰山、右手に遠く武甲山が見える。

モミの木が数株あるところで道は稜線を外れて暗い植林へ、と思ったらすぐ車道に出て、そこが落葉松峠だった。千鹿谷温泉（※閉館）の朽ちた看板があり、一浴したいところだが、この日はその余裕がない。

峠から国道までは退屈な車道歩きだけれど、同行者二人の話に笑っているうちに着いてしまった。その途中にある立派な山門は萬松山光源院という寺院のものだ。光源院所蔵の町指定文化財「武田の高札」という古文書は、昔、武田軍が当寺を陣営に借りた際、兵士の乱妨狼藉を禁じて武田軍の重臣・山県三郎兵衛が掲げたもの——と門前の案内にある。ちょうどこのとき、ぼくは池波正太郎の武田忍びもの（山県も登場する）を読んでいたので、案内を見てすっかり感じ入ってしまったのだが、同行者は何のことかよく分からないようだった。

（一九九六年四月）

●アクセス
西武秩父線西武秩父駅から西武観光バス（☎0494・22・1635）栗尾行（小鹿野乗継ぎの便もある）50分、栗尾下車。帰路は同路線の滝原団地前バス停で乗車。

●参考コースタイム
栗尾バス停（50分）観音院山門（50分）牛首峠分岐（25分）観音山（40分）落葉松峠（40分）滝原団地前バス停

●2万5000分ノ1地形図
長又

●問合せ先
小鹿野町役場☎0494・75・1221

㊻四阿屋山　あずまやさん　７７１・５ｍ　埼玉県　小鹿野（奥秩父）

消えた先導たち

春とはいっても、冬枯れたままの雑木林を通り抜けていく風は相当に冷たく、思わずフリースのえりを立てた。

山頂を目ざすいくつかのコースのうち、終始尾根を辿るこの道が眺めも気分もよさそうに思えたのだが、風当りは強い。日ざしを受けている間はいいのだが、日が翳ると急に風が冷たい。

東西にのびる尾根道は、ときには北斜面に回り込むが、そんなところには数日前に降った春の雪が、まだ消えずに残っている。登るにしたがってスギ、ヒノキの植林が多くなる。暗い植林は当然寒く、おもしろくもおかしくもないので、自然足早になる。

しばらくして大きめのコブの上に出たところ、右手に遠くふたつひと組の特徴的な尖峰が見えた。二子山である。立ち止って、裸木のクヌギやカエデの間に、そのチャーミングな山容を見た。初めてこの山を見る同行者は、フタゴヤマ、フタゴヤマと口の中で唱えながら眺めていた。

薄川奥の山麓から仰ぐ四阿屋山。尖った峰が山頂で、したがって山頂はせまい。このまま右（西）へ稜線をどこまでも辿れば、両神山に達する(道は通じていないが)。

この日、ぼくらは、四阿屋山ハイキングにやってきた。四阿屋山は、秩父の名山・両神山から派生する支尾根のひとつが東に延びた、その末端にある小さな尖峰で、わずか七七一・五メートルの標高ではあるが、古来信仰の山として知られ、山頂直下には両神神社の奥社がある。山麓にはその里宮と、隣り合って室町時代創建の古刹・法養寺薬師堂があり、そこがこの日のスタート地点だった。

　両神神社脇の車道から右の園地へ入ると四阿があり、そこが尾根の末端で、それから尾根通しでここまで来た。

大きめのコブを過ぎて少し下り、また緩く登っていくと、残雪が相当にあり、そこにキツネと思われる足跡を発見した。よく見ると二頭分で、片方は比較的まっすぐ歩き、他の方は木の株などにしばしば寄り道しているのが分かる。そして両方とも、ぼくらの行く方へ先回りするようにずっと続いている。いったいどこまで行くつもりだろうと、それからは足跡を確かめながら歩いた。

送電線の鉄塔を過ぎ、柏沢への道を見送って、さらに急な稜線をせっせと登り、山居への道を右に分けてなお急登を続けても、足跡はなくならない。

もしかすると、ぼくらのすぐ前を歩いていて、少し先の木かげでこちらをじっと見つめ、自分たちをつけてくる怪しい人間と思っていたりするのじゃないかと話し、前方を窺ったが、キツネの姿は見えない。

登山口にある法養寺薬師堂は、室町時代の建築で埼玉県・文化財。味わいのある三間正面堂だ。薬師さんは日本三体薬師のひとつである。その脇にこのような石造りの七重の塔があり、これがまことに姿よく、好ましい。由緒あるものに違いないが、くわしいことは分からない。

四阿屋山の山頂から北方の眺め。左端が二子山。まん中の岩峰は白石山。このあたりは奇峰、岩峰が多いのである。

スギの巨木が目立つようになり、両神神社奥社に着いた。そこで参拝して、気付くと、神社の正面まであった足跡が、その先で消えている。

もっとも、社殿の周囲には雪がないので足跡が付かない。そこで神社の前後の雪面を調べたけれど、見当たらない。もしかすると神様が遣わしたキツネかもしれないぜ。いやキツネは稲荷で、両神神社は確かオオカミのはずだ、などと勝手なことをいって、ともかくここで足跡と分かれた。

神社の先で、直登する道は通行止めになり、左へ巻く道ができている。それに従うと、新しく手入れした道にクサリまで付いており、それが山頂の肩の分岐まで続いている。そして、分岐からはひと息で、アセビや雑木に囲まれた山頂に出た。

四阿屋山の山頂は、山麓から尖峰とみえた通り

この迫力ある山容は、もちろん両神山。どこから見ても目立つ山だけれど、四阿屋山は両神山の弟子みたいなものだから、ここからの眺めは一段と味わいが深い。

に、やせてせまい。数人並んで記念写真を撮るときは、端の人は転落しないように注意が要るだろう。

けれども景色はすばらしく、なんといっても西方の、両神山が凄い。両神山は神様が造った山の見本のようだ。二子山も先ほどよりしっかり見える。反対側には武甲山が、いつもながらの採掘の跡を痛々しく見せている。

かぐわしいコーヒーをいただきながら、秩父山地の展望をたっぷり楽しんで、下山した。

奥社前までは同じ道を戻り、そこから正面の参道を下ってみた。丸太の階段道を下りきると園地になり、右に回ると展望舎と書いた四阿がある。男坂、女坂とあるうちの男坂を下ると茶店（閉戸していた）があり、その下に移築ものらしい古民家の休憩舎（これも閉戸）と弘法の井戸（期待していたが、コンクリートの水槽風で失望）があり、その先は舗装の車道で、駐車場を過ぎて右に入るとやっと山道になるが、それも少しで園地に出てしまい、すぐに出発点の両神神社里宮に着いた。

すなわち、ぼくらが登ったコース（鳥居山コース）は好ましいのだが、下山した四阿屋山の東側（薬師堂コース）は全面的に開発されて園地になっており、草花などが植付けてはあるが、ハイキングには向かない。最近は低山でこんな例によく出合い、そのつど低山の命運について考えてしまうのである。（一九九五年四月）

●アクセス
西武秩父線西武秩父駅から小鹿野町営バス（☎0494・75・5060）薬師の湯行48分、薬師堂下車。

●参考コースタイム
薬師堂バス停（鳥居山コース1時間30分）両神神社奥社（25分）四阿屋山（20分）両神神社奥社（薬師堂コース1時間10分）薬師堂バス停

●2万5000分ノ1地形図
三峰・長又

●問合せ先
小鹿野町役場☎0494・75・1221

㊼ 越上山　おがみやま

566・3m ─ 埼玉県　越生・飯能（奥武蔵）

武蔵国の幽玄山谷

奥武蔵といわれる山域に、ぼくはほかの山域と違う何か特別な親しさを感じている。それは標高の低い典型的な低山のせいもあるけれど、また、武蔵国《むさしのくに》の住人にとってのの文字通り郷土の〈奥〉に当るわけで、そこに特別なつながりを感じているのだと思う。

ここで歩く標高五〇〇メートル前後の稜線もいまは車道が通じているけれど、里と里を結ぶ昔からの峠がいくつもあり、山頂や谷間には里人の信仰心を示すものが残っているし、山岳修験の跡もある。山村の暮らしを遠くから見ることもできる——といったわけで、それらを確かめたりしながら、余り時間なんか気にしないでのんびり歩こうと、友人を誘って早朝の奥武蔵、黒山の里へとやってきた。

熊野神社の脇の駐車場に車を置かせてもらい、沢の対岸の趣のある寺は全洞院とあるねなどと話しながら歩き始めた。この神社も寺もあとで出会う物事と縁があるとは、このときは気付いていない。黒山は三滝で知られた観光地だから休日は混むだろうね、そう黒山の人だかり、などと相変わらず出がらし駄じゃれでリラックスを促進しなが

ほとんど同じぐらいの標高の山が重なる奥武蔵の稜線だが、中央の越上山には特別な風格を感じる。左の高みが展望台で、その右の鞍部が顔振峠。峠の向う側には駘蕩たる雰囲気の山上集落・風影がある。

ら、一本杉峠目ざして林道を辿った。

集落の外れで「渋沢平九郎自刃の地」の碑に出会った。彰義隊に参加して上野戦争で敗れ、飯能の戦いにも敗れて顔振《かあぶり》峠を越え、この地でも西軍に囲まれてもはやこれまでと命を絶った弱冠二十二歳の幕軍勇士・渋沢平九郎(明治の大実業家・渋沢栄一の義弟)を弔うもの、とはあとで峠の茶屋できいた。先の全洞院はその墓所なのだった。

一本杉峠に着くと、突然南側の展望が開けた。昔の里人もこうして峠の向こうに想いを致したのかね、などとこの日は妙に懐古的である。峠からようやく山道に入り、車道と並行しながらも奥武蔵らしい稜線散歩である。スギ、ヒノキが多いが、ときには芽ぶき始めた雑木林を抜けて、駘蕩とした気分を味わった。

左に踏み跡を見つけ、たぶんこれだと岩石道をひと登りしたら越上山の山頂に出た。越上山は拝み山に由来すると案内にある通り、祠《ほこら》があり、三等三角点があった。里人が雨乞いなどの信仰のためにしばしば登拝したとある。山頂に至る手前の露岩から南側の展望がよく、春霞の向うに大岳山の独特の姿が目立った。

稜線道に戻るとすぐに、小高いところに質素な神社があり、この山域の人との関わりの深さを感じながら行くと、明るく開けた場所に出て、こんどは立派な社殿の諏訪神社で、ますますその感を深くした。蛇、女の人、鹿の頭の三種類の絵馬が多数奉納されていて、その絵が簡素だけれどおもしろいので、二人して観賞した。友人はグラフィックデザイン家だがイラストも描く。彼によると最近の絵馬は絵が新しくて味わいがないそうで、しかしこの絵はいーねーとしきりに感心していた。

車道に出て少し行くと顔振峠だ。この峠の名の由来は、友人は義経と弁慶主従が余り景色がいいので振り返りながら越えたという説、ぼくは日本武尊がそうしたという説だったところ、峠の碑で義経弁慶が正解と分かり、この日の夕食はぼくが持つことになった。

峠からひと息で展望台とあるピークに登ると、ここは北と東西の眺めがすばらしい。二人でスケッチをし、それからすばらしい展望に乾杯、そしてランチタイムとした。

稜線の車道に戻って西へ向かい、道標に従って山道に入り、この日期待の大平山を目ざした。といっても目ざすのは山頂ではなく、黒山の滝の方へ下った山腹にあるという役ノ行者像に会うのが目的だ。ぼくらはこのあたりへ何度も来ているのに、この像だけは見たことがない。それでこの日はぜひご対面と思って来たのだ。

役ノ行者、正しくは役君小角（えのきみおづぬ）。奈良時代初めに大和葛城山にいた呪術者で、一時は伊豆に流されたが、その間も鬼に水くみや薪割りをさせていたという。平安中期以後の密教の普及で験者が多くなると、役行者・役優婆塞（えんのうばそく）といわれ、修験道の開祖とあがめられた。石像は江戸吉原遊郭の尾張屋三平が奉納したもので、この人は黒山三滝の男滝、女滝を男女和合の神として吉原中の信仰を集めさせたという。

これが大平山だが、この姿からかつて山岳修験の場であったことなど、とても想像できない。役ノ行者像は稜線を右に下ったところにある。向うの山は関八州見晴台である。

山道も大平山の山頂を巻くようにして、ひたすら像へと向かっている。どこまでもどんどん下るので、これでいいのかねといいながらカエデの大木の脇を抜けたら、そこに役ノ行者が座っていた。大きさは実物大（？）ほどの石像で、左右を鬼が守っている。右は斧、左が徳利を持った鬼で、その左の鬼の表情が傑作と二人の評価が一致した。役ノ行者は兜巾《ときん》（？）をかぶり、みののようなものを肩につけているのだが、それがどうしても羽根に見える。高下駄をはいているし、時空を超えて往来した人ときいているから天狗さんの格好が似合うはずなのに思ったより人間的というのがぼくらの感想だった。

役ノ行者像は他にも数々あって登山者にはなじみ深いのに、余りはっきりした印象がない。この像は、これでよいのかどうかは別にして（人のいいおじさんタイプになっている）、ともかく表情がはっきりして保存もよいので、ぼくらは役ノ行者さんの風ぼうを確かめたことにして、山を下った。

黒山の三滝は水量が少なかったが、役ノ行者像を見て山岳修験の気合いを感じたあとなので、厳しくもまた清々しい気分で眺めた。

（一九九九年四月）

●アクセス　東武越生線・JR八高線越生駅から川越観光バス（☎0493・56・2001）黒山行24分、黒山下車。

●参考コースタイム　黒山バス停（1時間）一本杉峠（30分）越上山（45分）顔振峠（45分）役ノ行者像（25分）黒山三滝（20分）黒山バス停

●2万5000分ノ1地形図　越生・正丸峠

●問合せ先　越生町役場☎049・292・3121、飯能市役所☎042・973・2111

㊽日和田山　ひわだやま　305・0m——埼玉県　日高市（奥武蔵）

北向地蔵の立つ峠路で

思いがけない眺めだった。左手遠くに三角形の相州大山、それから右にパンして丹沢のひとかたまり。次に目立つのが御正体山《みしょうたい》。道志あたりの上に、白く輝く富士。その右にどこからも目じるしになる大岳山と御前山、それからずっと秩父の山々——というふうに、東京周辺の山がカタログのようにずらりと並んで見えるので、標高三〇〇メートル足らずにしてこの眺めと、すっかり感心してしまった。

奥武蔵の入口にあって受付係のような日和田山は、山頂でも三〇五メートル。だからたいした眺めもないだろうと考えがちで、ぼくらもさほど期待はしなかった。山頂はあまり視界がない、といった記憶もあったのだが、その山頂直下の金刀比羅神社の鳥居の下でふと振り返ってみたらこのすばらしい眺めが広がっていて、透明な冬晴れの下、しみじみと眺めて立ちつくした。

日和田山は、奥武蔵ハイキングの入門の山だけれど、それとは別に、武蔵に住む人のハイキングの原点だとも思う。

山麓から見る日和田山は、このように立派な姿である。山頂から少し下ったところに金刀比羅神社の社殿も見える。無線中継塔が立つのは高指山。

山地が平野部に接するところにあるため、こうした思いがけない眺めもあるのだけれど、そのほかにも日和田山から始まるこのコースには、低山歩きのよさがなにかと収まっているので、ハイキングを始める人にも、シーズン初めの足ならしにも、そしてもちろん奥武蔵入門としても、それぞれ好ましい。

西武池袋線の高麗《こま》駅から高麗川に架かる鹿台《ろくだい》橋を渡る。地図を見ると分かるように、この橋は有名な巾着田の巾着の口を扼する位置にある。道しるべどおりに行くとすぐに登山口で、ヒノキの植林と冬枯れた雑木林の間を登る道は、金刀比羅神社の参道である。野草の育成地があり、山草野草はずいぶん採り荒らされているので、このような努力が必要になってきているのだと思った。

中ノ鳥居の先で男坂と女坂に分かれる。これは男坂の方が楽しい。暗い植林の中の小沢に下り、水場の脇を登ると明るい露岩の山腹に出る。この辺はクライマーのゲレンデにもなるほど露岩の多いところだが、コースもちょっとだけその露岩を抜け、金刀比羅神社の前に出る。その鳥居下で振り返ったのが冒頭の眺めだが、遠景のほかに足もとの巾着田もしっかり見え、そのシステムも説明図のおかげで納得できる。一〇〇〇年も前に朝鮮半島の進んだテクノロジーが入っていた、その証拠が巾着田なのだ。

日和田山の山頂は植林に囲まれて、見晴しがあまりない。「宝篋塔《ほうきょう》」とある石塔に享保×年という字が読める。日和田山はこの地方の人たちの心のよりどころだったに違いない。この石塔はなにかの供養塔のようである。

北に向かって下り、植林の暗い鞍部から登り返すと、高指山《たかざす》の山頂直下に出る。この山頂は電波中継塔だけなのでパスし、舗装の道を下り、大きなモミの木を見送って、駒高の集落に着く。奥武蔵は山腹に点在する民家が特徴で、ここもそのひとつだ。こういうところの生活はどんなものだろう、と通るたびに同じことを考えるのだが、あ

確かに北を向いて、じっと立っておいでの北向地蔵さん。古い峠道は残っているが、このように車道が山を削って進められたので、稜線通しの道は消えてしまった。

まりしげしげと覗くのもはばかられる。花を栽培しているのをよく見るし、通りすがりの目にはのどかな山村風景と映るのだが、本当はどうなのだろうと思う。余計な心配である。ここからも富士がはっきり見えるので、そういう名の茶店があった。

　集落からまた山道に入り、雑木林の落ち葉を踏み、植林を抜けて分岐を右へ入るとすぐに物見山の山頂だ。北側が植林で南側だけ開けているので、冬の日ざしが暖かく、恒例の野点《のだて》をした。

　人気のあるコースで好天の週末とあって、いろいろな人に出会った。中年女性グループ、ゴミを拾い集めておられたジャージー姿の年配の方や家族連れ、初老のカップルなどさまざまで、おだやかな天気のせいか、どの顔もハッピーであった。

　右に宿谷の滝への道を見送り、暗い植林中の立派な四阿《あずまや》をパスし、小瀬名への道を左に分けて車道の峠に出た。ここからの主稜線は車道が山道を寸断し、またのみ込んでしまったので、歩くのに向かない。かろうじて残った道を行くと、すぐに北向地蔵である。

その昔、悪疫退散を祈願して建てられた北向地蔵は、別の地蔵さんと向かい合わせとのことで、確かに北を向いておいでだ。お地蔵さんは子供を守護なさるときいたが、北向地蔵さんは男女の逢瀬をとりもつ粋な面もおもちであるらしい。

下山は、やはり山の集落のひとつ、土山を抜け、沢沿いに下って車道に出た。五常ノ滝からはもっぱら植林なので足早に行くと、ようやく明るく開け、武蔵横手駅が見えてきた。

（一九九二年三月）

●アクセス
西武池袋線高麗駅下車。帰路は西武池袋線武蔵横手駅で乗車。

●参考コースタイム
高麗駅（20分）鹿台橋（40分）日和田山（20分）高指山（35分）物見山（40分）北向地蔵（30分）五常ノ滝（25分）武蔵横手駅

●2万5000分ノ1地形図
飯能

●問合せ先
日高市役所☎042・989・2111

㊾大塚山

おおつかやま

920・2m

東京都　奥多摩

黄葉の美しい奥多摩の低山

何時でも観光客やハイカーで賑わう御岳《みたけ》山の近くにあるのに訪ねる人は少なく、また雑木林がよく残っていて季節の草花も多く見られるときいたので、その大塚山を、秋も深いある日、歩いてみた。

奥多摩の山のいちばん東寄りにあるので、日の出山とは当然の山名だ。昔は元旦のご来光の山として人気があったが、いまはどうだろう。御岳山駅から神社へ向かうとき、まず左手にこの山が見えて、ホッとする。

スタートは御岳山ケーブルカーの滝本駅で、平日の早朝なのに駐車場はすでに相当埋まっており、ケーブルカーを待つ人が行列していた。装備を見て、ハイカーは半分ほどと思ったが、ともかくぼくらもそこに加わり、ケーブルカーに乗り込んだ。

かなり以前に一度だけ、このケーブルカーには乗らずに山道を歩いたことがあるが、そのほかはいつもケーブルカーを利用している。そして、高尾山の場合はケーブルカーよりも歩く方が多いのに、ここではどうしてケーブルカーに乗ってしまうのだろうと同行者と話し、なぜか分からないうちに御岳山駅に着いた。

多くのハイカーはすぐに御岳神社方面へと先を急ぎ、観光客はリフトで上の園地へ向かったが、ぼくらは駅横の展望台で景色を眺め、それからおもむろに神社への道へ入った。少し行くと、左手に日の出山が近々と見えてくる。梅の時季に、この山から梅郷へと向かうハイキングは楽しいものだが、日の出山にもずい分ごぶさたしているねと話しながら正面を見ると、今度は御岳神社奥ノ院がある三角形の峰が見えるので、大岳山の帰りにあそこへ登ったのもずい分昔のことだねと話し、昔話が多くなっている自分に気づいた。

ビジターセンターの先で、有形文化財の馬場家御師《おし》住宅を見たことがない同行者のために少しだけ寄り道し、茅葺き入母家造りの立派な構えに感心して、それから他にも、

東京都指定有形文化財「馬場家御師住宅」である。格式のある建物は十代目当主・駿河が慶応2年に妻・茂よのために妻の実家（須崎家）をまねて建てられたとか。玄関の破風は「千鳥破風」とある。宿坊、祭式の設備が整えられている。

いくつもある御師の家の格式を感じる建物を見物したあと、神代ケヤキの下を通り、門前町を抜けて石段下に出た。御手洗《みたらし》の冷たい水で手を洗って鳥居をくぐり、左右に並ぶ寄進者の碑の文字を読みながら、随神門までの長い石段を急がずに登った。

御嶽権現といって関東の山岳修験の中心で、鎌倉の武将たちの尊崇を集めたという武蔵御岳神社は、登山やハイキングを趣味にする者としても何か親しいものを感じる山の神様なので、登山の無事をお願いし、さらにこれからもおもしろい山にたくさん行けますようにとお願いしたのだが、どうも欲ばりのお願いのような気がして、あとで反省した。

本殿のうしろに鎮座する旧本殿は、永正八（一五一一）年の建物とあり、それだと

大塚山の三段構造の山頂。山名板と三角点標石があるのが上段、ベンチとテーブルが見えるのが中段で、その先のアンテナ塔の下に下段がある。長閑で静かな大塚山である。

室町時代で関東では北条早雲が勢力を拡大している頃だから、戦国武将が山に登って武運祈願をする光景を想像してもよいだろうと思った。

武蔵御岳神社を辞して来た道を戻り、ビジターセンターの先で道標に従って、大塚山園地方面とある道へ入った。しばらくはリフト上の富士峰園地から神社への道と重なるが、分岐を過ぎると、ぼくにとっては未知の領域だった。といっても登り下りを何度かしたあと、ふと見ると「大塚山」の道標があり、簡単に大塚山の山頂に立つことができた。

山頂は三段に分かれていて見晴らしはほとんどない。上段は「大塚山園地」の表示と三等三角点があるが狭く、その先の中段はテーブルとベンチがあり、西に向かってかろうじて展望が開けていた。そのまた先に下段があって、ここはいちばん広く、ベンチとテーブルのセットがいくつかあり、そこにはすでに座りこんで山頂の憩いを楽しむハイカーの姿もあって、上中下を合わせれば何十人かの団体が遠足に来てランチタイムとすることも可能だと思った。

どこの山頂でも展望がポイントになるが、大塚山ではようやく西側にわずかに見晴らしがある程度で、その点に不満はあるが、周囲がほとんど落葉樹なので黄葉が美しく、閑静な奥多摩の低山の良さが充分に味わえる山頂だと思った。そこでぼくらは中段のベンチに座って、秋の山の句でも一つと考えたのだが何も得ることができず、詩心がないことを哀しんでワインの栓を抜き、俳句の代わりにBLTサンドイッチを作って、いただいた。

大塚山山頂のわずかな展望の一部が、この御前山のピラミッド型の山容だ。展望のない山頂の方が落ち着いて好ましいという人もいるわけで、人もいろいろ、山頂もいろいろなのだ。

山頂の休憩が長過ぎたのか風が冷たく感じられ、下山のときが来た。そして丹三郎方面へと下ったのだが、このコースこそ秋の低山のベスト・プロムナードといえるもので、片側はスギ、ヒノキの植林だが、もう一方の雑木林が美しく気分よく、草花の時季はとうに終わっていたが、樹木を観察しながらの二時間足らずの下りは味わい深かった。

稜線を東に外れてからは追われるよう

に下って、丹三郎の集落で吉野街道に出た。そして青梅線の古里《こり》駅万面へと向かうとすぐに丹三郎屋敷という、集落の名になっている代々の庄屋名主、原島丹三郎家の築二〇〇年以上の長屋門と母屋があって、いまは手打そばの店になっていた。そこで、そば大好きのぼくらはもちろん、さっそく立ち寄ってハイキングブーツを脱ぎ、黒光りのする梁を眺めながらローカルな香りとのどごしの手打そばをいただいた。

屋敷を出て吉野街道を西へ行くと万世橋で、ここで多摩川の渓流をしばらく眺め、橋を渡った古里駅で電車を待った。

（二〇〇六年十一月）

●アクセス
JR青梅線御嶽駅から西東京バスのケーブル下行10分、終点下車。徒歩3分の滝本駅から御岳登山鉄道ケーブルカー6分、御岳山駅下車。帰路は青梅線古里駅で乗車。

●参考コースタイム
御岳山駅（25分）武蔵御岳神社（40分）大塚山（1時間40分）古里駅

●2万5000分ノ1地形図　武蔵御岳

●問合せ先
青梅市役所☎0428・22・1111、奥多摩町役場☎0428・83・2111

㊿笹尾根 ささおね　約1180m（コース最高地点）　東京都・埼玉県　奥多摩

カラマツの峠を越えて

奥多摩・三頭《みとう》山から生藤《しょうとう》山へかけての尾根筋は、一〇〇〇メートル前後の高さではあるけれど適当な登り下りを保って延々と続き、北にはなじみ深い奥多摩の山々、南には富士の展望もよく、気分のよい低山縦走コースになっている。

この尾根筋は、さらに陣馬山から景信山、高尾山へと続いて東京都と山梨、神奈川両県の境界にも当るのだけれど、特に西原峠から日原峠あたりは好ましい稜線歩きができるので笹尾根の名でハイカーに楽しまれている。

そんな笹尾根に早春の一日、久しぶりで出かけてみた。雑木林もカラマツもすっかり裸だから展望がよくて、この頃が笹尾根のベストシーズンにちがいない。

前日に少しまとまった降雪があり、新鮮な朝の光に輝く笹尾根は、紺碧の空を背景にふだんよりずっと美しく見える。

霜の降りた道端の草がいかにも寒そうな上数馬の谷間から、西原峠への道に入る。といっても舗装の市道だが、立派なつくりの山村の農家をウォッチングしながら行く。

だいぶふくらんだ梅のつぼみも凍っているように見えた。

集落の外れでようやく山道に入る。暗い植林で、固く凍った道である。雑木林に入ると五センチほどの積雪があり、とけ始めた枝先の雪がしずくになってぼくらの頭やえり首を襲う。

たまにモミの大木があって、こんな木は雪がついている方がふさわしいし、とてもたのもしくみえる。雪の道にウサギと思われる足跡があらわれ、それがぼくらの進む方向へどこまでも続いている。ついたばかりの足跡なので、もしやこの先に姿が見えるのでは、とこんなときにいつも思うけれど、ついぞ姿を見かけない。きっとどこかに隠れて、こちらの様子をウォッチしているに違いないのだ。

雑木林にシラカバが混じってきたところで西原峠についた。ここで積雪は一五センチほど。雲ひとつない快晴で風もさほど冷たくない。正面に立派な富士が輝いている。

ここから笹尾根の稜線歩きが始まる。中低木の雑木林に西風をさえぎられるトレイルは暖かくて汗ばむほど。けれどもとけ始めた雪は水っぽく、足もとのコンディションは不良である。

北側の眺望が大きく開けて、御前山、大岳山など奥多摩の代表選手が勢揃い。どの

稜線に沿ってのびる笹尾根の縦走路。たまに展望の開けた場所があるが、カラマツや雑木林が裸になった頃が、この低山縦走コースのベスト・シーズンだ。

峰も白く化粧している。

笹ヶ峠（※数馬峠とも）を過ぎて、見晴しのよい、名前の分からないピークに立つ。地図で一一二一とある峰（※笹ヶタワノ峰とも）だろう。南側が開け、道志の山々から富士までの眺めがすばらしい。

笹尾根はカラマツが多い。カラマツ尾根といってもよいくらいだ。そんなカラマツの林を抜けて笛吹《うずしき》峠に着いた。

笛吹のほかにも人里《へんぼり》とか、このあたりは味わいのある地名が多い。峠には大日とある石碑があり、みぎかつま、ひだりさいはらという文字、裏には百番塔という文字が読める。由緒のありそうなこの峠で鶴川側を見ながらランチタイムとし

縦走路からふり返りみる三頭山。たしかに頭が三つある。その左は大沢山。右端は月夜見山か。手前の斜面はカラマツ林である。

た。丸山は縦走路を外れているので、枝道を往復して山頂を踏む。それからスギの植林の下りになり、小棡《こゆずり》峠に出た。

笹尾根ではこのように頻繁に峠と出会う。峠には個有の雰囲気があるので、そうしたいくつもの峠が笹尾根の大きな魅力になっている。ぼくらには味わいのある峠だけれど、昔はどれも秋川側と鶴川側の間の重要な交易路だったに違いない。このあたりを荷駄を引いて通り過ぎて……昔の様子など想像すると、峠が一段とおもしろくなってくる。

土俵岳では日本橋高校山岳部とある小さな名札を見た。都立日本橋高校ならぼくの通った学校である。ぼくらの頃には山岳部などはなくて、小人数で山の会を作ったのを思い出す。やはり奥多摩

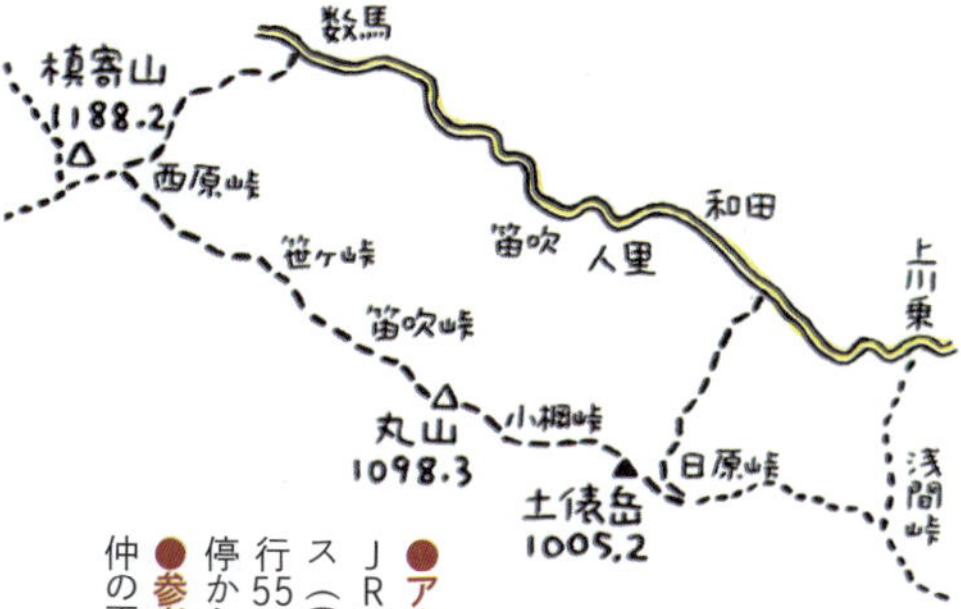

や丹沢へよく出かけたものだがと、突然昔に思いをはせてしまった。
午後になって雲が多くなったと思っていたら、日原峠に着いたあたりでポツリポツリと来た。そこで浅間峠から下る計画を改め、日原峠で秋川側へ下ることにする。峠から下る道はスギの植林を行くまったくおもしろくない道で、しかも雨に追われるようにして急いで下った。案外長い下りを一気に下って、とどめは鉄の歩道橋で南秋川を渡って車道に出た。
車道に出たらにわかに雲が切れて暖かい日ざしが戻り、天気は好転。こういうときはどうも天気に意地悪をされているように思ってしまうもので、バス停前の酒屋で缶ビールを求め、気をとり直した。
（一九九〇年一月）

●アクセス
JR五日市線武蔵五日市駅から西東京バス（☎042・596・1611）数馬行55分、仲の平下車。帰路は下和田バス停から同路線45分で武蔵五日市駅下車。
●参考コースタイム
仲の平バス停（1時間30分）西原峠（40分）笹ヶ峠（30分）笛吹峠（20分）丸山（15分）小棡峠（30分）土俵岳（20分）日原峠（1時間20分）下和田バス停
●2万5000分ノ1地形図　猪丸
●問合せ先
檜原村役場☎042・598・1011、上野原市役所☎0554・62・3111

㊿ 三原山　みはらやま　758m（三原新山）──東京都 伊豆大島

まさに「地球は生きている」

思いがけなく、伊豆大島の三原山を歩くことができた。所用があって伊豆大島へ出かけたのだが、用足しの間に半日の暇ができ、それならばと、かねてから気になっていた三原山の噴火口を見に行ったのだ。

穏やかな日の昼過ぎ、三原山登山道路を山へ向かった。恥ずかしながら、ぼくは伊豆大島は初めてで、だから三原山も初めての山だ。東京の生まれ育ちで伊豆大島へ行ったことがない人は少ないと思うが、ぼくはなぜかいままで行きそこなっていた。大島ならいつでも行けるし、という気持ちもあったと思うが、この年齢（一九三五年生まれです）になってやっと大島に上陸し、長い間あちこちから遠望してきた三原山へようやく登っているのだなと、若い友人が運転するレンタカーの助手席で、ひそかに思った。

山頂へ向かう前に、あの全島民避難となった八六年の火山活動でできた「割れ目噴火」の跡を見ることになり、寄り道した。案内がしっかりできているので、それに

三原山の大噴火口。もちろん噴煙はないが、周辺ではガスが噴き出ていた。三原山は富士火山帯にあり、典型的な三重式成層火山で、キラウエア火山、ストロンボリ火山とともに、世界三大流動性火山とのこと。

従って斜面を登って行くと、まさに割れ目という表現通りの大きな溝が斜面の上から下へと走っており、脇に立ってのぞき込んで、溝は相当に深いと思った。こうした現象は側火山といって三原山の外輪山の斜面に多くあり、八六年の火山活動ではここに割れ目噴火となって現われたと説明があった。なるほど、あの時ここでこんな現象が起きていたのかと思った。友人は八六年の噴火の記憶があまりないのでと、すまなそうな表情だった。

車道の終点の三原山頂口は、カルデラの外輪山にある。車を置いて売店街を抜けると、目の前に見渡す限りのカルデラが広がり、正面に意外に大きい中央火口丘があった。いく筋もの熔岩流が黒い縦縞を描いており、これこそ八六年の噴火の跡に違いないと思った。その火口丘に向かって一本の道が延び、その先で丘の上に達しているのがはっきり見えるので、あそこを登ると噴火口が見えるよというと、えーあんなところまで行くんですかと友人。この人は波のりやセーリングは得意だが、山を歩くことはほとんどないのだ。

カルデラの道は舗装されていて公園を散歩するようだが、大海に浮かぶ島の火山にこのような原が広がり、そこを歩いている自分というのを意識して、何ともいえない不思議な気分になった。少なくとも本土のどこかの原っぱを歩いているのとは根本的に違う気分で、そんな気分を味わっているうちに中央火口丘への登りにさしかかった。

幅の広い舗装の道は登りになっても同じで、三原山歩きは底の硬い靴では歩きづらいと思ったが、ぼくらは舗装路にも適応するウォーキングシューズだったので、無難に歩くことができた。登りといっても標高差はわずかなので、おそれをなしていた友人も苦労することなく中央火口丘に登り着いた。

ここで道は分岐し、一方は火口丘の縁を周回する道、もう一方は噴火口の際まで行く火口見学道で、ぼくらは噴火口を覗くのが目的だったので迷わず火口見学道を辿っ

三原山の中央火口丘とカルデラ（火口原）。液体が流れ出たような濃色の部分が、1986年に全島民避難となった大噴火時の熔岩流の跡だ。火口丘から熔岩流があふれ出る感じが、いまでもはっきりとわかる景色だ。

た。といってもこの道も舗装路で、三原山は舗装の行き届いた観光の山なのだと思った。

ここでもまた、大海に浮かぶ火山を歩く不思議な気分に包まれながら、ついに目的地伊豆大島三原山の大噴火口の際に達した。道の終点が噴火口のビュー・ポイントになっており、フェンスの中は急に切れ落ちる噴火口である。もちろんいまは噴火はしていないが、ぼくらが立っている脇のあちこちで小さい噴気が音を立てていて、これを吸ったらヤバいでしょうねと友人。もちろん助からないね。おどかさないでくださいよ、などと話しながらも、目は火口壁のおそろしげな色や質感から離れない。この中へ落ちたらどうなりますかね。それはおそろしいことになるよ。そんなこと考えたくないですよ。キミが言い出したんだぜ、などと言ううちに風が冷たくなってきたので、記念写真を撮ったりしてから噴火口をあとにした。

火口から火口丘の端までは、八六年大噴火の時に熔岩流が滔々と流れ出た跡に違いなく、いまは冷え固まってモンスター状になっているけれど、当時を想像すれば月並みながら〝自然の脅威〟を感じてしまう。地球にとっては創世以来くり返してきたことで、それから思えばこのくらいは軽いものかもしれないが、小さい小さい人間にとっては一大変事で、ぼくらもあの時はテレビの空撮画像を食い入るように見たのだ。

あとできいたところ、伊豆大島は伊豆大島火山という水深三〇〇～四〇〇メートルの海底から立ち上る活火山

火口丘から少し下ったところに鎮座する三原神社。江戸時代からここにあって、噴火のつど熔岩流が押し寄せたが、なぜかいつも神社の直前で社殿を避けて両側へと流れを変えたという。これこそ古代からの信仰、御神火のおかげといわれるゆえんだ。

の陸上部分というから、つまり島全体が火山なので、中央火口丘は一七七七～七八年の噴火で生じたもの。それから噴火の記録はたくさんあって、最近では一九一二～一四年、一九五〇～五一年、そして一九八六年の大噴火だ。火山活動の結果、標高は三原新山が最高峰で七六四メートルということだが、いずれにしても活火山は「地球は生きている」ことを証明しているんですね。まったくそうだね、などと話しながら町に戻った。

（二〇〇七年六月）

●アクセス
大島へは、東京・竹芝桟橋、久里浜、熱海、伊東から高速ジェット船か客船を利用（東海汽船☎03・5472・9999）。元町港または岡田港から大島バス（☎04992・2・1822）三原山頂口行きバス25分、三原山頂口下車。

●参考コースタイム
三原山頂口バス停（35分）三原神社（火口西展望所往復25分・30分）三原山頂口バス停　火口一周は所要約1時間

●2万5000分ノ1地形図
大島北部・大島南部

●問合せ先
大島町観光課☎04992・2・1446

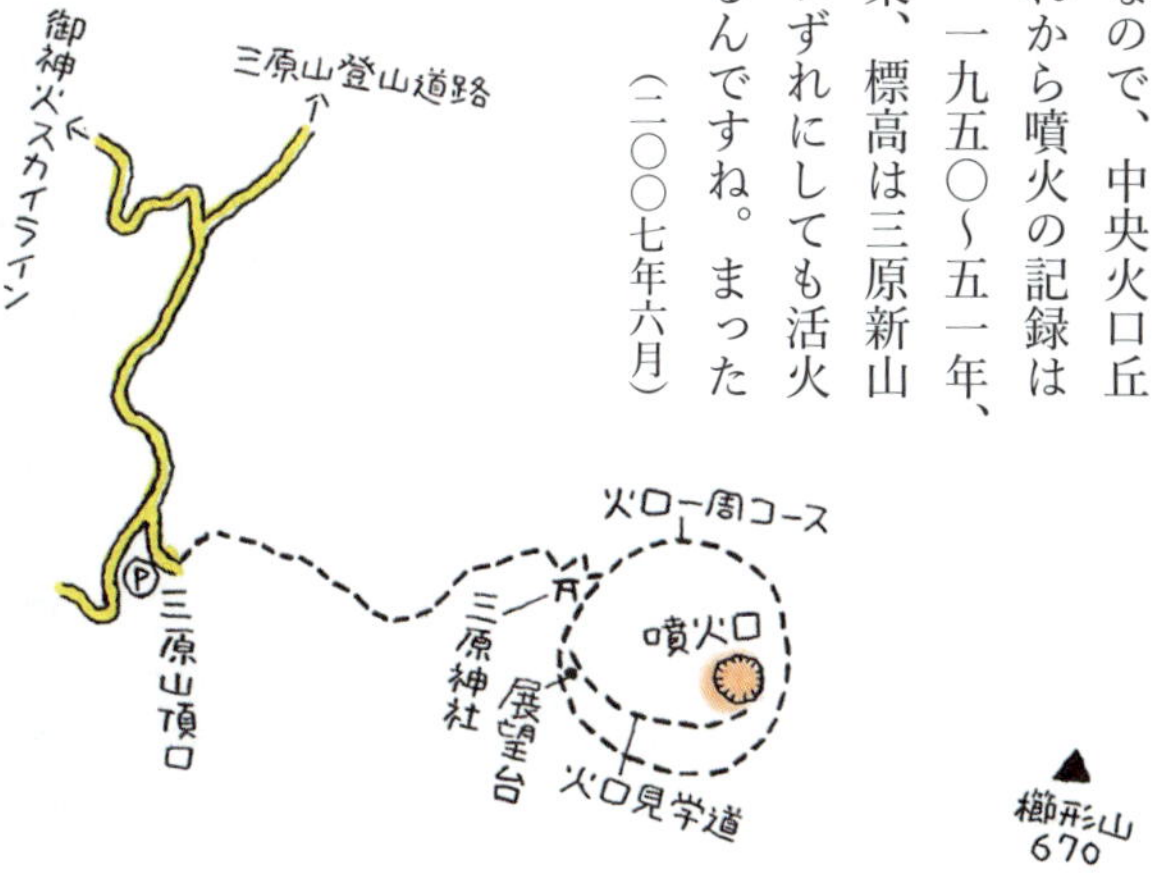

52 南高尾山稜

みなみたかおさんりょう　536m（大洞山）

東京都・神奈川県　高尾山

コブからコブへと軽快に

ケーブルカーの中で、高尾山に何回登ったかという話になった。低山大好きのA夫人は、たぶん一〇回ぐらいだろうという。ハイキング歴五〇年のB氏は、三〇回は堅いなと得意気だ。そこで自分のことを考えてみると、ぼくは高尾山を特に贔屓にしているわけではないけれど、それでも二〇回ぐらいは数えられた。

三人とも高尾山に特別な思い入れがあるわけではないのにこのくらいの数を歩いているのだから、もっと多く登っている人が大勢いるはずで、高尾山の人気は大したものだねと話した。

この日もぼくらは、それぞれ十何回目か何十何回目かの高尾山歩きにやってきたのだが、今回の目的は、実は高尾山から先の南高尾山稜、すなわち大洞《おおぼら》山、コンピラ山などの稜線歩きにあった。

南高尾山稜は、B氏は何度か歩いているらしいのだが、A夫人やぼくにとっては未知の場所であり、ぼくなどはいずれ歩いてみたい所の候補にさえ挙げていなかった。

感じのよい無名峰から眺めた南高尾山稜の山々。手前がコンピラ山で向こうが大洞山。そのまた向こうの三角峰は城山で、さらに向こうに頭だけ見えるのは景信山か。

けれどもこの稜線は、標高は低くても東京と神奈川の境界であり、首都圏自然歩道も通っているので、ここはぜひ一度歩くべきであるというB氏の提案に従って、春は名のみで風の冷たいこの日、高尾山へとやってきたのだ。

そういうわけだから、ケーブルカーの高尾山駅からスギの巨木の中を歩いて薬王院有喜寺に詣でたあとは、毎度おなじみの山頂はパスしてまき道を辿り、大垂水《おおたるみ》峠への道に入った。

前後していたハイカーはみんな一丁平方面へ向かったので、突然静かになった山道を最近観た映画の話などしながら歩いた。B氏とぼくは映画付き合いが古いのだが、シニア料金になってから熱心な映画ファンに化けたA夫人がそこに加わって、シュワちゃんの新しい映画やハーヴェイ・カイテルの話などしているうちに、大垂水峠に着いた。
国道を歩道橋で渡ると、いよいよ南高尾山稜歩きの始まりだ。暗い植林の中を登って稜線に出るとようやく雑木林が現われ、右に相模湖、うしろに高尾山も見えてきて、きつい登りもないうちに大洞山の山頂に着いた。けれどもこの山頂は見晴しがないしベンチにも先客がいたので、次の山頂を目ざしてサクラ並木の道を下った。

高尾山薬王院ではちょうど行事があって、立派な袈裟衣の僧侶のパレードを見ることができた。赤い野点傘が美しいが、支えて歩く若い衆はずい分重そうに見えた。

少し行くとすぐに、休むのに格好の山頂に出たが、ここも見晴しがなく、また同じように先客がいたのでパスすることにした。この山頂には「図根点」の標石があり、たぶんコンピラ山だろうとB氏。それから急下りすると登り道とまき道に分かれ、登り道の方を辿ると小さな岩稜状の山頂に出た。道標には「山頂」とあるだけで山名の表示がなく、つまり無名峰なのだが、ここで初めて、歩いてきた大洞山やコンピラ山、その向こうに城山や景信山といった景色が広がり、気分もよい所なのでランチタイムときめた。三角点はないが似たような標石が埋めてあり、四つの面にそれぞれ「武蔵国南多摩郡」「浅川村、上椚田」「宮（という字を図案化したもので旧御料林の印か？）」「界（他の文字は読めない）」とある。このクイズを三人で考えて、これは御料林時代の境界線の標石だろうと答えが出たのでB氏持参の赤ワインで乾杯したのだが、違うかもしれない。

　無名峰の山頂で充分に休んだので、次の山頂へ向かった。といっても下るとすぐに鞍部で、東に下る道が分かれ、道標に落書きのような字で中沢峠とある。このコースでは、実際に必要な情報は

東京人にとって、ハイキングの原点といえば高尾山だが、高尾山全体の姿が見える場所は案外少ない。大垂水峠から大洞山への途中に高尾山が全貌をあらわにする所があるので、しっかり見ておいた。

道標の文字ではなく、そこにあとからだれかが書き加えた落書き風の文字によることが多かったので、こうした道標はいかがなものかと話した。

峠からわずかで、相模川上流が見える見晴台代りの岩があり、その先のベンチの並ぶ休憩所から分れる枝道をひと登りすると、観世音菩薩像の建つ中沢山の山頂だった。けれども見晴しはなく、休憩する気分でもないのでコースに戻って先へ進むと、このあたりもサクラが多く、また右手の樹林ごしに津久井湖が見えた。そしてこのあと峰ノ薬師まで湖面が見えかくれするのが、歩行の張り合いのようになった。湖に架かる赤い橋や、遠くには道志や丹沢の山々が見えた。

それから間もなく西山峠で、その先で登り着いたところが泰光寺山の三等三角点のある小広い山頂だったが、樹林ごしのわずかな眺め以外に見るものがなく、どこか荒寥とした山頂なので、ぼくらは黙々と通過した。

そのあとは、稜線を正しく辿る道とまき道が小さなコブでも律儀につけられていて、几帳面な人が作った道だねと話していたら、いつの間にか広々とした三沢峠に着いた。「イノシシ出没注意」の看板に感心してから東へ向かい、林道に合流して最後の目的地、峰ノ薬師へ向かった。津久井湖を見下す薬師の境内は安らぎがあり、コースの終点にふさわしかった。
そんなわけで、南高尾山稜歩きは小さなピークを「はい次！」という感じで次々に越えていくところがおもしろく、こんなところが手近にあるんだねと話しながら、三沢峠から梅ノ木平に下った。

（二〇〇〇年四月）

●**アクセス**
京王電鉄高尾線高尾山口駅（徒歩5分）高尾登山電鉄清滝駅（ケーブルカー6分）高尾山駅。帰路、梅ノ木平バス停から神奈川中央交通西バス（津久井営業所☎042・784・0661）高尾山口駅、八王子駅行がある。

●**参考コースタイム**
高尾山駅（25分）薬王院（1時間20分）大垂水峠（1時間）中沢山（40分）西山峠（30分）三沢峠（20分）峰ノ薬師（20分）三沢峠（45分）梅ノ木平バス停（30分）高尾山口駅

●**2万5000分ノ1地形図**　与瀬・八王子

●**問合せ先**
八王子市役所☎042・626・3111、相模原市役所☎042・754・1111

53 草戸山　くさとやま　364m

東京都・神奈川県　多摩丘陵

木々芽吹き、遠くたなびく春霞

イチネンヤマへ行こうという誘いの電話があった。イチネンヤマ？　何ですか、それ。一年は何日？　三六五日。標高が三六五メートル（※地形図では三六四メートル）の山なの。だから「一年山」？　正解《ピンポーン！》という、ほとんど動機にならない動機《モチベーション》で、東京都と神奈川県の境界にある草戸山へ出かけた。

出発点は京王線高尾山口駅だ。この駅、あるいは駅前の駐車場から、これまで何度高尾山やその先を目指しただろう。それは数えきれない。しかしこの朝は駅前から高尾山に向かわず、反対に国道二〇号を横断して、青葉橋の前の大野屋さんという店の左の路地を入った。路地の入口には注意力が足りないと見落とすほどの「峰ノ薬師・大垂水《おおたるみ》峠登山口」の道標があった。こうした小さい手作りの道標はローカルな低山によくあり、設けた人の好意をいつもありがたいと思う。この道標も、この辺の道標や案内の類がことごとく高尾山を指し示すなかで、少数派の峰ノ薬師や草戸山派のために作ってくれたものである。そして、それから路地を突き当たってさあどっちだと思うと、右方向に同じような「次の電柱を左折」の道標が見つかり、その電柱で左折すると、人ひとりようやく抜けられる隘路の入り口に「登山口」とあった。それで、道標がなかったらとても入る気にならない道だね、この道標のお陰だよと話してこの隘路を辿り、住宅地の裏からようやく山道に入った。

郊外の山林が宅地化する様子を如実に見たあとで雑木林に入ると、一斉に芽吹き始めた木々が淡い緑の紗をかけたように美しく、間もなく始まる新緑の季節に備えているのを感じた。

稜線に出ると「四辻」とあり、つまりここは峠であって、北へ向かうと京王線とＪＲの高尾駅、南に行けば草戸山から峰ノ薬師や南高尾山稜につながる稜線で、

草戸山から城山湖を眺めた。城山湖は見ても分かるように、小さい人造のロックフィルダム湖だ。人造湖でも、水辺があればそれなりの景観はできるもので、草戸山は近くの人の憩いの場所になっているようだった。

ぼくらは南へ向かった。この稜線の特徴は細かいアップ&ダウンが連続することで、一〇メートル登って五メートル下りる、そんなことを何度も何度もくり返した。あたりは雑木林とスギ、ヒノキの植林が交互に、あるいは左右に分かれてあり、雑木林は隣の高尾山稜と似ており、登って行くとモミの大木も現われた。そして、この登り下りの忙しい稜線歩きこそ、草戸山の楽しさであると思った。

登り下りの稜線歩きは楽しいのだが、その間は展望がほとんどない。木々の間に高尾山や八王子市街が少しだけ見えるけれど、立ち止まって眺めるほどではない。一カ所だけ、遠くに大室山（丹沢）らしい姿が見えるピークがあったが、全体に見晴らしの少ない稜線だと思った。

だから、草戸峠で高尾山の稜線がすっかり見えたときには大喜びし、同行者も珍しく奇声を上げた。高尾山が見えた程度で喜ぶのかというなかれ、展望のないコースで突然視界が開けば、何でもうれしいのだ。それに、高尾山というのは高尾山へハイキングに行っても高尾山の姿を見ることがない山なので、北高尾山稜か南高尾山稜、それとこの草戸山稜あたりで見ておくしかなく、現に同行者も、高尾山てこんな山なんだ、などといいながらしっかり見物していた。

草戸峠から見た高尾山。この稜線の全部が高尾山だ。いちばん左が山頂、建物のある所が薬王院、白いのが仏舎利塔、右側がタコ杉のあるあたりで、向こう側にケーブルカーの山上駅がある。高尾山は広い。

峠からはひと息で、草戸山に着いた。峠とは反対に、ここは東側が開けて、展望台に上がると眼下に城山湖、遠くに相模原や町田の市街が霞んでおり、穏やかな春景色が広がっていた。サクラがかなりあるように見えたが、まだ花には早く、満開のころならよかったのにと同行者が惜しそうにいうのだが、花見の名所だったら人が多くてたいへんだろうと思った。しかし、このときは人の姿は少なく、静かな山中の湖畔の風情がよかった。

草戸山からはまた稜線を辿って、峰ノ薬師へ向かった。湖岸へ下る車道を分け、三沢峠への道も右に見送って、アンテナ塔を四基数えた先で金比羅宮下を過ぎ、ゲートを通過すると奥ノ院、さらに下って峯ノ薬師（現地に「峯」とあったので、ここから改める）に着いた。

峯ノ薬師（大覚山東慶寺）は一四九二（明応元）年開山の古刹で、高尾山薬王院、東京の新井薬師、大山の日向薬師とともに武相四薬師といわれて武州相州の人々の信仰が厚かったとあるが、南高尾山稜の末端の山上にあるので眼下に津久井湖、遠くに丹沢の山々や相模湖が広がって展望もすばらしく、境内を巡って見晴らしを楽しんだ。小広い境内には人影もなく、ネコが一匹、のんびり歩いていた。「姿三四郎決闘の場」という、この場所にふさわしからぬ石碑があった。

この日のハイキングはここで折り返しで、奥ノ院、アンテナ群と戻り、かつて何度か通った三沢峠に着いた。ここはこのあたりのハイキングコースのターミナルのような峠で、交易の歴史もあるに違いなく、特別な雰囲気を感じるのだが、イノシシ出没の看板があるので同行者に促されて

草戸山の展望台は、このようにしゃれた建物だ。晴れていれば、相模の海も見えるのではないかしら。

早々に下山と決まり、梅ノ木平を目指して榎窪沢を下った。

暗い谷間の道を足早に行くと意外なところに四阿《あずまや》があり、雨宿りには必要だろうけど、あまりのんびり休みたい場所じゃないねと話した。そしてまた下ると、たしか昔地蔵堂があったと思う所には堂宇がなく石地蔵が何体か道端に寂しくあった。特別養護老人ホームの辺りから舗装の車道を歩き、風雅な料亭の間を通って梅ノ木平に着いた。

（二〇〇六年四月）

●アクセス
京王電鉄高尾線高尾山口駅下車。帰路、梅ノ木平バス停から神奈川中央交通西バス（津久井営業所☎042・784・0661）高尾山口駅、八王子駅行がある。

●参考コースタイム
高尾山口駅（25分）四辻（1時間10分）草戸峠（15分）草戸山（50分）峯ノ薬師（25分）三沢峠（45分）梅ノ木平バス停（30分）高尾山口駅

●2万5000分ノ1地形図
八王子

●問合せ先
八王子市役所☎042・626・3111、町田市役所☎042・722・3111、相模原市役所☎042・754・1111

54 仏果山　ぶっかさん　747m　神奈川県　丹沢前衛

沈む村と展望台

丹沢山地の東の外れにおまけのようにある小さな山なみ、それが仏果山を最高峰とする、いわば仏果山脈だ。

東京や横浜からいちばん手近なところにある低山だから、日帰りハイキングには絶好のはずなのに、丹沢の山々がひかえているのでどうしても目立たず、ずっと地味な存在だった。

それが近年、首都圏自然歩道が通過するようになったせいか、人気があるという。標高七〇〇メートル前後の里山ではあるけれど、姿形はなかなかよく、里山のわりには雑木林の多い好ましい仏果山脈を、久しぶりに歩いてみた。

厚木からバスの便がある愛川町の半原が仏果山ハイキングのベースで、車だと県立野外教育センター、愛川ふれあいの村（何をするところか分からない）というのが目標になる。自然歩道の道標に従って沢沿いに行くと林道になり、建設中の道路の先に登山口があった。

暗いスギの植林を登っていくと、丹沢に多いシカのフェンスのゲートを通る。うしろに半原の集落から中津川の流域が見えてくる。

支稜線の道に合流してすぐ、林道を横切る。そのとき右手の上に見えるのが、高取山だ。トリの鳴き声を楽譜で示す案内板があったが、確かにこのあたりはトリの声が賑やかだ。

植林の中の意外な急登に汗をかき、フェンス沿いに登って送電塔に出ると、突然北面の展望が開けたので、ひと休みして見入った。このあたりはゴルフコースがメジロ押しである。この日の同行者はゴルフ好きであり、なにかブツブ

高取山から描いた仏果山の肖像。北面の山麓は植林ばかりだが、それ以外、ことに稜線近くは雑木林のままであるのが、仏果山のヴァリューだと思う。山名は、仏果禅師こと天鑑存円上人（室町時代に煤ヶ谷の正住寺を開山）が、ここで座禅修行したことに由来するとか。そのときの座禅石がいま採石場わきにある由。

ツ言いながらしきりに眺めていた。

このあたりからやっと雑木林に入る。芽ぶき始めのクヌギ、コナラ、ミズキなど、たとえようもなく美しい。毎年、誰も見ていなくてもちゃんとくりかえされる、春の祭典である。

急登が終わるとアセビが現われ、モミまで加わってすっかり雰囲気がよくなる。道は整備されて歩きやすく、急登では擬木の階段を上り、雑木林を賞め、モミの巨木に感心しながらせっせと登って、ようやく仏果山の山頂に出た。

山頂は以前（ずい分前だが）来たときとは大違いに整っており、なによりも巨大な展望台ができているのに驚いた。古色蒼然の三角点（ひどく欠けている）と比べて余りに豪華な鉄塔に登ってみると、当然のことながら見晴らしはすばらしくて、とくに南

山頂で出会った若いカップル。元気よく登ってきて、よく笑い、楽しそうに下っていった。最近、こんな低山にも若いハイカーが多くなったように思うけれど、どうかしら。

西側、丹沢の山々が凄い。

前のときはひとりのハイカーにも出会わなかったのに、展望台には先客がいたし、学生ふうのカップルや、下の方からは賑やかな団体も上がってくる様子で、仏果山人気上昇の噂は本当なんだと思った。

山頂を少し避けた静かなところで恒例の野点《のだて》をして、それから寝そべってクヌギの枝先を見て、低山ならではの春を楽しんだ。

前は経ヶ岳の方へ向かったので、今回は高取山を目ざした。経ヶ岳方面へ少し行ったところから右に急下りするのがその道で、それから高取山まで、少しの間だが、仏果山脈の主脈縦走路だ。

この縦走路はなかなかすばらしくて、本日のハイライト！　と同行者が叫んだほどだ。山頂からも見えたモミの巨木が雑木林に君臨して、やせ尾根ながらほどよく登り下り、アセビ林もあり、トリの声をＢＧＭとするウォーキングはなかなかグッド。宮ヶ瀬への道を分けるあたりはとくにモミの巨木がまとまって深山のムードを醸す。

高取山は北面が開けた山頂だが、ここにも仏果山のと同型の展望鉄塔があって驚いた。もちろん展望はいいのにこしたことはないが、仏果山脈にこの巨大な鉄塔はイカ

宮ヶ瀬側から仰ぎみる仏果山脈。右端が仏果山、左端が高取山。宮ヶ瀬の代替地から見た。アーチのかかる橋は建設中の湖岸道路のもの。貯水されると橋の下まで水面がくるのだろう。

ガナモノカ、とつぶやいたら、展望がないときはまわりの木を少しは切ったらどうだと文句を言うくせに、と言われてしまった。

ここからは建設中の中津川ダム（※宮ヶ瀬ダムとして二〇〇〇年竣工）のダムサイトが少し見える。天下の名勝・中津川渓谷を犠牲にしたのだからせいぜいしっかり役立ってほしい中津川ダムだが、水が満ちるのはいつごろなのだろう。ダム湖になるあたりはもうすっかり準備ができているようで、水没する集落も代替地に移っているのが、展望台からも見える。

以前は高取山から中津川渓谷の石小屋へ下るのがふつうだったが、ちょうどそのあたりがダムサイトだからいまは通行止めで、半原へ向かって下った。

この下りは自然歩道から外れるので整備はあまりされていない。そのうえシカのフェンスを何度も出入りさせられ、バラ線のトゲで同行者などはシャツのそでをさいてしまい、ベソをかいたが、ともかく初めの林道に出てハイキング終了。

なんといってもモミの点在する稜線歩きが味わいどころの、仏果山ハイキングだと思った。

（一九九四年五月）

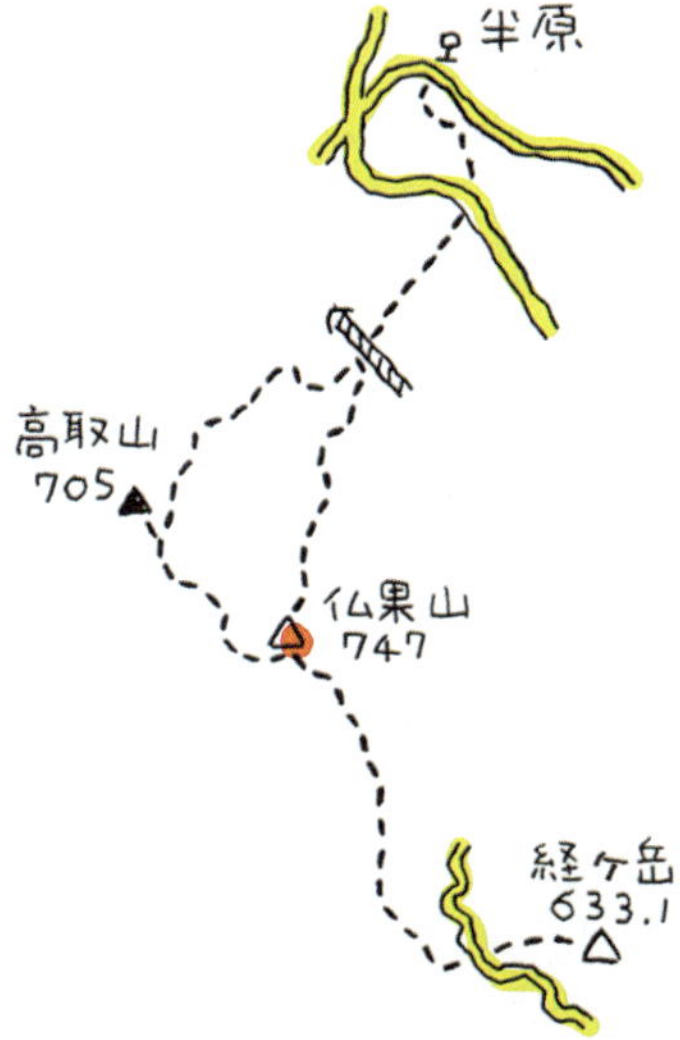

※現在は宮ヶ瀬ダムを経て半原へ下ることができる。高取山（1時間15分）宮ヶ瀬ダム。宮ヶ瀬ダムからは、あいかわ公園経由50分、または宮ヶ瀬ダムインクライン（ケーブルカー）経由35分で愛川大橋バス停。

●アクセス
小田急小田原線本厚木駅から神奈中東バス（☎046・241・2626）野外センター前経由半原行35分、野外センター前下車。帰路は半原バス停から同バス45分で本厚木駅。

●参考コースタイム
野外センター前バス停（2時間）仏果山（30分）高取山（1時間10分）半原バス停

●2万5000分ノ1地形図　上溝・青野原

●問合せ先
愛川町役場☎046・285・2111、清川村役場☎046・288・1211

㊺ 経ヶ岳 きょうがたけ

633・1m

神奈川県 丹沢前衛

相州アルプスにあった修験の聖地

丹沢の東の端にある仏果山を中心にした山地は、以前から好ましいと思っていた。この地域は、案内書などでは丹沢と一緒にされてしまうのだが、実は宮ヶ瀬湖や煤《すす》ヶ谷の谷間で区切られており、小さくても独立した山地なのだ。それで以前、そのことを話していたら、あそこは外丹沢だといわれたことがあり、なるほど外丹沢ねと思っていたところ、最近になって地元で相州アルプスと愛称しているのを見つけて、この方がいいかとも思った（××アルプスは通俗だけれど、せい一杯背伸びしている感じがいいのだ）。相州アルプスか、だったら相模アルプスの方が語呂がいいじゃないか、などと話しているうちにその山地へ出かけることになり、仏果山と高取山は私も同行者も歩いたことがあるので、初めての経ヶ岳へ行くことに決まった。

仏果山も経ヶ岳も、またその隣の華厳山も仏教に由来する山名だから、この山域はきっとそんな歴史があるのだろうといったことが、登山口へ向かう車中で話題になった。そういえば半原越《はんばらごえ》を下ったところの法論堂《ほろんど》という地名も宗教的だね、などといっ

相州アルプスの中でも一際姿のよい経ヶ岳は、厚木市の上荻野あたりから眺めるのがベストだ。山頂のように見えるのは、華厳山への分岐あたりではないかと思う。相州アルプス全山縦走を、いつかしてみたい。

ているうちに厚木から半原に行く国道四一二号線のヘアピンカーブにさしかかり、そのカーブの終わる所で左へ入る林道が登山口なので左折し、経ヶ岳ハイキングコースの道標を確かめてしばらく林道を辿ると、ほどよい広場があったので車を置いて歩き始めた。

出来たての新しい砂防堰堤と古い堰堤が続けてあり、それからようやく山道らしくなった。新緑がまぶしい雑木林だがアオキとか常緑広葉樹も多く、同じ関東でも北の方とはずい分植生がちがう。それからスギやヒノキの植林に入ったり雑木林と植林の間を抜けたりして、見晴らしがよくてベンチのある所で小休止した。近くは中津川周辺のゴルフコース、遠くには東京の摩天楼群も霞んで見えた。そして少しだけ急登があって舗装された林道に出た。案内図に林道法華線とある道に違いなく、少し右にずれて続く経ヶ岳への道に入り、木段をせっせと登ってシカよけフェンスのゲートを二つ過ぎると稜線に出て、右手の樹間に仏果山を見ながらコブを二つ越え、急登で少々汗をかいて高取山（この山域には高取山が二つある）華厳山分岐に着いた。そこはもう山頂の西端で、少し行くと経ヶ岳の山頂だった。

山頂はグループハイキングだと満員になりそうな広さで、二等三角点と山頂表示と道標と案内図とベンチ&テーブルがあり、南側だけ伐採されて大山から表尾根あたりがまる見えで、気分のよい場所だった。けれども経ヶ岳ハイキングのハイライトである経ヶ石が山頂直下にあるときいてきたので、山頂の憩いはあとに

経ヶ岳の山頂は雑木林と植林に囲まれているが、南側が開けて大山や表尾根の展望台になっている。居心地がよいので長居してしまう山頂だ。

して、半原越方面へ少し下ると、突然山道をふさぐ大岩にぶつかり、これが経ヶ石だった。そこでさっそく、弘法大師が経を納めたという凹みはどこと探してみると、南側のフラットな面にポッカリ穴が空いており、小さな仏像が寂しげに置いてあった。

経ヶ岳の名のもとである経ヶ石は、経ヶ岳の山頂からわずかに半原越側に下った山道のまん中にドーンとある。左の人物の視線の先に、経文が納められていたという凹みがある。

凹みの中に人工的に彫ったと思われる切り込みがあり、ここにどうやって経を納めたのだろうなどと話しているところへ、半原越の方から登ってきた年配のソロの方に挨拶をされた。そこで挨拶を返したりするうちに、このあたりの郷土史に詳しい方と分かったので、ならばと例の仏教関連の山名が多いわけを尋ねてみると、それはこの地で昔から行なわれてきた「修験《しゅげん》」に深く関るとのこと。とくに近世では、この辺り（愛甲郡）にはたくさんの寺院や坊があり、修験が地域社会に根づいた特別な土地だったということで、できたらこの近くの八菅山《はすげさん》へ行って、「八菅修験」の名残りを見ることができる八菅神社へ参拝されるといいでしょうといわれた。実は不肖小林、かねてから修験道を実におもしろい（といったらバチが当たるかもしれないが、やはりおもしろい）と思い、以前日光や吉野などでもあちこち訪ねて興味津々だったけれど、こんな手近な所に修験の聖地があるとは知らなかったので、大いに感謝して山頂で別れ、ぼくらは登路をそのまま下山して、教わった通りに八菅神社を訪ねた。

平山大橋から愛川の市街地へ向かい、中津大橋を渡ると正面に見える森が八菅山で、そのまま直進して八菅神社に着いた。鳥居の先に鐘楼や石仏があって、これだけでも神仏習合の修験の地と分かる。石段を登ると十一間正面の立派な拝殿があって、この拝殿がもとの八菅修験の七社権現と説明があった。また、拝殿の右手に、修験時代の経塚跡もあった。案内によると、この地は明治維新までは京都聖護院を本山と仰ぐ本

八菅修験をいまに伝えるものはいくつもあるが、毎年3月28日に八菅神社で行なわれる護摩供養火生三昧の修法（すなわち「火渡り」）もその一つで、無病息災を願う伝統行事といわれる。

山派修験寺院坊が存在して、七社権現と別当寺の光勝寺があり、五十余りの院や坊のある修験集落は修験者（行者、山伏）の拠点で、経ヶ岳、華厳山から三峰山、大山、表尾根などの丹沢の山や谷で修験（お峰入り）を行なっていたが、明治の神仏分離令で光勝寺は廃されて七社権現は八菅神社となり、八菅修験の多くは帰農したとある。神社を出て、その修験ゆかりの農家の集落を通り、中津大橋へ向かった。

（二〇〇五年六月）

●アクセス
小田急小田原線本厚木駅から神奈中東バス（☎046・241・2626）半原行28分、半僧坊前下車。

●参考コースタイム
半僧坊前バス停（1時間40分）経ヶ岳（1時間10分）半僧坊前バス停

●2万5000分ノ1地形図
上溝・厚木

●問合せ先
愛川町役場☎046・285・2111、厚木市役所☎046・223・1511、清川村役場☎046・288・1211

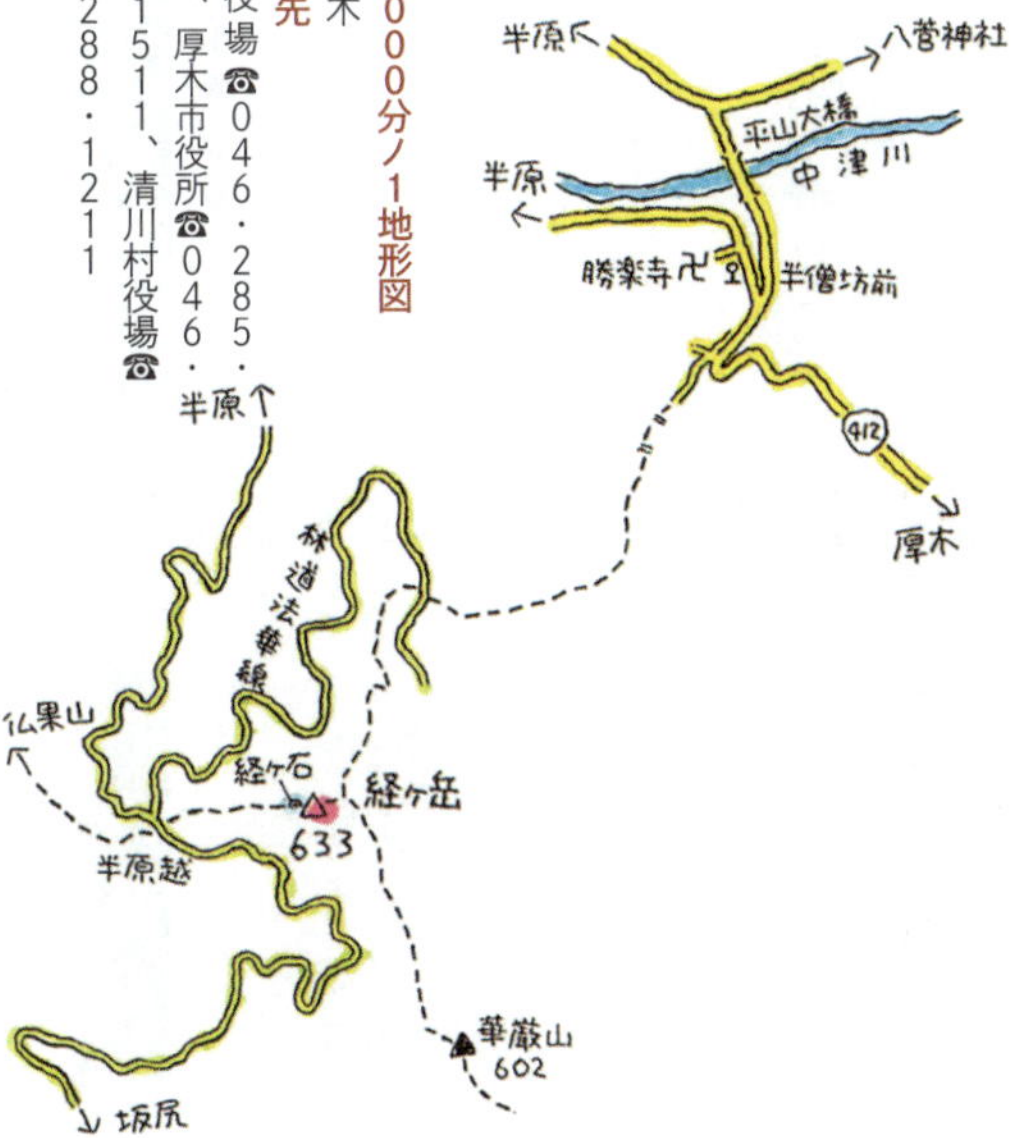

56 鐘ヶ岳　かねがたけ

561m

神奈川県　丹沢前衛

三十丁石をめぐる参道ハイキング

ぼくらが日ごろハイキングに出かける近郊の低山は、また一方では神仏の信仰の場所であることが多い。登り着いた山頂には、しばしば里の神社の奥宮が祀られていたり、石仏がおかれていたりする。また、山自体がご神体であったり、山全体が山岳修験の場と知って驚くこともある。

　この日歩いた相州鐘ヶ岳も、丹沢山塊の端にそっと置かれたような低山ではあるけれど、山頂には古くから地元（旧七沢《ななさわ》村、現厚木市七沢）の鎮守社である七沢浅間《せんげん》神社が祀られており、さらに山頂近くには明治の廃仏毀釈令まで尊聚院禅法寺という天台宗のお寺があり、近在だけでなく遠方からも参詣人が集まったと

鐘ヶ岳の丁石は、1丁目から9丁目までが左のように石仏をのせた型式。10丁目から山頂30丁目までが右のような石仏なしの型式だ。設立データを見ると文久4（1864）年が多く、嘉永5（1852）年、元治元（1864、文久4年）年が1基ずつで、判読不能が数基。文久4年といえば大政奉還の3年前で京都は物情騒然だったと思うが、相模ではこうしたものが立てられていたのだ。

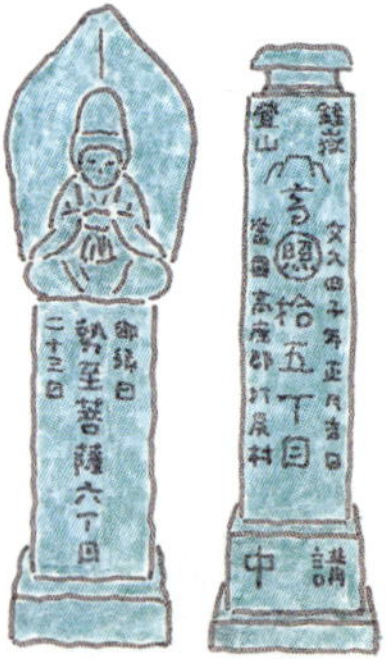

ある。神社とお寺に至る参道に一丁目ごとにおかれた丁石《ちょういし》がいまもあり、鐘ヶ岳ハイキングはその丁石を一つずつ確かめて登ることになる。それがまた、この山を歩くおもしろさの一つでもあるので、この日は、そんな鐘ヶ岳を目ざして厚木市街から七沢に向かい、足ヶ久保の先の登山口に着いた。

　道標に従って石段を上り、鳥居をくぐってスタートである。左右に石仏石碑が多く、その一つに「先達○○」とあるので講中登山が行なわれていたことが分かる。すぐに石像をのせた丁石があって、これが二丁目、○○観音という文字がようやく読めた。周辺はヒノキ林で丹沢に多いシカ除けフェンスが続く。四丁目の丁石は文殊菩薩がのっていて御縁日二十五日とある。ドアの外れたフェンスのゲートを通ると六丁目で、これ

「拾五丁目」は丁石と石仏が並ぶ唯一のケースで、モミの巨木の下、昔は休憩所だったのではないか。石仏の台石には「南無勢至菩薩　有縁衆生　皆悉得見」とあり、側面に「當山（禅法寺）十七世○○○○、世話人當村（6人の名前）嘉永五年子正月、石工○○○とあった。

は勢至菩薩、御縁日二十三日とある。一丁の間隔は六〇～七〇メートルなので、すぐに次が現われる。七丁目は大日如来で御縁日が八日、さらに八丁目は不動尊で二十八日、やせた稜線の道は常緑広葉樹が目立ち、九丁目の八幡大菩薩は十五日が御縁日だ。この辺では緑白色の岩に木の根がからんでいるのをよく見る。拾丁目は石仏がなく、石柱に丁目の表示と寄進した講中の印、鐘嶽登山の文字、左右の面に講中のメンバーと世話人の名が彫ってある。拾一丁日から拾四丁目までも同じ型式で、寄進した講中は當國（相模）愛甲郡長谷村、高森村などとある。途中に「上杉公内室墓道←」の表示があったが、戦国時代に近くの七沢城を居城とした上杉定正公にちなむ墓所だろう。

拾五丁目の丁石は勢至菩薩の石像と並んでモミの巨木の下にある。そして拾七丁目の丁石に初めて武州多摩郡八王子寺町と、相模以外の講中の印と人名が現われた。また、この辺から大山辺りにも多いボタン岩が点々と目立つ。ボタン岩はもろいので、そのうちに平らになるのではと同行者。そ

「拾八丁目」の展望台は、このようによい眺めだ。左が東京、右が横浜、というのも高層ビルのおかげで分かる。六本木ヒルズは少々分かりにくいが、ランドマークタワーは歴然。

れがまた欠けてボタン状になるのではないかとぼく。そして拾八丁目にはベンチがあって展望が開け、東京、横浜の摩天楼群がはっきり見えたので高層ビル同定をしたが、まちがいなく分かったのはランドマークタワーだけだった。

拾九丁目から急登になり、二拾丁目のベンチでは八王子方面を見晴らし、廿二丁目で明るい稜線に出ると岩上に◯◯大菩薩と刻んだ石碑があり、廿四丁目辺りで湘南平と湘南の海が見えた。廿六丁目からは長い石段を上って廿七、廿八丁目と急登し、石仏がおかれた大岩の脇に「鐘掛山尊聚院天台宗禅法寺跡」の石柱を見つけた。大岩の右手の平坦なところに禅法寺の、きっと立派な伽藍があったのだろうねと話し、しばらくそこを眺めた。それからまた石段を上ると、ようやく七沢浅間神社の拝殿である。山頂が寺領だったときはお寺の守護神社であったかと思いながら参拝して、さらに左手を上ると三等三角点のある山頂である。何十年も前にここへ来

参道に面して石仏がおかれた大岩の東側の平坦地が禅法寺の本堂伽藍のあった場所ではないか、というのがぼくの推理だ。山頂も平坦なので、経蔵か宝蔵があったというのはどうだろう。

リハビリテーション病院の入口辺りから見た鐘ヶ岳は、このようになかなか立派だ。信仰の場所に選ばれる山は、たいがい遠見にも姿がよいもので、ルックスも大事にされたのだと思う。

たときと同じように古く欠けた石像が二体あり、スギの木立に囲まれて展望がまったくないのも以前と同じである。それにしても相当古いと思われる二体の石像が、由来が不明で風化もはなはだしいとはいえ長い間このように放置されていてよいものかね、何とかしてあげたいねと話し、ずっと時が止まったままのような山頂でひと休みしたあと、山ノ神峠へ向かって下った。

シカ除けフェンス沿いにヒノキ、スギ林を下り、雑木林に入って左遠くに江の島を見たあとはひたすら下るだけで山ノ神峠に着いた。それからクサリ場もある急下りを経て山ノ神トンネルに出て、あとは林道歩きで広沢寺方面へ向かった。途中に「七沢里山づくりの会」が行なう棚田復元事業の田圃があり、確かに沢沿いに棚田が続いている。なるほど、棚田というものも一つの文化なのだと思って眺め、それから右に広沢寺の岩場への道が分かれるところでは、以前よりずっと整備されたその道を懐かしく眺め、広沢寺温泉まで下って愛宕社の前の双体道祖神、広沢寺入口の下向き地蔵（石工が地蔵様を下向きに造ってしまったので高い台石にのせたら、お参りに来た人に優しく語りかけているように見えたという）、さらにその先の庚申塔の脇にも石仏と双体道祖神というわけで、きょうは本当にたくさんの石仏に出会ったね、こんなに石像石仏に出会うハイキングも珍しいなどと話しながら出発点の鐘ヶ岳バス停近くに置いた車を回収し、帰途についた。

（二〇〇六年三月）

●アクセス
小田急小田原線本厚木駅東口から徒歩3分の厚木バスセンターから神奈中東バス（☎046・241・2626）七沢行28分、広沢寺温泉入口下車。鐘ヶ嶽バス停への広沢寺温泉行バスは便が少ない。

●参考コースタイム
広沢寺温泉入口バス停（1時間20分）鐘ヶ岳（35分）山ノ神峠（45分）広沢寺温泉入口バス停

●2万5000分ノ1地形図
厚木

●問合せ先
厚木市役所046・223・1511

⑰鉄砲木ノ頭《てっぽうぎのあたま》 1363m 高指山《たかざすやま》 1350m

神奈川県・山梨県　山中湖

花の富士よりだんごの兄弟

山中湖の東に、実にのったりと長閑《のどか》に存在する山が、鉄砲木ノ頭である（明神山ともいうらしい）。「頭」というのは稜線の端に当る高みを表すときいたことがあるけれど、確かにこの山も、北東方向から続く稜線の末端に当っている。なだらかなドーム型の山だから、「坊主頭」である。

それにしても、まことに長閑かな感じの山で、富士は別格としても、自己主張の多いこの辺の山々の中にあって、ひとりのんびり昼寝をしているような鉄砲木ノ頭に、私は好感を持つ。

のんびりしているといえば、湖岸に立って、この山から北の方へ目を移すと、さらにのんびりと、しかも目立たない山（というより丘陵）が見つかるが、これが高指山だ。山頂近くに不相応に大きな鉄塔の立つ、どこかとぼけた姿は、決して主役になれない山という気がするが、何を隠そう、東海自然歩道の丹沢山域のいちばん端に当る。

東海自然歩道を西へ向う場合は、高指山から湖岸の平野へ下り、それから大平山、忍野八海、足和田山と続くわけで、高指山はコース上の節目になっているのだ。

そんな二つののんびり山をつないで歩いてみようかと思ったのは、鉄砲木ノ頭の山麓にある友人の家を訪ねたときだった。私よりずっと若い友人のI君は、ここでフィッシング・ガイドをしながら夫人とともに宿《ペンション》を営み、また二人の共通の趣味である絵本の収集が高じて絵本館まで作ってしまった人で、のんびり山をのんびり歩く計画にもすぐにのってくれて、明日の早朝出発ときまった。

高指山からは、鉄砲木ノ頭（中央）がこのように見える。その左は切通峠につながる稜線である。山腹に点々とあるのは別荘群で、その下はサッカーなどの練習用グラウンド群だ。

登山口の三国峠までは、夫人の車で送ってもらった。鉄砲木ノ頭はI君の家の裏山のようなものだから、五分も走れば峠に着く。三国峠は、籠坂峠から大洞山、三国山、鉄砲木ノ頭と続く尾根歩きコースの中継点に当り、また神奈川と山梨の県境の峠でもある。ここから目指す大棚ノ頭まで、ずっと県境を歩くわけだね、などと話しながら靴のヒモをしめ直して、歩き始めた。

まばらな低木林はウグイス、ホトトギスなどのBGMつきで、すぐに草原に出て、あっけなく鉄砲木ノ頭の山頂に着いた。ドーム状の山頂は広く土が露出して、山中諏訪神社奥宮の祠《ほこら》のほかに何もなく、東側を除く全方向が見渡せる。けれどもこの日は夏の最中で雲も多く、主役の富士は見えない。大平山、石割山、道志の山の一部の眺めだ。それでも広々とした山頂の開放感は気持ちがよく、疲れてもいないのに山頂の休息を楽しんだ。ハイキングはこのくらいののんびりペースがいいですね、とI君。いつもこんな感じだよ、と私。

高指山の鉄塔下からは、石割山を指呼の間にのぞむことができる。左寄りが石割山、右寄りが日向峰だ。山腹に点在するのは別荘群で、このように稜線近くまで別荘地がはい上っているとは知らなかった。

鉄砲木ノ頭の山頂は、このような広場なので、何百人でもいっぺんに休憩することができる。山中湖の左に富士が見えるはずだが、この日はあいにく雲の中。

頭が欠けて何等か読めない三角点のところから、切通峠への道に入った。人の顔まで緑に見えるような雑木林の道で、たまに倒木があるけれど、歩きやすい。クヌギ、リョウブ、少し行くとブナもあり、林床にはギボウシの大きな葉が目立つ。この林が、いつ歩いてもいいです、とI君。確かにすばらしい雑木林で、春の芽吹き、秋の紅葉はもっとすばらしいだろう。たどって行く稜線は、東側が急に切れ落ちて、西側の緩やかな斜面と対照的だ。大きな上り下りもなく、散歩のようにのんびり歩いた。

道なりに左へ折れたあたりから急下りとなり、雑木林の中の切通峠に出た。名前の通りにわずかに切通しになっている。たぶん歴史ある峠だろうねと話し、昔の旅人の気分で二人して道の脇に腰を下してみた。ヒゲが立派なI君はまちがいなくサムライで、私は樵《きこり》か猟師に願いたいと思った。

高指山に向う道も依然として気分のいい雑木林で、カラマツが目立つ。緩く登って下ると正面に高指山が迫り、地図にない平野への道を分けた先で、ようやく東海自然歩道に出合った。高指山から下ってきた自然歩道は、ここで折れて平野へ向う。大きな案内地図とベンチがあり、道そのものも、これまでより多少しっかりできているようだ。

東海自然歩道に入ると急登になり、せっせと登ると突然開けたところに出て、これが高指山の山頂である。少々ヤブがじゃまだが見晴しはあり、そこでさっそく眺めるのは富士、山中湖方面だが、富士は相変らず厚い雲の中で、湖だけが白く輝いて見えた。

三等三角点の脇のベンチに座って、ワインで乾杯し、それからI夫人心づくしのお弁当を、二人で並んで頂いた。食後のフルーツを食べながら、釣り、山歩き、ニュージーランド、お互いに最近始めたインターネットと、前夜の続きの話題は果てしなく、少々雲行きがあやしくなったのをしおに、ようやく腰を上げた。

山頂を北に下るとすぐに鉄塔下で、ここは石割山の好展望台であり、さらに下って登ったピーク（富士岬平）は、ヤブがないので見晴しがすばらしい。しかも地図にない道が国道方面に向って一直線に下っているので、天気も芳しくないことだし、これを下れば最終目的の温泉にも近いというわけで意見が一致。大棚ノ頭から山伏峠の部分は割愛して山を下り、野天風呂のある立寄り温泉へと向った。

（一九九九年八月）

●アクセス

バス利用の場合、富士急行富士山駅から富士急行バス（☎0555・72・6877）平野行1時間10分、三国山ハイキングコース入口下車。パノラマ台経由で鉄砲木ノ頭まで1時間。帰路は山中湖平野バス停から同路線1時間5分で富士山駅。

●参考コースタイム

三国峠（25分）鉄砲木ノ頭（45分）切通峠（40分）高指山（15分）富士岬平（1時間10分）山中湖平野バス停

●2万5000分ノ1地形図

駿河小山・御正体山

●問合せ先

山中湖村役場☎0555・62・1111、山北町役場☎0465・75・1122

㊳高松山《たかまつやま》 801・2m　シダンゴ山《しだんごやま》 757・9m

神奈川県　西丹沢

ヒヅメの跡を追って

高松山は以前から気になっていたのだが、手近な低山だからいつでも行けると思いながら、いままで行かずにいた。そういうところは案外多いものだ。

標高八〇〇メートルという押しも押されもせぬ低山の高松山だが、丹沢の南の外れにあるから丹沢全体の展望もよさそうだし、箱根や酒匂《さかわ》川下流域の眺めもよいに違いないと思った。手元のガイドブックにも、山頂からの眺めがすばらしいとある。

高松山と尾根続きにシダンゴ山というおもしろい名の山があって、これもなんとなく気になっていた。シダンゴとはスペインかラテンアメリカのどこかか、でなければ中央アフリカの地名のようだ。地名のいわれが気になるのである。

そういったことで春先の一日、ふと出かける気になって、気がかりの高松山からシダンゴ山へと歩いてみた。

松田町から寄《やどろぎ》へ。中津川を田代橋で渡った先の虫沢が出発点である。静かな山村のなかに洋風の納屋やしゃれた建物が混じって、近頃は山村の風俗もずいぶん変わっ

ずーっと見渡して、やはりほとんど植林である、と確認する高松山のあたり。一本ツノがあるのが高松山。ここはシダンゴ山で、植林を伐採して見晴らしを作ったのである。

ているのだ。

茶畑の多い斜面を車道歩きで登ると尺里《ひさり》峠。明るい林道の峠から西へ向かうオフロードが今日のコースだ。トリの声と尺里のほうから上がってくる高速道路の音を聞きながら緩く登っていくと、少しずつ稜線に近づいて雑木林、続いてスギ、ヒノキの植林の暗い道だ。

この植林歩きが、この山域の特徴であって、おおよそ七〜八割が植林と思われるこのあたりのハイキングは、どうしても暗い植林歩きが多くなる。それだけでは気分も暗くなるが、そこから明るい雑木林やカヤトに出たときの場面転換の効果、変化の妙が味わいどころだ。

新しいクサリの手すりつきの急登をひと息で、あっけなく高松山の頂上に着いた。小広い頂上に二等三角点とＮＴＴの無線中継塔があり、それはいいのだが、予想していた展望がまったくない。

山頂を植林がびっしり取り囲んでいるので、以前はよかった見晴らしが植林の生長でなくなったのだろう。こうした山頂で展望がないと、ハイキング価値はだいぶ下がる。それと最近はだいぶ減った感じの山頂のゴミ入れがここにはあり、あふれたゴミがカラスの手伝いで乱れ散って見るも無残である。せっかく来たのにねと口惜しがる同行者を促し、蒼惶として山頂を後にする。

さあシダンゴ山への縦走だと気をとり直し、山頂を少し下ると、道がビリ堂へ向かって南へ下る地点に出た。このあたりは道標が少ないのに、ここだけは立派な案内が「山頂↓ビリ堂」とある。縦走しようと張り切っているのにビリ堂（この名も気になるが）へ下っては困るので、そんなはずはないと思って稜線方向の植林内に目をこらすと、先の方に赤いテープが見える。すなわちシダンゴ山へのコースは、どうやら認知されていないものらしく、入ってみると踏み跡程度の道が心細く続いている。け

虫沢の茶畑から見上げるシダンゴ山（右）は、このように愛嬌のあるドーム型。春風によく似合う風情ではあるまいか。左の高みは地形図に812メートルとある峰だ。

れども、あわやというところに辛うじて色あせたテープが下がっているのでなんとか踏み跡をたどることができる、というのがこの先の秦野峠分岐あたりまで続くことになる。

ほとんど植林、たまに開けた伐採地や明るい雑木林というのが定番のコースだが、ほどよいアップ&ダウンでトレースして行くのは、これはこれでわるくない。西ヶ尾山や、ジーとうなる高圧線の鉄塔のピークなどをそんな感じで通り過ぎる。支稜線のケモノ道に入らないように気をつけようなどと話していたら、昨夜の雨でゆるんだ山道に、明らかに偶蹄目と分かる足跡がぼ

高松山と西ヶ尾山の間の西側が開けたところからの眺め。急斜面に丹念に植えた木が育っている。近くの山頂は日影山、遠い三角峰は菰釣（こもつるし）山だろう。

くらの行く方へ続いているのに気づいた。ならばシカかカモシカかイノシシか。泥を引っかいたような足跡からして、すぐ前を駆けて行ったと思われるので、もしやそのあたりのヤブ陰でじっとこちらを見つめているのではと思い、それからは緊張感のあるウォーキングになった。

秦野峠分岐まで来て、ようやく北側の展望が開けた。珍しくベンチもあって、檜岳から伊勢沢ノ頭への稜線が目の前に立っている。下の谷間には工事中の林道が見えて、工事車両がゆっくり動いている。道もこのあたりからは丸太の階段とか、整備した跡がある。

また植林の道になって高みを一つ越すと、急下降して田代方面分岐の峠で、少し登り返して、ようやくシダンゴ山に着いた。本日初めての展望絶佳の山頂は草地のドームで、気分も明るくなり、遅いランチタイムとする。あいにくガスが去来し始めたがそれもよし。偶蹄目にはついに会えなかったねなどと話しているうちに気温が下がってきたので下山にかかる。峠までもどって、田代へ下る道は途中から林道になり、木々の枝先に春近いのを感じながら里をめざした。

（一九九二年五月）

●アクセス
小田急小田原線新松田駅から富士急湘南バス（☎0465・82・1361）寄方面行18分、田代向下車。帰路も同路線。

●参考コースタイム
田代向バス停（1時間20分）尺里峠（45分）高松山（1時間50分）秦野峠分岐（55分）シダンゴ山（1時間20分）田代向バス停

●2万5000分ノ1地形図　秦野・山北

●問合せ先
松田町役場☎0465・83・1221、山北町役場☎0465・75・1122

59 大野山　おおのやま　722・8m　神奈川県　西丹沢

牛はいずこへ

冬晴れの日に歩いてみたい、とかねてから思っていた山がある。西丹沢の入口の、大野山である。

大野山は丹沢には珍しく、山頂のあたりがなだらかな台地状の丘陵で、そのために頂上一帯が牛や羊の放牧場になっており、牧草地が広がっている。

などということは、実は案内書で知ったので、ぼくは大野山へ行ったことがない。けれども車で東名高速を西へ向かうときに、都夫良野《つぶらの》トンネルの少し手前で右前方に見えている後線こそ、その大野山に違いないと思って、通るたびに見上げていた。

その大野山へ、まさに冬晴れのある日、出かけることになった。しかもこの日は子供（小学生）二名、おとな二名が同行するという、近頃珍しい大部隊である。これは以前から、ピクニック向きの山へ行くときは報《しら》せるという約束をしていたので、牛や羊のいるのどかな大野山ならぴったりであろうと、お誘いしたからである。

景色がいいんでしょうねーと楽しそうなおとな二名と、牛や羊に触っても大丈夫か

古宿の共和小学校の校庭から見上げる大野山。この優しい形と牧草地の明るさが、典型的な里山・大野山のよさである。山腹の集落は深沢。

なーとはしゃぐ子供二名を乗せて、冬の朝の東名高速を西へ。大井松田インターで出ると早くも富士がくっきり見えて歓声が上がる。快晴のわりには風も弱くて、この上ないハイキング日和なのである。

　山北を過ぎ、大野山入口とある信号で右折して、東名高速の高架橋をくぐった先の鍛冶屋敷とあるあたりに車を停めて、歩き始めた。

　山村を縫うようにして急坂を上がっていく。要所には必ず道標があるので迷わないが、柿や大根が干してある庭先を通り、茶畑の間を抜けていくと、おとな二名は早くも遅れがちで、これを激励しつつ行くと正面にまっ白な富士が現われて、共和小学校前（※廃校。現在は共和のもりセンター）に出た。校庭を見下ろすようにして大野山がある。車道が通じている山だから、ときたま車やバイクの騒音が上がっていくけれど、それ以外はトリの声ばかりだ。

地蔵岩観世音、子育地蔵尊、参拝道とあるのが登山道で、ようやく車道と分かれて山道へ入る。暖地の里山らしく常緑樹の多い雑木林を、枯葉を踏んで行くのが心地よい。観世音と地蔵尊へは左に少し入る。何でも願いごとが叶うとあるので、一同口ぐちに何やらとなえて熱心にお願いした。

すっかり葉が落ちて日当たりのよい雑木林を行く。涸れ沢を木橋で渡ったり、トリが近くまでやってきたりしておとなは結構楽しいのだが、子供はそろそろ退屈、というあたりで右側の斜面が明るく開けて、やっと牧草地である。

さあ牧場だ、牛がいるかな、と子供たちは丸太の階段道をかけ登っていく。一直線に天まで登りそうな道は相当に急な登りだが、子供たちは一気に登り、だいぶ遅れておとなが登り着くと、牧場の柵の脇にへたり込んでいて、牛も羊もいないよと不平顔である。なるほど、見渡す限りの牧草地に動物の姿はまったくない。冬はきっと小舎に入っているんだよ、そろそろ昼どきでエサ場に行ったんじゃないの、などと牧場の

大野山の山頂からの眺めは、この丹沢湖、そして大群山（遠くの右側）、加入道山（同左側）がなんといってもベスト。山頂から左下に見える三保ダムへ向かって下る道もある。

人に代わっておとなたちが言い訳をしても、子供たちの不満は解消しないのである。

動物はいなくても、稜線に出ると丹沢の山々が一望ですばらしい。さすがに西丹沢の展望台と感心してしまう。塔ノ岳、丹沢山、蛭ヶ岳、檜洞丸と、アルプスを見ているようである。

牧場案内図のある分岐を頂上に向かうとすぐに、サクラの植樹があり、園地になっている大野山の山頂だ。祠《ほこら》と六角形の四阿《あずまや》があり、パラボラアンテナがあり、富士山、箱根山、丹沢の山々と、広い山頂を歩き回ればどの方向もすばらしい景色だが、見どころは北側、足下の丹沢湖から大群山（大室山）、加入道山の眺めである。

さすがに山頂は風が冷たいので、暖かい南側斜面の枯芝に場所を移して、ピクニックである。コンロを使って緑茶、コーヒー、みそ汁、ポタージュ、そしてのり巻きにお稲荷さんにハンバーガーと、日本人の食生活の混乱そのままのランチを、みんなで楽しく頂いた。

牧草を食べる牛や羊を見たいという子供たちのために、南側の牧草地を巡って下山することにした。山頂あたりだけでなく、南斜面はどうやら中腹まで放牧場らしいのである。足柄方面の眺めがよい、谷峨《やが》へ下る道を辿った。午後になるとやはり風が冷たく、

何か居心地の悪そうな牛である。それも道理。牧草地に牛が一頭もいなかったので、せめてイラストでと、牛を描き入れたのだ。見なかったものを描くのだからイラストレーターはずるい、と写真家に言われた。

下山路あたりの牧草地にも牛の姿は見当たらない。あたりは枯スススキから雑木林に変わって、子供たちもようやくあきらめ、別の遊びを始めた。林道を二つ横切って車道に出て左へ。それからは車道歩きだけれど、天然記念物・鼓掛の紅葉（不思議な形のカエデ）や都夫良野の頼朝桜（二代目）、ひなびたお寺、道祖神、湧水などあって楽しい道で、しりとりやい、い、い、なぞなぞにあきたころに、鍛冶屋敷に戻った。

（一九九六年二月）

●アクセス
JR御殿場線山北駅下車。
●参考コースタイム
山北駅（45分）鍛冶屋敷・大野山登山口（1時間50分）大野山（35分）つぶらの公園（30分）鍛冶屋敷（40分）山北駅
●2万5000分ノ1地形図
山北
●問合せ先
山北町役場☎0465・75・1122

⑥⓪三浦富士《みうらふじ》 182・9m 武山《たけやま》 200m

神奈川県 三浦半島

砲台が遺跡となる日まで

浦賀水道を東京湾へ入ろうとする船が、左手に見て目じるしにする山。それが三浦半島の先端にある武山丘陵地だ。

三浦海岸からすぐに立ち上がるこの丘陵は、標高わずか二〇〇メートル前後なのに姿形がみごとで、富士山、砲台山、武山というそれぞれ由緒ある個性的な山頂が並び、山腹はミカン山、稜線あたりは雑木林に覆われ、山道もしっかりあって、小規模ながらも楽しいハイキングの要素が揃っている。この低山シリーズでもたぶん最低山（〝最低の山〟ではなく標高が最低という）に当たるこの武山丘陵を、春まだ浅いある日、歩いてみた。

出発点は京浜急行の津久井浜駅で、初めに目ざすのは丘陵東端の富士山（一八三・四メートル〈※当時〉）。これは三浦富士とも呼ばれ、山頂には古くから浅間神社が祀られ、すなわち富士山信仰の山であって、駅からも見える山頂めざして車道を進み、道しるべに従って畑の中を登っていくとミカン山に入り、古い鳥居に出合う。この道

浅間神社表参道から見た砲台山（右端）と武山（中央）。標高はわずかでも要衝にあるからアンテナの類がたくさん立っている。武山から左への尾根を下るのが武山不動院の南参道。

が浅間神社の表参道であることに、ここでやっと気づいた。

警察犬訓練所の犬が吠えたり、学校のアナウンスが叫んだりと、里近い山は賑やかだが、ようやく雑木林に入って山道らしくなり、気分もくつろぐ。海が近い暖地の林らしく常緑の広葉樹が多いのも、独特の味わいだ。

石段の急登が終わると、早くもこれが三浦富士の山頂だ。週末とはいえ、せまいところに人が大勢いて驚く。浅間神社の奥社の小さな社が鎮座するが、その前でブランチを拡げるグループさえいる。ともかく人気のお富士さんであることが分かった。

混雑の富士山頂を後に、これより縦走路をたどる。落葉樹が少ないので見通しはあまりないが、しばらく行くと久里浜方面が開ける。このあたりは丘を削った住宅地が多いのである。

右からオフロードが上ってきて、それに合流すると、見晴らし台がある。三浦海岸から剣崎、相模湾の方まで一望で、霞んでいなければ本物の富士山も見えるに違いない。

オフロードをたどると左に道が分かれ、武山への縦走路がこれだが、オフロードをたどって砲台山へ寄り道することにした。

砲台山は武山丘陵の最高点（二〇四メートル）で、いまは海上保安庁武山受信所のアンテナが張りめぐらされているけれど、名前のとおり、昔はここに砲台があって、浦賀水道を進入

このコンクリート製のくぼみが、大砲の回転台座だ。「ナバロンの要塞」とかドラマのなかならおもしろいが、現実にはこういうものは、すべて遺跡になってほしいものだ。

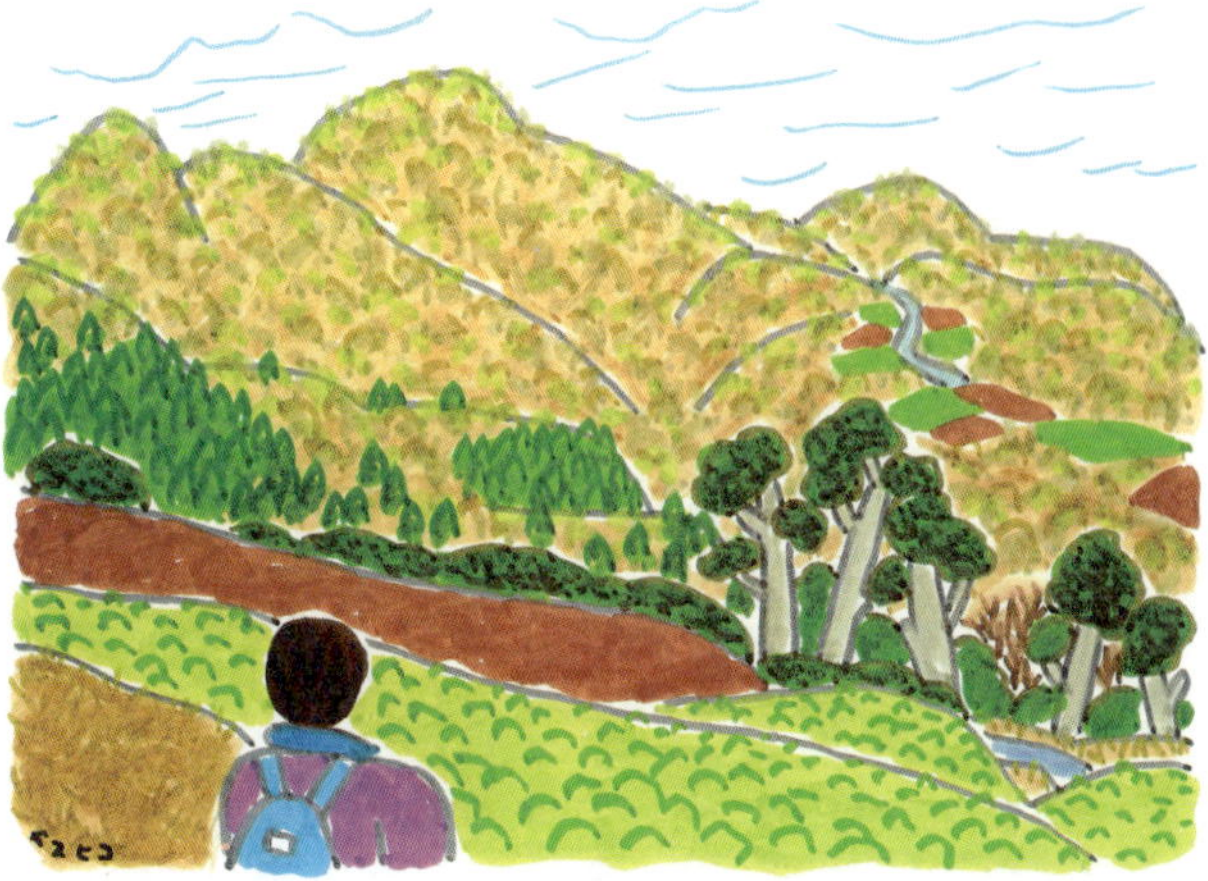

この方角では、べつに富士山には見えない三浦富士。この反対側（東側）からのルックスが、どうやら富士山らしい。

してくる敵艦に備えた。すなわち敗戦までは要塞だったわけで、アンテナの下に残っているコンクリートの構造物は、大砲の回転台座の跡だ。こう見えても半世紀か一世紀後には昭和時代の貴重な遺跡になるかもしれないね、などと話しつつ縦走路にもどる。

シノダケが繁り、常緑樹の多い道を武山を目ざすと、整った階段状の道と手入れのよい植栽が現われ、武山不動院東門とある門を入ると、これが武山だ。山頂一帯は浄土宗龍塚山持経寺武山不動院という長い名前のお寺の境内で、ここは波切不動、つまり船舶が安全に航行できるように祈願する不動尊だ。波切不動は船の目じるしになる山に祀られることが多いので、武山の場合はまさにそれだ。

境内のひと隅に展望台があって、ここはもちろん見晴らし抜群。この日は遠くが霞んでいたが、三六〇度見渡せる。展望台のまわりはサクラやツツジが多く、名所とあるからには、シーズンにはきっと賑わうことだろう。

下山路は南門を出て、南参道を下ることにする。この道はシイの古木やヤブニッケイ、トベラなどが繁り、トリの声がしきりで気分がよい。

調子よく下っていくと雑木林が尽き、車道に出合う、これでハイキングも終わり。ここまでで歩行のみ約二時間なので、少々もの足りないねと話しながら車道を下っていたら「武山オレンジルート」という案内が目についた。これがどうも自然歩道らしいので、ついでに歩いてみようということになった。

武山丘陵の山麓一帯は、この季節は見渡すかぎりのキャベツと三浦大根の畑。ちょうど採り入れていたので、大根おろしのフレッシュさを感じて一本、ついでにキャベツも一個、重い土産になった。

ハイキングコースの方はほとんど道しるべがなかったが、こちらは道案内はじめ周辺の植物やトリの説明、歩き方など教育委員会的なパネルが随所にあり、道もよく整備されて歩きやすい。

　初めのうちはミカン山を抜ける道で、次第に登りになり、登りついたところはどうも見たことがあると思ったら、先ほどの砲台山の下だった。

　それならもう一度というわけで、再び富士山に登り、表参道を下って津久井浜駅にもどっても、まだ日が高かった。

（一九九二年四月）

●アクセス
京浜急行久里浜線津久井浜駅下車。

●参考コースタイム
津久井浜駅（50分）富士山（30分）砲台山（25分）武山（30分）観光農園（30分）砲台山分岐（20分）富士山（45分）津久井浜駅

●2万5000分ノ1地形図
浦賀

●問合せ先
横須賀市役所☎046・822・4000

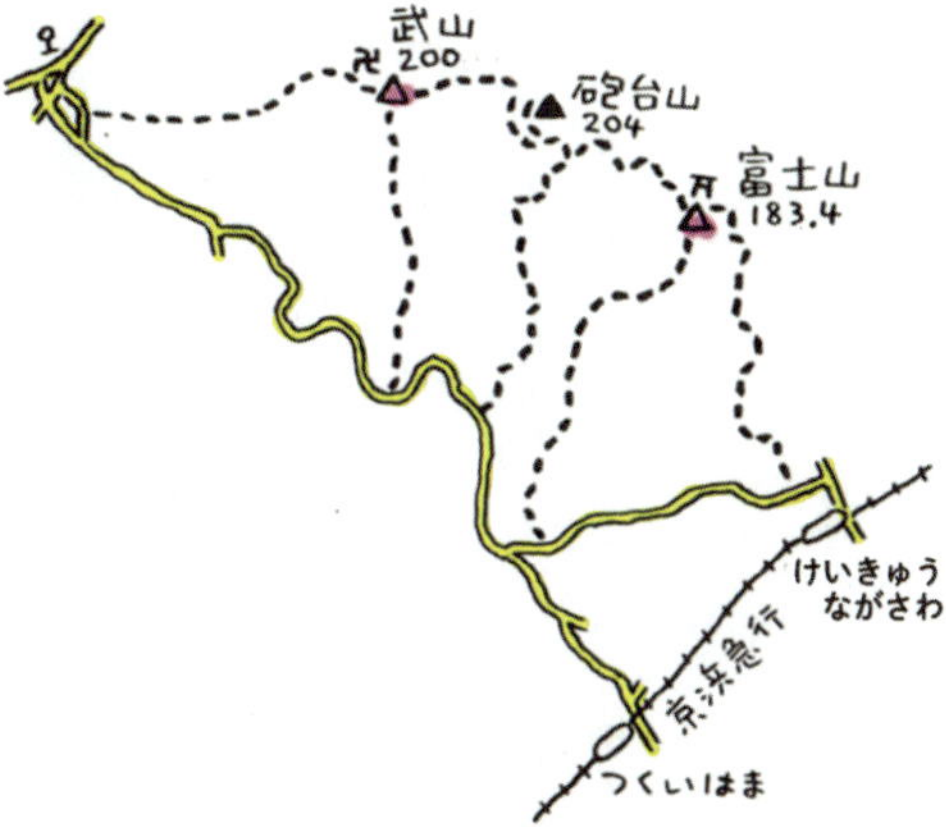

61 塔ノ峰　とうのみね

566・3m ― 神奈川県　箱根

インドと箱根の不思議な関係

箱根の塔ノ峰といっても、知らない人が多いのではないか。箱根の古期外輪山といわれる明神ヶ岳から明星ヶ岳へと続く稜線は、さらに東へ延びるが、その最後の高みが塔ノ峰である。標高はわずか五六六メートルだが、小田原から箱根へ入るときに、最初に迎えてくれる山が塔ノ峰なのだ。その塔ノ峰が、箱根大好きのぼくにとって唯一箱根で歩いていない山だったので（登山禁止の二子山を除いて）、同じように塔ノ峰をまだ歩いていないという友人を誘って、穏やかな春の一日、塔ノ峰へ行くことになった。

塔ノ峰はふつう、明星ヶ岳の下山コースとして歩く人が多いようで、塔ノ峰だけならば直下の塔ノ沢温泉から一時間程度の登りだという。しかしそれではいかにも味気ないと思い、調べてみると箱根登山鉄道の風祭《かざまつり》駅から水之尾を経て稜線を辿り、ようやく塔ノ峰に達するというコースがあり、その暢気さが両名とも気に入ったので、その通りに歩くことにした。

湯本の旧東海道あたりからは、塔ノ峰がこのように見える。低山であっても箱根の山の一つなので、それなりの風格があると思う。山麓の建物は湯本の温泉旅館である。

「風祭」という地名は以前から好ましいと思っていたので、何かうれしい気分で、ローカルな小駅に降り立った。旧道を少し戻り、道標に従って流れに沿う道を辿ると、小橋を渡ったあたりからみかん畑の農道になり、長閑かな気分である。登りつめて車道に合流し、水之尾の集落を抜けると林道となり、相模の海が見える辺りを過ぎ、「上水之尾用水溜池」先の分岐を道標に従って左へ入るとゲートがあり、そこからは新しい林道だった。

ゲートの脇を抜け、立派な舗装の林道を行くと左のスギ林へ入るようにという道標が見つかり、ようやく山道に入った。暗いスギ林は単調だけれど林道よりはましなので、最近観た映画の話などして歩くうちに、木の間に明星ヶ岳らしい高みが見え、常緑樹やアカマツの多い雑木林も現われ、岩石の多い急登になって、山頂が近いと感じた。そして小沢のような窪みを越えて明るい所に出ると、三等三角点のある塔ノ峰の山頂だった。

東側はスギ、ヒノキ林だが、その他はアカマツの多い雑木林で、日ざしが暖かくトリの声もしきりで、展望はなくても好ましい、低山らしい山頂だと思った。案内板に「西インドの阿育（アショーカ）大王が仏舎利（釈尊の遺骨）を安置した宝塔の一つが、この山の中腹、阿弥陀寺の岩屋で見つかったといわれ、この山を塔ノ峰といいます。」とある。その阿弥陀寺は下山の途中で立ち寄る予定なので、ぜひ岩屋にも行ってみたいねと話した。それから「山頂には小田原北条氏の出城の跡が見られます。」ともあるので、先ほどの窪みに思い当たり、あれは出城の堀の跡じゃないかということになり、二人で五〇メートルほど引き返して丹念に観察して、これは北条氏の出城の堀跡と勝手に断定した。出城の堀跡というのは二人ともこれまでに何カ所も見ており、それがこの地形そっくりなのでまちがいないというのが、ぼくらの判断だった。そして、この辺までは小田原北条氏だが、もっと箱根の奥深く入れば「風魔衆」（大陸から渡来した中世の忍びの集団）の領域だからねと話して、木の間から遠くを眺めたのだが、これは両名とも『影武者徳川家康』（隆慶一郎）を読み過ぎて史実と思い込んでいるためである。
史実とフィクションの間を彷徨《さまよ》って思わず長居した塔ノ峰山頂をあとに、南側の阿弥陀寺へと下った。キブシの黄色い房に春を感じる雑木林の下りはこの日のハイライトで、ときどき立ち止まって木々の枝先を確かめ、トリの声に耳を傾けた。木の間に駒ヶ岳や神山が見え、だいぶ降りたところで「修行の岩屋←」という道標に出合い、これが宝塔が見つかった岩屋だというわけで、両名とも勇んでそちらに向かった。

見晴らしはまったくないが、雑木林と植林に囲まれて静かな塔ノ峰の山頂である。塔ノ峰の由来を書いた案内板と道標と三等三角点があった。

五分ほど行くと入口を大岩が塞いでいる岩屋があり、さらに上の方に「奥の院入口」とあるので、本命はそちらに違いないというので登ってみると、石塔や石碑が並ぶもう一つの岩屋があって、その中央にはさらに洞窟が穿たれ、奥を覗くとそこにも石塔らしいものが見えた。それで、件の宝塔はないにしても歴史的な聖域にちがいないので、二人して襟を正して拝したのち、下山路に戻った。

岩屋からわずかで阿弥陀寺に着いた。このお寺の本堂は幕末期に民家を移築したものだそうで、中から大勢の唄声が聞こえるのは「民謡上達祈願寺」（看板があった）の故だろうと思った。そして、皇女和宮《かずのみや》の終焉の地として知られ、またアジサイ寺としても有名なのを知った。大きな数珠車や、少しくだったところの古寂びた山門に感心したりして山を下り、車道に出て湯本方

阿弥陀寺本堂の入口にある「百万遍念仏の数珠車」である。天明4（1784）年に作られたそうで、当時のある信者が念仏の仲間を集め、一人びとりの名を数珠車に刻み、これを毎日住職に廻してもらうことで百万遍念仏を称えたことになると考えたものという。経文を彫った車（マニ）を廻すのと似ていると思った。

宝塔が見つかったとされる岩屋である。阿弥陀寺を開いた弾誓上人もこの岩屋で修行したが、それ以前に掘られたものという。入口に並ぶ石塔には弾誓上人よりはるか以前のものもあり、ここに初めて草庵が作られたのも開山以前のことだそうだ。岩屋で見つかった宝塔は、大型の石塔（阿育王塔）に納め、現在は本堂横の山中にある。

面へ向かったが、まだ日が高いので湯本温泉街の上にある早雲寺を訪ねた。

早雲寺は北条氏綱が父早雲の遺命で建てた名刹で、小田原北条氏五代の墓所である。粛然とした境内を通り、本堂裏手の枯山水の名庭を拝見した。そして最後はもちろん温泉ということで、最近また数が増えた立ち寄り温泉の一つを訪ね、野天風呂に浸ってウーンとうなって満足。塔ノ峰ハイキングが完結した。

（二〇〇三年四月）

●アクセス
箱根登山鉄道風祭駅下車。帰路は箱根登山鉄道箱根湯本駅。

●参考コースタイム
風祭駅（1時間）上水之尾用水溜池（1時間）塔ノ峰（55分）阿弥陀寺（35分）早雲寺（15分）箱根湯本駅

●2万5000分ノ1地形図
小田原南部・関本・箱根

●問合せ先
箱根町役場☎0460・85・7111

62 湯坂路《ゆさかみち》 鷹《たか》ノ巣山《すやま》834m 浅間山《せんげんやま》801・5m

神奈川県 箱根

湯の香恋しい石畳

温泉に浸って、それから景色のいいところを軽く歩くなんてどうかね、と言い出したのは友人Aだった。長い外国暮らしから戻ったAと共通の友人Bと三人でいるときに出たこの提案はすぐに実行に移されて、還暦過ぎのおじさん三人はいま、霜のおりた箱根の山道を歩いている。

ゆうべの場宿は快適で、ぼくは不覚にも早く寝てしまったが、AとBは遅くまで飲んで話していたらしく、少し寝足りない顔で登山鉄道を小涌谷《こわきだに》駅で降りた。けれども朝の冷気の中を歩くうちにすっかり目が覚めたらしく、千条《ちすじ》ノ滝が初めての二人はしきりに感心して眺めていた。とくにAは、この日本らしい自然を感慨深く観ているように思った。滝壺の水に触れて、あっ温かい、温泉が混っているんだ、とBが少年のような声を上げた。

千条ノ滝から蛇骨川を小さな橋で渡ると分岐で、道標に「鷹ノ巣山・芦の湯」とある右の道に入った。谷川の道は暗く冷たく、冬枯れた雑木林を霜を踏んで行くわけで、

天気がよければ冬ものどかな浅間山。枯草の山頂で低山ハイキングのよさを味わう。向こうの山は左が駒ヶ岳、右が神山。手前の山裾に湯ノ花温泉がある。

三人とも冗談もいわず、黙々と歩いた。

けれども、ひと登りして稜線の道に出たとたんに、そんな気分は解消した。幅広く切り開かれた防火帯の中を行く尾根道は冬晴れの太陽がまぶしく、これから向かう鷹ノ巣山の斜面もいかにも暖かそうに見える。それにこの道は、江戸時代に須雲川沿いに東海道ができるまでの箱根越えの道、つまり鎌倉古道なんだ、と案内書の受け売りを話すと、二人とも急に興味が湧いた様子で辺りを眺め回して、そうするとこの石畳も鎌倉時代のものかという。そういわれると自信がないが、旧東海道の石畳と同じようだからたぶんそうだろう、などと話しているうちに鷹ノ巣山の山頂に着いてしまった。

秀吉が小田原攻めをするというので北条方が急遽築城した箱根の城の一つである鷹ノ巣城が在ったという鷹ノ巣山の山頂は、西側半分が開けて展望がすばらしい。箱根の主峰、神山と駒ヶ岳がまる見えで、その裾の丸山やゴルフ場、駒ヶ岳ケーブルカー（※廃止）が動くのまで見てとれる。カヤトに囲まれた小広い山頂は枯草のカーペットで宴会ができそうだが、それは浅間山にとっておいて、保温水筒の紅茶をひと口ずつ飲んで休憩した。

浅間山へは、鞍部までは登ってきた道をそのまま下る。鎌倉時代の石畳かあ、などとひとり言を

高さはないが幅広く、溶岩層の間から無数の糸のように水が湧き落ちる千条ノ滝。変種の滝というべきか。温泉も混っているようで、触れるとわずかに温かい。滝の水は蛇骨川に注いでいる。

言いながら滑りがちな道を下って先ほどの分岐で、そこからは防火帯の道を緩やかに登っていく。この道は左右にサクラやツバキ、アジサイなどが植えられて園地のような感じで、サクラのシーズンには賑わうに違いない。それにしてもアジサイの花の残骸は冬のいま頃まで残ってしぶといやつだね、などと文句をいっているうちに浅間山の東西に長い山頂に着いた。

浅間山は、見晴しは鷹ノ巣山ほどではないがやはり枯草を敷きつめて広く、週日なのに何人ものハイカーが休憩していて、人気のある山頂だと分かる。頭部が欠け、上が崩れて根っこまで露出した三角点の標石を確認してから、ぼくらも程よい場所に腰を下し、まずはワインで乾杯。それから昼には少し早いけれど結構腹がへったねということで、宿に頼んでおいた特別弁当のフタを三人で一、二の三で開いた。そして期待に違わぬ豪華な弁当をしっかり頂いて、健康であることに感謝した。

食後は時間もたっぷりあるので、冬とは思えないのどかな山頂で、とりとめもない話をしたり、駒ヶ岳の丘に現れる雲を数えたりして過ごし、何もすることがなくなったところで腰を上げた。

下山は湯本に向かって湯坂路、すなわち鎌倉古道の跡をひたすら下った。登ってき

同じようななだらかな形の山が三つ。遠くは左が明神ヶ岳、右は明星ヶ岳でともに外輪山。近くが浅間山で、湯坂路はこの稜線を右にひたすら下って湯本に至る。鷹ノ巣山からの眺め。

た道と同じように、この道も幅広い防火帯の中を行くもので、道の左右は枯れたカヤト、防火帯の左右はカラマツ、下るとスギやヒノキ、それにハコネダケも現れる。地図にある湯坂山の三角点は気付かずに下って、ついに道は防火帯から外れてスギの植林や雑木林に入った。再び石畳を行くようになると、やはりこれは場坂路らしい雰囲気で、少々暗いけれどこういう感じがいいねと誉めたところで「湯坂城跡」の案内板に出合った。湯坂城は鷹ノ巣城よりずっと古く、室町時代に大森氏が築いたとある。しかしのちにはこれも秀吉の小田原攻めに備えて整備され、当時の土塁の跡がいまも残る、とあるのでさっそく三人して辺りを見回すと確かにそれらしいものが見つかったので、三人ともあやしい考古学者になってしまった。

城跡を過ぎても石畳道、あるいはそれが崩れたと思われる石の多い道が続き、これがまったく歩きづらい。鎌倉古道も崩れると困りものだねなどと文句を言っていると旅館の裏手のようなところを通って、国道一号線の旭橋の脇に出た。そこで、湯本に着いたらとどめにひと風呂と予定していたので、あらかじめ調べておいた宿に直行。気分のよい野天風呂に浸って大満足の幕切れ《フィニッシュ》となった。

（一九九八年二月）

●アクセス
箱根登山鉄道小涌谷駅下車。帰路は箱根登山鉄道箱根湯本駅で乗車。

●参考コースタイム
小涌谷駅（25分）千条の滝（45分）鷹ノ巣山（20分）浅間山（40分）湯坂山（55分）箱根湯本駅

●2万5000分ノ1地形図
箱根

●問合せ先
箱根町役場☎0460・85・7111

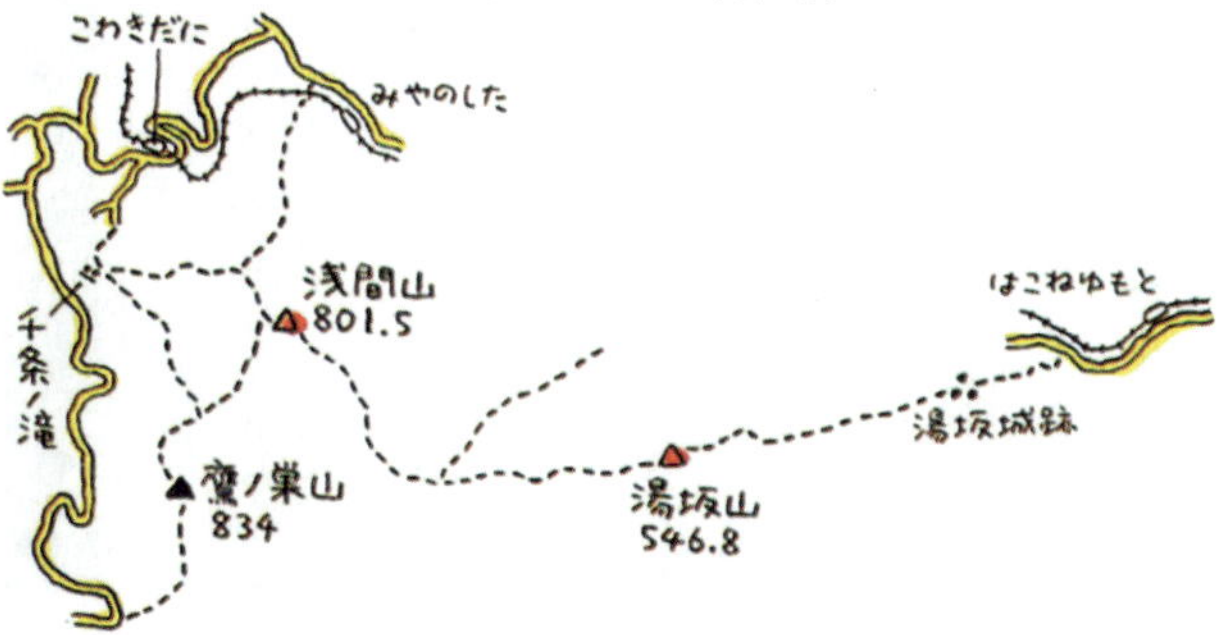

㉝三国山　みくにやま　１１０１・８ｍ　神奈川県　箱根

行先は風にまかせて冬木立

冬の温泉宿の朝。窓の外は裸の雑木林がいかにも寒そうで、低い雲からは小雪もちらつく。

箱根は冬がいい。静かな山の湯も、展望の低山歩きも、冬こそベストだ。だから温泉つき低山歩き中毒者にとっては、冬の箱根は結構の極みというべきであろう。

朝食が済んだころを見計らうようにして西の方から雲が切れはじめ、日も差してきた。頼んでおいた弁当も届いて、竹の皮の中から握りめしが、ぼちぼち出かけろと催促する。というところまできて、まだ行先をきめていないのに気づいた。どうする、天気はOKだな、なるべく歩いてないとこにしよう、そうすると西側か？　三国山から長尾峠はどう？

相棒もぼくも箱根好きなので、よく歩く。ただ西側外輪山の稜線ばかりは自動車道路がうるさく通っているのでふだんは近づかない。その稜線のあたりがちょうど宿の正面に見えていることもあって、その中でもとくに目立つ三国山から北へ、稜線をたどることにした。
暖冬傾向といわれるけれど、確かにどこにも雪が見えなくて、これは例年にないことだ。但し、晴れてきた分だけ西風が強いに違いなく、カヤトのあたりが思いやられる。でもまあそれが冬の箱根のいいところだなど言いながら、出かけた。

北から見る三国山は形もよい。山頂の向う側に日本武尊ゆかりの命の泉が、いまも渾々と湧く。右手遠くは駿河の海と伊豆の山々。

湖尻のゴルフ場の前から、湖畔の道に入る。まわりはいきなりシノダケで、このあたりはどこへ行ってもこの植物が大いばりである。深良《ふから》の水門から、初めて登りになる。暗い植林の登りなのに早くも汗ばんできて、ゆうべの酒気が蒸発していくのを感じる。

すぐに湖尻峠に出た。もうすっかり晴れ上がって、神山や駒ヶ岳の頂に雲がへばりついている他は濃い青空。その代り予想通りの強風で、あわてて雑木林の道にかけ込む。一歩入ると少しも風を感じないから不思議だ。

この外輪山の稜線はすぐ脇を観光自動車道が併行している。この道路が完成したために稜線のハイキング・コースの価値が大幅に失われたわけで、実際にこのあたりを歩く人はずっと少なくなってしまった。いまではガイドブックにも載っていない。

けれども、こうして歩いてみると、このコースも決してわるくないと思う。植林を出てシノダケを切り開けたあたりにくると、そこだけ残り雪があって、西にまっ白な富士が見えてくる。雑木林ではアセビが目立ち、ヒメシャラ、上の方ではブナの巨木にも出会う。人影もなく実に静かで、三国山あたりでは車道もずっと離れるせいか、野鳥の声と腐葉土を踏む自分たちの足音ぐらいしかきこえない。

三国山の山頂は雑木林に囲まれて小広く、南端に

箱根のカルデラは立派なものだと感心する。芦ノ湖だってこうしてみるとずい分大きい。神山、駒ヶ岳が景色全体を引きしめる。冠ヶ岳はユーモラスな脇役といったところか。

この丸っこいピークは1063の峰、アンテナがあるのは丸岳、その向うが長尾山と金時山という箱根外輪山の不動のラインナップ。

三等三角点があり、木の間越しに神山、駒ヶ岳が望める。芦ノ湖側は急峻、西側はなだらかな明るい落葉樹林で、風もなく、ランチタイムのあとは昼寝でもしたいほどののどかな気分だ。

山頂からは同じコースで湖尻峠まで戻り、長尾峠に向う。こちらは三国山への稜線とまったくちがい、樹木はほとんどなく、シノダケとササとカヤが割拠していて、見通しのよいことおびただしい。反面、西風がもろに吹き抜けるので、顔をしかめてひたすら登る。芦ノ湖の湖面がどんどん下に離れて、地形図に一〇一八とある地点に立つと、ここは箱根山の構成が全部分ってしまうくらいすばらしいパノラマ・ポイントであって、展望を充分に楽しむ。

そこからは左に富士を見ながら下っていく。

カヤトを過ぎると観光道路の展望台園地のようなところに出る。バスの客が不審そうな目でぼくらを見るので、急ぎ足で通り抜ける。

さて、この先長尾峠までが一時間少々と読んで、湖尻に戻るのが二時間後。三国山でのんびりし過ぎたので少々時間的にきついねえ、ということで、ちょうど直接湖尻へ下る道があったのを幸い、それを下ることにした。外輪山の急峻な内壁を下るので、追い落とされるようにしてゴルフ場の景色めがけて下る。このあたりもシノダケ。傾いた午後の日に、芦ノ湖や仙石原はもう陰の世界に沈んでいく。

あっという間に湖岸に到着。再び温泉につかるべく、宿に向かった。（一九八八年三月）

●アクセス
JR東海道線・小田急線小田原駅から箱根登山バス（小田原営業所☎0465・35・1271）桃源台行50分、桃源台下車。または伊豆箱根バス（小田原営業所☎0465・34・0333）湖尻行50分、湖尻下車。いずれも箱根湯本駅経由。

●参考コースタイム
桃源台バス停（50分）湖尻峠（55分）三国山（40分）湖尻峠（50分）湖尻水門下り口（35分）桃源台バス停

●2万5000分ノ1地形図
裾野

●問合せ先
箱根町役場☎0460・85・7111、裾野市役所☎055・992・1111

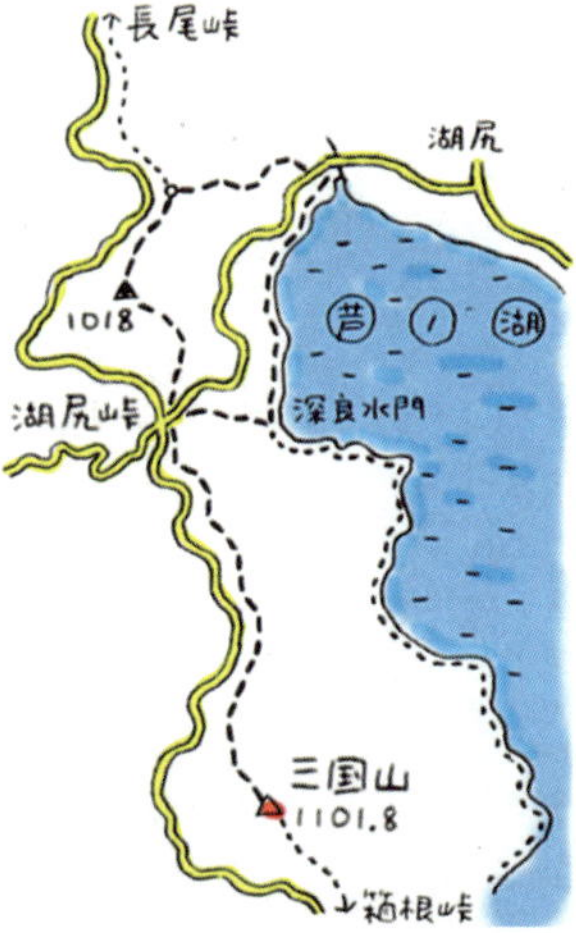

㊹城山　しろやま

563m ― 神奈川県　湯河原

とっておきの山頂で

以前から気になっていた湯河原の城山へ、ようやく出かけることになった。城山の隣の幕山には、南郷山―幕山のハイキングや、最近はフリークライミングなどでもたびたび出かけているのだが、土肥氏の城址で有名な城山は、今日が初めてである。

箱根火山が相模の海に接するこのあたりは、標高は低くても歩いて楽しい山が揃っている。幕山や城山もその一つだが、どれも優しい山容で、山頂はカヤトという点が共通する。そんな条件はピクニック

これがしとどの窟。幅約20メートル、高さ約6メートル、奥行約12メートル、岩壁の高さ約20メートル。中央の溝から洞窟のまん中に水が落ちる。頼朝一行はここで数日ビヴァークしたという。いまは洞窟内に小松石の観世音像61体が安置されている。

を兼ねた軽いハイキングに絶好なので、この日も、そんなハイキングが大好きという人を伴って、春本番の湯河原へ。五郎神社の森が目立つ鍛冶屋から新崎川沿いに入り、新しくなった幕山下の園地に車を置いて、歩き始めた。幕山の岩場を見上げながら川沿いに行くと、キブシやクロモジの花がみつかり、薄曇りながら風も寒からず、実にのどかで、すっかり春の気分である。

一の瀬橋を渡っての分岐は右へ、その先で山へ入る菜畑林道が城山へのコースで、「しとどの窟《いわや》一二〇〇M」と道標がある。常緑樹の多い雑木林をしばらく行くと、レリーフの観音像とベンチがあり、林道はここまで。小沢を渡るとようやく山道らしくなって、やや急な折り返し道を登る。道はよく踏まれているが、苔のついた石が多い。涸れ沢を過ぎたところで、目の前をヤマドリが横切り、血相を変えて（顔色が見えたわけではないが）ヤブの中へ走り込んだので、ぼくらも驚いて立ちどまった。一瞬目にしたヤマドリの長い尾が印象的だったが、羽があるのに何故あわてて地面を走るのかねと、ヤマドリのあわてぶりがしばらく話題になった。

大きな岩を回り込んで登ると、また岩に突き当たり、そこがしとどの窟への分岐で、右に行くと突然岩壁が現われ、そこに思ったより大きな洞窟の暗い空間があった。洞

この存在感は、もちろん幕山。小さいながらも火山の見本のような形だ。山頂はカヤトのドームである。城山から見たところ。

窟の中には石像が並び、岩壁の上からの水が滴り落ちていて、これが「しとど」の由来だろうか。石橋山（小田原寄り）の合戦で敗れた頼朝が落ち延びて（幕山の近くの池で水に写った自分を見て自害しようとして家来が止めたという自鑑水伝説もこのとき）、この洞窟に隠れて敵方の追求を免れたということで、当時は道もない自然林の真ん中にあったわけだから、絶好の隠れ場所にちがいない。ふだんは立派な屋敷に居たのだろうから、さぞつらかったでしょうね。生死の境なんだから、そのくらいがまんできるでしょう——と、これは同行者ふたりの感想である。

城山から見た662・6メートル峰。雑木林と植林に覆われているが、山頂付近はカヤト。登ってみたくなる山頂だ。遠くは箱根外輪山、大観山あたりの稜線。

分岐にもどって、そこから城山トンネルまで登る道は舗装の歩道で、左右に灯籠と九〇体もの弘法大師の座像が延々と並ぶ。このあたりは古来、修験道の行場とのこと。また観音信仰や地蔵信仰もあったそうで、そうした霊地をぼくらは静かに歩いて白銀林道に至り、城山トンネルを抜けて稜線の南側に出た。

トンネルを出ると、相模の海や伊豆半島の青々とした景色が広がって、思わず歓声が上がった。湯河原の街の上に岩戸山が、また大島や初島も春霞の向こうにある。林道と観光道路の接点が椿台で、展望台があり、そこから城山へ遊歩道が延びている。この稜線上の道を緩く登って、ようやく城山に着いた。土肥氏と、その後の小田原北条氏の城塞があったというだけに眺めはすばらしく、ハイカーや車で上

城山から見ると真鶴半島が手にとるようだ。ここから海に向かって下る道もあり、土肥氏の菩提寺・城願寺を経て湯河原駅に至る。

がってきた観光客で賑わっていた。園地の桜も七分咲きで、週末の人出はたいへんだろう。

山頂を東へ少し下ると、ピクニックランドという芝生の広場があるらしいのだが、ぼくらは椿台から間近に見えた六六二・六メートル峰（城山の稜線上でいちばん目立つ山頂で地図にも山名がない）へ登ってみようときめていたので、そこでランチをとるべく、椿台方向へ戻った。

六六二・六メートル峰への道は、先ほど通ったときにしっかり確認しておいたので、すぐ見つかった。地図にもない踏み跡だけれど、もの好きな人がたまには入るらしく途切れることもなく続いて、一〇分ほどで山頂に着いた。予想通りいち面のカヤトのドームで、その中心に三等三角点と小さいアンテナが一基というシンプルな山頂なのだが、これも予想通り人の気配はまるでなく、展望はカヤト越しに三六〇度、城山よりもよいくらいだ。
　ぼくらはこの山頂がすっかり気に入って、カヤトの間から真鶴半島が見えるほどよいところに席を設け、ランチタイムにした。カベルネ・ソービニヨンの栓をポンと抜き、カマンベールを切り、コンロをだしてベーコン・エッグを作ったりと、花曇りの空の下、くつろぎの時が流れた。山名同定をしたり昼寝をしたりして、流行に忠実な同行者が用意してきたココアを頂く頃には風も冷たくなったので、ではそろそろと、下山の途についた。

（一九九六年五月）

●アクセス
JR東海道本線湯河原駅から箱根登山バス（湯河原営業所☎0465・62・2776）鍛冶屋・幕山公園行き（梅の宴期間中は鍛冶屋止まり）18分、幕山公園下車。

●参考コースタイム
幕山公園バス停（25分）一の瀬橋（55分）しとどの窟（45分）城山（30分）662・6メートル峰（1時間40分）幕山公園バス停

●2万5000分ノ1地形図
熱海・箱根

●問合せ先
湯河原町役場☎0465・63・2111

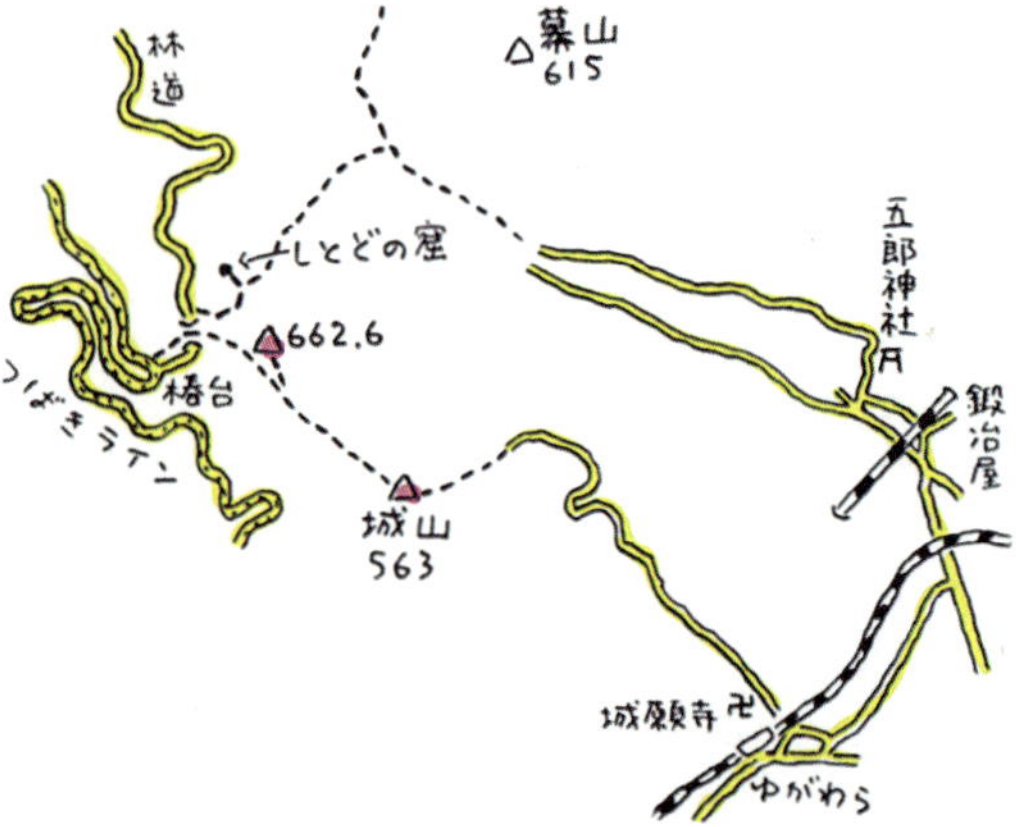

㊺百蔵山　ももくらやま　1003・4m

山梨県　大月（大菩薩山系）

低山の魅力はいつも無限大

百蔵山は大月の町の北東に控える山で、一〇〇〇メートル少々の低山ながら、なかなか姿のよい独立峰だ。すぐ東隣りに人気者の扇山があるのでちょっと遠慮がちに見えるけれど、その扇山と通して歩く人も多い。この山の印象はぼくとしてもよいもので、気軽に歩ける明るい山という分類に入る。アプローチの植林が少々マイナス点だけれど、低山はどこも同じだし、それは百蔵山のせいじゃない。そんな百蔵山へ、ちょうど梅が咲き始めの頃に、出かけてみた。

今回は正面入口に当る下和田から登って、葛野へ下ろうかと思ったのだけれど地図を見ているうちに扇山との間の沢が気になったので、コタラ山の先の鞍部か

富士の展望を誇る場所は数あれど、百蔵山はかなり上位に入りそうである。そのねらいか撮影者らしい天幕がひとつ、風にはためいていた。

ら宮谷へ下ることにした。

地図のそのあたりに破線が描かれているのでそれが頼りなのだけれど、このあたりのメインルートを外れた破線はおおいにあてにならない。まあヤブこぎのつもりでなどと話しながら快晴の寒い朝、下和田から車道を登った。立派なスポーツ施設を右に見送ると道しるべが現われ、それに従って小道に入る。宅地化がこうした山裾にまで及んでいて、ひな段に造成された住宅地があり概に数棟の家が新築されている。白い家、洋風の出窓、新しい家はどこも同じような趣味である。

植林の入口に当って小さな祠《ほこら》がある。「山神社」とあって、すなわち案内地図にも「山ノ神」とあるもの。山歩きの無事をお願いして先へ。これから稜線までは、ほとんどスギ、ヒノキの暗い植林歩きになる。低山ハイキングで必ず歩く植林の道は余り歓迎されないけれど、一つだけよいのは明るい雑木林に出たときの場面転換の妙だろう。それを楽しみに、寒い植林の道を黙って歩く。

道が折れたところで小尾根の稜線に出て、予定通り明るい雑木林になる。とたんに前方の木の幹に「富士が見えるよ」の小さな札あり、振り返ると正しくそこに、白く輝く富士があった。親切な札だなと思ったら札の脇に小さく「サンキュー」とある。同

扇山との鞍部から見上げた百蔵山はぐっとシャープ。この方向からのルックスが最高とぼくは思います。右のコブがコタラ山。タラコ山なんて言わないの。

感。ひたすら登っているときに、人は景色に、特に背後の景色など気づかぬもので、きっとずい分もったいないことをしているのだろうね、と話し合う。

　肩で葛野への道を見送って、きもちよい雑木林の中を山頂をめざす。北側にはカラマツが多く、それごしに向うの山の斜面が明るい。

　百蔵山、一〇〇三・四メートルの山頂は南が大きく開けていて、誰でも楽しくなってしまうようなところだ。もちろん正面に富士がドンとあり、前景に道志の山々が控える。風が強いけれど、どこか春の気分がして、寒さもさほどこたえない。枯れたカヤトに陣取って恒例の野点《のだて》としゃれる。今日は相棒のお手前で、ラム入りコーヒーである。

　寝ころんで空しかない空を見る。空だけの空を見るときはどこに焦点が合っているのか。多分無限大

遠く居流れる大菩薩連峰。こちらから眺めは実に堂々たるもの。それをバックにのどかに行くのが相棒とぼく。

だ。本当に無限大になっているか。いや、分らない。

東西に長い山頂の東の端からコタラ山に向って下る。灌木を頼りにスラロームふうに急下降する。こうして降りるときにここを登らなくてよかったといつも思うけれど、登りに使ったときはさほどでもないのであって、そういう人の心理はおもしろいと思う。

コタラ山は稜線上の小突起といったものだけれど、ここからの南斜面はすっかりあけ広げられたスギ苗地で、歌の一つも出ようというプロムナードになっている。ほとんど水平に延びる道はいかにものどかだ。振り返ると百蔵山が実によい姿でそこにあり、肩から富士が、まだいるぞ、と顔を見せる。

そろそろ下り道がありそうと思っているところで分岐に出合う。地図には沢へ下る道が二本描かれているので、その一本目と思うけれど道しるべがない。次の道の方がメインかもしれないということで見送ると、また一つ入口あり。こちらも道しるべがないが、ともかく入る。

林業用道らしいこの道はやはり人がほとんど入っていなくて、踏み跡が辛うじて残っている程度。ヤブはさほどでもないがケーブルの末端のところで分らなくなり、やっと探し当てて下っていって、宮谷の集落に向う林道に出合ってひと安心。帰りは名勝・猿橋を久しぶりで見た。(一九八八年四月)

●アクセス
JR中央本線猿橋駅下車。
●参考コースタイム
猿橋駅(45分)山ノ神(1時間20分)百蔵山(40分)宮谷分岐(1時間10分)猿橋(20分)猿橋駅
●2万5000分ノ1地形図
大月
●問合せ先
大月市役所☎0554・22・2111

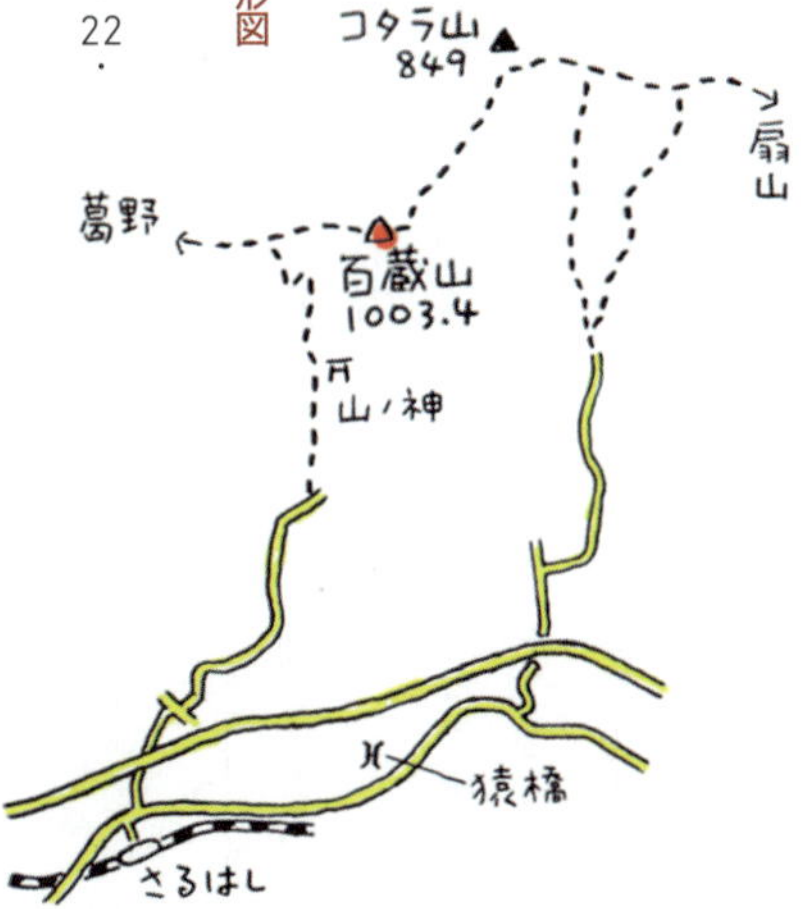

⑯ 岩殿山 いわどのさん　634m ― 山梨県　大月

兵どもが夢の跡

列車でも高速道路でも、東京から西へ向かって大月あたりにさしかかると、小さいけれど岩壁のそそり立つ勇ましい山が見える。それが岩殿山である。

ぼくも昔からこの辺はよく通ったので、この小さな岩山にそれなりの親しさを感じていた。そして、周囲を岩で固めた山容がまるで城塞のようだと思っていたところ、あるとき本当に戦国時代に城が在って、それも関東三名城のひとつというほどのものだったときいて、なるほどと納得したり、またこの岩山を見直したりもした。

そんな岩殿山に、同じように興味を持っていた友人と二人で初めて出かけた。早春の日ざしが眩しく、耳が凍えるほど風の冷たい日だった。

大月駅から目の前に立ちはだかる岩殿山に向かい、桂川に架かる高月橋を渡る。このあたりの桂川は、深く岩を削って流れ、橋から渓間を見下ろすと足がすくむ。この桂川も岩殿城の守りに役立ったんだろうねと話しながら、橋を渡った。

高速道路のトンネルの脇に「岩殿城跡入口・岩殿山丸山公園入口」（※2024年12

月現在、強瀬ルートは崩壊のため、ふれあい館から先通行禁止）とあり、立派な階段道があるのだが、もっと東寄りにも登山口があるらしく、コースとしてはその方が本筋のように思えるので、さらに車道を進んだ。

登山口は「岩殿上」のバス停の前にあった（※現在、岩殿ルートは通行禁止）。コンクリートの階段に立派な手すりまであって味気ないが、ともかくいきなり急登で、アカマツの多い雑木林をせっせと登る。扇山、百蔵山、権現山といったなじみの山々が背後に大きく見え、やがて岩壁の下に出た。

特徴のある岩殿山の岩壁は、近寄って見たら礫《れき》岩《がん》だった。触れてみると脆く、岩の中の石粒が簡

天神山から見た岩殿山。この山頂全体が城郭であった。岩殿城は郡内地方を領有した小山田氏の主城。武田氏と同盟関係にあり、武田氏が勝頼の自刃で滅亡した天正10（1582）年3月11日の直後の3月24日に落城。小山田一族も滅亡し、岩殿城は廃城となった。左は扇山。

単にポロリととれて、同行の友人も意外な顔つきだ。もっともこれが固い岩だったらまた格別に問題になっているはずである。それに礫岩であっても岩殿山の責任じゃないからねと話して、先を急いだ。

南側に回り込むように急登して、突然小広い場所に出た。ここがもう岩殿城の城郭の一部で、馬場跡とある。南寄りに兵舎跡、南物見台跡とあり、これが大月市街から見えた鏡岩の上に当たり、展望がすばらしい。道志の山々、特に御正体《みしょうたい》山や杓子《しゃくし》山が目立ち、正面に富士、高川山から三ツ峠山、足下には大月市街や桂川など、少し登っただけでこれほどの展望は立派なものと感心した。

馬場跡を北に登ると蔵屋敷跡、三の丸跡、二の丸跡、そして本丸跡が山頂に当たり、烽火《のろし》台跡が標高点だろう。その脇にはUTV、YBS、NHKなどのアンテナが林立している。案内によると、この烽火台は群内（甲州東部）の烽火通信ネットワークの中心で情報をなによりも重視した武田氏の戦略上の重要拠点だったとのこと。そこに現代の烽火ともいうべきアンテナが立ち並んでいるのはおもしろく、またここを烽火通信の拠点に選んだ昔の人の炯眼《けいがん》を、友人とほめ称えた。

天然の岩山に巧みに城郭をレイアウトした山頂に感心しながら、揚城戸跡を通って

天神山から北西方向の眺め。まん中に見えるの稚児落しの大岩壁の一部。遠くの山頂は雁ヶ腹摺山。岩殿城落城のとき、落人たちはこの方向に逃れたと伝えられる。

急下りし、大手門跡から築坂峠（大手口の空湟《からぼり》跡）を経て天神山へ向かった。

日ざしの明るいアカマツ混じりの雑木林の稜線を登り下りして行くと、岩場に出合った。やはり礫岩だが鎖が設けてあり、足下が切れ落ちているので慎重に登った。しばらく行くとまた岩場で、ここも鉄棒と鎖がある。少々緊張して登ると岩峰の上に出て、ここがどうやら兜岩らしい。岩殿山を外れると道標がなくなるので確かではないが、いずれにしても展望も気分もよいのでランチタイムにした。このあたりの稜線は、ものものしい岩殿山から一転して明るく、まことに気分がよい。

岩殿山、南物見跡からの眺め。高川山（975メートル）がこのように立派に見える。ここでは富士も三ツ峠山（右）も脇役、というのがよい。

兜岩の先は急下りで、霜どけの道を滑るように下り、かなり下ったぶんをこんどは登り返し、ひと汗かいて鉄塔のある高みに出た。ここも道標がないが、直下に天万天神宮とある祠《ほこら》があるからには、天神山に違いない。展望はよくて、岩殿山を側面から見直し、また雁ヶ腹摺山や滝子山方面も展《ひら》け、これから向かう稚児落しの岩壁の一部も見える。

トリの声が賑やかな雑木林を下り、登り返したあたりで左手に稚児落しの大岩壁が現われる。ここも当然礫岩なのだが、垂直の岩壁が谷間を取り囲んでそそり立ち、これは奇勝というべきだろう。岩殿山からこの辺まで、もし固い岩場だったらリトル・ヨセミテだな、と友人がつぶやいた。

稚児落しから浅利へとまた急下りの道で、ズルズル下るからあっという間に谷間の集落に着いた。廃屋の民家の庭先を抜けると、あとは車道歩きだ。途中で「天然記念物・浅利の御座マツ」という複雑な枝ぶりのアカマツの巨木に感心して、大月市街へ戻った。

（一九九五年三月）

大月駅（40分）畑倉登山口（45分）岩殿山（1時間）天神山（55分）浅利登山口（40分）大月駅

●2万5000分ノ1地形図

大月

●問合せ先

大月市役所☎0554・22・2111

※2024年12月現在、強瀬ルート、岩殿ルートは崩壊のため通行禁止。北側の畑倉、西側の浅利からは登山できる。

●アクセス

JR中央本線大月駅下車。畑倉登山口へは富士急バス日影行8分、自動車教習所前下車。

●参考コースタイム

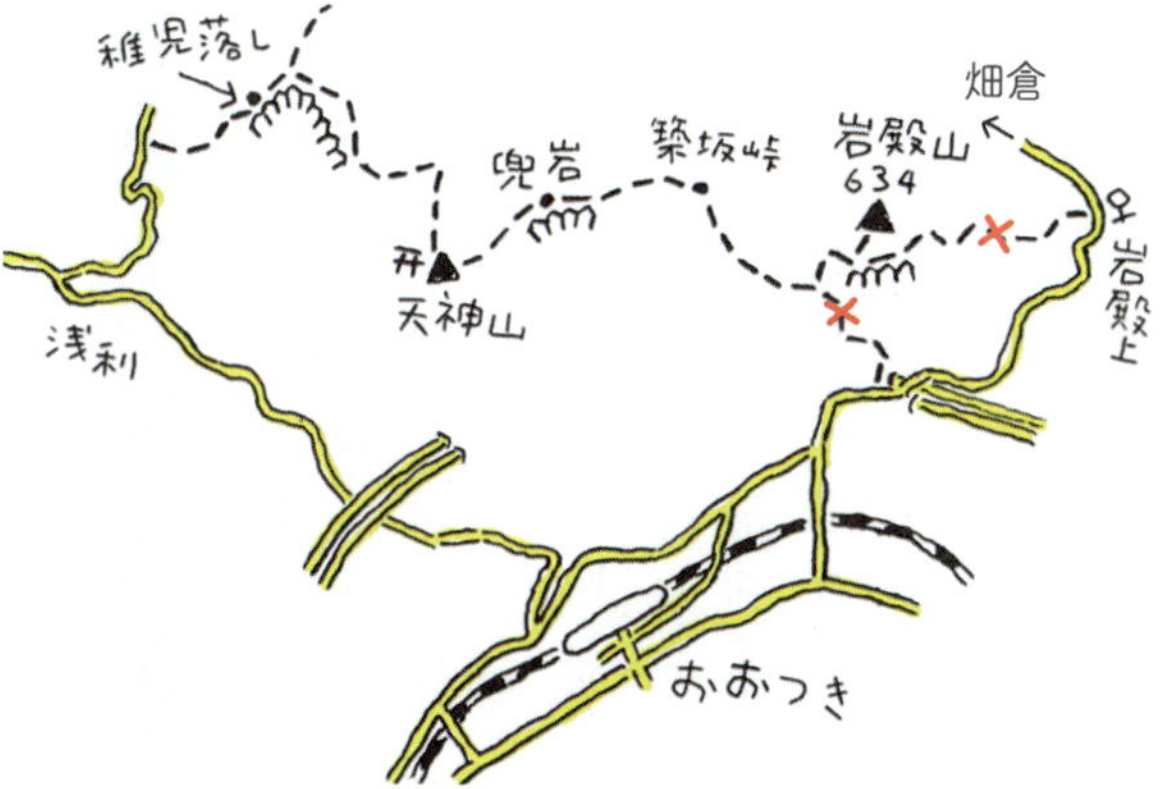

67 太刀岡山　たちおかやま　1322m ― 山梨県　奥秩父南西部

昔懐かしチョッキンバサミ

奇岩や巨岩には、ハイキングでもよく出合う。そういう目立つ岩は昔から住民の信仰の対象になることが多かったようで、原始的な巨岩信仰や山岳修験に関連するものなど、いずれにしても奇岩巨岩は、昔から特別扱いされてきたのだ。

一方現代では、奇岩巨岩は登山者の好奇心の対象になり、クライマーの登攀意欲を刺激したりする存在である。

山梨の太刀岡山は、低山ながら地元で選定する「山梨百名山」の一つに選ばれており、また案内書には、登山口の近くに聳える奇岩・ハサミ岩で知られる山ともある。そこで、そんな山ならぜひ行ってみたいと思い、爽やかな初夏のある日、甲府から亀沢川沿いに、太刀岡山を目指した。

登山口に当たる下芦沢に車を置き、ふと見上げるとそこに大きな岩があるので、あっ、ハサミ岩だ！　と同行者と異口同音に叫んでしまった。案内書の写真そのままなのですぐ分かったのだが、よーく見るとハサミに当たる部分の形が違う。ハサミだ

これが太刀岡山。南北に稜線が延びる太刀岡山を西から見たところである。右端でチョキを出しているのが、この山のシンボル、ハサミ岩だ。太刀岡山は、ハサミ岩だけでなく、全体に岩の多い山ということが、歩いてみると分かる。

から突起が二つあるべきところ、ここからは一つしか見えない。ハサミに見えないじゃないのと納得しない同行者を、角度が変わればちゃんと見えるさとなだめて、歩き始めた。

橋を渡るとすぐに道標があり、民家の脇を入るとまた道標があったが、これが予想と反対の方向を指している。けれどもどう考えてもこれはまちがいと思ったので、そのまま山道に入った。そうするといきなり急登で、せっせと登ると突然巨岩の前に出た。基部に岩の祠《ほこら》があり、その上の岩壁には穴がうがたれ（案内には観音像とある）、嘉永六年の文字が読めた。また、岩壁全面にチョークの跡や多数のボルトが認められたので、ここがクライマーの領域と分かった。確かにいかにもつかまりたいような壁なのだが、祠の上では畏れ多いような気もするね、と話した。

それから少しトラバースぎみに歩き、また急登があって、稜線の末端の大岩の基部に出た。この大岩こそ、ハサミ岩の頭頂のハサミの部分で、高さは一〇メートルぐらいである。そして、ここにもボルトが多数打ってあるので、太刀岡山はクライマーに人気の格好のゲレンデなのだと思った。

ハサミ岩からは稜線の道である。緑に染まりそうな雑木林の中を休み休み登ると、途中にいくつか見晴らしのよい所があり、鳳凰三山や甲斐駒がよく見えた。この雑木林の登りは、コース中いちばん楽しいところだった。

急登をひと頑張りして、太刀岡山の山頂（※南峰一二九五・七メートル）に着いた。三等三角点があり、「二十一人講中」とある石祠と、もうひとつ同じ形の石祠があっ

ハサミ岩を、北（左）と西（右）から見た。北から見ると、このように確かにハサミに似ており、和バサミのようである。西に回り込むと刃が重なってしまい、ハサミには見えない。

た。展望は北に曲岳《まがり》、北西に茅ヶ岳、南西に南アルプス、そして南東に富士が霞んで見えて、簡単な登りの割りに展望のよい山だと思った。

昼食には早いので、展望を楽しんだあと稜線を北に辿った。雑木林の中を、トリの声をBGMに足どりも軽く、稜線の散歩を楽しんだ。といってもピークを二つほど過ぎると下りになり、トントン下ると西側が開けた伐採地に出た。目の前に茅ヶ岳がドンとあり、椅子代わりの切り株もあるので、ここでランチタイムと決め、ワインで乾杯、それからパンやチーズ、ベーコン、レタスなどを並べて、好みのサンドイッチをこしらえた。雲が多くなって日ざしが程よく遮られ、好つごうだった。食後はスケッチをしたり、刻々形の変わる雲を眺めたりして、低山の憩いを楽しんだ。

伐採地を下ると、すぐに林道（草鹿沢林道）の峠（越道峠《こいど》）だった。ほとんど廃道のような林道だが、黒富士へ向かう山道は新しい擬木の階段になっていた。

ぼくらは林道を西へのんびり下っていき、平見城に出た。ここは昔は素朴な開拓村だったと案内にあるけれど、いまは大規模な畜産施設が並んでいる。なかには荒廃した畜舎もあるけれど、立派な施設も多く、また、牛や鶏だけでなく馬やイノシシまでいて、動物好きの同行者は動物園に迷い込んだように、あちこち覗いて回っていた。

西隣りの茅ヶ岳、金ヶ岳が終始見えているので、太刀岡山ハイキングは、この両山を眺めるハイキングでもある。またそれに連なる曲岳や黒富士も見えてきて、太刀岡山の周辺にはユニークな形の山が多いことが分かる。

ここのイノシシもいずれシシ鍋になってしまうの？　どうかな、ペットとして飼っているんじゃないかな、そうだといいけど、などと話しているうちに畜産団地内を通り抜けた。

観音峠から下ってきた道に出合って、それを南へ辿ると、初めに見たハサミ岩が再び見えてきた。こんどははっきりとハサミの形に見えるので同行者も大いに納得し、あのハサミは和バサミね、昔の人がハサミを想像したのだったら和バサミにちがいないものね、そういえば最近は和バサミを見かけないな、和裁をやる人は使っているのかな、などと言いながら下って、下芦沢に戻った。
それから、まだ日も高いので、金櫻《かなざくら》神社に参拝することにした。同行者は初めて、ぼくは二度目の参拝だったが、この神社が金峰山の山頂の蔵王権現（五丈石）を奥宮とする里宮ということを初めて知って驚き、改めて神妙に詣でた。それから「金櫻神社のお水」で渇いたのどを潤して、帰途についた。

（二〇〇一年七月）

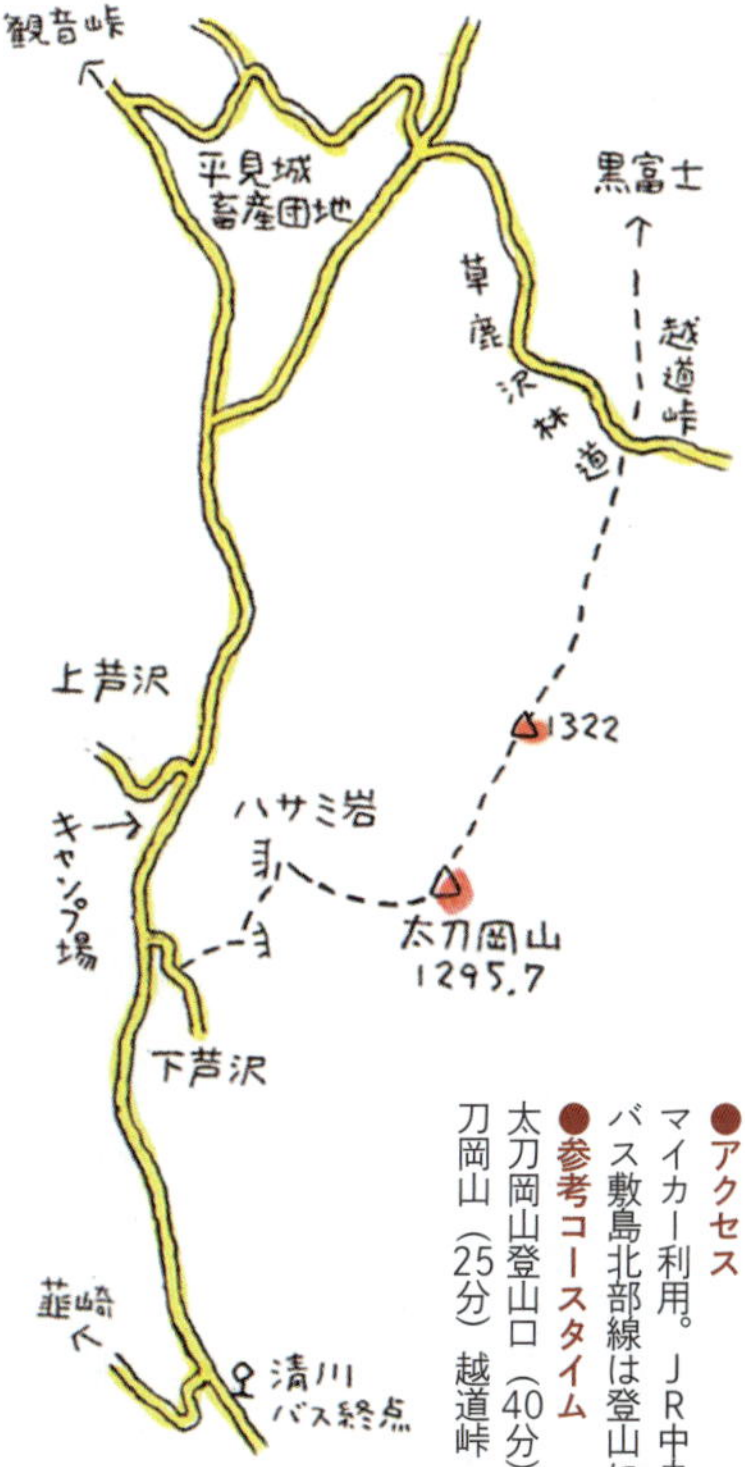

●アクセス
マイカー利用。JR中央本線竜王駅からの甲斐市民バス敷島北部線は登山に利用できる便はない。

●参考コースタイム
太刀岡山登山口（40分）カニのハサミ岩（55分）太刀岡山（25分）越道峠（30分）平見城（45分）太刀岡山登山口

●2万5000分ノ1地形図　茅ヶ岳

●問合せ先
甲斐市役所☎055・276・2111、甲府市役所☎055・237・1161

㊳ 弥三郎岳　やさぶろうだけ　1058・3m ― 山梨県　御岳昇仙峡

夜空に消えた「トラ」男

御岳昇仙峡の最奥の金櫻《かなざくら》神社は標高二五九九メートルの金峰山山頂の本宮に対する里宮で、一五〇〇年以上も昔に大和の金峰山から蔵王権現を勧請して開かれた山岳信仰の霊場、すなわち修験道場であり、奈良時代には大勢の修験者（山伏）が金峰山山頂をめざしたとある。山頂の五丈岩も当時は修験者に御像石《ごぞういし》と言われたとか。ともかく大昔から天下に知られた霊場だったわけだが、ぼくらが初秋のこの日に歩こうとする御岳町から弥三郎岳への道も、金櫻神社の参道として古くから人々が歩いてきたものと教わった。確かに谷間（昇仙峡）は道を開くには険しく、山上の道が先に開かれたのだろう。

ともあれ、ぼくらは朝の金櫻神社にハイキングの無事を祈願して歩き始めた。ふつう山に向かうときは登りで始まるものだけれど、この日は参道の長い石段を下ることから始まり、下りきった門前を直進、夫婦木《めおとぎ》神社を左に見て進み、「羅漢寺《らかんじ》山→」の道標に従って右に、舗装の林道へ入った。羅漢寺山とは弥三郎岳の別名で、山麓（昇

風化した花崗岩で形成される弥三郎岳。地形図では羅漢寺山、道標も羅漢寺山が多いのだが、いわくあり気な名に惹かれて、ここでは「弥三郎岳」を採用した。この絵の左からほぼ稜線を辿り、右端が山頂である。

仙峡側）にある羅漢寺に由来する。しかし、調べてみると弥三郎岳の名の由来（後述）がおもしろいので、ぼくらは「弥三郎岳」と呼ぶことにした。いずれにしてもこの林道は古くから修験者や参詣の人々が通った道なので、ぼくらは少々緊張し、そして清々しい空気の中をパノラマ台を目ざした。

秋とはいってもほとんど夏と変わらない雑木林や、カラマツ交じりのヒノキ林の中を抜けて、しばらく行くと舗装は終わり、ダート道になった。舗装の代わりに鉄道の枕木のようなものを敷いてあるのが珍しい。道がよく踏まれて歩き易いのは、大勢の人が通った参道のせいだろうと話した。それから左手木の間に弥三郎岳と思われる山が見え、少し登りがきつくなったところで「仙ヶ滝駅下山口」とある道を左に見送り、周囲が明るくなって、パノラマ台の八雲神社に着いた。

この神社は、古くは金櫻神社の参道の途中に当たるので参詣人が道中の安全を祈ったり休息した所とあり、夫婦和合と縁結び、武運の神様とのこと。また摂社の和合権現は男女のしるしを持ち合わせた木（木賊《とくさ》峠から移した）が御神体で、家庭円満などのご利益がいただけるとある。神社の隣は昇仙峡の仙ヶ滝駅から上ってくる昇仙峡ロープウェイの山上駅・パノラマ台だ。富士山から南アルプスが一望で（この日は全体に霞んでいたが）、甲府市街も望め、またあとで訪れる白砂山の白い山頂も目を引く。そんな景色をロープウェイでやってきた人たちと一緒に眺めたが、ぼくらは弥三郎岳へ行くので、眺めも早々に先をめざした。

弥三郎岳までは、風化した花崗岩の稜線を辿る。危険なところは岩を削って足場をつくり、梯子、ロープ、くさりなどを組み合わせて安全を図ってあるが、そこは慎重に進み、やがて山頂直下に至ると、一枚岩の根元に木造の祠《ほこら》があり、これが弥三郎岳の山名の由来となった弥三郎ゆかりの「弥三郎権現」だった。

昔むかし、甲斐国の御岳の羅漢寺に弥三郎という大酒飲みで、かつ酒造りの名人である寺男がいて、地元武田家の勝ち戦の祝い酒などを造って諸人の役に立っていたが、また一方では酒の上の失敗も多い人で、あるとき羅漢寺の住職にそれを厳しくいさめられた。そこで一念発起、一斗の酒を最後に禁酒を誓ったのだが、なぜかその夜、この山の頂上から天狗になって飛び去ってしまった。それでいつの頃からか、この山を弥三郎岳というようになり、だれかの手で南面の岩壁の岩穴に弥三郎権現が祀られ、酒の神として近郷近在の酒造家や杜氏が詣でるようになった——と由緒書きにある。

弥三郎岳の山頂直下では、禁酒を誓って天狗になって消え去ったという酒飲みの弥三郎を祀った酒の神様「弥三郎権現」の祠に詣でよう。もちろん、この神様が山名の由来である。

祠から岩を削った足場を登ると、ドーム状の一枚岩のまん中に三等三角点があり、山頂だった。ほぼ三六〇度の見晴らしで、先ほどからの眺めのほかに金峰山はじめ奥秩父の山々、八ヶ

パノラマ台から見た白砂山。山名の由来は一目瞭然。山頂付近に白っぽい山肌が露出しているので目立つ。白砂の山は、この近くの淡雪山や南ア前衛の日向山など、珍しくないが。

岳、茅ヶ岳、近くは荒川ダムの能泉湖など、いつまでも見あきない。恒例の乾杯をしたり、一枚岩からこぼれないように注意しながら記念写真を撮ったりと山頂を楽しんだ後、同じ道をパノラマ台に戻った。

パノラマ台からは、この日のもうひとつの目的である白砂山へ向かった。南側へ急下りして少し行くと道標があり、それに従って左の道へ。しばらく登ると突然白い砂地の稜線に出て、これが白砂山だった。ヤブをくぐった先も白砂が続いて、どこが山頂なのかわからないのだが、ともかくファンタスティックな別世界であり、弥三郎岳のドーム状一枚岩とはまた違う楽しさがあるので、ここでランチタイムとし、コーヒーを淹れ、スケッチ大会をして憩いの時を過ごした。

下山は往路をそのまま、御岳町に戻った。夫婦木神社に詣でたところ、こちらにも男女のしるしを表わす樹齢千年という御神木があって、男女和合、縁結び、子授けに霊験あらたかとあるので、このあたりは和合繁栄の特別区のようだねと話した。そして出発点の金櫻神社に無事下山を感謝し、有名な鬱金《うこん》の桜の木や昇り下りの竜などを見てから、帰途についた。

（二〇〇三年九月）

●**アクセス**
バス利用の場合、JR中央本線甲府駅南口バスターミナルから山梨交通バス（☎055・223・0821）昇仙峡滝上行（冬季は昇仙峡口止まり）50分、終点下車。

●**参考コースタイム**
昇仙峡滝上バス停（35分）金櫻神社（1時間5分）パノラマ台（20分）弥三郎岳（20分）パノラマ台（25分）白砂山（1時間10分）御岳町（30分）昇仙峡滝上バス停

●**2万5000分ノ1地形図**
茅ケ岳、甲府北部

●**問合せ先**
甲州市役所☎0553・32・2111、甲斐市役所☎055・276・2111

⑯帯那山 おびなさん 1422・4m（奥帯那山）

山梨県 甲府市・山梨市（奥秩父南部）

消えかかった道しるべ

ずいぶん前だが、山梨の名低山といえばまず帯那山だね、という人がいた。山梨出身の人だったので、なるほどそういう山があるのかと思い、記憶に留めた。

その後、やはり甲府出身の人から、帯那山は名低山だけれど、あまり開け過ぎて、いまはピクニックか花見に行くところでしょう、とも言われた。

まあ、どうなっているにしろ、ロケーションからして展望がすばらしいことはまちがいないし、開け過ぎといっても山道がないわけではなかろうということで、晩秋のある日、出かけてみた。

案内によると、登山口は山梨市からずっと入った戸市というところで、足の便はよくない。山村のどんづまりの沢沿いに「帯那山登山口」の文字をみつけた。

雑木林から植林へと続く林道は、はじめのうちはセメント舗装で、しばらく登ってカラマツ林になるあたりで、やっと山道らしくなった。すっかり葉の落ちたカラマツ林は、晩秋の優しい日ざしを通して明るく、足もとはその落ち葉による黄色のカー

展望の帯那山だが、奥秩父連山の眺めがやはり一番。左端に瑞牆、それから金峰、国師、甲武信というラインナップ。雲もなく、風もない。

ペットで柔らかい。

分岐があり、道標も立っているのだけれど古すぎて読めない。この後も帯那山では道標の類は少なく、あっても古くて読めないものが多かった。

ひと登りで林道に出た。やはり道標はないが、すぐ上が山頂のように見えたのでそちらに向かう林道をたどり、短絡する踏み跡を登って、山頂の園地に着いた。

明るく開けたドーム型の山頂は、当然、見晴らし抜群である。休憩舎の廃屋があって、その屋上が格好の展望台になっており、親切に梯子が架けてあった。

瑞牆《みずがき》、金峰から甲武信に至る秩父連山や南アルプス、御坂を前景にした富士と予想どおりの大展望で、足もとには甲府盆地が、地図を広げたように見える。雪化粧のまぶしい白峰三山が印象的だった。

地図で見ると、帯那山の三角点（※奥帯那山）はずっと北西寄りのピークにあるらしく、そちらへ向かうと思われる道がみつかったので、入ってみた。

案内には廃道とあるのだが、落ち葉に埋もれてはいるもののなんとか踏まれている。少し行くとさらに頼りない道が左に入っており、きっとこれに違いないと踏みこんで、その先にカヤトとカラマツに囲まれた一四二二・三メートル（※当時）の三角点をみつけた。

ここまでだれにも出会わなかったのに、三角点のところでぼくらと同じくらいの中年のおふたりが休憩中で、帯那山はいいところだけど道が分かりにくいですねー、と話し合った。

園地とちがって展望がほとんどない山頂をあとに、下山にかかった。

三角点のところで出会った中年のご夫妻。毎週のように低い山を歩いているとのことで、帯那山は初めて。東京・八王子の方でした。

案内にある「南へ延びる尾根筋の道」を太良峠に下るつもりで、それらしい踏み跡を行くと、いきなり新しい林道に切断された。けれども、ともかく稜線さえ外さなければと砂利道の林道を進むと、右手に南アルプスがすばらしい。

阿梨山あたりから見る帯那山。こちら側は植林は少なく、雑木林とカラマツ林が多いようだ。雑木林は低山の宝である。

それからさらに下ると踏み跡は左の稜線へ続き、突然、視界が開けた。そしてここからは、山頂から見えなかった八ヶ岳方面がしっかり見え、またその先には北アルプス南部の純白の山なみが輝いており、息をのんだ。そういうことでしばらく休んでいたら、先ほどのおふたりもやって来た。そこで、これは凄いですねーと並んで見物、感動を分かち合った。

それはいいのだが、気づいてみるとこの場所で稜線の道は完全に途切れており、ここからは全面的に林道の工事現場である。山頂付近は東西両側に林道が迫っていたし、登山道は何度も

帯那山から望む甲府盆地。市街の碁盤目も、山裾の扇状地形もよく分かるので、地図を見ているようだ。

林道に切断されるし、この山はよほど林道に見込まれた山だと思った。

私たちは登ってきた道を引き返しますと言うおふたりを見送って、ぼくらはともかく南へ下る道にこだわることにした。

工事現場がつきるところで稜線を調べてみると、かすかな踏み跡が続いている。地図に破線のある稜線を外さなければ下れそうと判断して、それをたどった。頼りない道を見出境界標を目印に、南へ下る稜線を外さないようにと話しながら進むのだが、どうも峠に近づくようすがない。

そんな稜線上のコブのひとつで、測量旗に出合った。「阿梨《あなし》山、一一〇二・四（※当時）」の標識もある。地図を広げるとやはり西に分かれる稜線に入ってしまったわけで、お互いに相手のカンのわるさをののしり合いながら、測量旗の脇でコーヒーを入れ、ビスケットをかじった。人が入っていないだけに、この雑木林の尾根はとても好ましいところだと思った。

阿梨山からは、さらにかすかな踏み跡を下り、林道を経て上帯那へ出た。

結論として、帯那山はやはりピクニックに行くところで、歩く人間は歓迎しないみたいだね、ということになった。

（一九九三年一月）

●**アクセス**
マイカー、タクシー利用。JR中央本線山梨市駅から戸市への山梨市民バスは午後3便のみ。帰路、上帯那から甲府駅北口行バスは平日午後二便、土休日午後一便。上帯那から甲府駅へは徒歩約1時間45分。千代田湖を経て千代田湖入口バス停へ出ると便数が多い（徒歩約1時間10分）。

●**参考コースタイム**
戸市（1時間25分）帯那山（15分）三角点〈奥帯那山〉（10分）帯那山（30分）太良ヶ峠分岐（50分）阿梨山（1時間35分）上帯那バス停
※上帯那へは、阿梨山手前のピーク（吽梨山）から脚気石稲荷神社へ下る道がある。

●**2万5000分ノ1地形図**
甲府北部

●**問合せ先**
山梨市役所☎0553・22・1111、甲府市役所☎055・237・1161

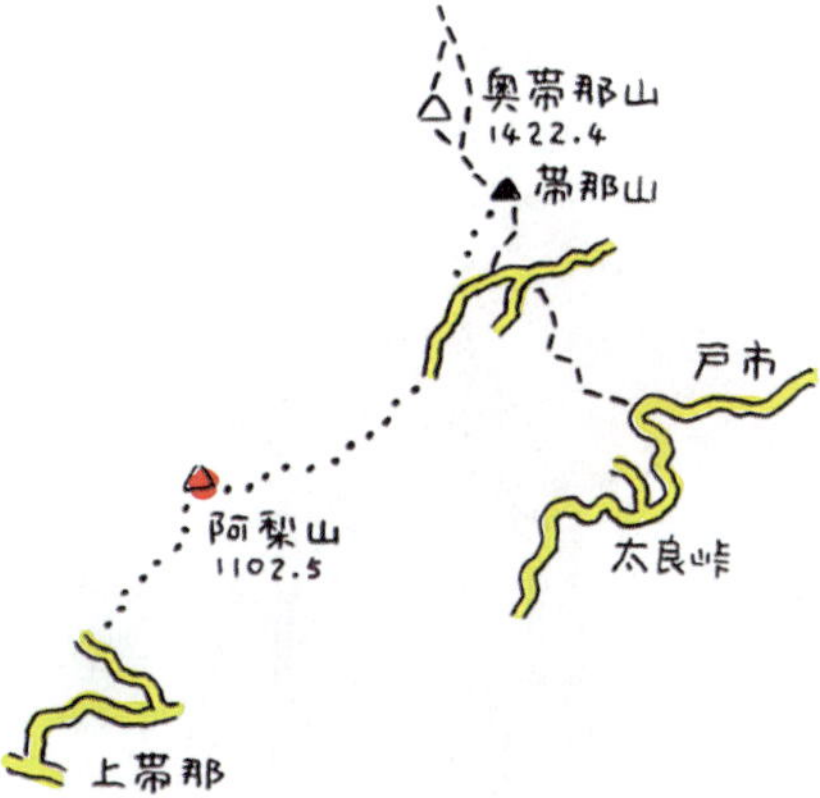

⑰ 甲州高尾山《こうしゅうたかおさん》 1106m 棚横手山《たなよこてやま》 1306・2m

山梨県 勝沼（大菩薩連嶺）

ワインの里の名低山

高尾山といえば、首都圏のハイカーにとっては低山の原点ともいうべき山だが、同じ名の山が山梨県の勝沼町（※現在は甲州市）にもある。東京の名低山と同じ名だから、区別するために「甲州高尾山」となっているが、地元では「高尾山」のままではないかと思う。

甲州高尾山の存在はずい分以前に知った。場所も見当がついていたので、中央高速などで近くを通るときに、あの辺かなと思ったりしていた。そして初秋を迎えたあるとき、ふと思い立って甲州高尾山と、その稜線の主峰・棚横手山に出かけてみた。勝沼町の山、勝沼といえばぶどうとワイン、いまはぶどうの季節、といった連想があったのも確かだが、ともかく勝沼インターから中央

甲斐御殿山神社の祠の前には朱塗りの四阿ふうの拝殿があり、その左手が展望台になっていて、甲府盆地や南アルプスの眺めがすばらしかった。

線の「かつぬまぶどうきょう」駅方向に進み、収穫の時期を迎えたぶどう畑の中を山に向かい、林道を辿って山中の古刹・大滝不動尊の門前に着いた。そして、さっそく歩き仕度を終え、古い立派な山門をくぐり、歴史を感じさせる石段を踏み、降るようなセミの声を浴びて本堂へ向かった。

本堂は火災に遭ったのち再建されたというコンクリートの建物だったが、その右側に登山口があった。少し登ると朱塗りの橋があり、上流に滝が見えた。橋の上でリスに出会い、同行者がリスだ！　と叫んだので驚いて逃げてしまった。左手の山に落差の大きい滝が見えたので、あれが大滝にちがいないねと話した。小堂

棚横手山から稜線を南に向かうと、甲州高尾山が、このように見えてくる。甲州高尾山は、「高尾山」と表示された1106メートルの見晴らしのよい高みと、「剣ヶ峰」とある稜線の末端の総称らしく、三角点は剣ヶ峰にある。この絵で二つに分かれて見える山頂の右が高尾山、左が剣ヶ峰、遠くは南アルプスだ。

の前を過ぎてしばらく行くと籠堂らしい建物があり、覗いて見ると「金界坊阿闍梨」とあるので、これは修験道関連の建物と門外漢にも分かる。このあたりは里に近いわりに山深く、滝や岩場も多く、いかにも修験道らしい所だと思った。

林道に出て北に進むと鳥居があり、その先に「甲斐御嶽大神」とある石祠と朱塗りの拝殿（といっても四阿《あずまや》）があり、西側が大きく開けて南アルプスや甲府盆地の展望台になっていた。この先の見晴らし事情が分からないので、ともかくしっかり見ておくことにした。

林道に戻って東へ向かうと、案内書にある通りに右手の斜面へ上がっていく山道が見つかった。かなりヤブが繁っていたけれど、めげずに入ってみると案外それほどでもなく、雑木林と植林を出入りしながら登ると、突然目の前が明るくなって稜線の分岐に出た。稜線の南側はいち面の伐採地で、植えたばかりのヒノキの苗木が整然と並んでおり、その向こうに富士があった。

案内書には、これから向かう棚横手山への稜線も、それから戻ってきて高尾山へ行く間もほとんど展望はなく、途中の富士見台という高みだけが名前の通り見晴らしがよい、とあるのだが、いまこうして見ると稜線をどちらに辿っても南側は完全に開けているように見えるので、伐採や苗木の植え付けは最近行なわれたのだろうと話した。苗木はまだ小さいので、ここしばらくは、このあたりは「展望の稜線」だと思った。

暗い植林を抜けて稜線の分岐に出たとたんに目の前が開け、正面に富士が光っていた。南面が伐採地でヒノキの苗木がまだ小さいから見晴らしがよいのだ。植林が育つまでの展望だろう。

棚横手山までは、実に「展望の稜線」だった。登り一方の道は険しいところもあるけれど、絶えず右手に富士や御坂の山々が穏やかにあるので、歌でも唄いたい気分で行くうちに、三角点のある山頂に着き、標柱に「棚横手山・山梨百名山」とあった。その脇に「大富士見台」とも書かれているので、これから向かう「富士見台」とセットでそう呼ぶこともあるのだろうと話した。またそれは、以前は見晴らしのよい場所が二カ所程度だったことも示しているので、このように稜線全体が展望台になったいまでは「富士見尾根」とでもいうべきじゃないか、いやしばらくしたら植林が育ってもとに戻るだろう、などと話しながら、ワインの栓を抜き、ツナサラダやローストビーフのサンドイッチを頂いた。

棚横手山からもとの分岐まで同じ道を戻り、分岐からは稜線の道を高尾山へ向かい、いきなり急登があって「富士見台」に着いた。けれども「大富士見台」と同じで、この名も何か空しい。でもせっかくだからと、改めて同じ景色をしっかり見て、「富士見台」に義理は果たしたねと笑った。そして、そのあとも「展望の稜線」歩きが続き、アップダウンを何度もし、今度こそ高尾山と思ったのに違ったニセ高尾山（と勝手に名付けた高み）を越えて、ようやく高尾山に着いた。

甲州高尾山は、それまでの高みと特に変わったところもないのだが、以前から気になっていた「もう一つの高尾山」へやっと来ることができたという思いで、記念写真をとったりした。そして、この稜線もここで終わりと思ったのだが、まだ先があり、行ってみると「剣ヶ峰」

勝沼農協直売所に寄って、同行者は採れたてのぶどう、ぼくは地ワインを購入した。100パーセント地区ぶどう使用のフルボディの一本を手にして、以前、ブルゴーニュ地方を旅したときに滞在したヴォーヌという町が勝沼と姉妹都市ときいたのを思い出した。

の標柱と三角点が見つかった。そして、特に山頂らしくもないこの地点が稜線の末端で、あとは一気の急下りであっという間に林道に出てしまった。それからぼくらは林道歩きで大滝不動尊へ戻ったのだが、山道は林道を横切って、山麓の名刹・大善寺へ向かって下っていた。

ハイキングのあとは、勝沼町の施設「ぶどうの丘」の中にある温泉「天空の湯」へ浸るべく、寄り道をした。露天風呂、気泡湯、ミストサウナと試して、ぶどう畑の中の天然温泉で疲れを解消した。

（二〇〇二年九月）

●アクセス
JR中央本線勝沼ぶどう郷駅下車。帰路は大善寺バス停から塩山駅、甲斐大和駅行の甲州市民バスがある。

●参考コースタイム
勝沼ぶどう郷駅（35分）大滝不動尊前宮（1時間15分）大滝不動尊（40分）富士見台分岐（30分）棚横手山（20分）富士見台分岐（40分）高尾山（1時間35分）大善寺（40分）勝沼ぶどう郷駅

●2万5000分ノ1地形図
大菩薩・笹子・塩山・石和

●問合せ先
甲州市役所☎0553・32・2111

㉑ 茶臼山　ちゃうすやま

948m――山梨県　笛吹市一宮町

香しき桃の里山

陽気もよくなったし、どこかのんびり歩いていい景色でも眺めたいもんだね、という太平楽なＦＡＸが友人から入った。それで思いついたのが、山村正光さんが『中央本線各駅登山』に書かれている茶臼山だった。ちょうどいまごろあの辺は一面の桃の花のはずで、コースとしてもイージーなようだし、眺めについては山村さんが「これだけ堪能すれば思い残すことはあるまい」と案内に書いているほどだ。そこでそのことを返信ＦＡＸするとすぐに、甲州の茶臼山は分県登山ガイド『山梨県の山』（※旧版）にもあるし、知ってるぞ。山麓の釈迦堂遺跡博物館も見たいからすぐ行こうと、こんどは電話が入って即決定。晩春の朝、中央高速道を勝沼へと向かった。

アプローチは博物館の道標のおかげで分かり易い。その博物館は下山後の見学ときめて通過して、予想通り桃の花で埋めつくされた扇状地のまん中を通る。山間に至ると民家が数戸あり、これが水分《みずわけ》の集落だろう。集落の外れで道が二つに分かれ、案内の通りに石仏がある。近くに石祠、石碑もあるので、ここは昔から大事な分岐点だっ

何の変哲もない、これが茶臼山。正真正銘の里山である。右手の沢から手前に広がるのが京戸川扇状地で、そこは一面の桃畑、それから下るとぶどう畑である。

たに違いないねと話し、車を置かせてもらい、左の舗装路を辿った。

ドウドウと鳴る沢音を聴きながら、芽吹き始めの雑木林を行くとまた分岐で、左の県営林道京戸支線とある道へ入った。振り返ると形のおもしろい蜂城山の右肩に甲斐駒の雄姿が見えて、二人とも思わず足をとめた。最近は何かというと足をとめて休んでしまうので、やはり体力が落ちたのかなと友人。ぼくも同じだからちょうどいいさと慰めたが、若いときに同行の年長者が、いやーいい景色だねーとか言って立ち止るのをよく見たもので、そうするとあれは休むためだったのかと気付いた。

年長者にそういわれれば、若者も自然に足をとめるのである。

林道が終り、踏み跡が、右手の沢を渡るのと直進するのと二つある。案内に沢を渡るとあるので右へ行く。その後は枝打ちや伐採のあとが残る植林の急登である。伐採地で後ろを見ると、蜂城山の上に南アルプスの雄峰がずらりと並んで土俵入りをしているので、これは年齢に関係なくだれでも足がとまる。崩れやすい足場を固めて、しばらく眺めた。

アカマツの巨木のところで急登が終ると、あとはヤブである。イバラで手を傷めたりして心細い踏み跡を進み、茶臼平と思える高みに着いた。スギとアカマツとヤブに囲まれて視界はないが、何かのクイが埋めてある。北に茶臼山らしい姿がかすかに見えるので、その方角を探すと踏み跡ともけもの道とも思える道が見つかり、それを辿った。友人が何種類かのけもののフンを見つけて、これはけもの道と判定したが、すでにだいぶ来ているので、構わず進み、結局けもの道もないヤブに入ってしまったが、茶臼平と茶臼山の鞍部は目の前なので、そこを目ざしてヤブをこいだ。以前に山村さんと甲府近くの里山を歩いたときも、これが近道とか言って何度もヤブに突っ込んで行くのに感心したのを思い出し、本当にヤブが好きな人なのだと懐かしく思った。

鞍部に出ると意外に立派な山道があって、これは一体どこから来たのかと友人と二人で考えたが、分からない。茶臼平から茶臼山へ向う道のほかに、西側の沢へ下る道があり、これはたぶん林道終点から直進した道だろう。

山に入って初めて道標があり、それに従ってよく踏まれた道を一気に登って、茶臼山の山頂に着いた。アカマツに囲まれて見晴しはなく、「大龍王」とある石碑と三等三角点が向き合い、ほかに「山の都を大切に!!」という意味不明の小さい石柱が倒れかけていた。展望はなくても里山らしい好感の持てる山頂なのだが、案内に「こんな所にまごまごしている手はな

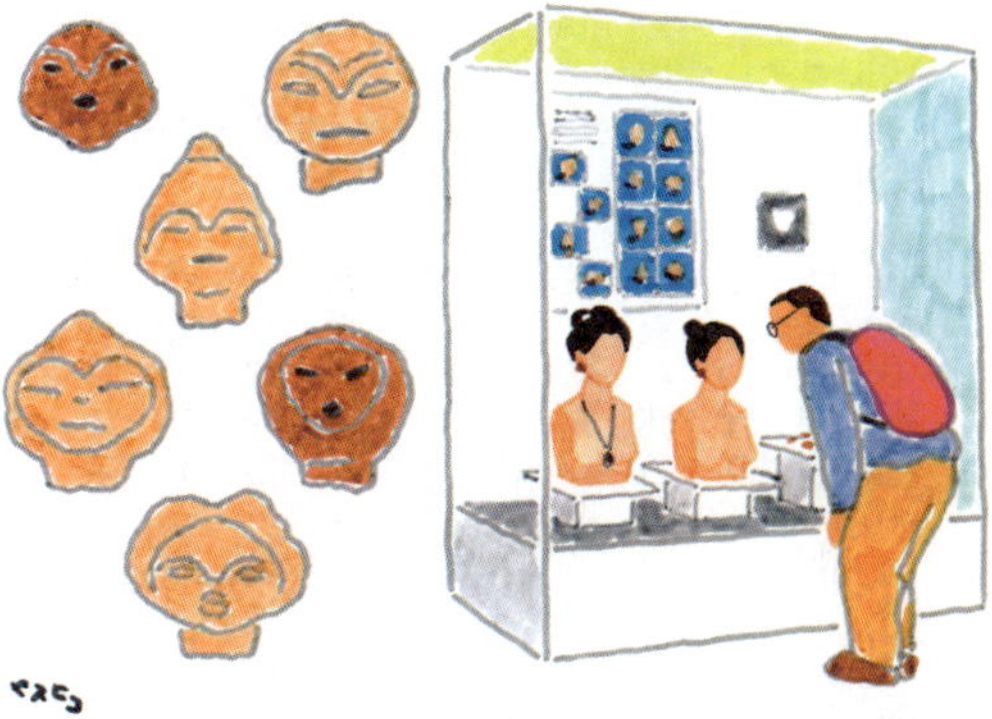

典型的な扇状地とされる京戸川扇状地のまん中に釈迦堂遺跡博物館がある。遺跡は中央自動車道の建設に先だって発掘調査が行われ、縄文時代の遺構や遺物が数多く、学術的価値も高いという。中でも興味深いのは1116個体もの土偶で、ここだけで全国の出土土偶の一割に当るという。土偶はすべてバラバラに割られていたそうだが、顔部分だけを見ても、実に自由に表現されていて見厭きない。

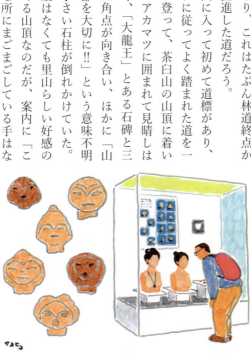

桃の花のころが京戸川扇状地のいちばん輝かしい季節だ。桃畑は見通しがよいので、どこからでも遠くの山がよく見える。向うの山々は金峰山、朝日岳、北奥千丈岳、国師ヶ岳といったあたりだ。

い」とあり、「西側にヤブを抜けると目も覚めるような光景が……」とあるので、ともかくそこへと急いだ。

ヤブを抜けてこの辺かと思ったが、そこはヒノキの幼本がびっしり繁って視界がない。さらに下ると再び雑木林で、木の間にわずかに遠くが見える程度、結局、期待の展望は最後までなく、初めの林道に出てしまった。そうするとやっぱり、あのヒノキの幼木林が以前は伐採地で開けていたんだね。山村さんの本はずい分以前の出版だから仕方がないよ。それにしても植林が育つのは早いな、というわけで、ぼくらは一度取り出した期待をザックにしまって、山を降りた。見晴しのいいところでと思って食べそこねた弁当は、扇状地の桃畑で、桃の花の香りと一緒に頂いた。
　釈迦堂遺跡博物館も、桃畑の中にある。ぼくも友人もかねてから訪ねようと思っていた所で、だから興味津々見て回ったのだが、それ以上によかったのが二階の展望室からの眺めだった。しかもこれは見損なった茶臼山からの眺めとほとんど同じはずで、友人もすっかり満足の様子。二人して厭きずにいつまでも眺めた。

（一九九九年五月）

※本コースの茶臼平への登路は森林作業道で未整備。また、茶臼山の西尾根の登山道は台風で倒木があり、その後整備されていない。

●アクセス
マイカー利用。バスの場合、JR中央本線塩山駅、勝沼ぶどう郷駅から甲州市民バス（甲州市役所市民生活課☎0553・32・2111）ぶどうコースで釈迦堂入口下車。茶臼山登山口へ徒歩35分。

●参考コースタイム
茶臼山登山口（1時間）茶臼山（1時間）茶臼山登山口

●2万5000分ノ1地形図
石和

●問合せ先
甲州市役所☎0553・32・2111、笛吹市役所☎055・262・4111

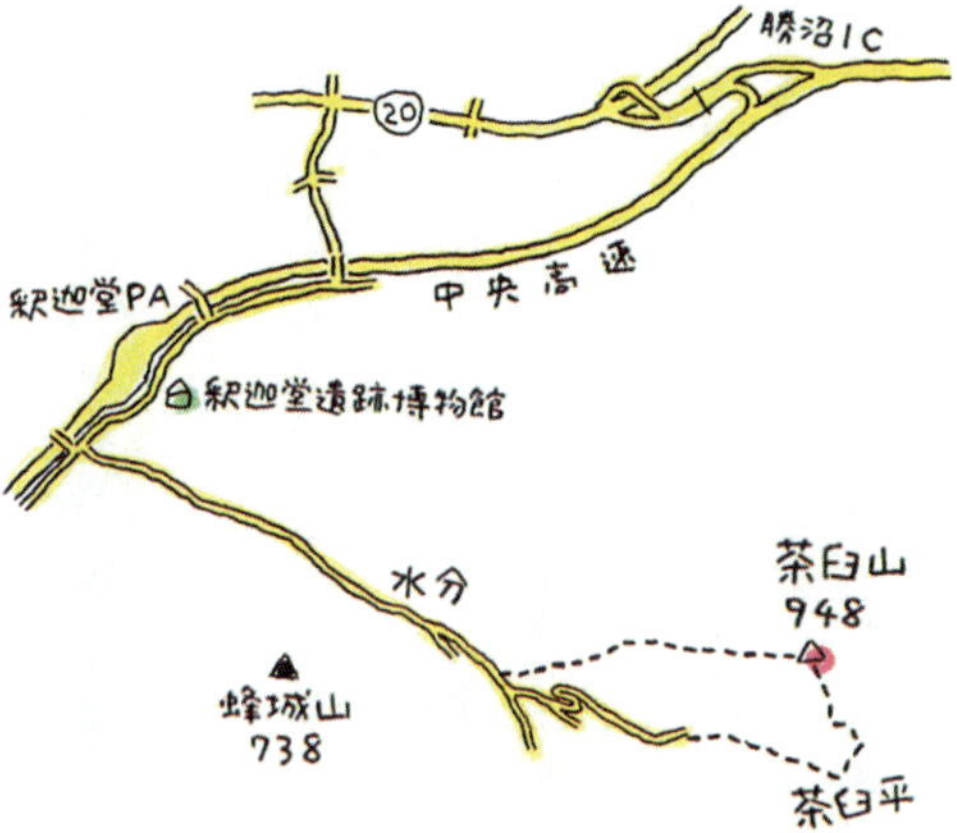

⑫ 菜畑山　なばたけうら　1283.0m ― 山梨県　道志山塊

雪ときどきヤブのち温泉

道志七里は秘境である。地元の方には叱られそうだが、出かけるたびに、そう思う。また出かけて行く者としては、秘境だから出かけるのである。

道志が好きという人は、並のハイカーではないと思う。長い旅路の果てに、道志に光をみつけた人ではないか。あちこち歩いた末に、ヤブのテーマパーク、道志ワールドに行き着いた人ではないか――。

などと勝手な話をしているうちに、車は登山口の和出村に着いた。早春の穏やかな朝で、気温も思ったほど低くないが、前日の雪が案外多かったらしく、そこらの畑や庭も一面に白い。道志川にかかる橋の脇に車を置き、足ごしらえをして、菜畑山めざして歩き始めた。

この日の同行者は、写真家のN氏、編集者のH氏、それにさる用品メーカーのN氏という珍しい顔ぶれで、これは何故かというと、この日は私がさるメーカーの製品を試用し、かつそれを取材されるのを兼ねたハイキングだからである。すなわち、ハイ

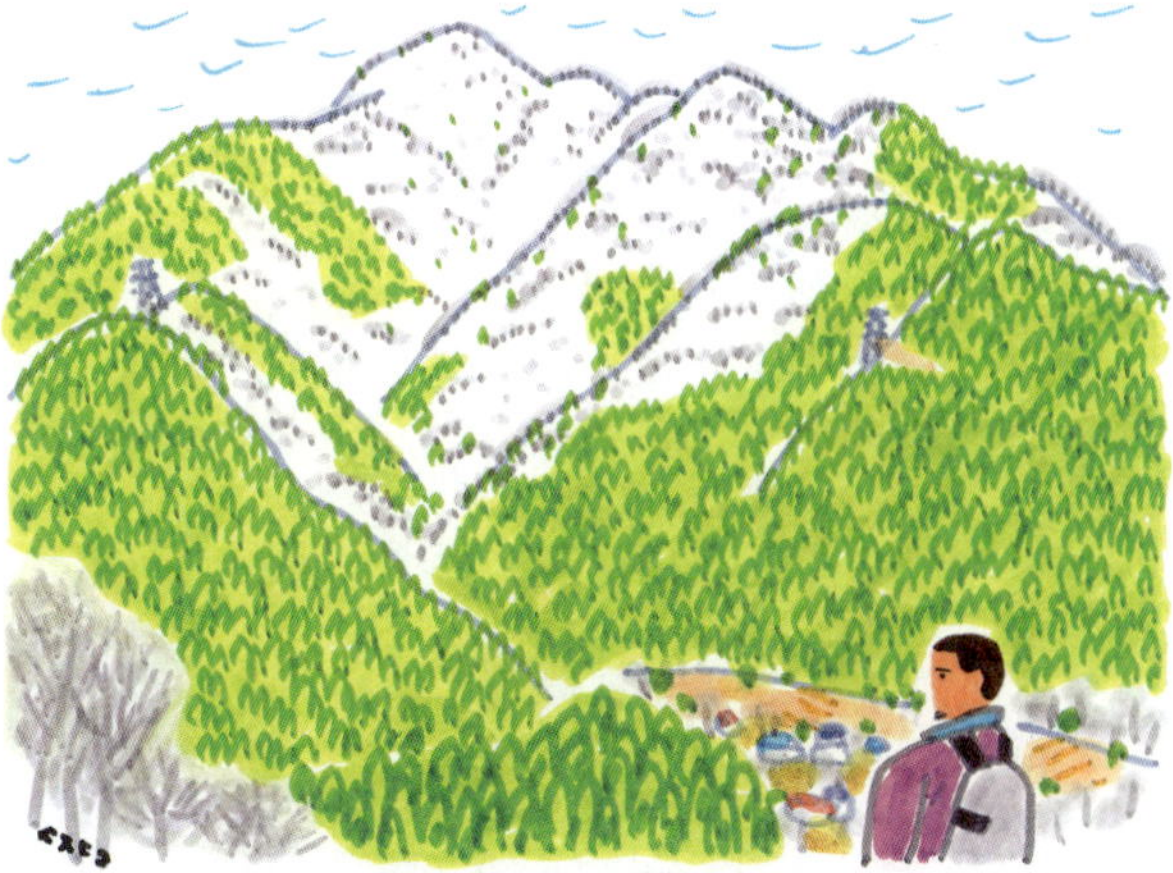

このように姿のよい菜畑山。「うら」というのは谷筋の頭のことだそうで、そういわれれば納得できる。道志川の対岸の池之原あたりから見たところ。

キング中の私は取材される（写真を撮られる）わけで、そんなことはめったにないから、おおいに緊張した。

ふだんと同じように無駄話をしながら歩いていればよいのだが、写真家のN氏が先回りしてカメラを構えたりすると、とたんに動作がぎこちなくなる。カメラを気にしないで気楽に歩いて下さい、とN氏に言われるとなおさらおかしくなり、右手と右足と同時に出してしまったりし、N氏を困らせた。

菜畑山は、私は初めてで、また他のメンバーもこちらから登ったことはなく、まず山道の入口が分からなかった。里道をしばらく探し歩いてやっとそれ

どこからも目立つ大室山だが、菜畑山の山頂からいちばん大きく見えるのも大室山だ。存在感の強い山である。右隣りは加入道山。

らしい道をみつけ、暗い植林の中を沢沿いにかなり歩いた先で、ようやく道標に出合った。菜畑山ほどの山にしてこれなので、確かに道志は道標が少ない（肝心なところにない）と妙に感心した。

北斜面に回り込むとやはり積雪が多く、雪があっても数センチとたかをくくっていたので、意外だった。けれども支稜線に出て明るい雑木林を行くようになると雪は消え、送電線の鉄塔下では日ざしが暑いほどで、乾いた枯芝に腰を下ろし、白く化粧した丹沢の山なみを眺めて休んだ。

厚い落葉の下に消え残った雪の形がおもしろく、それを一つずつ鑑賞しながら登っていくと突然、林道に出た。林道を辿ると、その先にはテレビの中継塔があり、林道はこの中継塔建設のためであったかと気付いた。

菜畑山から西へ連なる稜線。右の双耳峰が今倉山、左の端は御正体山である。その向こうに富士が大きく見えたのだが、スケッチを始めたら雲が覆い隠した。菜畑山より。

中継塔あたりまではアカマツ混じりの雑木林だが、その先ではカラマツやモミが現われて、ようやく山歩き気分も高まる。また、写真家のN氏がたまにカメラを構えても、さほど緊張しなくなった。そればかりか、なれてくるとちょっとポーズしてみようか、などと余裕も出てくるのだが、そんなときはN氏は撮ってくれない。

急登をひと登りして、案外あっさりと山頂に着いた。さすが道志を代表する菜畑山の山頂であって、景色はすばらしい。正面には大室《おおむろ》山、加入《かにゅう》道《どう》山が迫り、西に今倉山から御正体《みしょうたい》山へ道志の主稜線、その先に富士が大きい。木の間に見えるはずの南アルプスは霞んでいたが、明るく伸びやかな山頂にはみんな好い印象を持った。

傾いた一本柱の四阿《あずまや》（？）の下で、編集者H氏が作ったもち入りぜんざいを頂き、雪をかいて二等三角点を確かめ、私はスケッチを二枚描き、写真家N氏がそれを取材して、それで山頂のイベントは終った。

北へ向かって下山と決め、少し下ってみて、積雪が意外に多いのに驚いた。北斜面だから当然とはいえ四〇〜五〇センチ、吹き溜りではもっとあって、途中でラッセルを交代するほどだ。そこで、朝日山まで行く予定を変更、本坂峠からやぐら沢を下ることにした。

沢へ下る道も雪は多く、思わぬ雪中歩行を楽しみながら下った。雪は林道に出ても変らず、やぐら沢キャンプ場のあたりでやっと路面が見えた。里道に入り、「かじかの里」とある案内板や石仏群に出合うと、国道である。

これでハイキングは終ったのだが、この日はおまけが一つ。和出村から橋を渡り、室久保川沿いに入った

「道志の湯」の露天風呂に浸って、ああ満足。村外利用者は大人700円。午前10時〜午後9時、火曜日休館。

ところにある村営温泉（※現在は株式会社どうしが運営）「道志の湯」がそれだ。

近頃は、山歩きのアプローチで新しい温泉施設に出合うことが多い。自治体が村おこしにボーリングするのだそうだが、何にしてもハイキングのあとで温泉に浸れるのは、温泉大好きの私としてはありがたいことで、この日も道志に湧き出る優しい湯の感触をみんなで楽しみ、そして帰途についた。

（一九九六年三月）

●アクセス
マイカーまたは富士急行線都留市駅からタクシー利用。バス利用の場合、山中湖平野から富士急バス（☎0555・72・6877）道志水源の森行（冬季休）50分、和出村下車。到着は10時40分、帰路最終は15時10分。このほか、道志を通る月夜野からの都留市方面行富士急バスは土・休日運休。都留市駅からの月夜野行は午後のみで土・休日運休。月夜野へはJR横浜線橋本駅または中央本線相模湖駅から神奈川中バスで三ヶ木へ、月夜野行に乗換える。

●参考コースタイム
和出村（1時間）テレビ中継塔（35分）菜畑山（1時間）本坂峠（2時間）和出村

●2万5000分ノ1地形図
大室山

●問合せ先
道志村役場☎0554・52・2111、都留市役所☎0554・43・1111

㊸大栃山《おおとちやま》 1415.0m　神座山《じんざさん》 1474.3m

山梨県　御坂山地

ブッポウソウと天狗様

檜峯《ひみね》神社は御坂《みさか》町上黒駒の桧峰神社前バス停から林道を四キロ半も上った山の中にある。神社前というからには神社はすぐそこにあるだろうと思うのは甘く、急斜面の桃畑を抜け、ヒノキ林の林道を上って行くと立派な鳥居があるので、これが神社かと思うけれどまだまだで、さらに上って行き、スギの巨木が目立つようになってようやく檜峯神社に着く。

初夏の山中でブッポーソーと啼くのは永い間ブッポウソウ（ブッポウソウ科の夏鳥）と思われていたところ、それが実はコノハズク（フクロウ科、フクロウ類中最小のフクロウ）だったと確かめられたのがこの檜峯神社の森なのだそうで、すなわちコノハズクにとってこの森は記念すべき場所なのだが、そんな檜峯神社が、大栃山と神座山ハイキングコースのスタート・ゴール地点である。

夏なお寒い檜峯神社の森をあとに、トビス（鳶巣）峠めざして登った。少し登るとスギの巨木はヒノキ混じりのカラマツ林になり、さらに登るとアカマツ混じりの雑木

この辺りは全国一の桃の産地。春にはいち面の桃の花が美しく、いまは実が大きくなっている。そんな桃畑を前景に姿のよい大栃山、神座山はその陰にあるので見えない。

林になって、早くもトビス峠である。峠は眺めはないが、ツガの巨木の根方に石仏らしいものが一体あり、近づいてよく見ると、何とこれが天狗さまである。低山歩きでは石仏や道祖神はおなじみで、一日歩けば何体か出会うのが普通だが、天狗さまは珍しい。さてはこの辺り、かつては修験道の道場だったかと思って見回すと、気のせいか神秘的な静寂を感じる。同行者は何だかこわいといい、どうぞ突然目の前にとび降りたりしないでとしきりに祈っている。天狗さまが目の前に出てきたらラッキーじゃないの、並んで記念写真を撮って写真週刊誌に持ち込も

ブッポーソーと啼くのはブッポウソウではなくてコノハズク、と明らかにされたのがこの檜峯神社の森ということで、時は1935年、研究発表されたのは鳥類学者の中村幸雄氏とある。記念すべきコノハズクの森である。

うよと言ったら、そういうことを考えるとバチが当たると言われた。

峠からは北へ登ると大栃山、南は神座山だが、まずは大栃山ということで、稜線の道を北に向かった。ツガ、カラマツ、アカマツの混じる雑木林の中を意外な急登でせっせと登ると次第に低木林となって急登が終る。それからは一転、散歩気分の平坦に近い稜線道で、左右の植生など見ながらのんびり歩く。大栃山ではこのあたりがいちばん好ましいところで、白い小さいランがかわいい。カラマツの若い緑がいきいきとした印象だ。トリの声も騒々しいほどである。樹木の背が一段と低くなったと思った辺りで、さしたる登りもなしにあっさりと山頂に着いた。

大栃山の山頂は雑木に囲まれており、甲府盆地側だけわずかに開けて秩父の山々、石和や甲府の市街が望める。立派な方位盤があって、八ヶ岳や南アルプス、北アルプスまで見えることになっているので、冬は見晴しもよさそうだけれど、この日はとくに暑くて景色も霞んでいて、とてもそこまでは見えない。片隅に真新しい丸木の柱が建てられ、山名の下に、「山梨百名山」とある。そうか、大栃山は山梨百名山の一つなんだ。富士山から北岳はじめ南アルプスの高峰、秩父の山々と名山が数えきれないほどあるのだから実力派だね（山の実力とは何かよく分からないけれど）と話し、三等三角点の脇でワインの栓をポンと抜いて百名山当選を大栃山のために祝った。

落ち着いた好ましい山頂でも、眺めが少ないと余り長居はしないもので、乾杯が済んだらさっそく下山である。登ってきた道をそのまま下ってトビス峠へ、あっという間に着いてしまった。

トビス峠の大ツガの根方に、秘かにいらっしゃる天狗さま。単純化されたお姿は少々マンガ風だが、そこに味わいがある。ちゃんと高下駄もはいており、いまにも飛び立ちそうだ。

神座山から釈迦ヶ岳を望む。みごとに尖った山頂はこのあたりでは断然目立って、スター性十分だ。眺める角度で別の姿になる釈迦ヶ岳だが、このあたりからが一番格好よいのではないか。

再び出会った天狗さまの前でひと休みして、こんどは神座山へ向かう。同じような稜線の道を同じように急登するのだが大栃山の方は南面、こんどは北面ということで、こちらは少々暗く湿ってコケも目につくし、道のコンディションもよくない。やはり百名山と普通の山では待遇がちがうのかね。それは仕方ないでしょうね。などと少々神座山に同情しながら木の根を踏みしめて登って、平坦なところに出た。これがたぶん稜線の合流点で、しばらく行くとまた急登、途中で左手に釈迦ヶ岳がしっかり見えるポイントがあり、あとは樹木が茂って視界もほとんどないままにせっせと登って、神座山の山頂に着いた。

山頂は南北に長くて、南の端に三等三角点がある。周囲を雑木に囲まれてほとんど見晴しはなく、あえて見ようと思えばあちこち歩き回って断片的な眺めをつなぎ合わせるしかない。その中では南側の御坂の山々が見どころだが、やはり目立つのは御坂の槍ヶ岳といわれる釈迦ヶ岳で、とくにこちらからの眺めは格好いいと思う。釈迦ヶ岳に登ったのはだいぶ前だけれど、印象の強い山なのでよく覚えている。

コンロに火を点け、弁当を頂きながら標高差六〇メートルほど（神座山が高い）の二つの山を比べてみたけれど、姿がよくて目立って百名山でもある大栃山と、その陰で地味だけれど味のある神座山はいいコンビで、トビス峠で二つつなげて歩いて比較するのがおもしろいねと話し合った。下山は三度目のトビス峠へ。天狗さまにご挨拶して、檜峯神社へ下った。

（一九九八年八月）

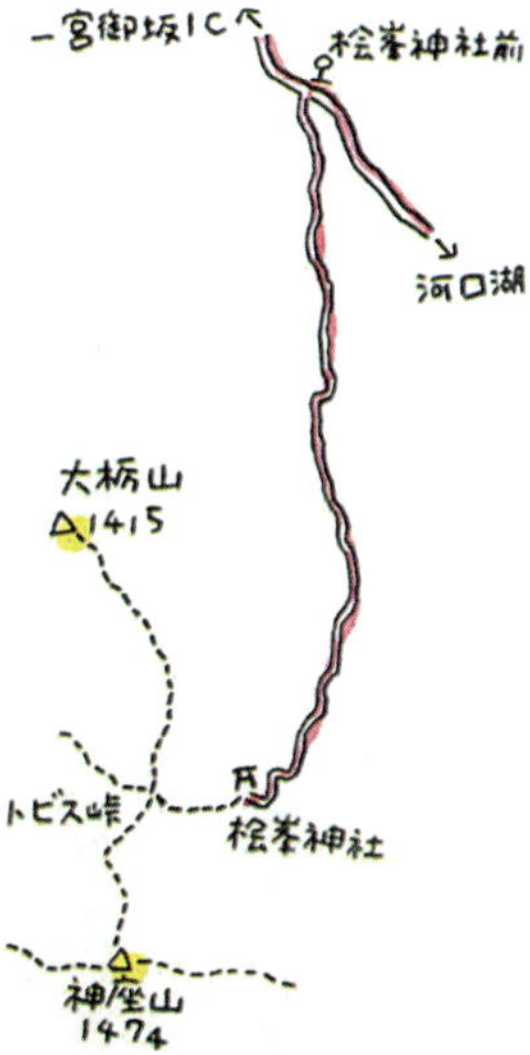

●**アクセス**　JR中央本線石和温泉駅から富士急バス（☎0555・72・6877）富士山駅行24分、桧峰神社前下車。

●**参考コースタイム**　桧峰神社前バス停（1時間10分）檜峯神社（25分）鳶巣峠（50分）大栃山（40分）鳶巣峠（45分）神座山（35分）鳶巣峠（20分）檜峯神社（1時間）桧峰神社前バス停

●**2万5000分ノ1地形図**　石和・河口湖西部

●**問合せ先**　笛吹市役所☎055・262・4111

㊹ 三方分山

さんぽうぶんやま

1422m

山梨県　御坂山地

古道を行き、歴史を巡る

湖畔から女坂峠へ向かう道は、「天然記念物・精進《しょうじ》の大杉」とある案内板で、すぐに分かった。アプローチで歴史的な精進の集落と有名な巨杉が見られると案内書にあったからで、興味津々、集落へ向かう幅の狭い道に入った。

道の両側に整然と並ぶ精進の民家は、すべてではないが伝統的な様式の建物が多く、案内にある「中道往還」（富士川沿いの河内路と、河口湖畔を通る若宮路の中間にあり甲斐と駿河を結ぶ最短路とあとで知った）という中世以来の古道の雰囲気がいまも残っていると感じて、これは只の山村ではないと思い、気をひきしめた。とくにそれを感じたのは集落の中心にある神社と寺で、精進諏訪神社の凛然とした構え、龍泉寺の寂た味わい、どちらも古道にふさわしいもので（建物は

茅葺き屋根が美しい、石花山龍泉寺。宝暦年間（1751～1763）の火災のあとで再建とあるから200年以上昔の建物だろう。富士五湖の景勝を世界に紹介した英国人H・S・ホイットウォーズの墓がある。

精進湖を北風からガードする三方分山。ぼくらはこの絵の右から左へと歩いた。一番高く見えるのは精進山で、その右が三方分山である。

江戸中期以後とあったが）、二株の巨杉もここにあり、古道のランドマークになっていた。集落をつめると茅葺きの家も見つかり、ぼくらは歴史の道にすっかりとけ込んだ気分で峠をめざした。

落ち葉の厚さに秋の深まりを感じながら行くうちに、丸木橋を何度も渡り、やがて道は沢を離れた。そして、林相からしてかなり登ったなと思うころ、女坂峠に着いた。

峠には三体の石仏と大小の石碑が落ち葉に埋もれてあり、晩秋の古道の峠らしい風情にぼくらはすっかり感心して、俳句の一つも作りたかったがそういう才能がないのに気付き、失った首の代わりに石をのせた石仏を眺めたり、消えかけた碑文を何とか読もうとしたりして峠のひと時を過した。

峠からは西へ、アセビ林の道を下って三方分山をめざした。稜線の道は崩壊したために回り込む所が何カ所かあり、この稜線は北側が急峻で南側は比較的緩いと気付いた。クヌギやナラの黄葉もカエデの紅葉も、半分以上が散り落ちているように見えた。それでだいぶ見通しがよくなった雑木林の先に、少々霞んだ富士のシルエットがあった。ひとしきり急登で汗をかき、それから緩やかに登り、樹木の配置が庭園のような所を行くと道が分かれていて、そこが三方分山の山頂だった。

山頂らしくない平坦な山頂は低山では珍しくないけれど、ここもその例で、とりあえず

3体の石仏と大小2基の石碑がある女坂峠。右に下ると精進集落、左に下れば女坂を経て古関に至る。「中道往還」は精進側は本栖、富士宮、吉原まで。古関側は右左口峠、甲府まで。近世に入って幕府が整備して脇往還とし、駿河と甲斐の最短路として重用され、「いさば（魚を運ぶ馬方）道」と呼ばれた。中世から古関と本栖に関所が置かれ、本栖は口留番所となった。大宮、上井出、精進、右左口が宿駅で伝馬役を課せられたので、精進の集落は街道の宿場だったと考えてよいと思う。

「山梨百名山・三方分山1422メートル」とある標柱と一緒に記念写真を撮り、富士を見るために樹木を伐り広げたところから富士を眺め、ワインで乾杯して登頂を祝った。それから、三方分山とは旧八坂《はっさか》村と精進村と古関村の三村の境界なので付けられた名と案内書にあるけれど、それにしても直裁な名だねと話し、余り風情のない山頂をあとに、精進山をめざした。

まだ黄葉の残るカラマツと雑木の林を調子よく下っていくと、祠《ほこら》の置かれた岩があり、その下に三角点もあるので、ここが精進山だろうと思った。ということは、祠と三角点がなければ山頂とは思えないわけだが、立ち止まってみると何か安心感があり、岩の形にも風情があるので、ここでランチタイムときめた。同行者のザックから香りのよいフランスパンやおいしそうなクリームチーズ、ハム、粒入りマスタードまで出てきて、トリの声をBGMに楽しい昼食となった。気温も快適で風もなく、雑木に囲まれたこの場所は安らぎに満ちていると思った。

精進山から精進峠までは、急な下り道が続いた。トシとともに下り道でブレーキがかけづらくなっている身には相当に堪《こた》えるのだが、ともかくブレーキは早めにスピードはひかえめにと古い交通標語のような文句をとなえ、それでも時どき滑ったり尻も

山頂らしくはないが、静謐と安らぎの精進山に好感を持った。岩上の祠と三等三角点に気付かないと素通りしてしまうだろう。樹木の間からかすかに遠景が望まれる。

ちをついて笑われたりしながら下った。途中で精進湖と富士がよく見える所があり、しばらく眺めたのが唯一の休想で、あとはひたすら下って精進峠に着いた。

精進峠は三ツ沢峠ともいうらしい。峠を西に下ると三ツ沢の集落なので、そちら側からの呼び名だろう。その道は余り歩かれていないらしく、ヤブが繁っていた。ぼくらはヤブのない精進側に下り、大きい堰堤を過ぎると間もなく精進湖岸に出た。そこは車を置いた県営駐車場の脇だった。

これで三方分山ハイキングは終わりなのだが、コース前半の中道住還について後で調べたことを少しだけ記しておこう。

徳川家康は天正十（一五八二）年に駿河からこの道を通って甲州へ侵攻した。勝頼の自刃で武田が滅亡したあと、家康は同じく甲州に進攻していた信長（恵林寺焼打ちはこの時）を異常なまでに手厚く接待しながら再び中道往還を経て駿河に戻っている。例えば女坂峠の登り道ではお茶屋を新設したり石を除いて路面を整えるなど、徹底的に信長にサービスした（『信長公記』）。それが四月のことで、同年六月、信長は本能寺で落命。家康は有名な伊賀越えの難行のあと武田の旧臣対策を行ない、七月にまたも精進、女坂峠、左右口《うばぐち》峠を経て甲府に入り滞在。北条氏と講和して甲斐支配を果たし、同じ道を浜松へ帰った。近々天下は俺のものという思いが、女坂峠で休息する家康の胸を過《よ》ぎった、という想像はどうだろうか。

（二〇〇三年十一月）

●アクセス
富士急行線河口湖駅から富士急バス（☎0555・72・6877）本栖湖・新富士駅行35分、精進下車。帰路は同路線の山田屋ホテル前で乗車。

●参考コースタイム
精進バス停（1時間）女坂峠（50分）三方分山（40分）精進峠（30分）山田屋ホテル前バス停

●2万5000分ノ1地形図　大門・精進

●問合せ先
富士河口湖町役場☎0555・72・1111、甲府市役所☎055・237・1161

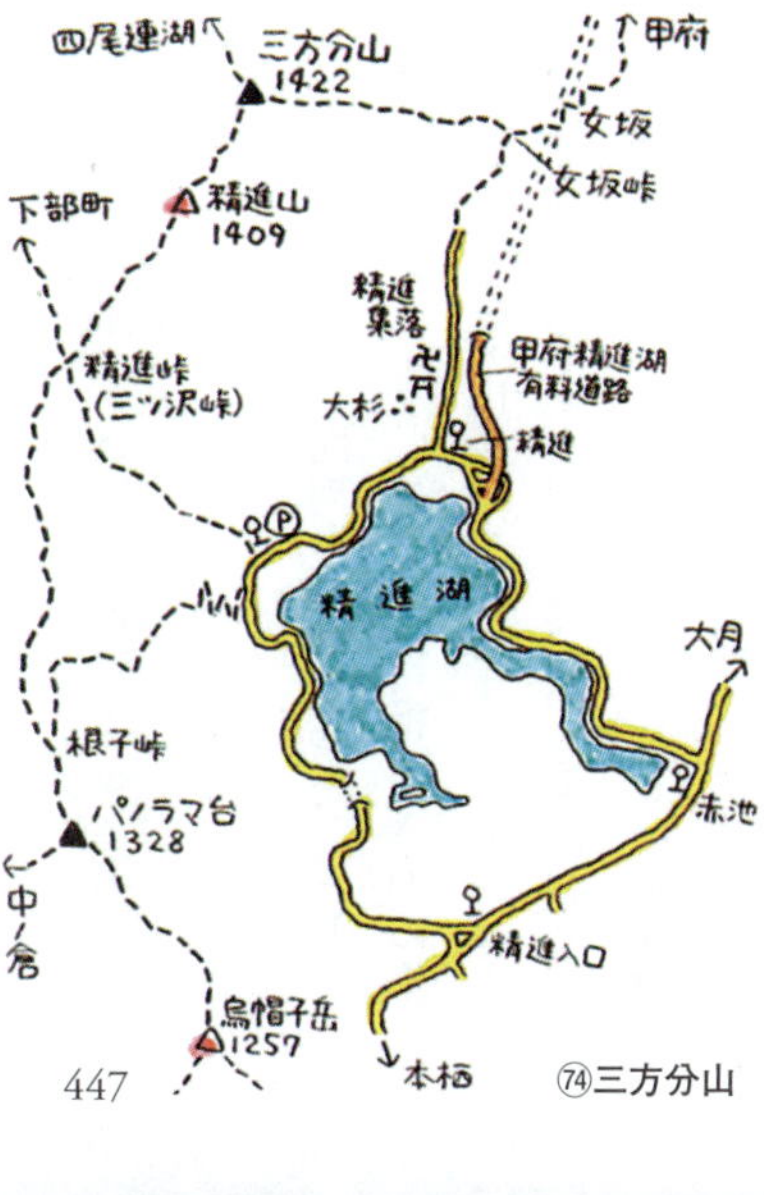

75 三石山　みついしやま

1173m　山梨県　天子山地

南アルプスの意外な展望

林道は、舗装はあるものの屈曲して狭く、落石もあり、路肩も心細かった。そして、県道一〇号線の身延《みのぶ》駅脇からかなり山中深く入ったと思うところに、目指す大崩《おおくずれ》の集落に着いた。こんな山奥に立派な民家が、と驚くことが山歩きではたまにあるが、この山村もその例で、いかにも旧家と思われる建物の集まりが山中に忽然と現われて、別世界へ踏み込んだ気がした。しかもこれは下《しも》の集落で、さらに進んだ先に上《かみ》の集落があり、そこが車道の終点なので車を置かせてもらい、歩き仕度を整えて、水場の先から山道に入った。

目指す三石山は、日蓮宗総本山身延山久遠寺《くおんじ》の身延山（一一五三メートル）と富士川をはさんで対面する山で、山頂に山名の因《もと》になった大石があり、それに由来する神社があって、富士山や南アルプスの展望が楽しめるときいて、ぼくらはこうしてやってきたのだ。大崩の集落に里宮を祀る神社の奥宮が山頂にあるので、地元の方々が参拝のために山道の整備をされるということで、確かによく踏まれて歩きやすく、ヤブ

三石大明神奥宮の前にある大石である。山名も、もちろんこの石に由来する。三つの石の二つがこれで、あと一つは鳥居下方にある大石ではないかと思うが、少し離れて別の大石が二つあるので、断定はできない。

も刈られていた。

稜線の向こうの椿草里《つばきぞうり》への道を分けると緩やかな登りになり、清々しい新緑の雑木林と植林を交互に通り抜けた。伐採地では三石山と思われる稜線が見えたが、地形図でも見た目にも起伏の少ない尾根なので、どれが三石山か、たぶんあれだろう、などと話し、何度か立ち止まって眺めた。

出発してから一時間ほどで、三石山へと続く主稜線に出た。山頂へは右に行くのだが、左への道は通行止めのサインがしてあり、地形図にも破線がないので、三石山以外は歩かれていない山域なのだと思った。

ほとんど起伏のない稜線道をさっさと歩いていくと、何でもない山道の途中に三等三角点があった。ピークでもなく見晴らしもない場所の三角点は何か拍子抜けするのだが、測量をした時は見通しのよい尾根だったのだろうと話して少しいくと、突然、左右とも展望が開けたところに出た。右は広く伐採されて、正面に身延山、そのうしろに七面山《しちめんざん》、さらに向こうに笊《ざる》ヶ岳、赤石岳、荒川三山、白峰三山が揃い踏みという豪華さで、北岳が中半分雲に隠れているほかは、夏としては珍しい眺めなので、同行者がラッキーと叫んだのもオーバーとはいえない。左は前山の向こうに富士山が頭を突き出しており、これは予想通りだった。

あとで分かったのだが、この展望ポイントからの眺めが三石山ハイキングではベストで、このほかは木の間、枝先にわずかに遠くが見える程度だから、このポイントは貴重だと思った。

山頂に向かって稜線をいき、ブナ林に入った。ブナに出合うと、そこがどんなところであれ不思議な安心感を覚えるのは何故だろう。ここでもぼくらは、あ、ブナだといって立ち止まり、しばらくあたりを眺めた。それから先へ進むと、こんどは急登になり、木の根、岩角につかまって登るとクサリまで備えてあったが、これは予想外だ

稜線上唯一の展望ポイントから東側の眺めである。距離が近いから、富士山が大きい。こうして見ている足元の岩は「富士見岩」というらしく、一度に4、5人のるのが限度だが、岩にのらなくても富士は見えるのである。

ねと話す間もなく急登は終わり、植林に入って御料林の標石を過ぎると岩石が目立って多くなった。それからモミが何本も現われ、向こうに社殿らしい建物が見えてきたので、山頂と分かった。

三石大明神の奥宮は一間半四方の立派な社殿で、扉はアルミサッシだったが中は掃除が行き届いていた。木の鳥居は朱塗りがすっかりはげているが、風雪に耐えて辛くも建っており、その前に山名の由来の大石があった。

参拝したあとで社殿脇の由緒書きを読むと、「三石山勧進帳抜粋」とあり、その内容は不可解な点が多いのだが、対面する身延山と縁続きであることは分かっ

椿草里分岐を過ぎてしばらく行くと、右前方に三石山の稜線が見えてくる。まん中の高みが三石山で、左は1139メートル峰、右の姿のよい山は無名峰だ。

た。終わりの方に「三石山金福寺」とあるのも、これが神仏習合に関わることなのか分かりにくいのだが、ぼくらは参拝ができ、さらに社殿裏の山頂とある場所に立つこともできてよかったねと話し、お神酒の代わりにワインで乾杯した。三石山の最高地点はさらにその先のように思ったけれど、ヤブが深いので踏み込むのは止めた。

下山は同じコースを戻るのだが、休憩するなら先刻の展望ポイントしかないと分かっているので、そこまで戻って弁当を広げた。けれども昼を過ぎて雲が増し、午前中ほどの眺めはなかった。

大崩に戻って山を下ってもまだ日が高いので、三石山と縁の深い身延山へ詣でることにした。神社からお寺へと、われらは多神教の日本人だねと話しながら車で久遠寺の総門をくぐり、参詣の人

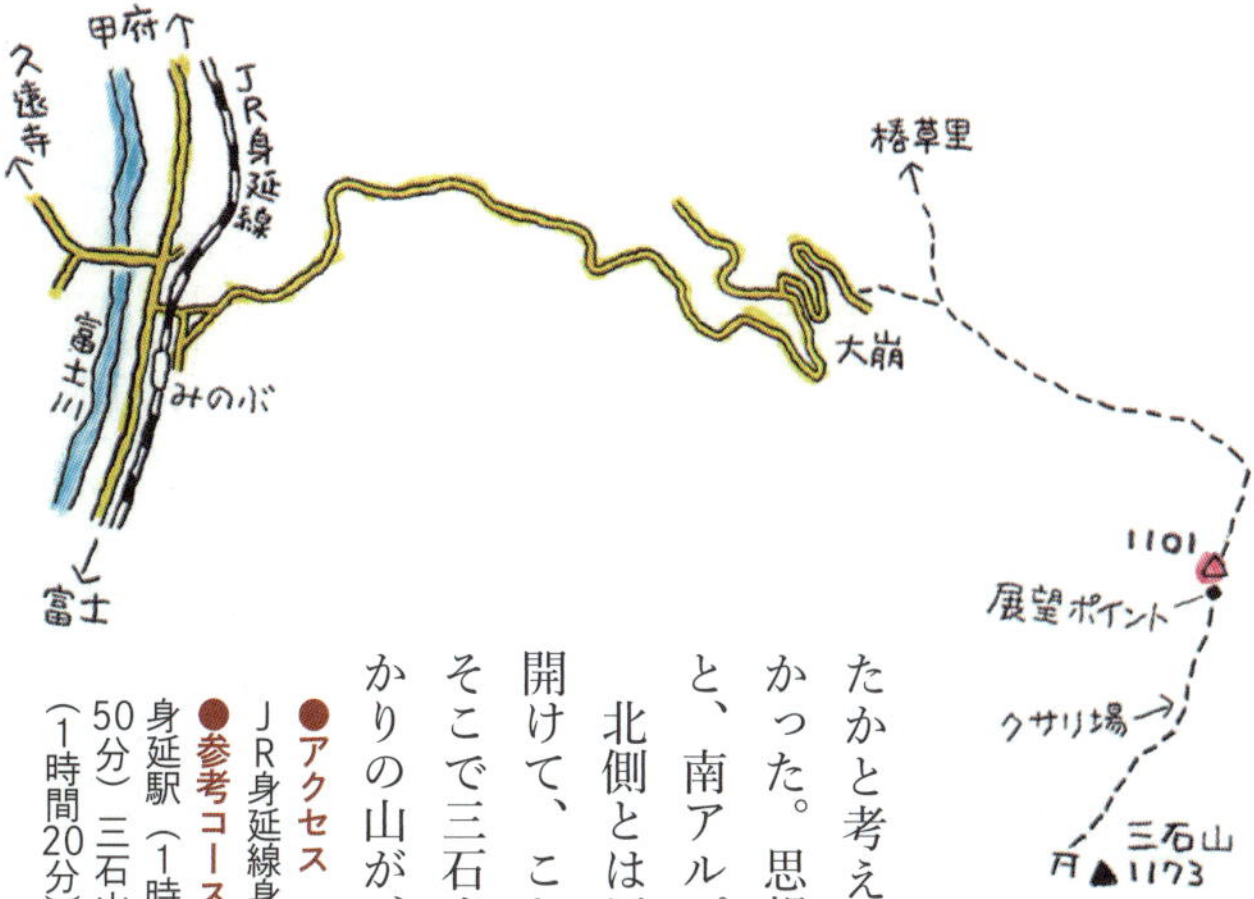

で混み合う門前町を徐行して、本堂近くの駐車場へ向かった。久遠寺に詣でたあとは、身延山ロープウェイで楽らくと奥の院に達した。表参道を歩いて登ったのはいつだったかと考えて、もう二〇年も昔のことと分かり、感慨深かった。思親閣に詣で、それから北側展望台に行ってみると、南アルプス方面はすっかり雲に閉ざされていた。

北側とは反対に、ロープウェイ駅の前では東側の展望が開けて、こちらは富士山をはじめ周辺の山々がよく見えた。そこで三石山を探すと、目立たない形ながら先刻歩いたばかりの山が、確かにそこにあった。

（二〇〇六年七月）

●アクセス
JR身延線身延駅下車。

●参考コースタイム
身延駅（1時間30分）大崩（2時間50分）三石山（2時間10分）大崩（1時間20分）身延駅

●2万5000分ノ1地形図
身延

●問合せ先
身延町役場☎0556・42・2111、南部町役場☎0556・66・2111

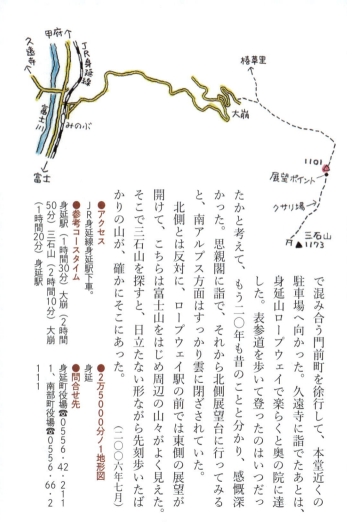

76 思親山　ししんざん　1030・9m　山梨県　天子山地

富士山の仲裁

思親山という山名は、山名としては変わっている。それで、どうもなにか曰くがありそうだと思っていたところ、身延《みのぶ》山の日蓮が父母を思って故郷の安房小湊の方を眺めたとき、そこに見えたのがこの山であった——というストーリーを地元の方にきいたので、なるほどと思った。

確かに、佐渡へ流された日蓮上人が許されてやってきた身延山はこの山から近く、方角もほぼそんなもので、また、身延山久遠寺《くおんじ》の奥ノ院も「思親閣」ということなので、いずれにしても日蓮聖人ゆかりの山名なのである。

いまの思親山は東海自然歩道が山頂を通っており、眺めがすばらしいときいたので、春まだ浅い好天の日、純白の南アルプスなど見たいものと、出かけた。

登山口に当たる身延線内船《うつぶな》駅は山梨県南部町内だが、この南部の郷を開いた南部三郎光行は、その後、奥州藤原氏との戦いで戦功が認められて奥州に移り、のちの南部藩の祖となった——と案内にあり、ここで再び、なるほどと思った。

富士川から仰ぐ思親山。左寄りの山腹の集落が富岡。稜線左端の峠が佐野峠。下の街は南部町内船。このあたりは山梨県なのに、気候風土は静岡、という気がした。茶畑のせいか。

駅を出て踏切を渡り、線路沿いに北に向かうと道はなりゆきで右折、内船の街を外れると右手に長い石段が上っていて、これが正《しょう》住《じゅう》山内船《さんないせん》寺《じ》だが、見学は下山のあとにして、寺の背後に回り込むようにして坂を登っていくと、一面の茶畑になる。すなわちここの地場産業、南部茶の畑であって、刈り整えられた茶の木が山の南面に縞模様を描き、めざす思親山がその上にどしりとある。

茶畑のなかの富岡の集落は少々迷路のようだけれど、最小限の道標とカンを頼りに、球型の道祖神

明るい南斜面の茶畑のなかを登っていく。どこまでもどこまでも茶畑で、日本人はやはり日本茶なのだ、と思ったらおいしくて温（ぬる）いお茶をゴクンと飲みたくなった。

や廿三夜塔を見ながら通り抜け、植林に入ると分岐に出合う。これを古い道標に従って左にとり、この林道をせっせと登りつめるとまた分岐。ここにもまた頼りない道標が樹木に引っかかっていて、ふたつの札を合わせて「右・大嶺峠、左・佐野峠」と判定、佐野峠への林道をたどる。

地図の上でよさそうな印象をもった佐野峠は、実際は林道の切通しになっており、朝の寒気で路面が凍っていた。

ここからやっと東海自然歩道で、さすがに道もしっかりして案内もよく、毎度のことながらどうしても取付道の頼りなさと比べてしまう。同行の友人は〈分かりにくいところを自分の判断で行くのがおもしろい〉派で、ぼくは〈肝心なところだけはしっかりした道標が必要〉派なのでしばしば争っており、

切通しの林道になっている佐野峠。峠の気分はないが、東海自然歩道のジャンクションのひとつにはちがいない。左下のかすかな踏みあとが、佐野へ下るトレイルだ。

このときも稜線の自然歩道をたどりつつ盛んに争っていたら、左手に伐採地があり、長者ヶ岳、天子ヶ岳の天子山塊がまる見え。その向こうには真白き富士が徽突んでいるので論争を止め、ふたりで眺めた。

このあたりから残雪が少しあり、六センチほどのケモノの足跡が歩道上を山頂へ向かっていて、まだ新しいので姿が見つかるとおおいに期待したのだが、けっきょくだめだった。

その代わり、丸太の階段の急登も苦労なく登り、あんがい簡単に山頂に着いた。

植林と雑木林とササに囲まれた山頂は小広く、樹木の茂りで思ったより視界がせまいが、それでも富士が大きく、南アルプスも一部分が見え、富士川の向こうの十枚山などが木々の間に望まれ、新しい二等三角点がひっそりとあった。

思親山の山頂まぢかの稜線から見る、天子山塊と富士。数年前に登ったときのことを思い出しつつじっと眺めた。足下には天子湖が見えるはずだが、ヤブが茂って見えない。

週日のせいかぼくらのほかに人はいなくて、明るい山頂と景色を独占。残雪を集めてワインを冷やし、チーズにビスケット、最後にコーヒーの野点《のだて》も行なって、好ましい時間を過ごした。

下山は南へ植林と雑木林の間を下り、さらに暗い植林のなかを行くと行先不明の道を右に分け、やっと西側が見晴しのよい場所に出た。足下に富士川、その向こうに篠井山、十枚山、そして右の方に塩見岳、悪沢岳などの白く厳しい姿がある。

展望はこれが最終と思われたので充分楽しんで、それから脇の林道に出ると道標があって、自然歩道を進めば八木沢を経て井出駅、林道を下れば内船とあり、ぼくらは内船寺を見学したかったので林道を下った。

この林道は廃道らしく、しばらく下るとこんどは新しい立派な林道に合流し、富士川対岸の山々を見ながらのんびり歩いているうちに、初めの分岐にもどった。

内船寺は四条金吾頼基が建治三（一二七八）年に建てた持仏堂が始まりという古刹で、建物は幕末期に火災にあったが、寺宝や梵鐘など歴史的なものが残っている。

杉木立に囲まれた長い階段を下って内船の集落、そして内船駅に帰着した。駅の近くに農協のスーパーがあって、そこで名産の南部茶を土産に求めた。（一九九三年四月）

●アクセス
JR身延線内船駅下車。

●参考コースタイム
内船駅（2時間15分）佐野峠（45分）思親山（55分）林道（1時間30分）内船駅

●2万5000分ノ1地形図
南部

●問合せ先
南部町役場☎0556・66・2111

⑦⑦鷹狩山 たかがりやま

1167m ｜ 長野県 大町

北アルプス展望の山で山名同定、山の想い出同定

北アルプスに精通していて、大町山岳博物館も知っている人でも、博物館の裏山の鷹狩山を知っている人は、案外少ないのではないかと思う。鷹狩山は山頂まで車道が通じている里山なのだが、その山頂の展望台からの北アルプスの眺めは実にすばらしく、北アルプスに想い出の多い人なら、さらにその景色はすばらしいはずだから、いつか行ってみたら、と言われたのをふと思い出して、大町で半日の暇ができた晩秋のある日、鷹狩山に向かった。

山岳博物館の右手に廃道の林道が見つかり、これが鷹狩山の登山口だった。けれども道標はなく、道も荒れていて、山岳博物館のお膝元なのにね、いや里山は山岳じゃないから仕方ないよなどと話しながら歩き始めた。カラマツやアカマツの混じる雑木林の中の緩い登りで、黄葉もすでに半ば散り、冬を迎える低山の寂しさを感じた。

しばらく登るとアカマツの間伐地にさしかかり、辺りも気分も明るくなったが、出発前には見えた青空が雲に覆われてきており、山頂の展望が目当てなので、少し不安

高瀬川畔から眺めた鷹狩山（中央）。右は南鷹狩山（1147.7メートル）、左は霊松寺山（1128.6メートル）である。高瀬川を渡って大町市街へ入るときに、この三山が正面に見える。

になった。それで黙々と登って行くと、左手にキャンプ場と思われる広場が現われた。中央にキャンプファイアーの跡もあるので、山麓の案内にあった「山の子村」という施設はこれかと思った。樹上の手作り小屋などは子供たちが楽しく遊んだものに違いないが、いまは静まり返って、トリの声すら聴こえない。

　それから少し行くと、突然、舗装の車道に出た。地形図では、この先は車道歩きで山頂へ向かうようになっているのでその通りに行くと、少し先に左へ入る踏み跡があり、小さく「たかがり山トレッキングコース　子ども探検クラブ」とあるので、これはありがたいと踏み込んだ。小さい道標は「山の子村」の子供たちが設けたものだろうね、ぼくらも子ども探検クラブのメンバーになったようだね、などと楽しい気分で話し、踏み跡をせっせと辿ると、またもや車道に出た。こんどは道の向こうにダートの林道があり、壊れかけた案内図に「森林まなび公園　展望台」の文字が読めたので、そちらに向かった。これまでの様子から、鷹狩山へ向かうハイカーは、子供たち以外は少ないように思った。

林道を行くと、トイレや炊事場が現われて、「森林まなび公園・鷹狩山キャンプ場・八坂村」とあるので、いつの間にか大町市から八坂村（※現在は大町市）に入っていたのに気付いた。またそこから短絡道が山頂に向かっているので、それを辿ると三たび車道に出て、レストハウスがあり、ようやく山頂の展望台に着いた。

この山頂展望台は、いかにも不細工な建物なので、ぼくらは一瞬立ち止まってしまったが、ともかく山頂からの展望を目指してきたのだからと、階段を上がった。そうするとまず中段がガラス張りの展望室になっており、ガラス窓の先には北アルプスの展望があるわけで、窓の内側には展望案内図が描かれ、だれでも山名同定ができる

ようになっていた。

けれども、すでにこのとき、ぼくらの頭上はすっかり雲に覆われており、北アルプス方面も中腹から上はすべて厚い雲の中で、山頂、稜線部分はまったく見えず、案内図を見ながら、あの辺に鹿島槍が隠れているんだ、こっちに蓮華岳があって、この辺りが餓鬼岳だ、燕岳はこの方向かな、などと想像することしかできなかった。

天気がよければ、もちろんすばらしい眺めに違いない鷹狩山の山頂展望台。しかし、ぼくらが山頂に着いたときは、北アルプスの峰々はすべて厚い雲の中で、まことに残念。快晴の冬の日にでも、もう一度やってきたいと思った。

それからぼくらは未練がましく、さらに階段を上がって屋上に出てみた。そして、中段で見えないものは屋上でも見えないに決まっているのに、やっぱり見えないねえ、見えないものはいくら眺めても見えないよねえ、などと言いながら、雲に隠れた北アルプスを想像し、しばらくそこにいた。

しかし、いつまで見ていても空しいので、

展望台を下り、隣接する神社の森を訪ねた。大町から鷹狩山を見たときに展望台の左に見えたのがこの森だね、などと話しながら森に入っていくと「鷹狩山金比羅神社」とあり、古寂びた社殿の脇にブロンズ製と思われる実物大の神馬が覆屋つきで奉納されていた。八坂村の方から石段が上がってきているので、八坂村の郷社だろうと思い、参拝したのち山を下った。

登って来た道を下って車道に出て、あとは車道歩きで山岳博物館までは、あっという間だった。

同行者が初めてというので、大町山岳博物館を見学した。この博物館をぼくが初めて訪れたのは二十代後半の頃だから、何と四〇年以上も昔だ。当時は古い小学校の校舎を移築して使っており、それは実に懐かしく質素な建物だった。展示品の

山頂展望台からの眺めは、このように残念なもの。この絵の範囲では、赤沢岳、鳴沢岳、岩小屋沢岳、爺ヶ岳、鹿島槍ヶ岳あたりが、晴れていれば見えるはずなのだ。

中では明治の登山家・加賀正太郎氏の欧州アルプス登山の装備がおもしろかったが、その後、建物も展示もすっかり立派になった。古い木造建築では収蔵品の保管も困難だったに違いない。そのときから定期購読を始めた博物館発行の月刊誌『山と博物館』はいまも続けて購読しており、A4判四ページ一色刷りの形式はまったく変わらずに、毎月、山の香りを伴ってぼくの机上に届いている。博物館を出て、裏のカモシカ園を訪ねたあと、帰途についた。

（二〇〇四年十一月）

●アクセス
JR大糸線信濃大町駅利用。
●参考コースタイム
信濃大町駅（25分）大町山岳博物館（1時間20分）鷹狩山（1時間）大町山岳博物館（25分）信濃大町駅

●2万5000分ノ1地形図
大町・日名
●問合せ先
大町市役所☎0261・22・0420

㊆光城山　ひかるじょうやま　911・7m　長野県　安曇野

アルプスの展望はなくても

北アルプスの展望がすばらしいと聞いていた明科《あかしな》（安曇野市）の長峰《ながみね》山と光城山を、晩夏のある日、歩いてみた。

憧れの山々の宝庫、長野県で低山を歩く機会は少ないが、展望の山とあれば別である。鷹狩《たかがり》山、霧訪《きりとう》山がそんな山だが、今回の二つの低山も位置からしてそれに劣らないはずで、期待して出かけた。

長野自動車道の明科ＩＣを出て国道一九号線へ。さらに田沢北で山際の道に入って北上すると、「光城山登山口」の立派な看板が見つかった。そこを入ると案内にあるように広い駐車場のほかに池を配した庭園まであり、「遊歩道、さくら並木」といった道標もあるので、地元で大切に管理されている自然公園とわかった。

車を置かせてもらい、光城山へ出発と思ったところ道標がなく、案内に駐車場の脇を登るとあったのを思い出して、山に向かう林道へ入った。水道施設を過ぎて行くとカーブの先で林道は廃道になっていたが、よく踏まれた山道が見つかったのでそれを辿ると、少し先に「さくら池まで〇・二km山頂」とあり、首をかしげていたところへ地元の方と思われる女性が下ってきたので、光城山はこの道で？　と尋ねると、そうですよ気をつけてと親切に教わった。

夏の低山なのだが朝の雑木林はまことに清々しく、樹間を抜ける風も爽やかで、さすが信州と同行者がしきりに感心するなか、セミの合唱をBGMに、木の間に安曇野の田園を見ながら折り返し登った。「山頂中間地点」の立札を過ぎると緩斜面になり、アカマツやカラマツの林を散歩気分で歩くと、「自然散策路」の立札に出合った。それにしても歩き始めてから「光城山」の道標が一つもないねと話し、地元の人しか来ないからだろうといううことになった。そうすると、すぐ先の

安曇野の田園から長峰山と光城山を眺めた。左端の高みが長峰山、右端が光城山。この間を「縦走」したわけだ。安曇野を行く旅行者でも、この低山稜線に注目する人は少ないだろう。山麓を横切るのは長野自動車道だ。

分岐で「左・光城趾、さくら並木」と、ようやく「光城」の文字が出てきたが、どうも地形からして光城山は右方向らしいので右に行くと車道に出合い、車止めの先の高みが山頂のように思われたので近寄ると、アカマツに囲まれた古い立派な拝殿のある神社と頭の欠けた三角点標石が見つかり、光城山の山頂とわかった。ならば展望台をと探すと、案内にある場所は樹木が生長して展望はきかず、けっきょく避難小屋の前が最も展望がよく、そこで西側を眺めた。

すでに神社の前あたりから気づいていたのだが、晴れているのに常念岳の肩から上は雲に隠れ、ほかの山々も山頂部分がすっかり雲のなかで、いまごろアルプスの展望を期待するのは無理かもしれないね、山の眺めは暑い時季はだめだね、などと話しながらも雲のなかに常念山脈や、そのほかの山々の姿を思い描いて、しばらく眺めた。

光城山の山頂にあった光城の図画。調査の結果描かれたものが古峰神社の拝殿にあったので、写させていただいた。北側が本郭、南側が二の郭とある。鳥居の印は現在古峰神社がある場所で、△は三角点の位置。二の郭跡には避難小屋が建っている。

山上の神社としてはかなり立派な古峰《ふるみね》神社に参拝して、それから由緒書を読むと、戦国時代の山城・光城《ひかる》は、この場所に海野氏の一族光氏によって築かれ、現在、神社と三角点のあるあたりが本郭《ほんくるわ》、避難小屋のあたりが二の郭だったらしい。けれども、武田氏の刈谷城攻めのときに戦わずして落城し、その後松本城主となった小笠原貞慶により修復されたとあり、当時の図面を興味深く見た。それから山頂の周辺を見回すと、土塁や空堀の跡と思われる地形がいくつも見つかった。

山名の由来である、光城の跡とされる光城山の山頂。古峰神社がアカマツ林のなかにあり、神社の裏が最高地点と思われる。この場所に城の本郭があったことがわかっている。右下は三角点標石。

　光城山から長峰山までは、ほぼ稜線沿いの林道歩きだった。舗装路を歩くのは味気ないが、周囲が植林ではなく雑木林なのがありがたく、市営施設の「天平の森」を過ぎ、チョウの育成を図る「チョウの森」を通り抜けて、長峰山に着いた。

長峰山の山頂には木造の展望台があり、そこからの眺めは光城山より一段とすばらしかった。山々にかかる雲の様子は同じだったが、ほかでは見られない大パノラマに感心しながら、眺めた。

展望案内図を見ると、ここからは白馬岳から乗鞍岳まで北アルプスのほとんどの頂が望めるとある（剱、立山は見えなくて槍は常念の陰らしい）。また安曇野は当然まる見えで、とくに直下の高瀬川、穂高川、犀川の合流点、押野崎の地形はおもしろく、安曇節の文句を思い出しながら見た。そのあと、山頂は見えなくても、そこに見えるはずの山々に思いを致し、そのいくつかを一緒に登った同行者と思い出話をしながら小一時間もそこにいたが、子ども達が団体でワイワイと登って来たので展望台を降り、安曇野に向かって下山した。

山麓の市営長峰荘までの下山路は急下降が続き、道の整備がよいから苦労はなかったが、ヒザの関節をいたわりながら降り、里に出た。

山麓の「山の辺の道」で見つけた、安曇野の名物といえる双体道祖神。左は二十三夜塔、右は庚申塔。他にもポーズの異なる2基の双体道祖神に出会い、安曇野を旅する心はまことに慰められた。

それからぼくらは光城山登山口へ車を回収に行ったのだが、そこまでの山際の車道は、いわば安曇野の〝山の辺の道〟で、たまに通る車に注意が必要ではあるけれど、実に安曇野らしいと感じる風景が続いて、楽しかった。目にしみるような白壁の土蔵や、色づいた稲穂の向こうの民家の建物、登山口までの間に三つもあった双体道祖神など、もっと先まで歩きたいと思うほど楽しかった。駐車場に戻ったところで、ぼくらが登った光城山への道は「北登山路」で、「遊歩道、さくら並木」が南登山路とわかった。

（二〇〇七年八月）

●アクセス
JR篠ノ井線田沢駅下車。帰路は篠ノ井線明科駅で乗車。

●参考コースタイム
田沢駅（40分）光城山登山口（北コース1時間15分／南コース1時間）光城山（40分）天平の森（20分）長峰山（50分）長峰荘（40分）明科駅

●2万5000分ノ1地形図　豊科

●問合せ先　安曇野市役所☎0263・71・2000

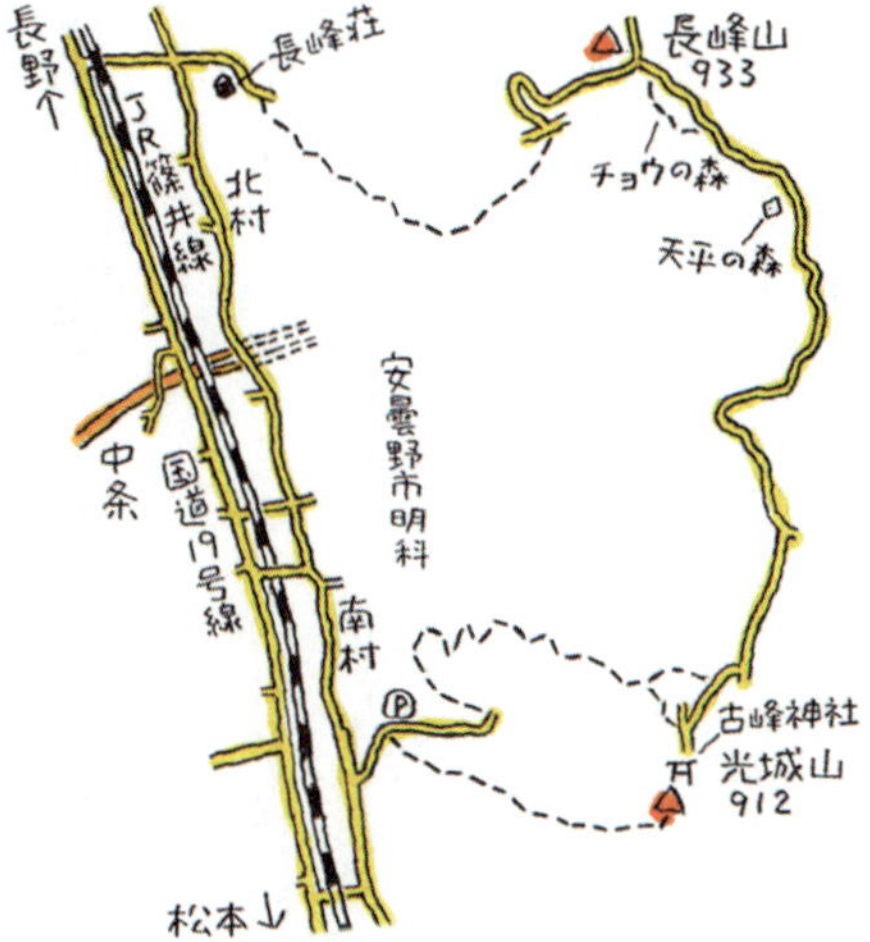

⑲太郎山　たろうやま

1164・5m　長野県　上田

上田を見守るお殿さま

あれを見よ、と真田源二郎（幸村）が鞭で指す彼方に、大峰山、東太郎山の山岳を背にした河岸段丘（千曲川右岸）が見えた。あの上へ、いまに父上（真田昌幸）が城を築かれる――と『真田太平記』（池波正太郎著）に書かれた大峰山と東太郎山より手前に、さらに目立つ山が太郎山で、段丘上に築かれる城が、いまも上田市内に城跡公園として残る上田城、観光駐車場から南と西の隅櫓《すみやぐら》を見上げたところにある切り立った崖が、源二郎が指した段丘で、駐車場は当時は千曲川の川床であった。天正十一（一五八三）年に完成した上田城は太郎山から得た木材と石材を使ったというから、太郎山と上田城、そして昌幸が城よりも大切と考えた城下町上田は、三つ揃って一つの歴史物語の中にあるのではないかと思う。

池波さんの小説に始まる、そういった興味から、ぜひ太郎山神社の祀られる太郎山へ登ろうと思い、初冬の上田へやってきた。登山口が分からずにしばらく迷った末、ようやく高速道路のトンネル脇に表参道入口の文字を見つけ、「クマに注意」の看板

上田市街から仰ぐ太郎山。太郎山の名は、昔、このあたりが大江流上田氏の上田太郎という人の所領だったことに由来するとか。

に驚きながらも歩き始めた。あとで知ったのだが、この登山口附近も花古屋《はなごや》城という出城の跡らしく、太郎山だけでも他にいくつかの出城跡（いずれも村上氏）があるそうで、このあたりが戦国時代に激しい戦いの舞台だったと分かる。が、二十一世紀のいまは、アカマツの混じる雑木林とトリの声だけの静かな世界で、やがて七丁とある石祠に出合った。石祠はこの後一丁ごとに律儀に置かれ、歩きの目安としてありがたかった。道はよく踏まれ、整備も行き届いて、さすが昔からの表参道で市民に親しまれてきた山だねと、同行者とうなずき合った。

しばらく行くうちに、前後に何組かの

登山者がいるのに気づいた。この日は週日だったので、やはり話に聞いた通り上田の人たちが生活の一部のように歩く山らしいと思った。十一丁目のところで休もうとすると、そこに中年のソロの登山者が腰かけていたので、自然と太郎山登山の話になった。それで、聞いた以上に太郎山登山が盛んであることが分かり、ふるさとの山があって、一年中みんなで登って楽しむなんてうらやましいですねと話した。また、そこで「太郎山七不思議」を教わったので紹介すると、①金明水　②さかさ霧（霧が山上から麓へ下る現象で、これはさほど珍しくない）③山口の一つ火　④血染めのツツジ（山頂から北へ向かう稜線の「刀《かたな》ノ刃《は》」あたりの赤いツツジ）　⑤指さし五郎　⑥真田井戸　⑦なんじゃもんじゃ　の七つで、⑥だけは後で城跡で詳しく知ったが、ほかは説明が覚えきれなかった。

十四丁目に立派な石の鳥居があり、ここが表参道のほぼ中間とは先ほどきいたばかりだ。「上田周辺外商人中廿五人」とある明治六年の碑があった。その後は厚い落ち

表参道は一丁ごとに石祠が置かれ、歴史を感じさせる。この石祠は十一丁目のもので、脇に「下総船橋・肴屋五人仲間」とあり、太郎山神社が広く信仰されているのに驚いた。

太郎山の山頂は、このように西側が広々と開けて、山歩きをする者にとってはこたえられない展望の場所である。

葉を踏んで丁目を数えながら、せっせと登った。その間も年配のカップルを追い越したり、若い女性のグループに追い越されたり、元気な鉢巻きの中年男性が下ってきたりと、何組もの登山者に出会い、二十二丁目で牛首コースとある道と合流してからは緩やかな稜線上の登りになり、突然、大きな赤い鳥居のある広場に出た。山の上にこんな広場が、と驚いたが、「千本桜の碑」があったので、ここは行楽地でもあるらしいと分かった。右から上ってきている道が裏参道のようだった。

赤い鳥居を過ぎると木の段、石段と続いて急登して、太郎山神社に着いた。神楽殿らしい建物の軒に年間最多登山者の名札があり、平成十一年度は三五八回の「土屋貞幸」さんで、この方はほとんど毎日登っているわけだから毎日登る人の話はオーバーではないと分かり、感服した。しかもこの方は平成七年、同九年にも毎日登山をしているので、吹雪の日なんか大変だなあ、天気のいい日に何回も登るんじゃない？　などと大きなお世話の心配をした。たぶん若くはない方と思うけれど、持続力の秘訣を教わりたいものだねと話した。

本殿の裏へ回って少し行くと、そこが山頂だった。ドーム状の広い草地は西に向かって大きく開けてい、（つい池波調になります）このパノラマは山歩きをする者ならだれでもしばらくは見入ってしまうに違いないと思った。とくに北アルプスは白馬、五竜、鹿島槍から槍、穂高、乗鞍まで、出席をとりたいくらいきちんと並んで、見事だった。

近くの塩田平や上田市街は、神社まで下りて社務所の前庭からの眺めがよかった。その間も何組もの登山者が登り降りするのに出会った。

下山は同じ表参道を辿ったが、下りながら、裏参道に回れば不動ノ滝があったのに残念、もう手遅れ、と話し、往路の半分ほどの時間で登山口に着いた。

上田城内の真田神社裏にある「真田井戸」は、城内唯一の井戸の遺構だ。中に抜け穴があって密かに太郎山の中腹に通じていると伝わる謎の井戸なのだが、確かめた人はいないそうだ。

それから時間に余裕があったので、砥石城《といし》（小説にもたびたび登場する）跡の丘を見ながら、真田氏発祥の地という真田町（※現在は上田市真田町）の本城跡、館跡、歴史館を訪ね、市内に戻って上田城跡公園、藩主館跡、池波正太郎真田太平記館、常田《ときだ》や柳町の伝統的な町並みと巡り、「刀屋」そば店の「真田そば」で旅を締め括った。

（二〇〇二年一月）

●アクセス
JR北陸新幹線・しなの鉄道線上田駅から上田市街地循環バス（上田バス☎0268・34・6602）東コース左回り12分、山口下車。

●参考コースタイム
山口バス停（25分）表参道登山口（1時間45分）太郎山（1時間20分）表参道登山口（20分）山口バス停

●2万5000分ノ1地形図
真田・上田

●問合せ先
上田市役所☎0268・22・4100、坂城町役場☎0268・82・3111

⑧⓪ 矢ヶ崎山《やがさきやま》 1184・1m 碓氷峠《うすいとうげ》 約1200m

長野県・群馬県 軽井沢

碓氷峠の〝ハシゴ〟

塩田平、小諸と旅した最後の日に、どこか歩いて旅をしめくくろうというわけで、以前、展望がすばらしいときいた軽井沢町の近くの矢ヶ崎山へ行くことにした。

矢ヶ崎山といっても、ハイカーでも知らない人が多い。この日の同行者も知らなかった。矢ヶ崎山ってどこにあるの？　軽井沢の駅からも見える、プリンス・ホテルの裏の山だよ。どんな山？　見晴らしがいいそうだ。上信国境のピークだから両側の展望がよさそうだね。国道の碓氷峠が登山口だよ——というわけで、軽井沢駅から歩いて碓氷峠へと向かった。

夏休みも終わり近いのに、朝の軽井沢駅前は観光客で賑わっていた。ほとんどが若い女性だった。けれども駅前を東へ出外れると急に静かになった。国道に出ても車は案外少なく、右手近くに、これから向かう矢ヶ崎山が見えた。

新幹線の列車がトンネルに吸い込まれていくのを見送るとすぐに国道の碓氷峠で、県境のゲートの数メートル先に登山口があった。仮道標の文字が消えかけているので、

矢ヶ崎山の展望の主役は、もちろん浅間山だ。雪がないと何かもの足りないが、しっかり見れば浅間山はやはり大きく立派だ。夏は全体に霞んでいるせいか、噴煙が見えなかった。

人気のあるコースではないと思った。

山道に入ると落葉樹の緑が美しく、降るようなセミの声は往く夏を惜しむようで、旅の終わりにこうして歩くのは正解だったねと話した。山道は思ったよりよく踏まれていて歩き易かった。県境の稜線で送電線も並行しているから、案外人が歩いているのかもしれないと思った。

しばらく行くと突然視界が開けて、スキー場の滑走コースの上端に出た。リフトの終点で、設備はカバーがかけられて冬を待っていた。その向こうに浅間山が、どっしりと大きかった。雪のない浅間山は何かもの足りないものだが、ともかく汗を拭いて眺めた。

さらに登ると、またもやリフトの終点に出たが、ここは展望はなかった。それから急登になり、周辺に高山性のマツも目立ち始め、斜面から稜線の道に出て、明るい方へ向かうとすぐに山頂だった。

矢ヶ崎山の山頂は三メートル四方程度の平坦な場所で、まん中に二等三角点があり、西側の他は遮るものがなく、きいた通りのすばらしい展望だった。国境稜線を境に、一方は雄大な浅間山、もう一方は妙義や裏妙義の奇峰群、近くには恩賀の高岩が城塞のように見えた。足元の軽井沢町や離山は、手を伸ばせば触れそうに近かった。まだ昼にも間があるので、ぼくらは水筒につめてきたシャルドネで乾杯し、充分に展望を楽しんでから、山頂を西へ下った。

テレビの中継塔を過ぎると突然、稜線を切り崩して造成したリフトの終点広場に出た。ここから国境稜線沿いに入山峠へ向かう予定だったけれど、その踏み跡は広場の造成工事で消えたのか発見できず、仕方なくスキー場の滑走コースに従って西側へ下った。けれどもコースは途中で何本にも分かれるので、あまり遠くへ行かないように選んで下り、テニスコートやコテージを過ぎてプリンス・ホテルの東館に着いた。

ここでちょうど正午の時報が鳴り、まだ充分に時間があるので、せっかく軽井沢にいるのだから、ついでに旧中山道の碓氷峠へ登る遊歩道を歩いてみようと意見が一致し、タクシーを呼んで旧中山道へ向かった。

矢ヶ崎山を軽井沢駅の近くから描いた。筋状の部分はスキー場の滑走コース。駅附近が標高940メートルなので標高差わずか244メートル、標高1184メートルの高さは感じない。長野県側はこのように緩やかだが、群馬県側は急峻である。

ハイキング姿を不思議に思う運転手氏に、国道の碓氷峠から矢ヶ崎山へ登ってきて、いまから旧中山道の碓氷峠へ登る遊歩道を歩くつもりと話したら、それでは〝碓氷峠のハシゴ〟ですね、といわれて大笑いした。

タクシーは裏道を抜けて観光客が多い旧道の二手《にて》橋を過ぎ、「旧碓氷峠遊覧歩道入口」まで運んでくれた。この遊歩道は、同行者が以前歩いており、よく覚えていた。巨木の多い別荘地を通り、吊り橋を渡り、しばらく登って林道を歩道橋で越えると、あとは坦々とした森林の道で見晴台に向かった。

見晴台は、矢ヶ崎山の展望を眺めたばかりの目には驚くこともなかったが、片隅にあったインドの詩人・タゴールの碑の前で足が止まった。タゴールは求道者の子として生まれ、ヒマラヤ山中で修行し、のちに詩人としてノーベル文学賞を受けた人で、来日した一九一六年の夏に軽井沢に滞在した。その後幾度か来日したが、ひたすら戦争への道を辿る日本各地で、終始「人類不戦」を守るべきことを説いたとある。ぼくらはタゴールのことをまったく知らなかったので、感心しながら立派なブロンズの胸像を眺めた。

旧中山道の碓氷峠は、昔の街道の様子が残っていて味わいのある場所だ。とくに石段を登った上の熊野神社は古色蒼然と厳かで、正面の本宮が長野県と群馬県の境界上に、左の那智宮が長野県に、右の新宮が群馬県にと、三社揃って両県にまたがっているのが珍しく、昔から碓氷峠の権現様として崇め親しまれたとある。石段を下った街道の反対側に「上信国境」の石標が

あり、本宮と石標を結んだ線が正しい国境なんだねと話しながら、セミしぐれをBGMに、茶店の名物「ちから餅」（ぼくはからみ餅、同行者はあんころ餅）をおいしくいただいた。

（二〇〇四年八月）

●アクセス
JR北陸新幹線・しなの鉄道軽井沢駅下車。旧碓氷峠遊覧歩道入口へは町内循環バス（西武観光バス0267・45・5045）2分、旧軽井沢下車、徒歩15分。

●参考コースタイム
軽井沢駅（20分）碓氷峠（1時間）矢ヶ崎山（1時間）軽井沢駅／旧碓氷峠遊覧歩道入口（1時間10分）旧碓氷峠（50分）旧碓氷峠遊覧歩道入口

●2万5000分ノ1地形図
軽井沢・南軽井沢

●問合せ先
軽井沢町役場☎0267・45・8111、安中市役所☎027・382・1111

㉛ 岩戸山　いわとやま　７３４・４ｍ ― 静岡県 熱海

峠の向こうに光る海

箱根と伊豆をつなぐ稜線《スカイライン》は標高は一〇〇〇メートルにも足りないものだけれど、何といっても場所がよいので、かつてはすばらしいハイキングコースだった。

かつてというのはいま五十代のぼくが二十代頃までの話で、その後はこの稜線に、その名も伊豆スカイラインという自動車道路ができて稜線を寸断したために誰も歩かなくなり、このあたりのコースはガイドブックからも姿を消した。

玄岳《くろだけ》（七九九メートル）などは、このあたりの自然の特徴を集約したような個性的で楽しい山だったので、東京のハイカーに人気があったものだ。

そんなことを言うぼく自身も、車ではしばしば通るのに、その後はさっぱり歩いていない。通りかかるたびに車の中から眺めて昔を懐かしむばかりで、それでも稜線を行く道が見えたりすると、たまには歩く人もいるのかなと思う。いたとしても何かの保守点検の人ぐらいではないだろうか。

さて、ここで歩いた岩戸山は、その箱根―伊豆稜線の十国峠から東に派生する小尾

やさしい姿の岩戸山。このあたりの山頂は、たいがいこのようにヌルリと丸い。これは火山地形の特徴だろう。どこを見ても実にヌルリと丸っこい。

根の頭に当たるもので、決して目立つ存在ではないのだけれど、たまたま湯河原と熱海という二つの有名な温泉リゾートを仕切るようにして両者の間に在ることと、その先の相模湾から伊豆半島方面の雄大な景色がすばらしく見通せる展望を持っているために、このあたりの名山といわれる。

名山だからコースも多く、十国峠、湯河原、七尾峠経由で門川《もんがわ》や伊豆山、熱海などへと通じていて、どこから登ってどっちに下ってもよい。

また、近くには古刹・東光寺、姫ノ沢公園のフィールドアスレチック、十国峠のケーブルカーなどがあって、休日などはずいぶん賑わう。もっとも人がやってくるのは温泉リゾートや自動車道路やケーブルカーで、岩戸山まで入ってくる人は少ないから、いつも静かなハイキングが楽しめる。

この日のぼくらも、熱海峠までは休日ドライブの車の列の中にいた。それで、熱海峠の脇で東光寺とある案内に従って枝道に入ると、混雑から離れて一転、静かになる。

車を停めて、まず東光寺へ。日金山東光寺は松葉仙人の開基という真言宗の古刹で、山岳修行の道場だったとか。本堂こそコンクリートだが、五重塔や三重の石塔、石仏などが多く、ここにこのような境内があることに驚いてしまう。境内だけでなく、トレイルそのものが東光寺

こんなに高層ビルがあるのかと感心し、かつあきれる熱海の街。伊豆の海。初島は左のフレーム外。岩戸山山頂からの眺め。

十国峠の稜線からは沼津、駿河湾、そしてこの伊豆の山々が手にとるようだ。正面が玄岳。ずっと遠くが天城連山。このあたりはどこを見てもハコネザサが大地を覆っている。

の参道であるところから、その道しるべとなる丁仏（距離を示す丁目を刻んだ石仏）が道端に点々とあり、ぼくらの興味をひく。石仏には「元禄」といった年号も見える。

その丁仏を数えながら、岩戸山を目ざす。伊豆らしく常緑樹やつる植物の多い雑木林で、足もとは一面のササだ。アセビがトンネル状に群生しているところも通る。

林を出ると突然、相模湾が広がり、目の下に熱海の街がジオラマのようだ。

熱海へ、湯河原へと下る道を右左に分け、再び稜線沿いに雑木林を行く。冬枯れた樹々も枝先の芽はかなりふくらんでいて、暖地の林に春が近いことを示している。

駅、土沢方面とある分岐から、ようやく登り道になる。といってもひと息で、にわかに展望が開けると、そこがもう山頂だ。南東の方、すなわち熱海市街から伊豆の山々、相模湾が一望で、折から雲も切れて早春の日ざしが眩しい。低山の憩いここにありの気分を、枯芝に腰を下ろして充分に味わった。

午過ぎ、東光寺まで戻る間は、木の間に湯河原方面を見ながら歩いた。天照山、大観山もこちらから見ると大きい。

東光寺から、今度は十国峠へ。広く切り開いた芝生の稜線をゆっくり登る。このあたりはどこを歩いても、先を急ぐ気がしない。のんびり歩くしかないようなところなのだ。

この日はまことに軽いハイキングだったが、歩いたあとはやはり温泉。といって熱海では気分に合わないので、いろいろ悩んで、けっきょく湯河原の湯につかった。

右手に右大臣源実朝の歌碑がある。

箱根路をわが越えくれば伊豆の海や沖の小島に波の寄る見ゆ

二十二歳の実朝が鎌倉を出て、伊豆山権現と箱根権現に詣でるためにこの峠を越えたとき詠んだこの景色は、いまもまったく変わっていない。

この稜線は岩戸山と異なり、沼津市街から駿河湾の眺めがすばらしい。七六五メートル（※現在は七六六・〇メートル）の標高点あたりまで行って引き返した。

（一九九一年四月）

●アクセス
JR東海道新幹線・東海道本線・伊東線熱海駅から伊豆箱根バス（熱海営業所☎0557・81・8231）元箱根行32分、熱海峠下車。

●参考コースタイム
熱海峠バス停（25分）東光寺（40分）岩戸山（40分）東光寺（20分）十国峠（30分）熱海峠バス停。

●2万5000分ノ1地形図
熱海

●問合せ先
熱海市役所☎0557・86・6000

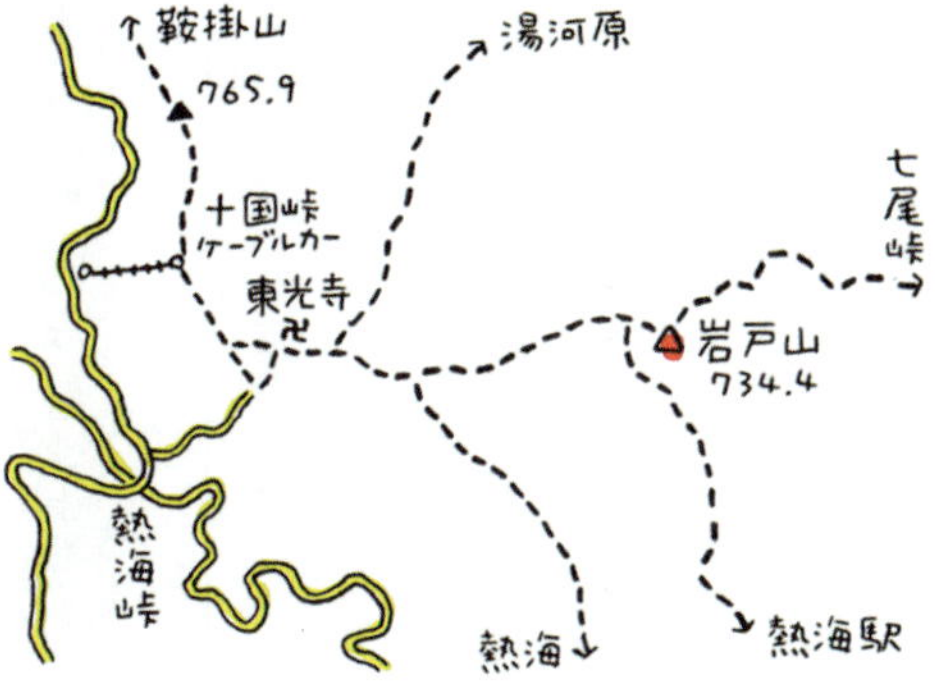

82 玄岳 くろだけ 798・5m

静岡県 函南・熱海（丹那山地）

アスファルトにからまれても

初めて玄岳へ登ったのは、一九五六年ごろだったと思う。当時〈熱海の玄岳〉というと、展望の山として東京周辺のハイキングの定番で、ガイドブックにも必ず載っていた。友人と二人で東京駅から東海道線の列車に乗り（もちろん新幹線などない）熱海で下車。駅から歩いて山に向かったはずである。一日中歩いて函南《かんなみ》駅が終着点だったと思うけれど、山頂付近からの眺めが聞きしに勝るすばらしさだったことぐらいしか覚えていない。

その後、伊豆スカイラインはじめ自動車道路が、玄岳を囲むようにして通じてしまったので、ハイキングコースの価値なしと判断されたのか、玄岳はガイドブックから消えた。

ぼくも、それらの自動車道路をしばしば利用して、この辺りを通るたびに玄岳周辺の変わり様を見てはいたのだが、自分も車に乗っているのでは、文句もいえない。

そんな玄岳のハイキングの記事を、先頃ある雑誌で見て急に行ってみたくなり、長

丹那盆地から仰ぐ、玄岳の優しく美しい姿。玄岳は盆地にとっての〝母なる山〟ではないだろうか。平らなところは田畑や牧草地で、周辺には酪農家が多い。そういえば「丹那牛乳」って、あるね。

く会わない旧友を訪ねるような気持ちで、出かけた。

今回は函南側からと思い、穏やかな春の朝、新幹線で三島駅、そこから丹那《たんな》方面へ行くバス（※廃止）に乗った。

角屋前という停留所で降りると、そこは丹那盆地の端に当たり、南に玄岳が優しく大きく、盆地を見下ろしている。この盆地は中心が農地や牧草地で、外縁に酪農家が点在する形になっており、その外縁を辿る市道を山に向かうと、あちこちから牛の声が聞こえて、ちょっとアルプスの山村の気分、とは昨年ヨーロッパ旅行をしてきた同行者の感想である。

途中に「天然記念物・丹那断層」という標柱があった。折りしも活断層が関心を集めているときなので、是非拝見と寄り道した。一九三〇年の北伊豆地震の際の地表がずれた跡を保存しているもので、石垣や水路がある一線に沿って一メートルほどずれているのが、はっきり分かる。

熱函《ねつかん》道路を横断した先に、やっと「玄岳ハイキングコース入口」の案内があった。そこから林道が始まり、スギやヒノキの暗い植林を折り返して登る。途中で木もれ日が黄色に見えるところがあり、スギ花粉の時期なのに気づいた。ぼくらは花粉は平気なのだが、そも

1930年11月26日午前4時02分、北伊豆地震が発生、マグニチュード7・3で、伊豆半島北部一帯に大きな被害があった。丹那断層は丹那盆地で最大2・7メートルも横ずれして、工事中だった丹那トンネルも丹那盆地の直下で切断、横ずれが生じた。この断層跡は、函南町畑字乙越地内の大塚兼五郎さん宅（当時）で、石積みの水路（左）も、円形のちり捨て場（右）も、画面の横一線（南北）に沿って1メートルほど左横ずれしているのが分かる。

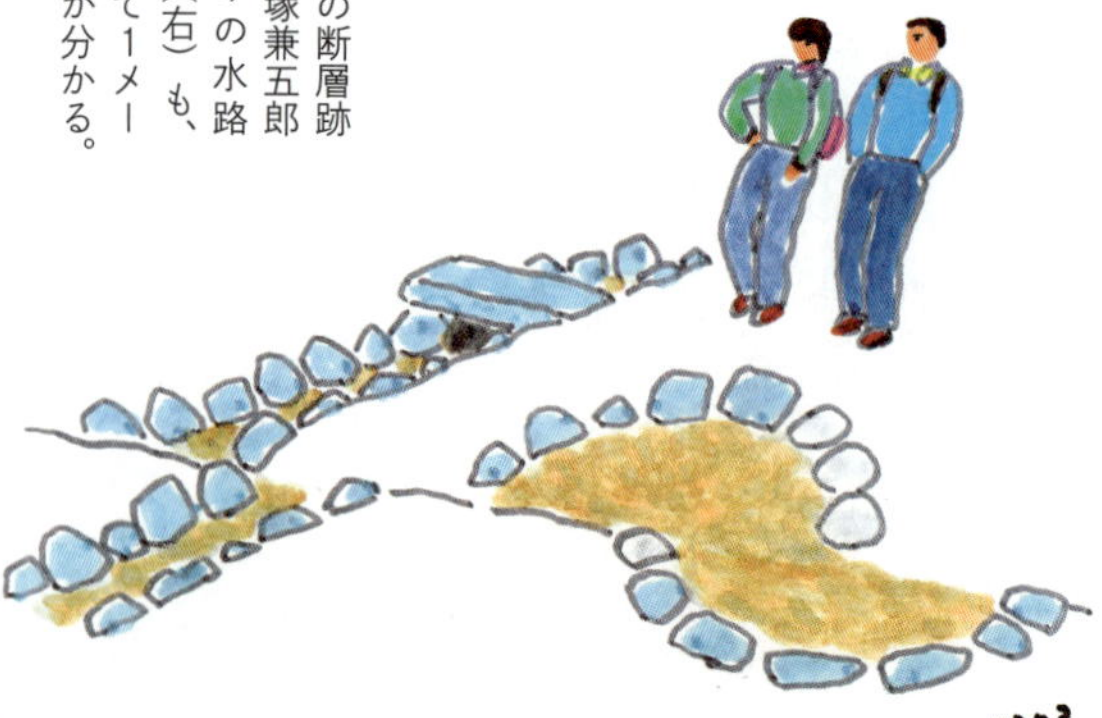

そも花粉症とはいつ始まったものか。昔はなかったと思うけれど。

植林を抜けると、箱根竹に囲まれた溝状の道で、竹がササに代わると突然左手が開け、富士、愛鷹《あしたか》山から南アルプスまで、遠く白く輝いてみえる。

明るいササ原を進むとここはもう玄岳北側の鞍部で、氷ヶ池の畔に出た。このあたりで水面に出会うのは不思議な気分のもので、風が作る水面のシワを眺めながら池を半周して、車の往来が盛んなスカイライン道路に向かった。

車道を横断して取りつく登山道の入口を探して、車道沿いに行くと、観光バスの客が不審な者を見る目でこちらを見て過ぎる。ザックを背負って車道を歩くうろんな奴、というのはこっちの考え過ぎかね、などと話しながら、やっと入口を発見した。「あと一キロ」と書いた小さい板があった。

それから山頂まで、ササの中の急登は少し前に降った春雪が消え残ってぬかるみ、わずかな間だが苦労した。

熱海へ下る分岐を過ぎてひと息で、懐かしい玄岳の山頂である。といっても四〇年前の記憶はほとんどない。密生する竹が展望のじゃまをするので、西寄りの竹を刈り開いた斜面に出て、すばらしい眺めを背景に恒例の野点《のだて》を敢行した。

玄岳への途中から見下ろす氷ヶ池。その昔、この池の氷を切り出して使ったのが名の由来という。稜線にのびる車道は伊豆スカイライン。この道ができたころ、おいらもここをオースチン・クーパーでかっ飛んで得意になったもんだぜ。

箱根と伊豆の間にある多賀火山の主峰玄岳は、依然としてよい位置にあるよい山頂だと思った。まわりに自動車道路がいくら通じても、玄岳は健在なのだとひとり納得して、下山することにした。

先ほどの分岐を、熱海の和田山へ向かって下る。芽吹きも近い雑木とササの中の急下降で、アンツーカーのような赤土を踏んで行き、熱海道路を歩道橋で越え、さらに追われるように下った。

沢沿いに下るうちに堰堤工事の現場に出て、その辺りからは林道になり、和田山の住宅地にあっと言う間に出てしまった。玄岳を含むこの辺りの山稜は、西側（函南側）がなだらかなのに比べて、東側（熱海側）は相模湾に向かって急峻で、この対照がおもしろい。

急坂を下ると「玄岳ハイクコース入口」というバス停があり、便数も意外に多いので、バスを待つことにした。こんな山の上まで宅地になるほど熱海が発展したわけで、これは四〇年昔と大きく変わったところだと思った。

（一九九五年五月）

●アクセス

伊豆箱根鉄道駿豆線大場駅から伊豆箱根バス（三島営業所☎055・977・3874）熱海駅行18分、畑下車。帰路は玄岳ハイクコース入口から東海バス（熱海駅前案内所☎0557・81・3521）熱海駅行20分、熱海駅下車。

●参考コースタイム

畑バス停（20分）丹那断層公園（1時間20分）氷ヶ池（35分）玄岳（1時間5分）玄岳ハイクコース入口バス停

●2万5000分ノ1地形図

網代・熱海

●問合せ先

函南町役場☎055・978・2250、熱海市役所☎0557・86・6000

⑧③ 巣雲山 すくもやま 581・0m 静岡県 東伊豆・宇佐美

〈春〉をさがしに伊豆の山へ

中学校を過ぎて山に向かう道をしばらく行くと、左へ折れる道の角に小さい石仏らしいものがあった。そこで近づいて見ると、やはりこれが案内書にある双体道祖神だった。風化が激しいが二体の道祖神のレリーフであることは確かで、案内書には〈伊豆では珍しい〉とある。双体道祖神といえば安曇野のそれが有名で、かつてぼくも訪ね歩いてさまざまな姿形がおもしろかったのを思い出すが、この道祖神はおとなしく並んでいる素朴なもので、ぼくらは合掌したあとしばらく眺め、それからまた山に向かった。

JR伊東線の宇佐美駅から巣雲山へ向かう道は、はじめは市街地を通り抜ける。双体道祖神もそこにあるのだが、そのあとはみかん園の間を行き、それから「巣雲山登山口」の道標のところで道が突然狭くなる。そして少し行くと、また道標があって、こんどは右の山道へ入る。この道は、はじめは別荘の入り

少し派手過ぎないかと思う巣雲山の山頂展望台。カヤトの原だから、木造のヤグラで眺めは充分ではないか。けれども上からの見晴らしは当然すばらしかった。右にあるのが三角点標石である。

口のようだが、すぐに常緑広葉樹の多い雑木林の道となり、トリの声もにぎやかになって、ようやくハイキングらしくなる。

温暖な伊豆なので、歩いているぼくらの気分も〈春〉になっており、シダの多い森林の道にも〈春〉を感じてしまう。ここへ来る途中の熱海は「梅まつり」の最中で、その辺りから〈春〉の気分になったのだが、ふり返って見る木々の間の海も〈春の海〉に見えるわけで、今日は〈春〉を探しに来たハイキングだねと笑って話した。

広々と植林を伐採した所があり、相模湾の展望が開けたので、長閑に広がる〈春の海〉景色を、伐採した材木製のベンチに腰かけて眺めた。近くの小島は伊東の手石島、遠くは伊豆大島だ。

伐採地からは少々下りかげんで暗い植林に入り、

阿原田峠への登りの途中にある、眺めのよい伐採地。伐採した木材利用のベンチもあって、ひと休みしたくなる所だ。伊東の手石島と伊豆大島が見える。

せっかくの〈春〉気分も寒いヒノキ林のなかで凍えた。小さい流れを丸木橋で過ぎ、緩く登って伊豆スカイライン道路と出合う阿原田峠に出た。車道に向かって「巣雲山北口登山口」とあった。

峠からは稜線に沿う低木の雑木林の道だ。伊豆らしくアセビが目立ち、木々の間から左側には海が望め、右手はと見るとまっ白な富士が雲から上半身を現わしており、さらに南アルプスまで遠望できるので、樹木の少ない所を探した。そして、だれでも同じことを考えるようで、富士見晴台と書いた標柱があって木の枝を伐り広げた所に出たが、標柱ほどの眺めはなかった。すぐ先にも桜台見晴台とあったが、ここはさらに見晴らしがなく、近くのスカイライン道路の車の音を聞きながら黙々と歩いた。

そして、丸木の階段道をせっせと急登すると、突

山から見下ろす宇佐美市街。小さい漁港が見える。グラウンドは中学校だろう。緑の部分の多くは、みかん園だ。子供のころ唄った「みかんの花が咲いている――」という歌の文句は、この辺りの風景から生まれたと町で聞いた。

然刈り広げたカヤトの原に出て、そこは巣雲山の山頂の端だった。山頂は東西に長く、樹木がほとんどないカヤトの原で、そのカヤをちょうど刈っているところだったので、おつかれさまですとココロのなかで声をかけながら最高地点にある展望台へ向かった。

角が丸くなって何等かわからない三角点と並んで建っているコンクリート造りの展望台は、山頂の建造物にはふさわしくないと思うけれど、上がってみると眺めは確かによく、三六〇度の景色を眺めた。先ほどからの富士や南アルプスはもちろん、箱根、天城、大島や利島など、まさに一望なのだが、とくに相模湾と駿河湾、すなわち伊豆半島の東西の海がいっぺんに見えるのが海の見える山好きのぼくとしては大満足で、巣雲山はいい山だねと悦に入って眺めた。

カヤトの山頂はどこでランチにしようかと迷うほど広く、結局風のない暖かい場所を選んでキャンティ・クラシコの栓を抜き、ハムとチーズでサンドイッチをつくり、相当に辛いピクルスをかじった。

下山は登りとは別のコースで宇佐美へ下った。道標に峰コースとあるのがそれらしいので行くと、すぐに車道の脇に出た。そこに古い石の祠と「平家の落武者主従がこの地で捕らわれ、主人は殺され家来は生きたまま埋められ——」という立札があり、「生仏の墓」とあって、突然に悲惨な中世の戦の世界に引き込まれるわけで、ともかく冥福を祈ってヤブのなかを下ると、すぐに「行者の滝」の立札に出合った。見上げると落差は五メートルほどで水量のごく少ない滝が音を立てており、稜線からわずかに下った所なのに滝とは珍しいねと話した。

どこにいても、見えればうれしい富士山だ。巣雲山なら見えて当然なのだが、見えればまずひと安心で、逆に雲が多くて見えなければ、ちょっと淋しいのだ。

沢沿いの道を下る途中に、これも珍しい、道幅いっぱいに倒れているお地蔵さまに出合った。立札には「兼神福養速地蔵《けんしんふくようそくじぞう》」とあり「兼は肩、神は心臓、福は腹、養は腰、速は足に通じ、すなわち、お願いすれば身体各部の病を養生し福をさずけて下さる

――」とあった。お地蔵さまはこの道の土中から発掘されたというのだが、こうして道に倒れたままではいかにも畏れ多いので、お堂でも建てられないものかと話した。

倒木の多い荒れた沢筋を下って行くと、山道から舗装された車道に変わり、さらに下って別荘地のなかを通り過ぎ、またみかん園の間を抜けて宇佐美市街へ戻った。

宇佐美は伊東市の一部だが温泉地としては素朴な印象で、ぼくらは予約してある、そんな中の一軒の宿をめざした。

（二〇〇七年二月）

●**アクセス**
JR伊東線宇佐美駅下車。

●**参考コースタイム**
宇佐美駅（1時間25分）阿原田峠（35分）巣雲山（1時間45分）宇佐美駅

●**2万5000分ノ1地形図**
網代

●**問合せ先**
伊東市役所☎0557・36・0111、伊豆市役所☎0558・72・1111

84 鷲頭山　わしずやま　392m｜静岡県　沼津（静浦山地）

あなどるなかれアルプス

その角を曲るとハイキングコースがあるよ。道しるべが立ってるから分るよ――、多比《たび》のバス停の前にいたおじさんに教わって、ぼくらは歩き始めた。

海辺の国道から山に向かって一歩入ると、いきなり登り道である。民家の間を抜ける狭い舗装路を、軽トラックが登坂力を試すように威勢よく登っていく。

「沼津アルプス」という楽しい名前が付いているこの山域は、標高は四〇〇メートルにも足りないけれど海際にそそり立っていて、すなわち海抜〇メートルからいきなり急登である。また、山が急峻な分だけその下は天然の良港ということか漁港やマリーナがいくつもあり、山と海の関係っておもしろいもんだね、などと話しているうちに道は林道になった。林道はいいけど、おじさんが言ってた道しるべがまだ一つもないのはおかしい。でも山へ向かう道が他にあるとも思えないしと、ともかく登っていくと林道もすぐに終って山道に、それも少し行くと踏跡になり、ついに消えてしまった。けれども雑木林の先に青空が見えて稜線はすぐそこと思われたので、女性軍からの

冬は明るい暖地の海辺の山がよい。左が鷲頭山で右が大平山。山麓の海辺はマリーナや漁港が続く。船が行く海は江浦湾である。

ブーイングは聞えないふりをして道なき道を登り、稜線に出た。

稜線には立派な道があり、箱根山から愛鷹《あしたか》山、頂きが雲に隠れた富士という北側の景色に、一同快哉を叫んだ。それはよいのだが、案内にある多比口《たびぐち》峠がこことは思えない。峠はどこへいったのか。けれどもともかく、まずは大平《おおひら》山へと東へ向かった。

稜線道は露岩が多く、親切にトラロープが張ってあり、地元で人気の山なのだと思った。ひと登りで鷲頭山から北へ続く稜線がすっかり見渡せる場所に出たので、初めてひと休みした。初冬といっても穏やかに晴れた暖地の低山で、一同シャツ姿。初めはヤッケを着ていた寒がり夫人のKさんも早々に脱いでしまい、稜線は風が涼しくていいわねとおっしゃるほどの暖かさだ。

それから大平山へ向かうとすぐに初めての道標があり、何とここが多比口峠。確かに立派な道が多比側に下がっている。スタートからドジを断んだのでは、どのような非難にもひたすら低頭するしかない。

峠からは、海に近い暖地らしい常緑広葉樹林やヒノキ林を抜けて、あっけなく大平山に着いた。新しい三角点と一株のサクラを中心にした草原状の山頂は樹林に囲まれて見晴しはなく、沼津アルプス東端の山ということだけで一同納得して、鷲頭山に向かった。

再び多比口峠に、そしてぼくらがまちがって上ってきたところを通って稜線道を行くと、突然左手のヤブの中でギエッ、ドタドタと大きな音。一同一瞬身構えたが足音はす早く遠ざかって、あれは何だろうとみんなで考えた結果、イノシシと判定。物音からすると、相当な大イノ

主峰・鷲頭山から北へ続く沼津アルプスの眺め。こうして見ると400メートル足らずの超低山とは思えない堂々たる山なみである。歩き通すにも案外手間がかかり、現にぼくらは休み過ぎて時間が足らず、歩き通すことができなかった。

シシがぼくらの足音にひどく驚いたように思えた。

この稜線道はなかなか楽しい。しばしば出合う露岩は礫岩で、大岩を越えたりまいたりして行く。木製の階段道は歩きよいとはいえないが、道を保守するために仕方ないのだろう。冬でも緑の多い樹林はトリの声も多くて、南国にいるように錯覚する。稜線沿いには見なれない種類の木が群生していて、これが案内にあるウバメガシだろう、と名前は分ったのだが他のことは不明で、女性軍から質問が出ても答えようもない。

しばらくしてやせ尾根となり、あたりの植生が庭園のように整ったところ、それから石灰岩（?）の一枚岩を越えて行くなど楽しい散歩道が続く。稜線を外れたところが北側の大平、戸ヶ谷への分岐。その後は暗い密林のようなヒノキ林そして雑木林の中をせっせと急登して、突然明るく開けた鷲頭山の山頂に出た。

南北に広い山頂のまん中に祠があり、これが案内にある鷲頭明神だろう。パーツを欠いた石灯籠一対がある。何といってもすばらしいのは西側、駿河湾の雄大な眺めで、冬とは思えない穏やかな海原の広がりに一同しばらく声もなかった。それから、この景観を借り切ってランチタイムときめ、例によってワインで乾杯。上等のカマンベール、本物のキャビアと結構なものが並んで、それから自家製チャーシューメン、そして……と、いつ終るか分らない昼休みとなった。

短い冬の日を忘れたような長休みで、気付いてみればはや日は西に。それで相当にあわてて下山というのは、考えてみればいつものことだが、この日は特に遅くなった。愛

このあたりの土産は、もちろん海の幸。揃って魚好きのぼくら一行は下山後、さっそく魚屋へ。ぼくはフグの一夜干しと釜あげシラスを求めた。

すべき小鷲頭山も早々に、トラロープの続く急下りを慎重かつあせって下って中将岩の分岐。この岩は案内で知っており、一同ぜひ見たいということで寄り道した。礫岩の大きな一枚岩が岩屋になっていて、一の谷で敗れた本三位中将平重衡（清盛の五男）が敗走ののちこの岩屋に隠れ、見つかって自害したところと説明にある。

中将岩でも相当に手間どったので予定していた徳倉山へ向かうのはますます無理となり、ボタモチ岩という愉快な岩のある志下《しげ》峠から、少々荒れた道を国道へ下った。

（一九九七年十二月）

●アクセス
JR東海道本線沼津駅から伊豆箱根バス（☎三島営業所☎055・977・3874）伊豆長岡駅行、または東海バス（沼津営業所☎055・935・6611）木負農協行24分、多比下車。帰路は同路線の志下公会堂前で乗車。

●参考コースタイム
多比バス停（45分）多比口峠（太平山往復25分・35分）鷲頭山（25分）志下峠（30分）志下公会堂前バス停

●2万5000分ノ1地形図
韮山

●問合せ先
沼津市役所☎055・931・2500、伊豆の国市役所☎055・948・1411

㊽ 達磨山 だるまやま 981・8m ―― 静岡県 西伊豆（達磨山火山）

まだまだ日本の景勝地

昔むかし（一九五〇年代と記憶する）、日本の景観百選といったものを大新聞が企画したことがあり、だれがどうやって選んだのかは忘れたけれど、その結果、一位が「富士の眺めがすばらしい伊豆・達磨山」だったのを覚えている。何故なら、それで達磨山が全国的に有名になったからで、ハイキングコースとしての達磨山はそれ以前から人気があったと思うけれど、それ以後は日本の代表的観光地の一つになったと記憶している。

実はそのころ、ぼくも有名になった達磨山へ仲間とハイキングに出かけて、一位に選ばれた眺めに感心したのを覚えているが、ともかく余りに遠い昔のことなので、その他のことは忘れた。けれども当時はスカイライン道路はなかったし、西伊豆の稜線はハイカーだけのものだったはずだ。

しかし、その後間もなく箱根や伊豆に自動車専用道路が次々と造られ、西伊豆にもスカイライン道路が稜線沿いに開通したので、達磨山はハイキングコースとしての価

値を失ない、ガイドブックからも消えた。ぼくらも、車道ができてしまえば、車で通ることはあってもハイキングに行く気はなくなるわけで、これは仕方がないだろう。

それから半世紀も経ったある日、達磨山の昔を知っている友人と、あの日本一の景勝地・達磨山はどうなっているのか、訪れるハイカーがいまでもいるだろうかなどと話していたら、達磨山ってどこにあるんですか？　という若い（ぼくらからみて）Aさんが話に加わってきて、その結果、ぼくらとしては半世紀ぶりの達磨山へAさんと三人で行くことになり、穏やかな春の一日、出発地点の達磨山高原へとやってきた。昔もたぶんこのあたりから歩いたと思われるところに立派なレスト

達磨山は達磨火山の外輪山の最高峰で、旧火口に当たる西側（この絵では右側）は急峻、東側は緩斜面になっている。西側はいつも駿河湾から強い西風を受けているので樹木が育たないが、おかげで展望がすばらしい。小達磨山を南へ下ったあたりから描いた。

ハウスと駐車場ができており、そこに車を置いて、富士見コースとある手入れのよい道を金冠山を目ざした。

ゴルフ場のような芝生の道を登っていくと、道標がしっかり立っており、ハイカーの姿も見える。しばらく行くと稜線歩道に出合い、ひと組のハイカーが休んでいたので、どうやら達磨山ハイキングは健在らしいと思った。

金冠山へはひと登りで着いた。富士の眺めなら達磨山に負けないくらいの金冠山に、西伊豆初体験のAさんはすっかり感激しているようだった。たしかに達磨山より富士に近いのだから、こっちの方が富士の眺めは上かもしれないねと話していたら、両方見て較べたいから早く達磨山へ行きましょうとAさんに促された。それで戸田《へだ》峠へ一気に下り、車道を横切って稜線歩道に入った。

アセビやイヌツゲの林を抜けて行く道はやはり手入れがよく、何組かのハイカーとも行きちがい、近くを通るスカイライン道路の車も、とくに気にはならない。樹木のない所では西側足下に戸田港が見えて、かわいい港ですねというAさんの感想通りの印象だ。あそこで幕末のころに初めて洋式帆船を建造したんだよ、というぼくらの説明に、まさか！　本当に？　とAさん。

かつて達磨山の名を天下に知らしめたのが、この富士の眺めだ。駿河湾を前景に、南アルプスを背景に、絶景というほかありません。アンテナ塔の立つ山が金冠山、その右が小達磨山。

小達磨山は樹木が繁って眺めがない。けれどもほどよい登り下りを快調に歩いて、達磨山直下の鞍部で車道に出合い、そこからは山頂めざしてひたすら階段道の登りである。登るにつれて西風がますます強く、これこそ西伊豆稜線の特徴だよとAさんに得意気に話した手前、弱音もはけないので頑張って、達磨山の山頂に着いた。

山頂だから風はさらに強いのだが、それにも増して三六〇度の眺めは断然すばらしい。その中心である富士は、金冠山よりもやはりこちらの方が凄いですとAさんが言う通りだ。それは、その金冠山や小達磨山が前景になって富士を引き立てているからではないか、と話し合い、ワインで乾杯をした。

一等三角点の山の代表でもある達磨山なので、その標石と一緒に記念撮影をしたり、富士とのツーショットを撮り合ったり、ぼくと友人はスケッチをしたりと、眺めのよい山頂は忙しい。それから風をさける岩の陰でコーヒーを淹れ、日本一の絶景を前にしてローストビーフ・サンドイッチをおいしくいただいた。

下山は戸田峠までは往路を戻り、峠からは車道の南側の沢沿いの道へ入った。この辺は「きよせの森」の遊歩道として地元で整備しているらしく、沢を渡ったり雑木林を出入りする好ましい道で、樹々の芽が春を迎える様子が見られ、そのうちに出発点の駐車場に着いた。

稜線歩きの途中、絶えず西側足下にジオラマのように見える戸田港。安政元（1854）年にこの沖で沈没したロシア軍艦ディアナ号（艦長プチャーチン）と、その代替船として戸田港で建造されたヘダ号の話は有名だが、それに因んで「造船郷土資料博物館」ができたときいている。

この日のハイキングコースはほとんどが修善寺町（※現在は伊豆市）に含まれるのだが、帰りももちろん修善寺温泉を通るので、ぼくら温泉好きとしては当然立ち寄り温泉ということになる。修善寺で立ち寄り湯といえば有名な「独鈷《とっこ》の湯」だが、今回は敬遠して、最近復活したという「筥湯《はこゆ》」に入ることにした。昔は外湯の一つだったというけれど、いまの筥湯は立派なヒノキの浴槽で、その香りとさっぱりしたアルカリ性単純泉が気持よく、爽やかな気分で帰途についた。

（二〇〇二年四月）

●アクセス
伊豆箱根鉄道修善寺駅から東海バス（修善寺営業所☎0558・72・1841）戸田行き23分、だるま山高原レストハウス下車。

●参考コースタイム
だるま山高原レストハウスバス停（40分）金冠山（15分）戸田峠（1時間）達磨山（50分）戸田峠（25分）だるま山高原レストハウスバス停

●2万5000分ノ1地形図　達磨山

●問合せ先
伊豆市役所☎0558・72・1111、沼津市役所☎055・931・2500

㊇ 矢筈山　やはずやま　816m ― 静岡県　伊東（伊豆東部火山群）

小さなげんこつの摩訶不思議

身心ともに緑の中にとけ込むような初夏の伊豆で、不思議かつ好ましい低山を歩いたので、その話をしようと思う。

山の名は矢筈山。余り知られていない山だが、東伊豆道路の富戸《ふと》から遠笠山へ向う車道で左手に見えるもっこりした山がそれだ。登山地図には短いけれどちゃんとコースの表示があり、ガイドブックにも載っているので以前から気になっていたところ、たまたま低山マニアを自認する人から提案があり、それではと矢筈山ハイキングが実現した。

車で遠笠山道路に入り、大室山麓にかかると、正面にみえてくる変った形の山が矢筈山とすぐ分る。案内に別名「げんこつ山」とあるが、確かにそんな形だ。形からしても、遠笠山、大室山、小室山と、このあたりに多い小規模な火山の一つだろう。

スタート地点は車道の鹿路場《ろくろば》峠で、道路脇に小さな登山口の道標が見つかり、歩き始めた。

富戸から天城に向う途中、大室山の南麓あたりから矢筈山がこのように見える。天城周辺のなだらかなスカイラインの中で、ひとつだけ無骨な姿の矢筈山。小さいけれど存在を誇示しているようにも見える。うしろは遠笠山。

林床がクマザサのヒノキ林を行くとすぐに、苔に覆われた岩石群が枯山水の庭園のように並ぶ場所に出た。この岩石とそこに生える樹木のコンビネーションこそ矢筈山のベーシックな景観なのだが、このときはまだ気付かない。岩と苔がすごいね、などと話しながら進むと、足もとが湿って小さい流れがあり、苔や岩やそこに根を下ろした樹木が自然におもしろく調和した小湿地に出た。

　こんなところは、ふつうは湿原になるはずで、雰囲気もそんな感じなのだが、温暖な伊豆で標高も低いから湿原にはならないのだろう。清らかな流れが、どこから現れて自然に消えている。地形図で見ても流れ出すところがないから、伏流水になってしまうのか。それにしてもこの小さな湿地をぼくらはすっかり気に入り、同行者などは「矢筈湿原」と勝手に名付けてよろこんでいる。湿原じゃないっつーの、と言ってもきかないのである。「湿原」を過ぎた先で、こんどはかなり広い平地に出た。ここも流れ出しがない地形で、それでこうした平地ができてしまったに違いなく、そこに全面的にスギが植林され、ほの暗い平地になっている。山道は左手の山（地形図の六六〇メートル峰）沿いにあり、そこに高さ四、五メートルほどのボルダリング向きの岩場もある。

この唐突な平地も何だか不思議でおもしろく、スタートしてすぐにおもしろいところが次々と現れるこのコースが、ぼくらは気に入り始めた。

平地が終ると、再び岩石が重なり合う登りになり、岩と樹木のからみ合いを見物しているうちに、矢筈山と六六〇メートル峰のコルに着いた。このあたりの雑木林の新緑は荒々しいほどに鮮やかで、体中が緑に染まるような気がした。分岐を右に、矢筈山へ折り返して登って行く。トリの声がやかましいほどで、登るにつれてアセビやツガが現れ、樹木の間から初島や伊東の街が見え、もっと登ると箱根や富士も見えてきた。

登り着いたところは、これまで以上に苔むした岩石が積み重なり、その上に森林が

山頂から東を望むと、大室山の特異な姿がいやでも目につくので、地形の不思議さを感じながら眺めてしまう。向う側の海に接するあたりが城ヶ崎海岸だ。

育っているので、これはもしかして原生林だろうと話した。そんなところだから踏み跡も分りにくく、赤テープだけを頼りに行くのだが、このあたりが矢筈山歩きのクライマックスだと、あとで思った。

ツガの巨木が何本もそびえてあたりはほの暗く、その中を岩から岩へ渡るようにして行く。巨岩の石門を左に見て、岩を抱えるように延びる木の根を足がかりに登り、前方が明るくなったと思ったら、山頂だった。

八一六メートルの標高点の山頂はせまいけれど、南西に向って伐採してあり、正面に遠笠山ののんびりし

ぼくらが勝手に「矢筈湿原」と名付けた低湿地。正しくは湿原ではないが、ついそう呼びたくなる好ましい場所だ。小さな流れが現れて、どこかに消えていく。東伊豆の秘境（?）・矢筈湿原。

た姿がある。登ってくる間に実感した通り、この山は岩石が積み重なってできているに違いなく、この山頂も岩の一つだろう。溝を越えて隣りの岩に移ると、低木林の枝の先に大室山、城ヶ崎の海岸線、遠く大島も見えた。

トリの声以外に物音がまったくない山頂で、のんびり時を過した。歩行時間が短いハイキングは、休憩時間を充分にリラックスできるのがありがたい。伊豆の山らしく常緑樹の濃い緑、落葉樹の淡い緑と濃淡の美しさを味わい、山と海と両方の景色に満足した。ワインで乾杯したあと、コンロを使って昼食の支度。スケッチをしている間においしそうな香りが流れてくる。食後に昼寝をしても、まだ正午を少し回ったくらいで余裕がある。

ふだんは急ぎ足となる下山も、この日はのんびりで、すっかり分った矢筈山の見どころを再確認しながら下った。

自然の造形の妙を楽しむ岩石ウォッチング。そこに根を下ろす樹木を見ていくのはにわか植物学者の気分だ。植林された平地と「矢筈湿原」はとくに念入りに観察。ボルダリングの岩は、ロープを持ってくれれば遊ぶことができただろうと思う。

そんなふうに道草しながらでも、午後も早いうちに鹿路庭峠に帰り着いた。短いが不思議でしかも好ましい矢筈山ハイキングに、ぼくらは良い点をつけた。


（一九九九年六月）

●アクセス
車利用。バス利用の場合、JR伊東線・伊豆急行線伊東駅から天城東急リゾートシャトルバス（東海バス伊東営業所☎0557・37・5121）35分、富士見台下車、鹿路場峠まで徒歩25分。

●参考コースタイム
鹿路場峠（1時間20分）矢筈山（1時間10分）鹿路場峠

●2万5000分ノ1地形図　天城山

●問合せ先
伊東市役所☎0557・36・0111

87 三筋山　みすじやま　821m

静岡県　東伊豆・稲取（天城山脈）

湿原の冬休み

森を出たところで、先を歩いていた同行者が「あーっ」と叫んだ。その向こうに、思いがけない高原らしい景色が広がっていた。

ぼくらはこれまで「三筋山」も「細野高原」も、名前さえ知らなかった。それで、伊豆に詳しい人に勧められて初めて知り、それならぜひ歩いてみようと、この日ここまでやってきたのだ。

そもそも稲取の奥に高原があるときいても、初めはまさかという気持ちだった。しかも湿原がいくつもあるといわれて、えっ本当にとききき直したくらいだ。同行者も同じ気持ちらしく、湿原って雪がたくさん積もるところにできるんじゃないのというので、そうでない湿原もあるのさと答えたものの、果たしてどんな高原、いかなる湿原に出会うのかと期待と不安が入り混じった気分で家を出て、東伊豆の稲取から山に向かう細い道を辿り、教わった通りにワラビ狩り管理所のあるあたりに車を置いて、歩き始めた（※現在は第二駐車場がある）。

三筋山は伊豆に多いドーム型の火山の一つだ。ほとんどがカヤトの原で、ところどころに山焼きの跡があった。山麓の緑の部分は「水源の森」とあった（※現在は山頂稜線に発電用風車が立ち並ぶ）。

「細野高原案内図」というのがあったからまちがいなく高原ではあろうけれど、森の中を行く道は余り高原らしくなかった。そしてパラグライダーをどこでやるんだろうなどと話していると、突然森林を抜けて冒頭のように、明るい高原が目の前に広がったのだ。冬とは思えない強い日ざしに、カヤトの原がまぶしかった。その斜面を登りつめたところに、三筋山にちがいない穏やかな山頂が見えた。見わたす景色のほとんどがカヤトなので、なるほどパラグライダーには絶好の場所だろうと思った。そこで問題の湿原はと探すと、待っていたように「中山一号湿原」の案内板と、小ぢんまりした草地があった。草が枯れて水もないので湿原らしくないが、案内板にあるような水辺の植物の季節に来てみたいねと話した。

その少し先に「中山二号湿原」があった。こちらも同じように小ぢんまりしたもので、同じように柵で囲まれて、四阿《あずまや》と椅子があった。湿原というのは多少暗いところがあって、それが湿原らしさでもあるのだが、さすがに伊豆の湿原はからっと明るくていいねと話した。

森に入り、また森を出ると左手に「みどりの日制定記念の森」の看板があり、舗装の道が分かれている。これが三筋山への道らしいので入ってみると少し先で二つに分かれ、壊れた道標が「右・天城三筋山遊歩道」と示していた。それにしても、ここまで来ても立派な舗装の道なので、だから「遊歩道」なのかもしれないが、ハイキング気分は損なわれるね、いや火山性の土質で道が崩れやすいのだろう、などと話しているうちに四阿とベンチのある所に着いた。そこで改めて遠くを眺めると、伊豆の海がみごとに広がっており、そこに大島、利島、新島、式根島、神津島と伊豆七島が並んでいて、海の見える山が好きな私としてはこの上ない景色なのだが、この眺めはずっと山頂まで続いていそうなので、舗装の道を山頂に向かった。

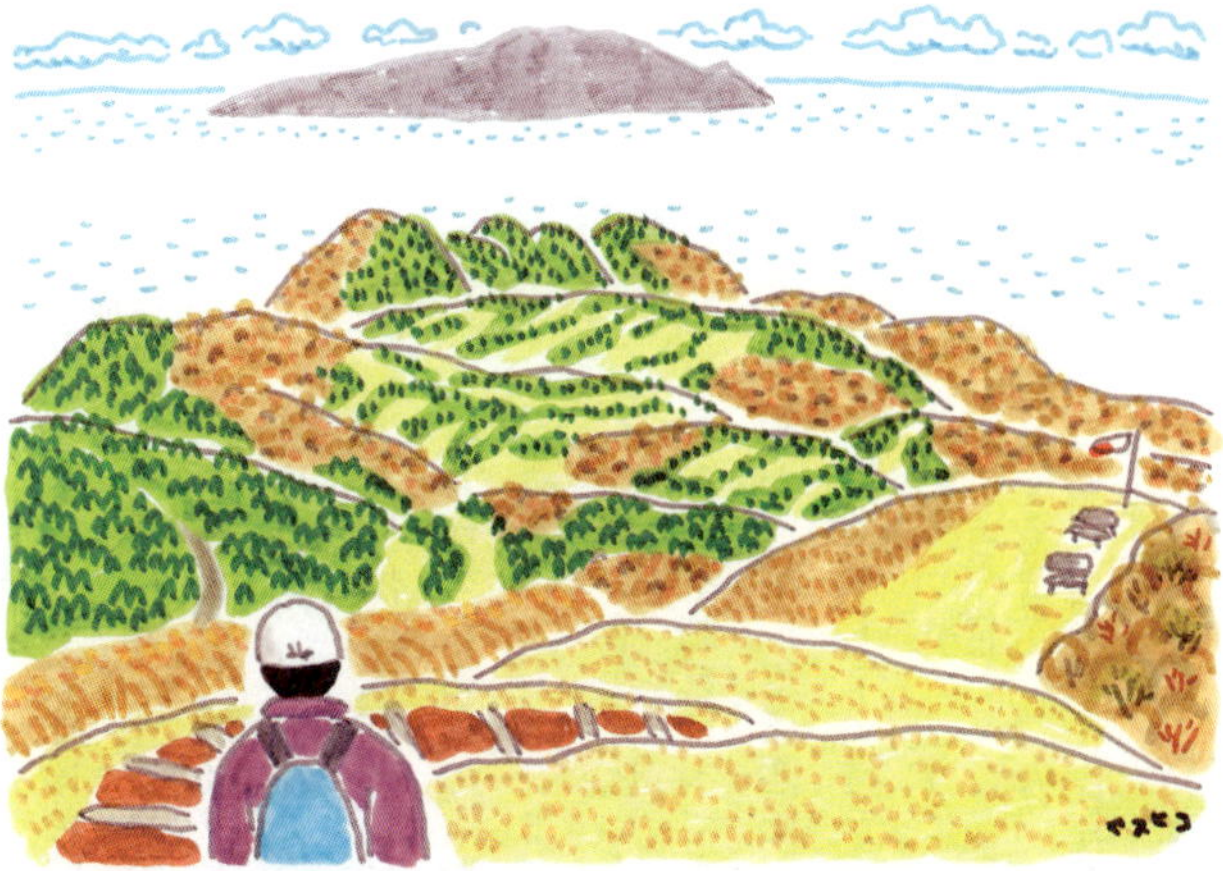

山頂から伊豆大島が大きく見えた。それから右に利島、新島と続くのだが、一枚のスケッチでは入りきれなかった。ゴルフ場の先の山は標高516メートルの浅間山である。海の見える山は、すばらしい。

道を折り返して登ると、こんどは天城連山が横一列に並んで見えた。こちらは歩いている人が見えそうなほど近いので、同行者のモノキュラーを借りて眺めた。

さすがに人は見えなかったが山肌がくっきりと見えて、万二郎岳、馬ノ背、万三郎岳とあきずに眺め、同行者に促されて山頂を目ざした。別の方から上ってきた車道に出合うと、そこに吹き流しがあったのでパラグライダーがとび出す所かと思ったが、やっている人はいなかった。登山道はここからようやく舗装がなくなり、木の階段道になった。階段道は歩幅が合わないので段の脇をせっせと登り、傾斜がゆるくなったと思ったらそこが山頂だった。

三筋山の山頂はカヤトのドームで、しかも広かった。まん中に四阿があり、展望台に登ると先ほどからの天城連山や伊豆七島はじめ三六〇度の大展望だった。また別に「伊豆七島方面の展望専用のお立ち台」があるのもおもしろいと思った。南に稜線を辿ると三峰山があるので、そこまで行けば下田方面の展望も得られそうな気がしたが、ともかく広い山頂を歩き回って、開放感を充分に楽しんだ。

ただし東側を登ってきたので、それまではほとんど風がなかったのだが、山頂では西風が実に冷たく、耐えがたくなってきたところで東側に少し下ってランチタイムにした。先ほどまでの西風はウソのように止み、春のような日ざしの下で乾杯し、ローストビーフサンドイッチをおいしくいただいた。

下山は階段道の終点から車道を下り、山頂からもよく見えた「桃野湿原」を目ざした。湿原入口で案内図

天城連山の展望台としても、三筋山は最高だ。右から、頭だけ見える遠笠山、ドーム状の万二郎岳、馬ノ背、万三郎岳の順。これより左にも、八丁池から天城峠の方までずーっと見渡せる。

を見ると湿原に向かって歩道と林道が入っており、ぼくらは歩道を辿った。枯れたカヤトをかき分けて行くと、こちらは中山湿原とちがって小さいながらも水面があり、湿原らしさを感じた。しかし湿性植物の季節ではないので、湿原は冬休みだねと話しながら車道に戻った。

戻る途中でふたたび中山湿原を通ったので、冬休み中の湿原でもいいからともう一度しっかり観察した。それから稲取あたりの立寄り温泉に浸って帰ることにして、山を下った。（二〇〇三年一月）

※三筋山山頂の北と南の尾根には二一基の風力発電の風車が建設され、二〇一五年から運転されている。

●アクセス
マイカー利用。タクシーは伊豆急行線伊豆稲取駅から。

●参考コースタイム
第2駐車場・山菜採り管理事務所（1時間30分）三筋山（1時間10分）第2駐車場

●2万5000分ノ1地形図
稲取・湯ヶ野

●問合せ先
東伊豆町役場☎0557・95・1100

⑧⑧ 長九郎山 ちょうくろうやま 995・8m 静岡県 松崎（天城山脈）

やぐらは今日も満員御礼

西伊豆の松崎から東へ向かって延々と林道を辿ると、標高五〇〇メートルを越えたあたりで「富貴野山《ふきのさん》宝蔵院」という寺院に出合う。こんな山のなかにこんな立派な寺院がと驚いてしまうようなお寺なのだが、いま周辺一帯が「二十一世紀の森」という森林公園になっているこの宝蔵院が、この日の「長九郎山ハイキング」の出発点である。

由緒書きによれば、宝蔵院は空海・弘法大師が二十七歳のとき、求法練行《ぐほうれんぎょう》の途中の伊豆国仁科庄《にしなのしょう》で一条の白気が立ち昇るのを見て、これは諸仏遊化《ゆうげ》の霊地ではないかと坂を上っていくと、山は虎のような形だし渓谷は龍に似てもの凄く森林は八葉の蓮華のようで神気が身に迫っ

登山口の古刹・富貴野山宝蔵院は、昔は多くの塔頭が立ち並んでいたそうだが、いま残っている歴史的建造物は、この開山堂だけである。境内の石仏群に足をとめる人も多いと思う。石仏を仔細に見ると「寛政×年」といった年号も続みとれる。密教の修業道場のたたずまいを今に伝える霊場である。

樹木に囲まれて見晴らしのない長九郎山の山頂。その代わりに右のベンチのうしろに高さ8メートルほどの鉄塔があり、これに登れば天城連山をはじめ伊豆の山々、駿河湾など360度の展望が楽しめる。

てくる。そこで石に座禅して書写した経一巻を空中に投げると、金色の文字があらわれ、雲が経巻を包んで森林にとび去った。大師が険しい山に入っていくと昼なお暗い森の樹木に光り輝く経巻が掛かっており、跪座《きざ》三拝すると手中に落ちてきた。そこでこれは諸仏有縁の地とわかり、草庵を結び求聞持《ぐもんじ》の法を修し、祈願して結界を張ると、天魔群妖大いに畏れて退散、野生動物達は馴れ親しんで森の果実を大師に供するようになった。

　そんなあるとき、大師が読経していると森林中に六つの光明があり、近づくと六本の巨木から六条の光がさしており、これは六道衆生を救済するべき霊地なりとして六本の霊木で六体の地蔵菩薩尊像を彫り、この山を「富貴野山」と号し庵室を「地蔵金剛宝蔵密院」とした。

以上が富貴野山宝蔵院の始まりで、大師手彫りの地蔵尊一体を胎内に収めた延命地蔵菩薩尊像がご本尊となっている。

江戸時代に信心深い里の人たちが一体ずつ背負って運び上げたという大師像、地蔵尊像、観音像など一二〇体以上の石像が並ぶ参道を通って本堂に参り、かつての塔頭《たっちゅう》の中で唯一残る「開山堂」と樹齢四〇〇年の「弘法杉」(高さ三〇メートル、目通り周囲六・五メートル)の間の登山口から山頂をめざした。

健康の森、きのこの森、実りの森、山菜園と、森林公園の整備された遊歩道を辿るが、その間すべてスギ、ヒノキの純林で、森林公園を外れてもずっと植林の中を緩やかに登っていく。道は遊歩道とあるように手入れがよく歩きやすい。稜線に出ても、また斜面の道になっても同じである。出合で大沢温泉から上ってきた道と出合うと、片側が雑木林になるが、それからまた植林で、池代《いけしろ》への道を右に分けても同じだ。水場があったので、冷たい水で顔を洗ってリフレッシュした。左・健脚コース、右・遊歩道とある分岐では、さほど険しくもなさそうなので左の階段道へ入り、難なく八瀬《やせ》峠に出た。

林道が登山道を分断する八瀬峠では何組ものハイカーが休憩しており、ウィークデ

長九郎山の山頂から西側を見る。伊豆西海岸の変化に富む海岸線が見えている。この日は気温が高かったので遠くが霞んでいるが、晩秋や初冬のころなら遠景が楽しめたにちがいない。山頂の鉄塔の上からの眺めである。

イなのに長九郎山は人気のある山だねと話した。ここまで車で来て山頂へ向かうグループもいた。

八瀬峠から山頂へ向かうとすぐに、シャクナゲの植栽地にさしかかる。伐採したところへ植栽を行なったのだと話している人がいたので、なるほどと思った。けれども、シャクナゲやドウダンが公園のように人工的に植えてあるので、その不自然さが気になった。しかし、開花期なら美しいにちがいなく、そんなことも気にならないだろう。コケむした岩石やアセビの群生地には、伊豆の山らしさを感じた。

少しだけ急な登りがあって、人の話し声が近づいたと思ったら、長九郎山の山頂だった。山頂は三等三角点を中心にベンチが置かれ、鉄の展望やぐらがある。三角点のまわりは樹木に囲われてまったく見晴らしがないので、だれでも展望やぐらに上る。山頂は八瀬峠以上に多くのハイカーがいて、さらに後から絶え間なく上ってくるので、やぐらは大繁盛である。鉄の階段を上り下りする足音は切れ目がない。ぼくらもやぐらへ上ってみたが、満員のやぐらの上で座りこんで弁当を食べている人がいたのには驚いた。そして、長九郎山は人気の山なのだと、改めて感心した。

展望やぐらからの眺めは、気温の高さで全体にモヤがかかっているためにあまりよくはなく、西伊豆の海岸線がかすかに見える程度だった。晩秋か初冬に来れば展望はすばらしいにちがいないので、もう一度そのころに来ようと話した。

やぐらの上も下も休憩する人たちでいっぱいなので、ぼくらは山頂から五分ほど下った人通りの少ない所でワインの栓を抜いて乾杯し、昼食を頂いた。

下山は登ってきた道をそのまま下り、登りの半分程度の時間で宝蔵院に帰着した。そして、往きは急いでいたので見られなかった石仏や弘法杉や、定まったところを上下にさすると枝の先が揺れるという「世にも不思議なサルスベリ」などを丹念に見た。サルスベリはぼくも試したのだが、扱いなれないせいか枝先は揺れてくれなかった。

数多い石仏の中には、「寛政」という年号のものもあった。

車で山を下ってもまだ日が高かったので、歴史の港町・松崎を散歩した。名物の「なまこ壁」の家が独特の町並みを形成しており、浄泉寺、中瀬邸、長八美術館などをおもしろく見て回った。

（二〇〇三年八月）

●アクセス
マイカー利用。バス利用の場合、伊豆箱根鉄道修善寺駅から東海バス松崎行で松崎へ。松崎から東海バス下田行で船田下車。または伊豆急行線伊豆急下田駅から東海バス松崎行で船田下車。船田からは門野を経て富貴野山宝蔵院まで2時間。

●参考コースタイム
富貴野山宝蔵院（1時間）出合（30分）八瀬峠（40分）長九郎山（30分）八瀬峠（25分）出合（50分）富貴野山宝蔵院

●2万5000分ノ1地形図
仁科

●問合せ先
松崎町役場☎0558・42・1111、西伊豆町役場☎0558・52・1111

⑧⑨ 大平山 おおひらやま 588m 大丸山 おおまるやま 567・6m

静岡県 蒲原（静岡市清水区）

大きな山からのぞむ海

海がよく見えるから行ってみれば、というFAXが友人から来た。静岡県の大丸山という山である。友人はぼくが〈海の見える山〉が好きと知っているわけで、FAXには富士川町（※現在は富士市）から登って蒲原《かんばら》町（※現在は静岡市清水区）へ下るのがよいとあり、先日このコースを歩いて気分壮快だったともあるのだが、その蒲原町というう文字に目が止まった。蒲原町といえば旧東海道の蒲原宿があったところで、いまも宿場当時の面影が残るときいており、いつか歩いてみたいと思っていたので、そんなプラスアルファがあるのならなおさら行かねばと思い、緑の風爽やかなある日、大丸山へと向かった。

アプローチは東海道線富士川駅から野田山緑地公園をめざすのだが、この間は立派な車道ときいたので、ここは車で無精をきめ、その分の時間を蒲原宿場歩きに当てることにした。駅前から乗ったタクシーの運転手氏に、この山地全体が自然公園のようになっているなどの話をきいているうちに、緑地公園の入口に着いた。

歩き支度をして「至・静清庵遊歩道」の道標に従ってスギの植林へ。入るとすぐに「宇多利の森」という立札があり、しばらく登ると、稜線の道に出たので、それを南に辿ると間もなく西に向かって開けた場所があり、カヤトの先に浜石岳が見えた。案内にある「展望台」はここかと思い、浜石岳を歩いたのはずい分前だったねと、その時も一緒だった同行者と話した。

名前の通り大きい丸い山である大丸山。実に分かりやすい。駿河湾に向かって、これより大きい山はないので、「海の見える」がキャッチフレーズである。遠くは清水港、三保、日本平あたりだ。大平山下の展望台から。

稜線の道はスギ、ヒノキの植林が多いが、たまに雑木林があり、みずみずしい若葉が常緑樹の濃い緑と対照的だ。登り下りを何度かするうちに小広い場所に着き、これが地図にある五九八メートル峰ではないかと思った。それから少し下ると芝生の広場に出た。「大平山五八八メートル・蒲原町」とあるので、蒲原町域に入ったと分かる。富士山が頭だけ見え、素人細工らしい仮小屋があった。しかし休憩するには早いので通過した。

大平山を下って林道に出たところが、展望広場だった。四阿《あずまや》やポンプ式井戸があり、その先が展望台で、日時計を兼ねた案内板があったので、それと対照しながら景色を眺めた。正面が駿河湾で、つまり海の見えるところまで来たわけだが、右手に見える大丸山にこれから向かうので、そちらはもっと見晴らしがよいはずだからと、先を急いだ。

林道から山道に入り、ひと登りで大丸山の山頂に着いた。団体でピクニックに来ても充分なほど広い芝生の山頂で、東と南に向かって展望が開け、富士山が大平山よりよく見え、そして駿河湾が圧倒的な量感を持って広がっていて、これは本当に〈海の見える山〉だと思った。送電線の鉄塔が風に鳴っていた。

広い山頂にぼくらだけなので、どこに座ろうか迷った末、富士と海と両方見える場所に決めて、コンロで湯を沸かし、海の見える山頂にワインで乾杯した。それからスケッチをしたり記念写真をとったり、同行者は芝生の感触を楽しんで昼寝を少しして、山を下った。

「昔の登山道」とある道を見送って、ヒノキの植林、雑木林とすぎ、「見晴観音」に

東と南に展望が開ける大丸山の山頂。その展望の左端に富士山がドーンと控え、この日は笠雲を冠って気取っていた。広い芝生の園地で、家族連れのピクニックによさそうだ。

着いた。さっそく観音堂はどこ？　と探すと、木蔭の草に埋もれるようにして小さな石碑があり、□晴観世□という文字がかろうじて読める。余り簡素なのでおどろいたが、周囲の自然にとけ込むような観音さまもいいかもしれないねと話した。石碑のうしろへと回ると西に向かって見晴らしがよく、名前に反しない。ここも芝生の園地になっていて、この山域は芝生の広場が特徴だと思った。

観音さまに別れを告げて、植林と雑木林の間の道をいっきに下り、林道に出た。それからは長い林道歩きで、左右にミカン畑を見ながら前方に見える海に次第に近づいて行き、東名高速道の上に出た。

大型車がやかましく通過する高速道路の先に蒲原町の甍《いらか》が連なり、その先にバイパス道路、そして白波の立つ海があった

市街地に下り、それからこの日の二つ目の目的である蒲原宿へ向かった。つごうよく途中に町役場があったので、そこで宿場の案内パンフをもらい、それを頼りに歩くことにした。

宿場の西端に当る十字路は案内に「茄子屋の辻」とあり、「蒲原宿西木戸」の石碑があった。この辻で昔、薩摩藩士と高松藩士が争った話（茄子屋の辻の乱闘）は、いまも語りつがれていると案内にある。そこから旧東海道を東へ辿ると、格子戸の家、築一五〇年ほどの商家、大正期の洋館、本陣跡、旅籠《はたご》だった建物、塗り込めの商家、土蔵など十数棟の歴史的な建造物が街道の左右にあり、なかには公開している家もあるので大変おもしろく、丹念に見ていたら時の経つのを忘れてしまった。そういった民家が連続していれば宿場の風景としてまとまるのだが、蒲原の場合は断続的

安藤広重の謎多き「蒲原夜之雪」で知られる旧東海道蒲原宿。この建物は江戸時代は「和泉屋」という旅籠で、天保年間（1830～44）に建てられ、安政の大地震でも壊れなかったものだ。二階の窓の櫛型の手すりのほか、看板掛け、椀木などに旅籠らしさがある。

にあるので一つの風景にはならない。しかし、断続的ではあっても時代の波に耐えてよく残ったものだと感心した。東の外れの諏訪神社の下に東の木戸跡があって宿場は終わり、その先に一里塚跡があった。帰りは、近くの新蒲原駅から東海道線のローカル電車に乗った。

（二〇〇一年六月）

●アクセス
JR東海道本線富士川駅からタクシー。帰路は東海道本線蒲原駅か新蒲原駅で乗車。

●参考コースタイム
野田山健康緑地公園（40分）大平山（50分）大丸山（1時間40分）蒲原駅

●2万5000分ノ1地形図
蒲原

●問合せ先
静岡市清水区役所☎054・354・2111、富士市役所☎0545・51・0123

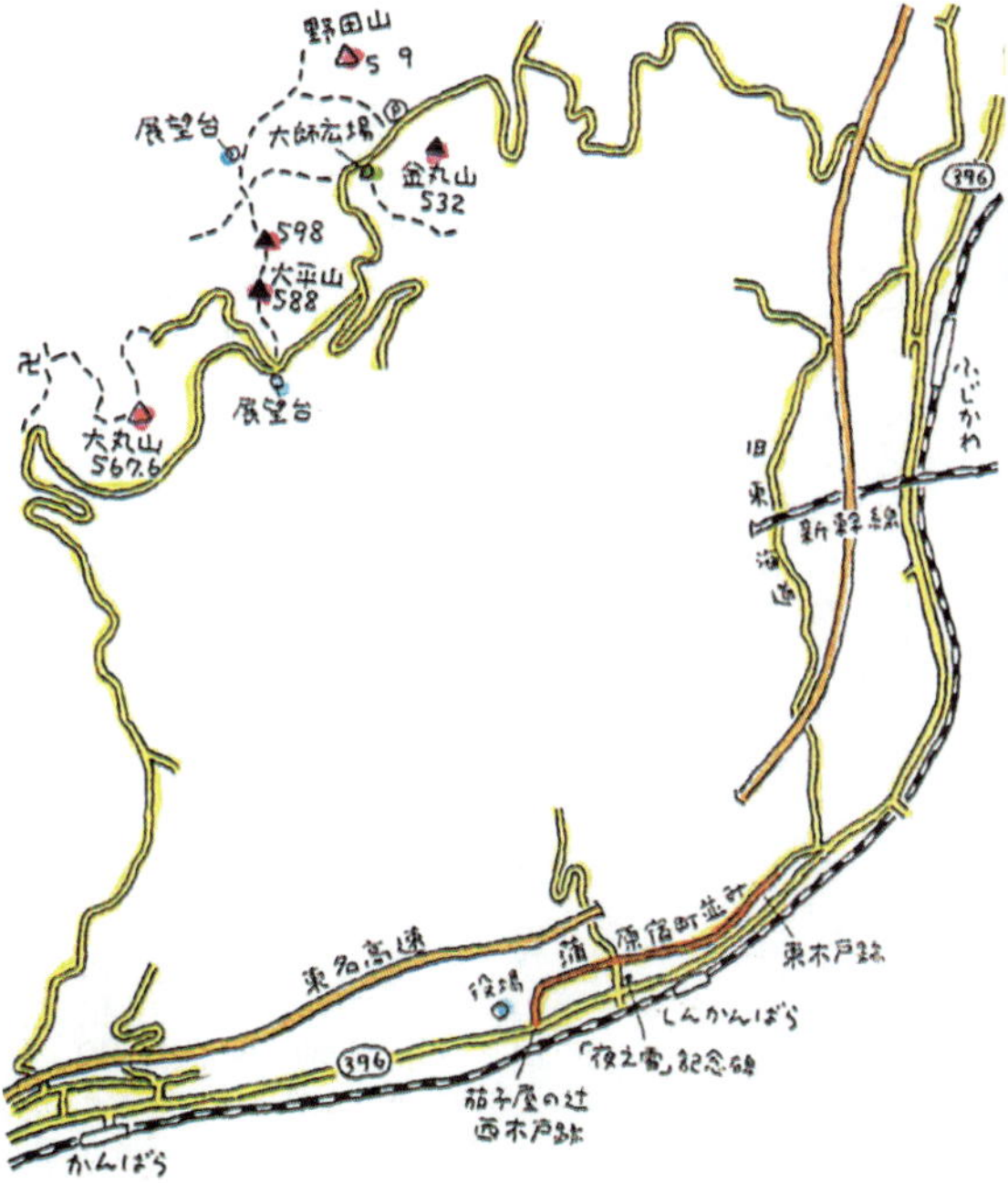

90 高根山　たかねやま　871m　静岡県　藤枝

茶畑に浮かぶ古代神楽の舞台

「こりゃあ立派なスギだ」と同行の友人が立ち止まって感心した。たしかに風格のあるスギの巨木なので、ぼくも立ち止まり、ふたりしてしばらく、そのスギに見とれた。

樹齢七〇〇年と案内にあるこの巨木は「鼻崎の大スギ」といい、静岡県藤枝市蔵田の高根山登山口にある。蔵田は標高四〇〇メートル余りの山上集落で、銘茶の産地として著名なところ。あたりはほとんど茶畑だ。高根山白山神社の参道、すなわちいまから登ろうとする高根山への登山道も、茶畑を通って行く。

大スギにひとしきり感心してから、その道を辿って高根山をめざした。登山道といっても立派なコンクリート舗装で、この地方で広く尊崇を集める神社の参道だから当然とは思うけれど、ハイキングコースとしては味気ない。

しばらく登ると焼津の高草山が見え、日本平や静岡市街が見え、富士山まで姿を現わす。それで、そのつど立ち止まっては、ふたりとも見えた見えたと必要以上に大騒ぎした。単調な舗装道路歩きで退屈していたせいだろう。自動雨量計とトイレの先で

林道を右に分け、神社の御手洗《みたらし》に着いて、退屈は解消した。流れ出る冷たい湧水に気分はぐっと引き締まり、ひと口頂くと正《まさ》しく山の水の味だ。神妙な気持ちで神社の拝殿に向かった。

〈高根白山神社は、瀬戸川の水源に当るこの地に、文治年間（一一八五～九〇）に加賀の白山《しらやま》比咩《ひめ》神社より勧請して創建された。神社の両側には涸れることのないご神水が湧き、これが志太平野をうるおす一源となって、古来、五穀豊穣豊漁縁結びの神として仰がれた――〉といった案内を読んで、先ほど頂いたのはやはりご神水だったと分かり、ふたりして恐懼《きょうく》し、参拝した。この神社の例大祭で奉納される古代神楽

蔵田の集落から仰ぐ高根山。山裾一面の茶畑の緑が美しい。右下から左上へと登る道が神社の参道で、その入口の鳥居の隣の巨木が「鼻崎の大スギ」だ。樹齢700年、目通り8メートル、樹高27・5メートルは県内有数の大樹で県指定天然記念物。

高根山でほとんど唯一の見晴しポイントから見た南側の風景。左が高尾山で右が笠張山、地形図には山名がない。遠くは駿河湾。右手はるかに御前崎らしい影が見える。東海地方の春は早い。

は有名だけれど、それは毎年秋の行事なので、早春のいまは境内も静寂そのものだ。御手洗の脇から山道に入り、山頂をめざした。ようやく山歩きらしくなったので足どりも軽く、ほの暗いスギ林の道を登った。神社の裏手に、もう一つの大スギ「高根神社のスギ」が確認できた。

ひと登りでパラボラアンテナの前に出た。続いてNTTの無線中継所とベンチがあり、その先でスギ林を出外れると、雑木に囲まれた高根山の山頂だった。

山頂といっても道の途中に「山頂」と書いた札が立っているだけで、山頂らしさはない。ずい分以前から友人と計画していた高根山の山頂にしてはもの足りないのだが、低山ではよくあることだし、まーこんなものかねとふたりで納得した。三角点がないのは地形図で知っていたが、見晴らしもなく、日陰に残った雪が凍っていた。雑木林は常緑樹が目立って、さすが温暖な東海地方の山だねと話した。

けれども記念撮影が済むとあとは何もすることがないので、案内に「西向方面に下ると見晴らしのよいところに出る」とあるのを頼りに、そちらに向かった。

ヒメシャラやモミの混じる雑木林と植林の間の道を下って行くと、突然左手に、そこだけ雑木を伐り開いた場所があり、ベンチも設けてあるので、これが見晴らしポイントに違いないと思い、ランチタイムときめた。

広がる景色は南側だけだが、地形図で高尾山という名を知った山と、隣の六八一メートル峰が大きく、その向こうに駿河湾が光っており、伊豆半島や御前崎と思われるあたりもおぼろに

高根白山神社で毎年10月29日の例大祭に奉納される「高根白山神社古代神楽」は、伊勢流の里神楽の一つだが、古式をよくとどめ、県指定無形民俗文化財である。昔は180の舞があったが、そのうちの18が伝承されている。伊勢流の神楽は「湯立の舞」を始め「天王の舞」「五行の舞」などが行なわれ、「火の舞」のあとの「神返し」で刀で玉蓋を切って終る。資料となった写真が一色で細部もはっきりしないので、分からないところは独断で描いた。

見える。範囲はせまいけれど、友人もぼくも山頂から海が見えるのを喜ぶ癖があるので機嫌をよくし、冷たい風を樹々が遮って暖かいこの場所が大いに気に入り、ワインの栓を抜いて低山の春に乾杯した。

昼食のあとでぼくはスケッチブックを開いたが、友人はベンチに横になり、スケッチを終えたころには気持ちよさそうに眠っていた。余り気持ちよさそうなので起こしたくなかったが、朝の出発が遅かったのでそうもいかない。起こされてちょっと不機嫌な友人を促して、出発した。

計画では、このまま稜線を下って、地形図にある北斜面を東へ回り込む道を辿り、天然記念物のマルカシ（※芋穴所のマルカシ）を見物し、瀬戸川に下って宇嶺《うとうげ》の滝へ向かうつもりだった。そして稜線を下った鞍部のあたりで北側に建設中の林道が接してきているので、この先に北斜面の道があるに違いないと思ってふたりで探したけれど見つからず、そのうちに午後の日も傾きはじめたので、北回りをあきらめ、往路を戻って滝へ直行することにした。北回りコースが自分の発案だったので口惜しがる友人を、低山ではよくあることと慰めたのだが、何かといえば低山ではよくあることというけどねと、しばらく口惜しがっていた。

山頂から宇嶺の滝へは、蔵田へ下らずに直行する新道が開かれていて、そのお蔭で思ったより簡単に滝の上に出た。林道を下って遊歩道に入り、観瀑台に立つと初めて、落差七〇メートル余の雄大な滝が全貌を現わす。正直いってぼくらはこれほどの規模を予想していなかったので、大いに驚き、そして大いに満足して気分よく、蔵田の集落へ戻った。

（二〇〇一年三月）

●アクセス
JR東海道本線藤枝駅から藤枝市自主運行バス藤枝駅ゆらく線・大久保上滝沢線で1時間20分（瀬戸谷温泉ゆらく前乗換）、蔵田下車（要予約・瀬戸谷温泉ゆらく☎054・639・1133）。

●参考コースタイム
蔵田バス停（1時間）高根白山神社（30分）高根山（20分）芋穴所のマルカシ（1時間15分）宇嶺の滝（25分）蔵田バス停

●2万5000分ノ1地形図
伊久美

●問合せ先
藤枝市役所☎054・643・3111、島田市役所☎0547・37・5111

㊴ 秋葉山　あきはさん　８８５ｍ　静岡県　浜松市天竜区

タイムマシンに乗った天狗

秋葉さん、といえば火防《ひぶせ》の神様として知られ、昔はどこの家でも祀ったもので、ぼくの生家でも台所あたりに小さな神棚があったように覚えている。

東京のＪＲ秋葉原駅は、以前に秋葉さんが在った原っぱという意味で「秋葉《あきば》が原《はら》」といわれた地名にちなんで付けられたらしくて、つまりあのあたりは、ずっと昔は秋葉神社がランドマークになっていたのだと思う。

消防力などないのと同じで、何よりも火事を怖れた江戸の市民としては、秋葉さんが頼みの綱だったに違いない。ついでだが、そんなわけだから「秋葉原」を「あきはばら」と読むのはまちがいだと思う。ぼくの祖母などはずっと「あきばがはら」と言っていた。

その「秋葉さん」の本社のあるところが秋葉山（八八五メートル）で、ここには秋葉寺《しゅうようじ》と秋葉《あきは》神社があり、天竜奥三河国定公園に属し、東海自然歩道が山頂を通過している。しかも山頂からの眺めは東海一というので、爽やかに晴れた冬の朝、昔か

これが秋葉山の山頂。正しい山頂は神社本殿の裏の木立のなかだと思うけれど、道はない。この石垣は秋葉寺の寺領だったころからのものに違いない。

ら大勢の参詣人が登った表参道の入口に当たる坂下の集落から、歩き始めた。

有名な「秋葉の火祭り」は十二月十五、十六日で、この日はその寸前だったので、人はいないけれど、各所で祭礼の支度らしいものが目についた。坂下には何軒かある昔ながらの旅館にはポスターが張り出され、見物客を迎える準備をしているように見えた。

朱塗りの九里橋を渡って坂道を登りつめると、東海自然歩道の道標があり、少し行くと「火防秋葉山三尺坊大権現」とある秋葉寺の大看板を見て、道はスギやヒノキの植林へ入っていく。

さすがに昔からの参詣の道で、幅広

山頂の神社前から南に開ける展望。はるか彼方の右寄りに光るのが浜名湖。天竜川も確かめられる。冬でも明るい東海地方の午後である。

く手入れもよく、充分に踏まれているので歩きよいが、登りはあんがい急である。

表参道らしく、道端にさまざまな里程標、あるいは常夜灯などが点々とあり、歴史の厚みを感じる。そこには漢字のほかに梵字らしいものも刻んであって、修験道の山の雰囲気が濃い。山伏に出会うかもしれないね、などと話し、ちょっと期待しながら登った。

稜線上に出て登りが緩くなったあたりで、不思議な形の石塚に出合った。これはいったい何だろうと考えたら、大型石灯籠のまん中の部分が抜け落ちたものと分かった。その先の赤い屋根つきのお地蔵さんは、安産の御利益があるという子安地蔵である。

突然、スギ林のなかに仁王門が現われて、こ

れが秋葉山《あきはさん》秋葉寺《しゅうようじ》である。養老二年（七一八）にこの山を開いたのは、おなじみの行基菩薩で、のちに秋葉三尺坊大権現（すなわち天狗さん）が出現したので秋葉山秋葉寺となった、と縁起にある。

もっともこの場所は、明治の初めの廃仏毀釈で山頂から移されたもので、かつて山頂に在ったころの秋葉寺の名残りは、この先の旧仁王門である。

秋葉寺を出て山頂に向かうと、あたりに巨杉が目立ち始め、そのうちに参道の両側は亭々とした巨木ばかりになり、そこで文政年間の建立とある姿のよい仁王門に出合った。かつての秋葉寺の遺構はこの仁王門だけということなので、ここで昔を偲ぶわけである。

なおも続く巨杉の根もとを踏みしめて登ると、まるで山城のような高い石垣が続き、ようやく秋葉山の山頂だ。

現在の山頂一帯は秋葉神社の境内になっていて、三角点は本殿の裏手あたりにありそうなので探してみたが、分からない。けれども太い注連縄《しめなわ》が目立つ新築の社殿の前からは南側に展望が開けて、三河の丘陵地の向こうに浜松、天竜川、浜名湖、そのまた向こうは太平洋というわけで、とにかく明るい東海の広大な眺めに、しばし見とれてしまう。

秋葉ダム側から車道が通じているために人の多い山頂をあとに、ぼくらは登ってきた道をそのまま下ることにした。

それで、再び訪れた秋葉寺で、先程から気になっていた「秋葉山三尺坊大権現」すなわち「火防《ひぶせ》の天狗さん」の資料を入手したのだが、そこには三尺坊という実在したと思われる山岳修験者と、伝説上の天狗さんとが重なっていて、これがまことにおもしろい。

すなわち例えば、大同四（八〇九）年に秋葉山に現われた三尺坊が、永観期（九八三～九八四）に戸隠山で修行を行ない、延暦二（七八三）年には越後に、また永仁二（一二九四）年にも秋葉山に現われて「何国にでも、その止まらん所に住して慶生利益を専らにせんと誓い、虚空を飛行しけるに、今の秋葉山に白狐止まり、ここを安住の峰と定め給う。その時空中に声ありて、以種種形、遊所国土、度脱衆生の文聞えけり。これ、永仁二年中旬の事とぞ」(『東海道名所図会』の秋葉寺縁起から)といった塩梅《あんばい》であって、時空を超えて活躍するスーパー天狗さんについては、もっと知りたいものだと思う。

ちなみに、天狗さんは白狐をタイムマシンのように乗りこなすらしいのだ。

(一九九三年二月)

※2024年12月現在、秋葉ダムから秋葉山への東海自然歩道は、土砂災害により一部通行止め。林道を迂回するが、分かりにくく時間もかかる。

●アクセス
遠州鉄道・天竜浜名湖鉄道西鹿島駅から遠鉄バス(コールセンター☎053・455・2255)春野車庫行44分、秋葉神社下車。

●参考コースタイム
秋葉神社バス停(1時間30分)秋葉寺(25分)秋葉神社・秋葉山(20分)秋葉寺(1時間10分)秋葉神社バス停

●2万5000分ノ1地形図
秋葉山・犬居・気田・中部

●問合せ先
浜松市天竜区役所☎053・926・1111

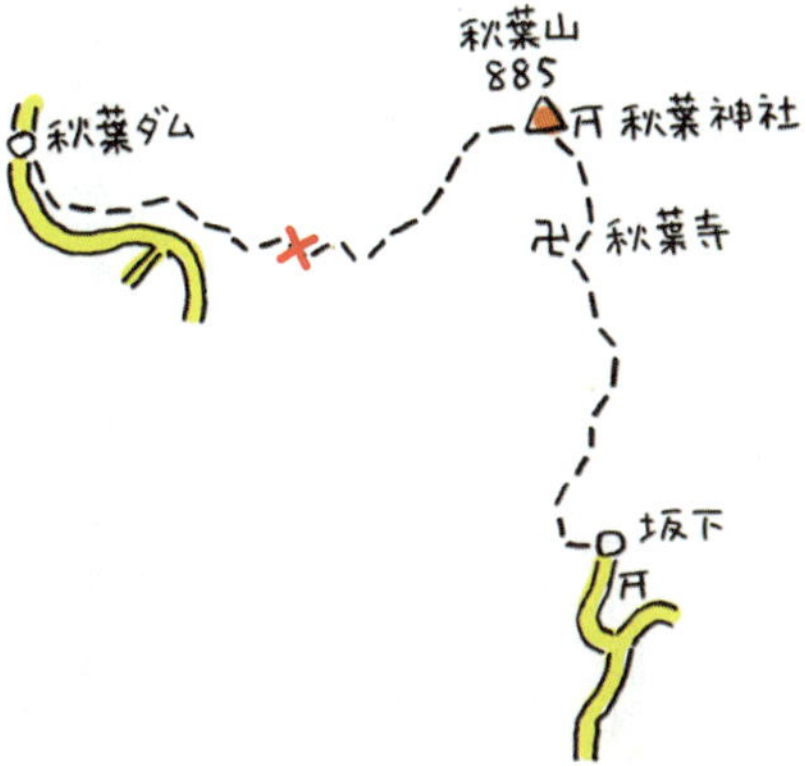

㊷ 富幕山 とんまくやま 563・5m 静岡県・愛知県 奥浜名（弓張山地）

みかん畑の三ヶ日人

ヒノキ林を出外れたところにパラボラアンテナがあったので、これが遠くから見えた山頂のアンテナ塔だと思い、山頂だぞーと後続者に声をかけたのだが、どうも違うらしい。それで、いまのはまちがーいと訂正したら、しっかりしてよねーと返事が返ってきた。

それから松林を抜け、林道を横切るとこんどこそ本当に富幕山の頂だった。日時計と立派な休憩舎があり、ベンチや道標や一等三角点の先に、さきほどのよりずっと大きいパラボラアンテナがある。展望は南に向かって大きく開け、その中心は浜名湖、その向こうは遠州灘。水平線が霞んではいるが、地球の丸みが分かるほどの雄大な眺めで、これは予想よりずっとすばらしいねと話し合った。

静岡県と愛知県の境に富幕山という名低山があるから行きましょう、と誘ってくれたのは、あちこちの名低山を探しては報せてくれるのでぼくが、ミセス名低山と呼んでいる人で、その県境の名低山の頂に、いまぼくらは立っている。もちろん誘った本人も一緒で、この展望なら名低山の資格は充分よねと安堵の様子だ。
富幕山の登山口は、三ヶ《みっ》日《び》町から風越峠へ向かう県道の、只木集落の外れにある（※2024年12月現在、只木コースの幡教寺跡～富幕山間は登山道崩落のため通行止め）。「幡教《ばんきょう》寺跡ハイキングコース・幡教寺跡、富幕山」と「おこり塚跡・天武尊」という二つの朽ちた道標と「富幕山4・4㎞」とある立派な道標に導かれてミカン畑の道に入ると、それはいつか林道になり、案内板とベンチのあるところからようやく山道が始まる。ここで上衣を脱いでザックに入れたり靴ひもをしめなおしたりして、雑木林の道を辿った。

浜名湖の北、静岡と愛知の県境をなす山地の中で目立つのが富幕山だ。そういう山頂はアンテナの土台としても好都合らしく、このようにアンテナ塔が建ってしまう。目立つ低山の宿命というべきか、まわりは有名なミカンの産地で、手前の山もミカン山だ。

関東の雑木林と違って常緑樹が多い

ので、緑が黒ぐろと濃い。林床はシダが繁ってトリの声も相当にやかましく、暖地の森林らしさを感じる。けれどもたまに立派なモミの木があったりして、深山の雰囲気もある。

林道に出ると、山道に入って初めて富幕山の山頂が姿を現わす。それからまた雑木林とヒノキ林の中を登るのだが、奥浜名湖県立自然公園になっているこの辺りの森林は、いかにも東海地方の森らしく、なかなか味わいがあるもので、ぼくら一行もみなよい印象を持った。途中で出合う沢も、折り重なる岩、豊かな水量と、里山らしからぬものだ。

再び林道に出るとすぐに〈幡教寺跡〉の園地である。ここにそんな立派なお寺があったの？　ほんとーに？　とミセス名低山が頓狂な声を発した由緒書きを見ると、一〇〇〇年も昔に、ここに広壮な寺院があった、ということで、園地の一隅には金堂《こんどう》の礎石が確かにあるし、林に入ると五輪塔や池もあって奥の院跡とあるからには、相当な規模の寺領だったに違いない。ぼくらはすっかりにわか考古学者になってあちこち見て回り、ハイキングにきたのを忘れてしまいそうなので、帰りにもう一度学術調査（？）をすることにして、山頂をめざした。

富幕山山頂からの眺め。浜名湖が一望で、その向こうに遠州灘。いかにも東海の山らしい、明るくさわやかな展望である。

奥の院跡を通ってヒノキ林に入り、さらに急登をひと登りして稜線の道に出合うと左手にパラボラアンテナがあって、これが冒頭の場面。そして好展望の山頂に着いた。

浜名湖の水面をのんびりと往く船を遠く眺めながら、ワインで乾杯をする。まことに春うららの気分で、人生、こんな時間ばかりだったら苦労がないねなどと話し、穏やかな時が過ぎた。

賑やかな団体がやってきたので、では交代と山頂をあけ渡して山を降り、予定通り幡教寺跡を丹念に見学した。園地の外れまでいくとここにも休憩舎があり、やはり浜名湖方面の展望がよい。

登ってきた道を下って登山口に戻ったが、まだ日が高いので、今朝がた見かけて気になっていた〈三ヶ日人只木遺跡〉というのを見学することにした。只木のT字路を大谷峠の方へ行くと、すぐ左手に大きな看板がある。看板には古代人の一家が焚火をしている絵が描いてあり、洪積世人類とあるのでおおいに興味をそそられ、急ぎ足でミカン畑の奥に向かうと、高さ一五メートルほどの崖の下に出た。

この崖はもとは石灰岩の採集場で、一九五九年にここで洪積世人類の成人男性の腰骨がアオモリ象（ナウマン象の後身）の牙と一緒に発見され、その後の調査で頭骨化石も出土したとのこと。この人骨は約二万年前の早期縄文時代人のものと思われ、身長は一五〇センチ前後と推定される、と案内にある。

頭骨片には剝片石器で加工され、さらに研磨された痕がある、というのは何かミステリアスだし、また頭骨、大腿骨には食肉獣に咬まれた歯痕がある、などとあるので、二万年前といっても生々しいものを感じてしまう。

この石灰岩の崖が〈洪積世人類三ヶ日人只木遺跡〉だ。1959年、三ヶ日高校の故高橋佑吉教諭が出土した人骨に注目、その後東大調査団によって発掘調査が進められた。人骨のほかに動物化石も多数出土している。

初めのうちは変わったところもないただの崖があるだけなので、何だ、つまらないね、ピテカントロプス・ミッカビスかね、などと不謹慎なことを言っていたぼくらも、この案内を読むにいたっておおいに反省。黄白色の崖を改めてしっかり見直し、いまから人類の歴史をまじめに勉強し直すことを誓い合って、帰途についた（※只木遺跡は崩落の危険性があるため立ち入り禁止。人骨は、二〇〇一年に放射性炭素法により一万年前前後の縄文時代のものとされた）。

（一九九八年四月）

※2024年12月現在、只木コースの幡教寺跡～富幕山間は登山道崩落のため通行止め。南側の風越峠、東側の奥山高原、北側の陣座峠、西側の瓶割峠などからのコースがある。

●アクセス

車利用。只木へは天竜浜名湖鉄道三ヶ日駅から三ヶ日オレンジふれあいバス（浜松バス☎053・584・4000）があるが、土日・休日は運休。

●参考コースタイム

只木（20分）登山道入口（1時間）幡教寺跡（30分）富幕山（20分）幡教寺跡（1時間10分）只木

●2万5000分ノ1地形図　三河富岡・三ヶ日

●問合せ先

浜松市役所浜名区北行政センター☎053・523・1114、新城市役所☎0536・23・1111

⑬ 観音山 かんのんやま 409m ── 愛知県 豊川

観音さまに会える登山道

遠方の低山を歩く機会は少ないものだが、縁あって三河の低山、観音山を歩くことができたので、今月はそれを書こうと思う。

観音山は標高四〇九メートルという文句のない低山だけれど、かつては山全体が寺領であったという古刹・財賀寺《ざいかじ》によって知られる山で、筆者も「財賀寺」の名を記憶していた。三河湾に面した三谷《みや》温泉に泊まった翌朝、早春の優しい日ざしの下、豊川市郊外の観音山へと向かった。

教わった通りに、東名高速道路を過ぎた先でゴルフ場の看板が見つかり、それに従って左折、しばらく行くと右角に「豊川自然遊歩道」の小さい道標があって、ここが登山口と分かった。路肩に車を置かせてもらい、まだ冬の様相のままの森の道を、歩き始めた。

春といってもこの辺は全部ゴルフ場なので、樹々の向こうにコースが見え隠れし、早くもプレーを始めた人の声がきこえた。少し行くとゲートにぶつかったが、その手前の左へ入る林道に「←財賀寺」とあるので、安心してこの道へ入った。廃道の林道と思われる道はゴルフ場のフェンスに沿っており、片側はスギ、ヒノキ林でうす暗い。そして林道が終わったところから山道となった。辺りに常緑広葉樹が目立つようになり、温暖な三河の森らしいねと話していると、突然、一直線の階段道の鉄砲登りに直面、長い階段を修行僧のように無言で登った。登り切ったところで「直線部分だけで二一八段！」と同行者が叫んだので、階段を数えていたと分かった。

観音山の斜面に広大な寺領を有する財賀寺なので、山門から本堂までの参道は、すなわち登山道だ。そんな参道だから、ハイカーにとっては何でもなくても、一般参詣人は相当に頑張らないと本堂まで行けないだろうと思った。

　稜線に出たらしく、左手の樹間に観音山と思われる高みが、思ったより近くに見えた。目標の山が初めて見えたときは、低山でもうれしいもので、同行者と足を止めて見た。それからしばらくして財賀寺への道を右に分けた。道標に「財賀寺（近道）」とあるこの道は復路で辿る予定なので、そのつもりで見てから「観音山（財賀寺）」とある階段道を辿った。

登るにつれて辺りが明るくなり、樹林が終わったところで見晴らしのよい草地に出た。ベンチがあり、コースに入って初めて数人のハイカーに会った。三河湾に向かって広がる景色は気分がよく、地元と思われる方が展望ポイントを親切に教えてくれたのだが、何しろ知らない地名ばかりなので、ハアーと応えるしかなかった。

またしばらくで、豊川自然遊歩道は財賀寺へと向かい、観音山への道が左に分かれる分岐に出た。ぼくらは復路で、これを財賀寺へと辿るつもりなのだが、その道が自然遊歩道なのであって、山頂への道は自然遊歩道からは外れるらしく、多少ヤブが繁っていたり、道が荒れていることがあとで分かった。それで、山頂へ向かう人は案外少ないのかもしれないねと話した。

分岐からは、ひと登りで観音山の山頂に着いた。樹林に囲まれた山頂は南側だけ開けているのだが、気分的には先ほどの展望所の方がよいと思った。中央の樹木の下に、像が失われて光背だけになった小さな石の観音像（？）があった。かつてはこの山頂

山麓の財賀町から見上げる観音山。かつて山頂に観音堂があったのが山名の由来といういう。いまは寺領も縮小したそうだが、それでも南斜面はほとんど財賀寺の境内である。

に観音堂があったと教わってきたので、何かの跡でもと思って歩き回ったが、何もなかった。

下山は予定通り、分岐を左に辿って財賀寺をめざした。わずかに下るとダートの林道になり、それを左に短絡する山道に入ると、右手に鎮守社、その下に本堂の大屋根が見えてきて、これは話に聞いた通り大きい霊場だと思った。けれどもぼくらが下山する道は本堂の脇からと教わってきたので、ひとまずいちばん下の山門まで下り、それから参詣人と同じようにいくつもの伽藍を巡って本堂へ上ることにして、山門に向かった。

室町時代の建立とある山門は、異様に屋根が大きい変わった形式なのだが、何か圧倒的な力を感じた。左右の金剛力士像も立派なもので、国立博物館に保管されていたのを呼び戻したときいて、なるほどと思った。門も像も国の重要文化財とあった。

山門から登って左方向に行くと、やはり室町時代建立で国の重要文化財の文珠堂があった。三人寄れば文珠の知恵で有名な文殊菩薩は、やはり学力向上の祈願者が多いそうで、折りしも受験シーズンだったから、若い参詣人で賑わっていた。三月の最終日曜日が大祭とあった。

またその上の弘法大師像の奥に慈晃堂があり、左の入口から入って堂外を巡ると四国八十八ヶ所を巡礼したことになる仕組みらしく、数人の中年婦人が入っていった。またその先の男子厄除坂、女子厄除坂、延命地蔵尊と続く石段をせっせと登ると、右に三十三観音堂と鐘楼、左に大師堂があり、正面に本堂があった。神亀元（七二四）年に勅願寺として行

財賀寺の慈晃堂には「四国霊場お砂踏み回路」という、四国霊場八十八ヶ寺から移した砂の上を歩いて回ると八十八ヶ寺を巡ったことになるコースがあり、「南無大師遍照金剛」と唱えながら、左の入口から入って右の出口へ向かう人がたくさんいた。

基菩薩が開山、のちに弘法大師が中興と伝わる財賀寺は、一時は七堂伽藍に数百の院坊があったそうで、源頼朝が平家討伐祈願成就の御礼にと本堂や広大な寺領を寄進、のちに兵火に遭ったが、徳川家康の尊崇厚く、信徒は広範に及んで三河の大寺になったとある。

　山全体に及ぶほどの霊域と広大な森に感心しながら、本堂の左脇、鎮守社の石段下から山道に入り、初めの分岐から往路をそのまま下って登山口に戻った。

（二〇〇五年三月）

●アクセス
名鉄名古屋本線国府駅から豊川市コミュニティバスゆうあいの里八幡線10分駒場下車。駒場調整池を経て本文の登山口へ約2キロ。帰路は同路線の平尾市民館で乗車。マイカーの場合、財賀寺仁王門手前に駐車場がある。

●参考コースタイム
駒場バス停（30分）ゴルフ場登山口（55分）財賀寺分岐（30分）観音山（40分）財賀寺本堂（30分）平尾市民館バス停

●2万5000分ノ1地形図
御油

●問合せ先
豊川市役所☎0533・89・2111

⑭ 衣笠山《きぬがさやま》 278・5m　滝頭山《たきがしらやま》 256m

愛知県　渥美半島

「恐竜の背」で太平洋にカンパイ

海の見える山が好きだ、ということは前にも何度か書いたと思う。山歩きを始めた中学生のころからこの好みは変わっていないので、海が見えると分かっている山はもちろん、もしかすると海が見えるかもしれない山でも、見えるといいなと思うココロで、山歩きに出かける。

海が見えるというだけなら、島国日本のことだから、そういう山はたくさんあるのだが、ぼくの場合は海が、遠くではなく相当近くに見えて欲しいわけで、例えば山頂から海上を行き交う船が見えたりするのが望ましい。山を下るとそこは漁港で、地もの旬ものの魚介がいただけたりすれば、これはもう、申し分ない。

渥美半島にある衣笠山、滝頭山を中心とする山地は、標高は二〇〇メートル台の超低山だが、案内によるとなかなかよさそうなところであって、太平洋と三河湾に望むロケーションだから当然海は近いし、かねてから〈歩きたい山リスト〉に載っていた。

しかし遠くの低山というのはなかなか行けないもので、長らくリストの隅にとり残さ

滝頭山から滝頭不動へ向かって少し下ると、この岩場「恐竜の背」がある。コース中唯一といえるほどの抜群の眺めで、足場はよくないが絶好の休憩ポイントだ。正面は蔵王山。その向こうは三河湾と豊橋市街。絵には入らなかったが、この右に太平洋がドーンと広がる。

れていたところ、この度、急にその機会が訪れた。そして早春の穏やかな朝、「小衣笠の道」「遊歩道入口」と道標が二つある登山口にやってきた。

手入れの行き届いた擬木の階段道の左右は常緑広葉樹が多く、関東の低山との違いが導入部からはっきりしている。気候も早春とは思えない暖かさで、すぐに上衣を脱いでザックに入れた。少し登って振り返ると田原の市街地が見え、さらに登ると支稜線上に出て、山頂は左だが右に行くと展望台とある。そこで展望を期待して行くと一〇分ほどでそれらしい場所に着いたのだが「展望台」といったものはなく、樹林の向こうに隣の蔵王山の山頂施設がようやく見える程度で、これはきっとここにあった展望台が風で飛ばされたのだね、風が強そうな所だし、などと勝手に決めて分岐に戻り、山頂を目ざした。

緩く上がって行く道は、両側が常緑樹林なので見晴らしはないが、山道が広くてよく踏まれており、山道というよりも道標にあるとおり遊歩道といった感じだ。しばらく行くと右から出来たての林道が合流し、その角から登る細い道に「↑衣笠山」とあり、これまで歩いてきた道は「見晴らしの道」という名の巻き道になるらしいので、山頂への道へ入った。

ようやく山道になったねと話しながら行くと、足もとにも左右にも緑白色の岩石が目立つようになり、やがて「松尾岩」とある高さ五、六メートルの三角形の岩に出合った。裏に回ると岩の向こうに蔵王山や田原市街、その先に太平洋がキラキラ光って見え、海が見えてよかったですねと同行者にいわれた。

それから、常緑の低木林で林床にシダが繁り、白っぽい岩石が目立つ中をせっせと登って、衣笠山の山頂に着いた。二等三角点のある山頂は樹林に囲まれて展望がないが、北寄りの露岩の上に「田原山宮奥宮」の石祠があったので拝し、その脇の岩に上がってみて、ようやく北面を見晴らすことができた。三河湾沿岸の工場地帯に発電用の風車らしいものが多く見え、海上を行く船の白さが目立ち、豊橋から蒲郡あたりの湾岸の町が霞んで見えた。

衣笠山の山頂は樹木に囲まれているが、田原山宮奥宮の脇の露岩に立てば、北側の眺めを楽しむことができる。ただし足元には充分注意が必要。

衣笠山からの下りは急だったが、低木林を抜けると明るく平坦な道になり、先ほど分かれた巻き道と合流して、長閑な気分で歩き、低山のよさは案外こんなところにあるねなどと話した。途中に「三河材活用施設」といかめしく書かれた四阿《あずまや》があり、建て方からして、これも展望台のつもりで造られたのだろうが、樹林の生長で展望はない。桜並木を抜けると階段道の鉄砲下りで、車道に出たらそこが仁《に》崎《さき》峠だった。

昔の風情が残る仁崎峠から滝頭山に向かう道は、これも階段道の鉄砲登りだが、こちらは密林で、またスギやヒノキの植林もあるために暗い。そういうところをせっせと登っていくと「北ののぞき」というポイントがあり、衣笠

滝頭山の山頂直下にある「北ののぞき」から見た衣笠山。こうして見ると、標高278メートルとは思えない堂々たる山容だ。衣笠山の向こうは三河湾で、行き交う船の数も多い。海の見える山はすばらしきかな。

山と三河湾が眺められたが、実はここがすでに滝頭山の山頂の一部で、すぐ上が山頂の展望台、であるはずなのだが、ここも樹林の生長で見晴らしはほとんどなく、記念写真を撮ったあと、ランチタイムにふさわしい明るく開けた所を探して滝頭不動方面へ下った。

そして、衝立のような岩を過ぎた先で「恐竜の背」の表示に従って右に入ると、鋭角的な岩角が一列に並ぶ小さい岩場に出て、これが「恐竜の背」だった。まわりは開けて見晴らし抜群、三河湾から太平洋まで申し分のない眺めである。そこでバローロの栓をポンと抜いて乾杯し、同行者のザックから出てきたパンとチーズとパテとサラダを、渥美半島の山はいいねと話しながらおいしくいただいた。

滝頭不動への道は崩れやすく、尻もちを何度もついて下り、暗い谷間の不動滝へ向かった。六メートル程の滝は水量が少なく、雨期だったら迫力があるだろうねと話した。滝頭不動の石段を下って、衣笠山の山頂に奥宮があった田原山宮の里宮を拝し、二つの池と運動場のある滝頭公園を経て、登山口近くに停めた車を回収し、コースの途中で何度も見た隣の山、蔵王山の山頂へと車で向かった。（二〇〇六年二月）

●アクセス
豊鉄渥美線三河田原駅から田原市ぐるりんバス（豊鉄ミデイ☎0531・23・7210）市街地線20分、やすらぎ苑下車。帰路は同路線の滝頭公園で乗車。マイカーの場合、滝頭公園に駐車場がある。

●参考コースタイム
やすらぎ苑バス停（5分）小衣笠の道登山口（40分）衣笠山（30分）仁崎峠（35分）滝頭山（45分）滝頭不動（10分）滝頭公園

●2万5000分ノ1地形図
老津・仁崎・田原・野田

●問合せ先
田原市役所☎0531・22・1111

㊰ 金毘羅山　こんぴらやま　572・5m｜京都府 北山

古の風吹く京都・大原の里で山歩き

バスを降りると目の前に、金毘羅山にちがいない、姿のよい山があった。山頂直下に見える岩場も、案内書にある通りだ。コンビニの脇に「京都一周トレイル北山コース」の道標が見つかったので、それに従って、ぼくらも歩き始めた。江文《えぶみ》峠までは「京都一周トレイル」と一緒なのだ。

金毘羅山は京都観光で有名な大原の里の西に聳える山で、標高六〇〇メートルにも足りない里山だが、関西のハイカーにはなじみの山ときいた。けれどもぼくらは、関東のハイカーなので、三千院や寂光院《じゃっこういん》の大原には何度か来ていても周辺の山はまるで覚えがなく、この日も案内書を頼りにやってきた。そして初めて見る金毘羅山に、よい印象を持った。

橋を渡り農地や林を抜けて行くと江文神社前のバス停のところで車道と交差し、そこからは神社の参道で、江文峠への道を左に分けたあと、ぼくらは参拝するために江文神社へ向かった。

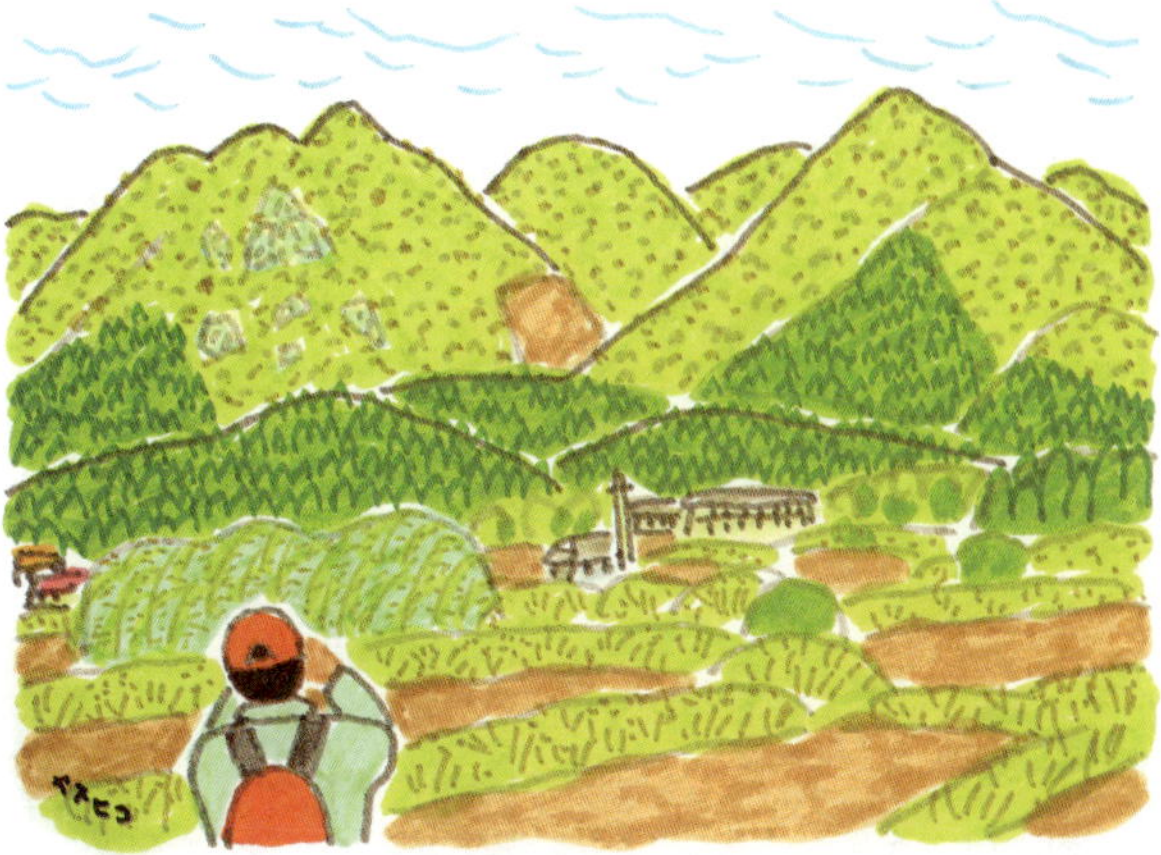

バス停・戸寺あたりから見た金毘羅山。左の高みが三壺社のある山頂。中央のドームが三角点のある山頂。右の高みは翠黛山である。現地に「ロックゲレンデ」とあった岩場が、ここからもよく見える。

鬱蒼とした森の中の江文神社は「大原八ヶ町の総氏神で古代より背後の江文山（今の金毘羅山）の頂上に祀られていた神々を平安時代後期にこの地に御鎮座願った」と由緒書きにあり、つまり大原の総氏神で金毘羅山の神様なのだから、ぜひハイキングの無事をお願いしようと、ぼくらは寒さも忘れて参拝した。それから社殿に向かって左手に、「琴平新宮社を経て金毘羅山」とある小さい道標を見つけたので、その道を辿ることにした。暗く冷たいスギ林の道には、風で倒れた木が多かった。支稜線の上に出ると「岩場で事故多発・下鴨警察署」の看板があった。

やがて周辺に大小さまざまな露岩が現われて、金毘羅山は岩山らしいねと話した。それも緑色がかった白色に近い岩である。そして江文峠からの道を合わせ、岩の上のむつみ地蔵を経て琴平新宮社に着いた。この社も岩の上に祀られていた。新宮社を過ぎると照葉樹の多い雑木林の中の急登になり、上衣を脱いでせっせと登ると稜線の道に出て左へ、重畳たる岩の間を抜けてやせた岩稜を進むと右下に大原の里が箱庭のように見えてきて、安らぎを感じた。また、その先の岩の上で道が分かれ、右は翠黛《すいたい》山、左は奥社とあり、左へ行くとすぐに岩を背にした奥社の前に出た。そこは南側に展望が開けて比叡山や京都市街が見えるので、何か叫びたいような気分だねと話したが、叫ぶのはやめておいた。

奥社の脇をよじ登ると三壺社とあり、柵で囲まれた中に露岩があるので、これは古代の磐座《いわくら》神にちがいないと思い、また、ここが山頂だろうと思った。けれども案内書によると三角点は別の高みにあるようなので、三角点が好きなぼくらはそこを目指すことにした。しかしそちらへ行く人は少ないらしく、案内はほとんどない。赤テープを頼りに歩いて、大岩に神々が祀られた場所を過ぎ、岩塔が立つ見晴らしのよい場所を見送ると、その先のヒノキに囲まれた小広い場所に五七二・八メートル（※当時）

の三角点が見つかり、見晴らしは皆無だが三神合祀の祠があった。そこで、ようやく三角点に出会ったのだからと、ぼくらはサン＝テミリオンの栓を抜いて乾杯し、スープを温めて昼食にした。この場所だけ陽溜まりになっていて、寒さは感じなかった。

山頂直下の琴平宮奥宮の前は、この山一番の展望所で、比叡山や京都市街の眺めがよい。とくに比叡山は見なれた三角峰ではなくのったりした台地であるのがおもしろい。目をこらせば市内の大きな建物も見えてくる。

食後はもとの分岐まで戻り、翠黛山方向へ向かった。雑木林の急下降を慎重に下り、また登り返して小さいコブを過ぎ、「左・翠黛山・焼杉山、右・大原」という分岐を右にとり、相変わらず露岩の多いところをひたすら行くと、東海自然歩道の標柱の先に小さい五輪塔や卵塔や自然石の墓らしいものが数十基並んでいる場所に出て、思わず足をとめた。どれも風化が進んでいて相当に古いと見たけれど、中の一つに「明和八年」の文字が読めた。明和なら十八世紀でさほど古くない。けれども一般市民の墓所とも思えないねと話し、ともかく拝礼して石段を下ると、そこにも小さいが五輪塔や宝篋印塔《ほうきょういんとう》があり、こちらは柵で囲まれている。あとで里へ下ってから、建礼門院の侍女・阿波内侍《あわのないし》の墓所と教わった。

墓所の石段を下るとそこは大原の里で、橋を渡って車道を数十メートル歩くと寂光院の門前だった。この尼寺は文治元（一一八五）年に、平家一門とともにわが子・安徳帝を奉じて西走して敗れ、壇ノ浦で入水したが助けられた（帝は祖母二位ノ尼とともに没した）建礼門院（平徳子《たいらのとくこ》）が住むようになったことで有名である。いまでもハイキングコースに接するほど山深くにあるのだから、八〇〇年も昔にはさらに現実から遠く離れた場所であったに違いなく、生き残った敗者の女性がわが子や一門の菩提を弔いながら余生を過ごすにはそういう所しかなかったということが、山を歩いて来ると分かるような気がした。また翌年、後白

大原の里で大原女に出会ったわけではないが、どうしてもここに大原女の姿が欲しかったので描いてみた。大原女のいでたちは、建礼門院の侍女・阿波内侍が柴刈りに行ったときの裕好がルーツときいた。

河法皇（建礼門院の夫・高倉天皇の父）が、この山奥の寺を訪ねたことも「大原御《おはらご》幸《こう》」（平家物語灌頂巻、謡曲など）として知られるが、このとき後白河法皇は江文峠を越えて大原に入ったと記されている。ちなみに『平家物語』には、建礼門院が阿波内侍らと翠黛山へ花を摘みに行く場面もあるときいた。

（二〇〇四年一月）

●アクセス
大原へは、地下鉄烏丸線国際会館前駅から京都バス（高野営業所☎075・791・2181）19系統、京阪本線出町柳駅から京都バス17系統、叡山電鉄八瀬比叡山口駅から京都バス17・19系統などが利用できる。往路は戸寺下車、帰路は大原で乗車。

●参考コースタイム
戸寺バス停（1時間40分）金毘羅山（40分）翠黛山（45分）寂光院（25分）大原バス停

●2万5000分ノ1地形図　大原

●問合せ先
京都総合観光案内所☎075・343・0548、京都市左京区役所☎050・1722・5561

96 信貴山　しぎさん

437m　奈良県　生駒山地

十二世紀のイラストレーション

長者屋敷の倉が空をとび、海や山を越えて信貴山に着く。と、こんどは米俵がとんで、長者屋敷へかえる。――勅使が信貴山に来て男に会い、もどって天皇に奏上する。それから護法童子がとんでくる。天皇の病が癒えたので、勅使がまた信貴山に行き、男と会う。――男の姉の尼さんが信濃の国を出発、供を連れて馬にのり、宿を重ねて大和に至り、あちこち弟を探し歩き、ついに訪ね当て信貴山で対面する。

これが、かの「信貴山縁起絵巻」のあら筋だ。この絵巻は平安末期に描かれたものだそうで、飛倉の巻、縁起加持の巻、尼公の巻の三巻からなり、当時の民間の信仰説話を基に描かれている。

描いた人は鳥羽僧正とも、そうでないともいうけれど、誰であっても、この絵巻のまことに精緻な描写は迫力あるもので、しかも表現は自由闊達。きわめてリアルに描き込みながら、見る者をイメージの世界へ誘うという、これは八〇〇年も昔のすばらしいイラストレーション作品なのだが、この大先達の作品を所蔵する朝護孫子寺《ちょうごそんしじ》の

十三峠から高安山への道は信貴生駒スカイラインというドライブウェイと並行するが、西に大阪市街、東に大和盆地と眺めはよい。遠くに見えるアンテナ塔の東が生駒山。

ある信貴山が、今回の目的地
不馴れな関西方面のなかでもとくに勝手の分からない大阪東部ということで、まず出発点の近鉄・服部川へ行くのに少々まごつき、それから玉祖《たまのおや》神社までも二度も道を尋ねて、やっと着いた。この辺りは古い民家が多くて、初めて訪れた者にはそんな郷土色もおもしろい。親切に道を教えてくれた人のことばも、京都や神戸とはずいぶん違うと思った。

巨大なクスノキが印象的な玉祖神社はいかにも古社らしく、名所旧跡を歩くハイキングの入口にふさわしい。水呑地蔵へは近道らしいものがあり、小沢に沿って行くと、まだ冬の最中というのに早咲きの梅に出会った。

水呑地蔵も承久三年（八三六）の建立という古さで、週末のせいか本堂の左右に湧き出る「弘法水」を頂こうという人々が、ポリタンクを抱えて寒そうに行列していた。確かに吹きさらしの寒い境内ではあるけれど、大阪市街から大阪湾まで一望の眺めがすばらしい。

本堂の裏を登るとすぐに稜線に出る。ドライブウェイと峠越えの車道が交わっているところが十三峠で、在原業平《ありわらのなりひら》ゆかり（伊勢物語）の、古来重要な街道の峠とある。業平さんはいいのだが、ドライブウェイ脇のゴミの散乱には閉口。車から投げ捨てるものに当たらぬうちにと、先を急いだ。

十三峠から高安山までは、ほぼ稜線沿いに行く。

信貴山の山頂は空鉢護法さんがあるの
このように竹の杖（登り口にある）
き、水を入れた容器（水場にあ
げた参詣人が、列をなして登

服部川の方から見上げる高安山の稜線。中央が高安山。レーダードームの左手が山頂である。この山頂に城があったというから、攻めるのもずいぶん苦労したことだろう。

ただしドライブウェイも並行しているので気分は損なわれるが、低山ではよくあることだ。ササやヒノキ林、竹林などを縫うようにして、小さな池（ハス池）の畔を抜け、のどかな農道のような場所からいきなり車道沿いの強風の稜線に出たりする。いずれにしても右手に大阪市街、左手には大和盆地が見えかくれする稜線歩きで、振り返ると生駒山のアンテナ塔林立の山頂も見える。

　車道の下をくぐり抜けると立石越とあり、ここも古道の峠に違いない。緩く登って行くと分岐で、右にとるとすぐに、レーダードームのある高安山（四八七・五メートル）に着いた。この山頂は天智天皇のころに早くも城砦が造られ、戦国時代には松永久秀が信貴山城と称して居城したけれど織田信長に攻められて落城という歴史の場所で、しかしいまはその跡もなく、眺望もほとんどない。

高安山からは主稜線と分かれて南東に下り、信貴山をめざす。車道を横切って冬枯れた雑木林に入ると鳥の声がしきりだ。ここでどういうはずみか、犬が一匹ぼくらについて来た。ハイカーに馴れた野犬らしいが、こいつがけっきょく信貴山まで一緒だった。宗教色の強いところを歩いていると、たとえ犬でもなんだか追い払うのがためらわれる。

いつの間にか信貴山の境内に入ったらしく

派手なこしらえの修験者が、燃え上がる護摩木の前でさかんに祈っている。信貴山朝護孫子寺境内における威勢のよい光景。しばし見とれてしまう。

赤い鳥居の並ぶ参道に出会う。竹杖を突き、なぜか出前の汁入れ容器（あとで水入れと判明）を持った参詣の人たちに混じって上りつめたところが空鉢《くうはち》護法（堂塔のひとつ）で、ここが信貴山（四三七メートル）の頂上と教わる。大和盆地に向かって展望が開け、目の下には多くの堂塔の甍《いらか》が見えかくれする。

参道を下ると信貴山朝護孫子寺の大本堂。縁起絵巻もここにあるのだがふだんは公開していない。毘沙門天に詣で、境内を見物しながらバス停へ下った。

（一九九一年五月）

●アクセス
近鉄信貴線服部川駅下車。帰路は信貴大橋から奈良交通バス（☎0742・20・3100）23分、王寺駅下車。

●参考コースタイム
服部川駅（30分）玉祖神社（55分）十三峠（1時間）高安山（30分）信貴山（25分）朝護孫子寺（5分）信貴大橋バス停

●2万5000分ノ1地形図
信貴山

●問合せ先
平群町役場☎0745・45・1001、八尾市役所☎072・991・3881

97 額井岳　ぬかいだけ　812・3m

奈良県　宇陀市・奈良市（額井火山群）

歴史の箱庭

榛原《はいばら》（※現在は宇陀市榛原）の市街を抜けて少し行くと左手に姿のよい独立峰が見えてきた。地元では「大和富士」というときいたので、これが額井岳だと、すぐに分った。植林の多い里山ではあるが裾を広げた姿がいかにも優しくて、よい印象を持った。

額井岳のことはずっと前からきいており、多武峰《とうのみね》、室生寺《むろうじ》と一緒に、このときの旅の目玉になっていた。それで旅の初めにまず額井岳ということで、早朝に宿を出てここまでやってきた。薄曇りでも気分のよい、初夏の朝だった。

額井岳の山裾はニュー・タウンといった感じの新しい住宅地になっていて、これはちょっと意外だった。この辺から大阪あたりへ通えるの？　と同行者が余計な心配をする。さあ、どうかね。関東の住人のぼくらにはそのへんは分らない。おしゃれな住宅街の中に額井岳への立派な道標があり、それに従って水田や畑の間の急坂を登って、登山口に当たる十八《いそは》神社に着いた。

十八神社は、由緒書には創建年代不詳とあるのだが、縁起のところに古事記の一節

大和富士といっても、脇にコブが一つ付いているので双耳峰のようにも見える額井岳。南側の国道や近鉄大阪線辺りから見る姿がベストではないか。

が引用されているのをみると、相当な古社に違いない。大和の旅ではどんな所でも歴史の重みを感じてしまう。御手洗《みたらし》の水は山の中腹の一清《いちしめ》の杜《もり》（竜神を祀る）の湧水（神水）とある。それで、ともかくハイキングの無事を祈願して、社殿の左手から山道へ踏み入った。

　スギ林の中を少し登ると広めの道に出た。道標に東海自然歩道とあるので、思わぬところで知人に出会ったような気分になる。けれども、水場を過ぎて林道に出ると自然歩道は右へ、ぼくらは左へと、もうお別れである。それからまた山道に入り、ヒノキ林の中の意外な急登に一汗かいて、峠に出た。

峠からは、カラマツ混りの雑木林の尾根道である。何もかも緑一色に染めてしまう若葉の中の登りで、気分は最高だ。足もとには岩石が多い。青白い石である。それからヒノキ林と雑木林を左右に分ける道になり、わずかな急登で案外あっさりと山頂に着いた。

額井岳の山頂はヒノキ林の中にのっぺりとある。新しいミカゲ石の四等三角点と朱ぬりの祠を中心に山名を示す板が何枚もあり、「大和富士」と書いたのもある。展望は南側に榛原から大和盆地方面がわずかに見える程度だが、どことなく関東の低山の山頂とは違う感じで、それを味わいながら休んだ。週日なのにハイカーが何組も登ってくるので、額井岳が人気の山なのが分った。

汗が消えたところで、東に続く戒場《かいば》山を目指した。シジュウカラの声をききながら崩れがちの道をドドドと下って鞍部に出ると、南側が開けて山麓の里や近鉄電車がよく

額井岳の山頂の祠と三角点。祠には陶製のヘビの置物がいくつも奉納してあった。祠は水神とあるので、ヘビはその由縁のものだろう。ほかに細い竹を輪切りにした細工ものが置かれていたが、あれは何だろう。

見えた。それからまた登って下ると、反射板のところで戒場山がよく見えた。反射板や鉄塔は景観を壊すけれど、一方こうして展望を楽しませてくれることもあるので余り悪くも言えないというぼくの意見に対して、それでもそういう不自然な物体はよくないと同行者がいうので、少しばかり論争をした。しかし、そういいながらも展望を楽しんでいる同行者に矛盾をただすと、既にできてしまったものは利用していいの、とつごうのいい理屈である。

尾根道を上下して行くうちにアセビが目立つようになる。それから改めて雑木林の新緑を味わいつつ鞍部に下ると、峠である。下山路はこの峠道を南へ下るつもりなのでそれを確かめて、それから雑木林とヒノキ林を左右に分ける道を急登して、戒場山の山頂に着いた。

山頂は額井岳よりもっとヒノキ林がこんでお

反射板辺りからの戒場山の眺め。この山もなかなか姿がよい。右の麓の集落の上辺りに戒長寺がある。額井岳と戒場山は気の合ったコンビというところか。

り、もっとのっぺりと平らであった。当然見晴しはなく、暗い。三等三角点があるから山頂というだけのところだったが、やはりどこか関東の低山と違う気がしたので、コンロに火をつけ、ランチタイムとした。ここでも何組かのハイカーが通り過ぎて行った。

下山は先ほどの峠まで戻って南側に下った。林道に出るとこれがまた東海自然歩道で、左は戒長寺、右が山部赤人《やまべのあかひと》の墓方面とある。ここでぼくらは予定通り赤人の墓方面へ向かったのだが、この辺が後で悔まれることになった。すなわちこのときは戒長寺が聖徳太子建立の古刹で多数の仏像や樹齢六〇〇年の大イチョウがあり、眺めもよいといったことなどを知らず、つまりふつうの山寺と思っていたので、戒場山から東へ行き戒長寺へ下るコースをとり損ねてしまったのだ。同行者にも情報不足を厳しく追求されたが、気付いたのは東京に戻ってからだった。

それでともかくこのときは、山部赤人の墓に立寄った。

この五輪塔が、山部赤人の墓である。墓石そのものは鎌倉持代の作と考証されるそうで、疑問も生じるのだが、ここではその辺は追求しないことにしよう。

墓はいかにも古びた五輪塔で、額井岳の麓、背後は戒場山という場所は、素直に自然を詠んだ万葉歌人にふさわしいと思ったのだけれど、墓の脇の案内板には「(赤人の墓という)伝承そのままが真実であるかは詳《つまび》らかではないが、ここ大和富士の南斜面に人家の散在する文字通りの山辺の村に、山辺赤人が葬られていると、古くから村人は信じて疑わない」とあった。そこで、ぼくらも同じように信じて墓に詣で、それから十八神社へ戻った。

(一九九八年六月)

●アクセス
近鉄大阪線榛原駅から奈良交通バス(榛原営業所☎0745・82・2201)天満台東三丁目行8分、天満台東二丁目下車。

●参考コースタイム
天満台東二丁目バス停(30分)十八神社(1時間5分)額井岳(45分)戒場峠(25分)山部赤人墓(25分)十八神社(25分)天満台東二丁目バス停

●2万5000分ノ1地形図　初瀬

●問合せ先　宇陀市役所☎0745・82・8000、奈良市観光協会☎0742・30・0230

98 摩耶山 まやさん　702m（最高地点）　兵庫県　六甲山

無遅刻、無欠勤、タイムレコーダーの山

タクシーに乗って「青谷《あおだに》の妙光院へ」と案内書にある通りに告げたら、運転手氏は無線で確かめてから車を走らせ、かなりせまい坂道を登って行き、妙光院に着いた。三宮から約一五分で登山口に着いたので、こんなに山に近い大都市はほかにないだろうね、京都も近いけど神戸はもっと近いんじゃない、街のうしろがすぐ山だから当然だよ、海も山もすぐ近くにあってすてきよね、などと話した。妙光院から「まやはし」とある橋を渡ると、左に大師堂と閻魔像があり、その先の左に登っていく道に「摩耶山青谷道登山口」とあって、「廿二丁」の丁石と「この辺は住宅地、静かに歩いて」の注意書きがあった。ならばいま渡った沢が青谷だ。谷の終わりなのにあんなに暗くて狭いのだから、きっと険しい谷だろうねと話した。

道はいきなりの登りで、一度折り返してから谷の奥へと向かった。そして、ふと気付くと、前にも後にも歩く人がおり、どうやら両方ともハイカーらしい。また、さらに気付くと、もっと先にも人が歩いており、またしばらくすると下ってくる二人連れ

の年配女性にも山会い、ぼくらは「!?」と顔を見合わせた。冬の穏やかな日ではあったけれど週日だし、摩耶山って人気の山？　ときかれても分からないのだが、思い出したのは以前、同じ六甲山系須磨アルプスの高取山へ行ったときに「毎日登山」というので大勢の人で賑わっていたことで、これはきっと「毎日登山」とか「早朝登山」の人たちなんだよと話した。

天上寺跡はコース中ほとんど唯一の展望台だ。神戸の街はもちろん大阪湾、大阪や淡路島、建設中の神戸空港から関西空港まで見える。一方この場所には、1976年に焼失するまで、本堂（十一面観音像）、日山・熊野・愛宕の三社権現、多宝塔、阿弥陀堂、護摩堂、摩耶夫人堂（お釈迦さまの母君の摩耶夫人を祀る）、鐘楼などがあった。

　関東者がたまに関西へ来ると、分からないことが多いのだが、ともかくこの日摩耶山を目ざす青谷道では、この先も多くの人たち、すなわち日課として歩く地元の方々、ふつうのハイカー、体育の時間と思われる学生生徒などに出会った。

　青谷道は、登山口では暗く狭い谷川だったが、青龍寺を過ぎて亀ノ滝ダムのあたりから明るく開け、道も舗装から山道にと変わった。御嶽大神などの祠が並ぶうしろの斜面に茶畑があり、その脇に「茶室・静香亭」が営業していた。周辺は落葉樹よりも照葉樹が多く、真冬とは思えない穏やかな気候だった。青谷道が歴史ある山道とは案内書で知っていたが、よく踏まれて歩きやすく、欲しいところには必ずベンチがあり、そこには必ず年配者が休んでいた。

「あけぼの茶屋」（※廃止）は、いかにも古そうな山の茶店だったが、その先の稲荷神社と「十六丁」の丁石の前に「つくばね寮」という休憩所のような建物があり、そこにタイムレコーダーとカードがあったので、日課登山の方々はここを目ざしてくるのだと思った。ぼくらがそこにいる間にも数人の人が、代わるがわる自分のカードに日付時刻を印していた。脇に「自分のカード以外は押さないようにしましょう」と、もっともな注意書きがあった。

「つくばね寮」の入口にあるタイムレコーダーを押す登山者が多かった。「毎日登山」や「1000回登山」などを目ざす方々かと思う。大都会のすぐ近くの山ならではの、登山スタイルだ。

摩耶山は六甲山系だが、前山といった位置で海に近く、大阪湾からはよく見える。この絵は人工島・ポートアイランドから描いた。前景は、六甲と海とにはさまれた神戸の街である。

青谷ダムを過ぎ、雷声寺への道を分けて行くと、「南無不動明王」ののぼりが並ぶ「大滝院・岩屋の滝」で、大堰堤の上は北畑第二砂防ダム、さらに行くと水場があり、脇に、目ざまし時計と寒暖計とガラスのコップを並べた台が置かれていて、これは関西らしい親切さだと思った。

「行者堂」は役行者《えんのぎょうじゃ》の像の他に神仏の祠や石像があり、その先に不動の滝（一五メートルほど）、さらに不動堂と「御《おん》禊場《みそぎば》」（滝行をする場所）があるので、この一帯が山岳修験の場所と分かり、ピンと張りつめた空気を感じた。また、ここまで来て、あれほど大勢いた日課登山やハイカーの姿がなくなったのに気付き、やはり「つくばね寮」辺りで折り返す人が多いのかなと話した。

山岳修験の三社権現に始まり、実にさまざまな神さま仏さまが登山道に沿って祀られているのが、摩耶山青谷道の特徴だと思う。多神教の日本らしい登山道だ。

不動の滝を過ぎると、ようやくハイキングらしい気分になり、会話も途切れがちで、せっせと登った。処どころに一一九番の通報プレートというのがあり、行き届いたことだと思った。二丁の丁石を過ぎると摩耶ケーブルから上がってきた道と出合い、その上が旧天上寺の仁王門だった。千年の古刹、天上寺は一九七六年に全焼、移転したのだが、唯一残った仁王門だけが現地保存されているのだ。けれども仁王像が他へ移ったあとの仁王門はいかにも空虚で、寂しく見えた。またその先の長い石段と脇の石柱群も、荒れはてて哀しく、明るい日ざしの下なのに、諸行無常を感じた。それは石段を上りつめた天上寺の建造物群跡に行き着くと、さらに強かった。古来、山岳信仰の場であった摩耶山に、真言密教の伝来以後、忉利《とうり》天上寺が建てられ、それが昭和五十一年に焼失、移転したと説明があったが、多くの伽藍《がらん》の跡が壮大な往時を偲ばせるだけに、この静寂さが不思議だった。けれども、ここからの神戸の街や大阪湾、淡路島の眺めはすばらしく、ぼくらはこの不思議な場所に、立ちつくした。

天上寺跡からひと登りで、摩耶山山頂に着いた。といっても三角点は分かりにくく、「天狗岩大神」と「石丸猿田彦大神」（陰陽石）の右奥に三等三角点が見つかったが、見晴らしはまったくなかった。

下山は天狗道から稲妻坂へと辿ったが、急な下り続きで膝が悲鳴を上げたので、「布引ハーブ園」からロープウェーで下った。

（二〇〇五年一月）

●アクセス
地下鉄三宮駅前から神戸市バス（☎078・321・0484）阪急六甲、JR六甲道行17分、青谷橋下車。帰路は布引ロープウェイハーブ園山麓駅から徒歩5分で地下鉄新神戸駅。歩く場合、山頂駅から布引公園経由で新神戸駅へ約1時間。

●参考コースタイム
青谷橋バス停（5分）妙光院（45分）行者堂（1時間10分）摩耶山（1時間10分）神戸布引ロープウェイハーブ園山頂駅

●2万5000分ノ1地形図
神戸首部

●問合せ先
神戸観光局☎078・230・1120、神戸市役所☎078・331・8181

⑲ 横尾山《よこおさん》 312・0m 高取山《たかとりやま》 328m

兵庫県　須磨アルプス（六甲山）

街の中の縦走路

気がついたら、私は整理簞笥、家内は茶簞笥のそれぞれ下敷きになっていた。それで何とかはい出たら、こんどは何か熱いものの中に足を入れてしまい、とび上った。あの日は早番だったので炊飯器が五時にセットしてあり、ひっくり返った炊きたてのご飯に足をとられてしまったのです。

私の家は半壊状態で、屋根瓦はほとんど崩れ落ちてしまい、住むことはできません。それで近くの息子夫婦の家でしばらくおりましたが、水道は止ったままですわ。寒中に遠い風呂屋へ行くので帰りにカゼひいてしまう。すぐにタクシーの仕事は始めたものの、満足に走れる道やないのです。平常にもどったのは半年あとくらいと違いますか。このあたりも今はすっかりもと通りですが、そりゃひどいもんでした。

三宮から乗ったタクシーの運転手氏の実感のこもった説明をききながら、朝の神戸の街を西へ向かう。大震災後の神戸に初めて来たのだが、すばらしく復興が進んでいると見えた街並みも、運転手氏に言われてよく見ると、廃墟になった建物や空地、工事半ばの家もあって、災害の大きさを改めて感じた。
打合せた通りに、高倉台の歩道橋の下に友人の姿が見えたので、タクシーを降りた。

これが高取山。毎日登山発祥の山ということで、健康登山のお年寄からトレーニング登山の若者、ピクニックのファミリー、デートの二人づれまで、さまざまな人々で賑わう。表参道コースにはトラッドな茶店があって風情があり、毎日楽しく登れるに違いない。遠くは六甲の山なみと神戸市街。手前の住宅団地と高取山の間には谷間がある。横尾山からの眺め。

この日、土地不案内のぼくにつき合ってくれる友人・Mは東京から神戸に移って一〇年になる。ちなみに彼は地震の三週間ほど前の年末に東灘区から垂水区に引越しており、新居の辺りは災害が軽度だったが、旧居（集合住宅）はすっかり壊れたということで、運の良い男とみんなに言われたが、当人はあとが怖いと余りうれしそうではない。

けれどもこの日は穏やかな冬晴れで、その名前が以前から気になっていた須磨アルプスの核心部と毎日登山で有名な高取山へ案内してくれるということで、おじさん二人、元気に歩道橋を渡った。

最初に目ざす栂尾山《とがのお》へはいきなりコンクリートの階段を一直線の登りである。これは「四〇〇階段」といって地元では有名な由。途中ほどよく踊り場があるのでひと息ついてはまた登る。週末なので階段トレーニングの人やハイカーも多く、押されるようにして登り着いたところからの展望がすばらしい。近くは須磨アルプスの末端の山、その先は明石海峡、建設中の海峡大橋は意外に大きく、向こうは淡路島。思えばこの下を走る断層が地震を起こしたのだが、せっかくの心地よい眺めなので話題にするのは止めた。さすがにここまで登ると風も強く、上衣のえりを立てた。

縦走路に入ると白っぽい露岩が目立ち、なるほど六甲山の続きだと思った。道標にも「六甲全山縦走路」とある。六甲全山縦走は大会があって、その時は大勢の人が全山を

高取山頂の高取神社境内からは、神戸市街が文字通り一望である。ちょうど神社の真下あたりが長田地区で、地震の被害が特に大きかったのはぼくらの記憶にも新しい。が、いまは穏やかな景色が広がるばかりだ。

歩き通すのだという。

四阿《あずまや》を兼ねた展望台があって、これが栂尾山である。眺めは明石方面の他に神戸市街や大阪湾方面が加わる。栂尾山から横尾山に向かう縦走路は常緑樹に囲まれて少々暗く、庭園のようでもあり、落葉樹の多い関東の低山との違いに「西国の低山」を感じた。

栂尾山から須磨アルプス東端の鉢伏山（アンテナ）、鉄拐山を見る。まわりがすっかり住宅で埋っても、山だけは緑が生きている。向こうは明石海峡と海峡大橋、淡路島。橋が架かったので景色の大きさと広がりが強調された。

視界が急に開けて、横尾山の山頂に出た。まわりの低木が少々じゃまだが三六〇度の見晴しで、頭の欠けた御影石の二等三角点がある。じっと目をこらすと関西空港も確認できて、地震の前年の夏に開港前の空港の取材で毎日通ったのを思い出した。

東山へ向かう縦走路は白く崩れたもろい岩場の急下りで、鎖や梯子があり、階段道を下ると鞍部、そしてひと登りすると岩場のやせ尾根の「名勝・馬の背」で、須磨アルプスの

これが横尾山。標高312．8メートルの丘陵とは思えない堂々たる姿である。東側の山腹はこのように針峰群（?）で覆われて、いかにも険しい山の相を表わす。そこに縦走路が通じているので、スリリングなハイキングが楽しめる。中央下の辺りが「名勝・馬の背」である。東山からの眺め。

ハイライトだからゆっくり味わってとMに言われてその通りにしたが、五分ぐらいで通過してしまった。

　天狗伝説の由緒書のある東山を過ぎると、高取山へ取り付くまでの間、しばらく里歩きになる。Mがしきりに案内書を読んでいるのでどうしたのかと思ったら、この間は歩いたことがないと白状。とりあえず住宅団地へ下ると小さな道標があって、それに従って行くうちに道標もなくなり、人にきいても首を傾げるばかり。結局市営地下鉄の妙法寺駅前から車道を遠回りしてすっかり街歩きとなり、ようやく街角に「縦走路」の道標を見つけて高取山の登山口へ。民家の脇から山道に入った。

　高取山もやはり白く崩れた露岩と木の根道である。振り返って横尾山方面を見ると、高取山との間の谷間は意外に深く、しかもその上で高速道路（？）の建設工事が盛んに行なわれているので、ハイキングコースは削られてしまったのではないだろうか。

　登り着いたところは高取山の西峰で、荒熊神社が鎮座する。アラクマさんというとフクちゃんのキャラクターみたいだねと若い人には通じないようなことを話しながら参拝し、それから東峰へ。こちらは高取神社の立派な社殿があり、毎日登山の聖地だけあって大勢の人々で賑やかである。ぼくらは昼食の後、いくつもの茶店をのぞきながらゆっくり山を下った。

（一九九八年一月）

●アクセス
須磨駅前（山陽本線須磨駅・山陽電鉄山陽須磨駅）から神戸市バス（☎078・321・0484）・神姫バス高倉台方面行10分、高倉台5丁目下車。帰路は市営地下鉄板宿駅、長田駅、阪神神戸高速線西代駅、高速長田駅へ下ることができる。

●参考コースタイム
高倉台5丁目バス停（20分）栂尾山（25分）横尾山（30分）東山（50分）妙法寺（55分）高取山（55分）鷹取団地前バス停（20分）板宿駅

●2万5000分ノ1地形図
前開・須磨

●問合せ先
神戸市役所☎078・331・8181

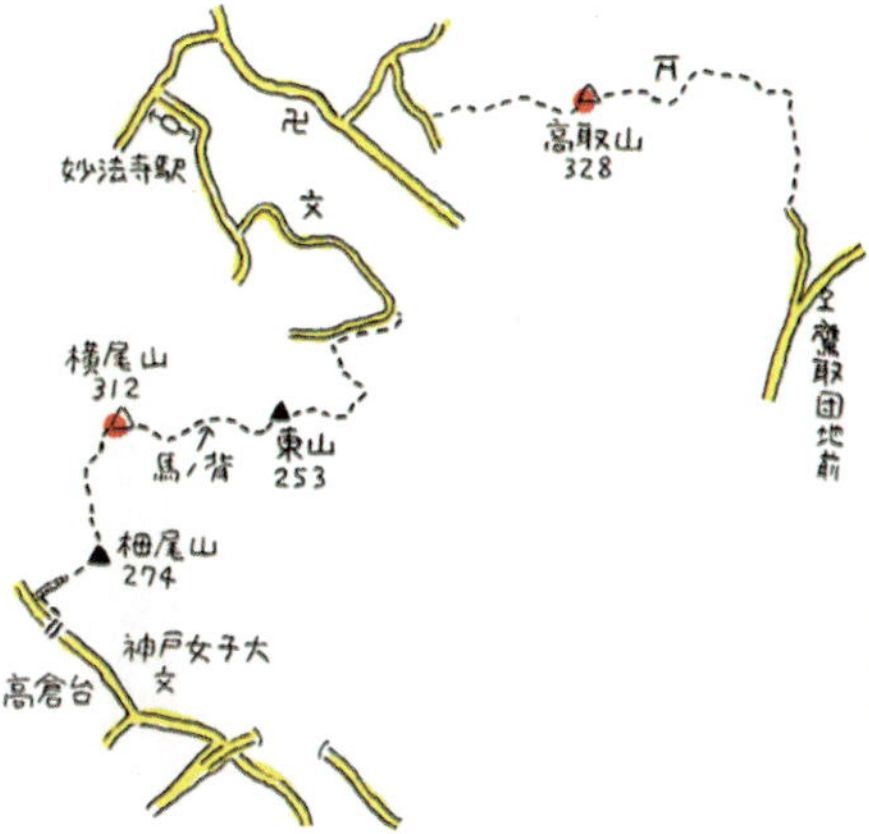

⑩ 烏帽子岳　えぼしだけ　1336・7m ── 熊本県　阿蘇山

噴煙、カルデラ、大パノラマ

登り着いた山頂は直径六、七メートルの円形の草地だった。それから、案外あっさり着いたねなどと話しながら東側を見て、思わずオーと声を上げた。活火山阿蘇の中心・中岳の火口が大きくそこにあり、白い噴煙を盛んに上げる様子が登ってくる途中よりもずっと近くに鮮明に見えたので、暫くはものも言わずに眺めた。

阿蘇に来て山に登ったのは、今度が初めてだった。阿蘇にはこれまで何度か車でやって来て火口を覗いたりしているのだが、阿蘇は観光地というつもりでいたせいか歩こうと思ったことはなかった。けれどもこの朝、黒川温泉を出るときに急に阿蘇の山歩きを思いついた。阿蘇が初めての同行者に相談すると大賛成で、ハイキング仕度も何とか間に合うし、天気もきょう一日は大丈夫というので、手軽に歩けるところはどこかと考えて、阿蘇五岳の中では杵島《きしま》岳か烏帽子岳が手頃と以前だれかにきいたのを思い出し、地図を見ると草千里ヶ浜から烏帽子岳へ登るコースがよさそうなので、草千里展望台へとやってきた。

展望台に立つと、草千里ヶ浜は確かに一つの火山の火口原で、お盆のように丸い草地が広がっており、火口原湖の跡なのか池が二つ（後で一つは内側火口の名残りと分かった）、まん中にかわいい小岳（これも後で溶岩円頂丘と内側火口壁が合体した「駒立山」と教わる）、その向こうに火山らしくない姿の烏帽子岳（これまた後で、この山は古い火山で草千里火山からの噴出物で覆われてこの姿になったと学習）とすばらしいパノラマである。そこでぼくらは歩き仕度をして、車道のヘアピンカーブの外側に見つけた山道へ入り、烏帽子岳へ向かった（そこから湯の谷温泉へ下る道もあった〈※二

この広い草原が草千里ヶ浜。山上の原なのにどうして浜なのかというと、ご当地では水田を浜ということがあるそうで、青々広々とした様子が「浜」なのではないかと思う。手前のコブは駒立山で、向こうの山が杵島岳。阿蘇の中央火口丘群の中で古い火山に分類される安山岩質成層火山の烏帽子岳に比べて、新しく（2000～3000年前）形成された玄武岩質火山の杵島岳は、侵食されていないので、このように丸っこいのだそうだ。

○二四年十二月現在通行不可〉)。

お盆のふちに当たるせまい稜線をたどると、小さな鞍部に着いた。右に下ると垂玉《たるたま》温泉という道標があり(※垂玉ルートは現在通行不可)、左は崩れた道を十歩も下れば草千里ヶ浜の草原だ(ちなみに烏帽子岳コースにはこの道標の他に案内はまったくなかった。一本道だから道標は不要とも言えるけれど、この国立公園はハイキングのことは考えていないと思った)。草千里ヶ浜は観光乗馬があるようで、お客を乗せた馬が草原をのんびり行くのが見えた。

鞍部を過ぎると稜線の道は緩い登りになる。道のまわりは矮木《わいぼく》と草なので見晴らしがよく、左は草原の向こうに杵島岳の丸っこい姿、右には阿蘇のカルデラの雄大な眺めが広がって、車の観光ではこの感じは分からないねと話した。山道は火山性の土質のためか崩れたところが多く、歩き易いとはいえないが、見失うこともなくせっせと登った。

しばらく行くと黄葉した木の枝や枯れ色の草が道をふさぎ、それを漕いで登るのに少し手間がかかった。そして急登になり、崩れやすい土質でもあるので少々息切れしたところで平坦地に出て、草を分けて行くと突然、山頂に着いた。

烏帽子岳の谷筋の多い山容は、古い火山なので長い間に侵食を受けたのと、となりに出現した草千里ヶ浜火山の噴火物によってつくられたのだそうだ。ぼくらが登った一等三角点の山頂は火山壁の一部ではないかと推理したのだが、どうだろう。

そこで中岳の方を見た印象は、冒頭に記した。噴煙をしばらく見ているといつも一定ではなく、濃い薄いや激しい弱いの変化が刻々変わっていくので、それには周期や規則的なものがあるのかと思って同行者とともに観察したのだが、ついに分からなかった。

噴煙ウォッチングを止めて次に三角点をよく見ると、何とこれが一等だった。三角点の等級で山に差別をつける気はまったくないけれど、一等三角点は測量のかなめだからその地方のそれなりの山頂にあるわけで、正直に言って出合えばうれしい。このときもペットボトルの緑茶をカップに注いで乾杯した。そして改めてあたりを見回すと、だれかが私的に作った山名表示が傾いて寂しくある他は何もない。天下の阿蘇の一等三角点の山頂なら、しっかりした山名表示の一つもあってよいのではないか。

噴煙立ち昇る阿蘇中岳を烏帽子岳の山頂から描いた。これは噴煙が少ない時で、しばらくするとドッと大量の噴煙が出るのだが、そうするとうしろの中岳山頂が見えなくなるので、噴煙が少ない時に描いた。関東に住むぼくらは、こうした風景はなかなか見ることができない。

山頂に余分なものが立ち並ぶのは興ざめだが、必要なものはあるべきだとぼくらは烏帽子岳のために文句を言い、それにもめげずにがんばっている烏帽子岳をねぎらうつもりで、一等三角点の頭を優しくなでた。

それから、九州の山が全部見えるのではないかと思うくらいすばらしい展望の山頂でお弁当をいただき、ぼくらのほかにだれも登ってこないこともあってすっかり長逗留したのち、同じ道を下った。

垂玉温泉分岐の鞍部で草千里ヶ浜に下り、草原を周遊することにした。まず目の前の小岳（駒立山）に登り、それから南に下って、さらに火口原を半周して、観光乗馬の小舎のあたりで車道に出て駐車場に戻った。

その後は、先刻噴煙ウォッチングをした中岳の火口をぜひ覗いて見たいという同行者のリクエストに応えて、車で古坊中《ふるぼうちゅう》を通って阿蘇山上に着いたところ、「只今火山ガスのため全面規制中」とあって道路もロープウェイも休止で、うーん残念とぼやきながら引き返した。そして、火口の無人カメラの映像が見られると宣伝していた阿蘇火山博物館に立ち寄って、ナマで見そこなった火口の様子を映像で観て火口見物をしたつもりになり、阿蘇をあとにした。

（二〇〇五年十一月）

※湯ノ谷ルート、垂玉ルートは現在通行不可。

●アクセス
JR豊肥本線阿蘇駅前から産交バス（阿蘇営業所☎0967・34・0211）阿蘇火口線26分、草千里阿蘇火山博物館前下車。

●参考コースタイム
草千里阿蘇火山博物館前バス停（20分）垂玉温泉分岐（40分）烏帽子岳（35分）垂玉温泉分岐（草千里ヶ浜自然探勝路1時間）草千里阿蘇火山博物館前バス停

●2万5000分ノ1地形図　阿蘇山

●問合せ先
南阿蘇村役場☎0967・67・1111

あとがき

「いよいよ百低山を選ぶ段取りになった。そして百のうち九〇までは難なく決まったのだが、生まれついての優柔不断のために残りの一〇に迷いに迷い、そのうちに時は容赦なく過ぎて、百低山選びを志してからはや十数年の歳月が経ってしまった。」

これは『日本百低山』の正篇の「はじめに」で私が書いた文章の一部だが、いま当時を思い出してみても、百低山選びでは本当に迷った記憶がある、

いまごろ言い訳けしてどうすると言われそうだが、日本中の低山から百山を選ぶということ自体が所詮無理だったと思う。

百低山《パロデイー》のもとである百名山は誰もが知る有名な山（いわば全国区の名山）から選ぶのだから始めからほとんど決まっているようなもので、それに較べて百低山（いわば地方区の名低山）を全国区で選ぶというのがそもそも無理である。地元では誰もが知る山でも、低山であればその地方以外では誰も知らないのが普通だ。

それでも京都の比叡山、神戸の六甲山のように全国的に有名な低山があるが、そういう例は少ない。

そんな中で何とか全国区の名低山をと選んだのが『日本百低山（正篇）』なので、「はじめに」

でも「著しく関東に偏っているのは私が東京に住んでいるためで近間の山にはやはり親近感を持つし、遠方の低山にはなかなか行けない」と愚痴っており、「結局は自分の好みで選んでしまった」と白状し、「私の選ぶ百低山は所詮私の百低山なので、別のだれかが選べばおそらく別のものになる。そこが百名山との大きな違い」と居直っている。

そうして生まれた『日本百低山（正篇）』に次ぐ本書『続日本百低山』なので、ここには当然遠方の低山は少なく、ほとんどが東京から日帰りできる山になった。

全国区の名低山は正篇に入り尽くしたからこれは正しく私の百低山なので、正篇以上に選択の難しさもあり、それで結局は首都圏百低山のようになってしまったけれど、この「小林泰彦の続百低山」を楽しんで頂きたいと思う。

ここで、いまからハイキングを始めたいがこの中で初めての山にふさわしいのはどれかというよくある問いに応えよう。それは栃木県の「大小山」（本文一三四ページ）である。

この覚えやすい名の山は標高わずか三

著者近影
山下英介撮影（2024年1月10日）

一四メートルの低山なのに峨々たる稜線上の岩峰であり、山頂の見晴らしは抜群。さらに山岳修験の神秘的な雰囲気もある関東の隠れた名低山なのである。ハイキング入門に向くのでこれまに何度も人を案内してきたし、山を下りたあとで近くの西場の百観音に立ち寄ると誰もが感心してくれた。石川欣一さんの〝可愛い山〟は雨飾《あまかざり》山だが、私の可愛い山は大小山だと思っている——ということを申しあげてこの本の「あとがき」に代えます。

二〇二五年正月　　　　著者

■ヤマケイ文庫『続日本百低山』について

『続日本百低山』は、雑誌「山と溪谷」に一九九七年から二十九年間三四五回連載された〝小林泰彦の低山シリーズ〟から『日本百低山』に収められなかった一〇〇編を収めました。本文末に雑誌掲載の年・月を記しています。

現在では登山道、周辺施設などのコース状況に変化がありますが、本文は紀行文としての内容を尊重し、登山道の通行不能、施設の廃止など重要な変化は注記して、地図を訂正しました。文末に交通アクセス、参考コースタイム、問合せ先を加えました。また、標高が改測されている基準点がありますが、見出し下の標高が現在のものです。情報は二〇二四年十二月現在のものです。

続日本百低山

二〇二五年三月十日　初版第一刷発行

著　者　小林泰彦
発行人　川崎深雪
発行所　株式会社　山と溪谷社
郵便番号　一〇一－〇〇五一
東京都千代田区神田神保町一丁目一〇五番地
https://www.yamakei.co.jp/

■乱丁・落丁、及び内容に関するお問合せ先
山と溪谷社自動応答サービス　電話〇三－六七四四－一九〇〇
受付時間／十一時～十六時（土日、祝日を除く）
メールもご利用ください。
【乱丁・落丁】service@yamakei.co.jp　【内容】info@yamakei.co.jp
■書店・取次様からのご注文先
山と溪谷社受注センター　電話〇四八－四五八－三四五五
ファクス〇四八－四二一－〇五一三
■書店・取次様からのご注文以外のお問合せ先　eigyo@yamakei.co.jp

印刷・製本　大日本印刷株式会社

定価はカバーに表示してあります

Printed in Japan ISBN978-4-635-05014-2